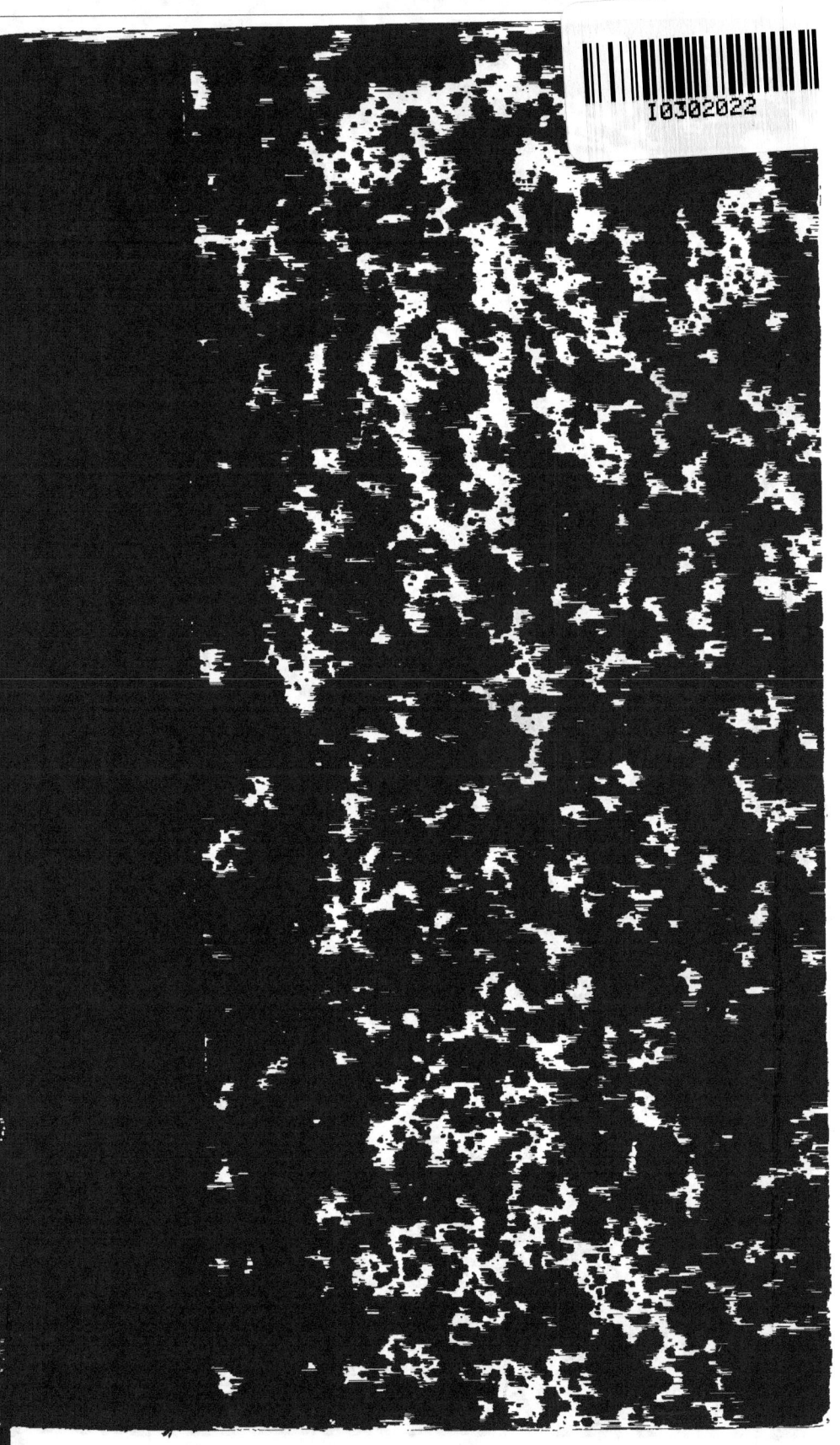

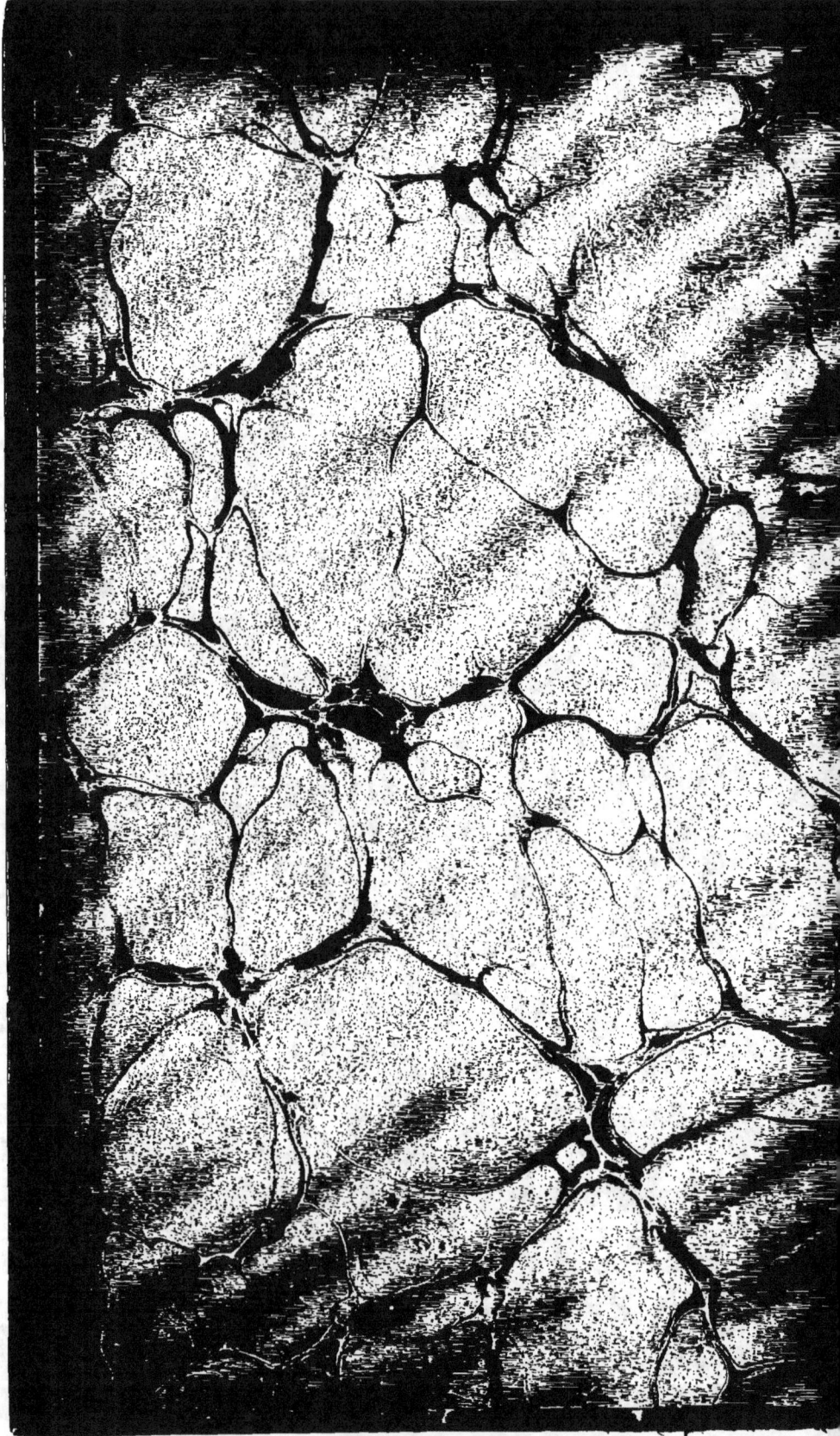

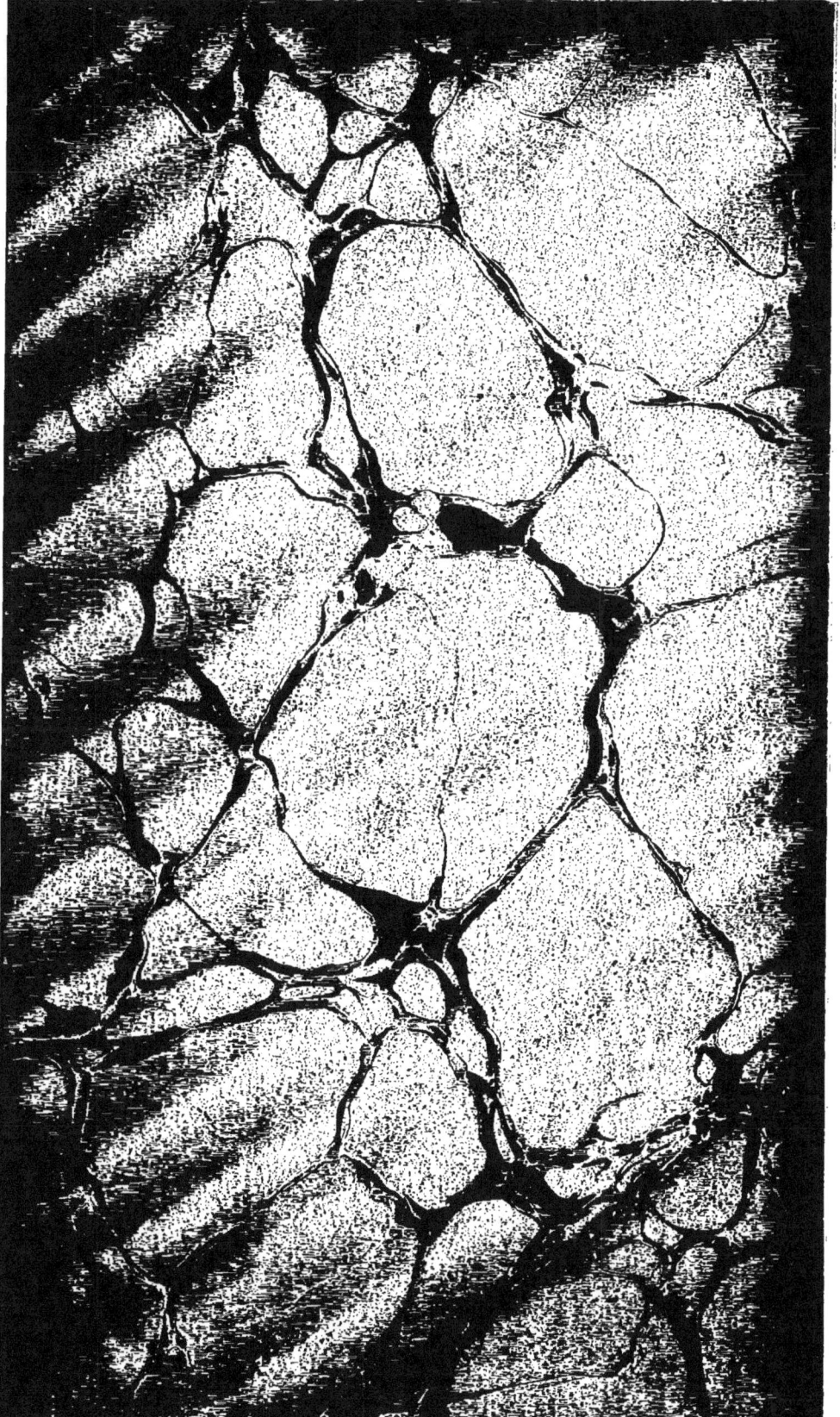

LA Guerre

DE

1870-71

L'ARMÉE DE CHALONS

III

Sedan

PARIS
LIBRAIRIE MILITAIRE R. CHAPELOT ET Cie
IMPRIMEURS-ÉDITEURS
30, Rue et Passage Dauphine, 30

1907

Tous droits réservés.

LA
GUERRE DE 1870-71

L'ARMÉE DE CHALONS

III
Sedan

Publié par la **Revue d'Histoire**

rédigée à la Section historique de l'État-Major de l'Armée

LA Guerre

DE

1870-71

L'ARMÉE DE CHALONS

III

Sedan

PARIS
LIBRAIRIE MILITAIRE R. CHAPELOT ET Cie
IMPRIMEURS-ÉDITEURS
30, Rue et Passage Dauphine, 30

1907

Tous droits réservés.

SOMMAIRE

QUATRIÈME PARTIE
Sedan

	Pages.
Chap. I. Les deux armées dans la matinée du 1er septembre	1
— II. Les premiers combats sur la Givonne	23
— III. Le général Ducrot nommé commandant en chef	49
— IV. La bataille sur la Givonne, de 9 heures à midi	74
— V. Opérations d'ensemble de la IIIe armée	90
— VI. La bataille sur le front du 7e corps, jusqu'à midi environ	95
— VII. La bataille sur la haute Givonne, jusqu'à midi environ	128
— VIII. Les combats du calvaire d'Illy	142
— IX. Fin de la bataille sur le front du 7e corps	160
— X. Fin de la bataille sur le front des 1er et 12e corps	194
— XI. La capitulation	242
— XII. Considérations sur les opérations de l'armée de Châlons	274

CINQUIÈME PARTIE
Le 13e corps

Chap. I. Organisation	279
— II. La division d'Exéa à Reims	282
— III. Transport du 13e corps à Mézières	292
— IV. Le 13e corps sous Mézières	297
— V. Journée du 1er septembre	302
— VI. La retraite de Mézières à Novion-Porcien	315
— VII. La retraite de Novion-Porcien à Montcornet	328

Tableau approximatif des pertes de l'armée française (1er septembre)	337
État des pertes éprouvées par l'artillerie de l'armée dans la journée du 1er septembre	353
Ordre de bataille de l'armée de Châlons	363
Ordre de bataille du 13e corps, au 20 août	377
Bibliographie	381

ERRATA

Cartes à $\frac{1}{25.000}$ donnant les emplacements des troupes à la bataille de Sedan.

La cote 292 située à 600 mètres Ouest de l'église de Givonne doit se lire *293*.

La cote 239 qui se trouve à 400 mètres Est de l'église de Floing doit se lire *238*.

LA GUERRE DE 1870-1871

L'ARMÉE DE CHALONS

QUATRIÈME PARTIE

Sedan.

CHAPITRE Ier

Les deux armées dans la matinée du 1er septembre.

§ 1er. — *Armées allemandes* (1).

Dans la soirée du 31 août, le grand quartier général allemand était parfaitement renseigné sur les emplacements de l'armée de Châlons. Il n'y avait d'incertitude que sur les projets du maréchal de Mac-Mahon. On ne supposait guère qu'il se décidât à livrer bataille dans

---

(1) *Historique du Grand État-Major prussien*, 8e livraison, p. 1081-1086.

des conditions aussi désavantageuses et qu'il demeurât immobile, en laissant à l'adversaire toute latitude pour l'envelopper. C'était admettre, à la vérité, qu'il eût discerné le péril et qu'il connût la supériorité numérique des forces qui lui étaient opposées. Or, tel n'était pas le cas. L'armée française se replierait-elle sur Mézières, ou tenterait-elle de déboucher sur Carignan, ou enfin se déroberait-elle sur le territoire belge ? De ces trois hypothèses, c'était la première qui paraissait la plus probable au grand quartier général, bien que, d'après certains indices, on fût en droit de ne pas rejeter la seconde. Sans doute, les Allemands se croyaient en mesure de « s'opposer énergiquement à l'une comme à l'autre de ces entreprises (1) », non pas toutefois d'empêcher la retraite sur Mézières si elle eût été entamée dans la nuit du 31 août ou dans les premières heures de la matinée du 1ᵉʳ septembre. Faisant allusion à un mouvement rétrograde de ce genre, Moltke écrivait à Blumenthal le 31 août à 7 h. 45 du soir : « Peut-être risque-t-on de voir échapper un succès décisif (2) ».

Considérant comme suffisantes les prescriptions générales de l'ordre du 30 août (3) et l'échange de vues qui avait eu lieu le 31, à Chémery, entre les généraux de Moltke, de Podbielski et de Blumenthal (4), le grand quartier général allemand s'abstint de donner de nouvelles instructions pour le 1ᵉʳ septembre.

Afin de couper à l'armée de Châlons ses communications sur Mézières, le prince royal de Prusse ordonnait, dans la soirée du 31 août, pour la journée du lendemain :

Aux XIᵉ et Vᵉ corps, de rompre dès l'aube et de se

---

(1) *Historique du Grand État-Major prussien*, 8ᵉ livraison, p. 1082.
(2) *Correspondance militaire du maréchal de Moltke*, t. I, n° 243.
(3) Voir journée du 30 août, p. 190 et suiv.
(4) Voir journée du 31 août, p. 219.

porter, par Donchery, dans la direction générale de Vrigne-aux-Bois ;

A la division würtembergeoise, de jeter un pont à Dom-le-Mesnil, d'y franchir la Meuse et de prendre ensuite position de façon, soit à agir vers Mézières, soit à servir de réserve aux deux corps précédents ;

Au IIe corps bavarois, d'établir une de ses divisions et la réserve d'artillerie sur les hauteurs de la rive gauche, au Sud de Donchery ; l'autre entre Frénois et Wadelincourt, afin de s'opposer à toute tentative des Français vers le Sud ;

Au Ier corps bavarois, de se tenir prêt, à Remilly, à appuyer l'armée de la Meuse, au cas où elle aurait à combattre ;

Aux 6e, 2e et 4e divisions de cavalerie, de se rassembler et d'être disponibles à Flize, à Boutancourt et au Sud de Frénois ;

A la 5e division de cavalerie et au VIe corps, de conserver leurs positions actuelles derrière l'extrême gauche de l'armée (1).

La nuit était déjà assez avancée, quand le lieutenant-colonel de Brandenstein, du grand quartier général, arriva à Chémery et remit au général de Blumenthal une dépêche que de Moltke avait expédiée de Vendresse à 7 h. 45 du soir. Elle relatait, d'après les observations de l'officier supérieur qui en était porteur, que les Français, sacrifiant leurs bagages, se repliaient vers l'Ouest, et que, vraisemblablement, ils continueraient leur mouvement pendant la nuit. Moltke désirait, en conséquence, que le XIe corps et la division würtembergeoise franchissent la Meuse avant le jour.

Des instructions dans ce sens furent envoyées aussitôt

---

(1) Pour le texte de cet ordre, voir *Historique du Grand État-Major prussien*, 8e livraison, p. 275*.

aux V⁰ et XI⁰ corps. D'autre part, le capitaine von Stauffenberg porta au I⁰ʳ corps bavarois l'ordre de marcher sur Bazeilles de grand matin, d'attaquer l'ennemi et, dans le cas où il battrait en retraite, de le retenir le plus longtemps possible. Enfin le capitaine von der Lancken fût chargé de remettre au prince royal de Saxe une dépêche exposant le mouvement d'ensemble de la III⁰ armée ainsi que la mission confiée au 1⁰ʳ corps bavarois et se terminant par une sorte d'invitation à poursuivre le même but que celle-ci en fermant aux Français les routes de l'Est (1).

Le prince royal de Saxe reçut communication de ces nouvelles vers 1 heure du matin et prit sur-le-champ le parti de se porter en avant avec l'armée de la Meuse. Mais, tout en admettant qu'il y avait « de sérieuses raisons » de croire à l'exactitude des renseignements apportés par le lieutenant-colonel von Brandenstein (2), il y avait lieu de tenir compte de rapports parvenus dans la soirée, d'après lesquels on devait s'attendre à rencontrer encore des forces importantes à Villers-Cernay et à La Moncelle (3).

Le commandant de l'armée de la Meuse, faisant prendre les armes aussitôt, prescrivait donc :

A la Garde, de porter une division, par Pouru-aux-Bois, sur Villers-Cernay ; l'autre division et l'artillerie de corps, par Pouru-Saint-Remy, sur Francheval.

Au XII⁰ corps, de se rassembler au Sud de Douzy pour agir, par Lamécourt, sur La Moncelle.

---

(1) Von Hahnke, *loc. cit.*, p. 212-214.
Si l'on en croit Blumenthal, il aurait prié le prince royal de Saxe de ne pas agir trop énergiquement, afin de donner le temps à la III⁰ armée « de fermer la trappe ». (*Tagebücher*, p. 92.)

(2) Von Hahnke, *loc. cit.*, p. 215 (ordre donné par le prince royal de Saxe).

(3) *Historique du Grand État-Major prussien*, 8⁰ livraison, p. 1084.

Les avant-gardes se mettraient en marche à 5 heures du matin au plus tard, les gros suivant d'aussi près que possible.

Le IV⁰ corps devait rompre immédiatement : une de ses divisions se dirigeant, avec l'artillerie de corps, sur Remilly, par la rive gauche de la Meuse, afin de soutenir éventuellement le Ier corps bavarois ; l'autre division s'avançant jusqu'à Mairy en réserve générale.

Ainsi, dans les premières heures de la matinée du 1er septembre, sur un front de 30 kilomètres environ, trois corps d'armée se portaient sur les hauteurs de la rive gauche de la Givonne pour attaquer les Français par l'Est ; un corps faisait face à Sedan au Sud de la place ; deux corps franchissaient la Meuse en aval ; enfin trois divisions d'infanterie et une nombreuse cavalerie demeuraient encore disponibles.

En présence de ce déploiement de forces formidable et devant ce prélude de l'enveloppement, l'armée française inerte, passive, rivée à ses positions par l'indécision et le manque de clairvoyance de son chef, n'opposait nul obstacle aux mouvements de l'adversaire.

§ 2. — *Le champ de bataille.*

Le terrain sur lequel l'armée française était établie a la forme générale d'un triangle dont le sommet est au calvaire d'Illy, dont les côtés sont à peu près jalonnés par les ravins de Givonne et de Floing, et dont la base, formée au Sud par la Meuse, s'appuie à la place de Sedan. A l'intérieur de ce triangle s'élèvent des hauteurs d'altitude à peu près égale à celle des collines qui leur font face. Ces hauteurs coupées et mouvementées, d'aspect irrégulier et tourmenté, ont leur origine au calvaire d'Illy ; la zone de soudure est couverte par le bois de la Garenne qui s'étend du Nord au Sud et qui devait, pendant la bataille, présenter un obstacle sérieux aux communications de l'Est à l'Ouest. Le pourtour du triangle se compose en général de longues croupes dénudées, sauf les bords de la Givonne qui sont parsemés de vergers, de clôtures, de petits bois, de rideaux d'arbres. Le terrain est également découvert : dans la zone comprise entre la basse Givonne et la route de Sedan à Bazeilles ; au Nord de Fond de Givonne ; enfin dans le quadrilatère Floing, Illy, calvaire d'Illy, Cazal.

La forteresse de Sedan est à cheval sur la Meuse, à peu près à l'endroit où le fleuve, changeant de direction vers le Nord, décrit une boucle qui borde de très près les hauteurs du Champ de la Grange et constitue avec elles le défilé dit de Saint-Albert. Au Nord s'élèvent des hauteurs boisées : bois de la Falizette, bois de Donchery, bois de Floing. La frontière est à 5 kilomètres à vol d'oiseau au Nord du défilé. Au delà, la Meuse s'infléchit de nouveau vers le Sud, forme la presqu'île d'Iges, puis s'oriente vers l'Ouest à Donchery.

Les fortifications de Sedan sont déjà anciennes. Elles se composent d'une enceinte bastionnée, qui a été renforcée au Nord par quelques ouvrages, et d'une citadelle. Toutes ses défenses sont commandées par les hauteurs environnantes, et à très courte portée par les collines de la rive gauche du haut desquelles le bombardement peut être effectué sans difficulté. La forteresse n'avait donc en 1870 aucune valeur défensive en présence de l'artillerie moderne, bien que le commandant du génie de la place la considérât, avec un optimisme surprenant, « comme à l'abri d'une surprise et en état de soutenir une attaque régulière (1) ». Au Nord-Est s'élève le Vieux Camp sur une hauteur qui domine entièrement la ville.

---

(1) *Rapport* du 20 août 1870.

L'*Historique du Grand État-Major prussien* dit avec raison qu' « en dehors de toute considération stratégique, les conditions topographiques donnaient à cette position tous les éléments d'une excellente défense (1) ». Mais il faut observer que cette position, forte dans toutes ses parties, était faible dans son ensemble parce qu'elle était partout abordable et que les Allemands étaient assez nombreux pour l'entourer. Sans doute, pour exécuter un mouvement enveloppant par leurs deux ailes, ils étaient obligés de s'affaiblir au Sud. Toutefois, le risque n'était pas grand : pour s'échapper de ce côté, en effet, l'armée française eût été obligée de franchir la Meuse et il eût fallu peu de monde pour fermer le débouché de la tête de pont de Torcy, seul passage qui lui eût permis de se porter sur la rive gauche. Enfin, fait digne de remarque, les positions françaises manquaient de profondeur, en ce sens qu'elles rendaient toute manœuvre difficile et que les coups de l'artillerie ennemie dirigés sur l'un des côtés du triangle pouvaient atteindre d'enfilade ou de revers les défenseurs des deux autres.

D'après le général Ducrot, il eût été préférable d'occuper la lisière de la forêt des Ardennes, autour des terrains découverts sur lesquels s'élèvent Saint-Menges, Fleigneux et Illy ; d'y choisir de bons champs de tir, de commander toutes les routes ; de forcer l'ennemi à s'avancer à découvert ; de combattre ainsi le dos à la Belgique au risque d'y être refoulé. « Au centre et à notre droite l'artillerie de Sedan balayant tout le plateau de la Garenne, rendait toute attaque impossible de ce côté. Nous n'avions donc à redouter que les mouvements tournants par Vrigne-aux-Bois et par Givonne. Mais alors nous n'étions pas au centre de la circonférence décrite par l'ennemi. Nous étions sur la circonférence même ;

---

(1) 8ᵉ livraison, p. 1085.

nous pouvions être attaqués sur nos flancs, mais non pris à revers, et nous n'avions affaire qu'à deux tronçons isolés manœuvrant loin de leur centre et dans des positions désavantageuses (1) ».

On ne saurait nier que de telles dispositions eussent été préférables à celles qui furent adoptées. Tout au moins eussent-elles évité la capitulation, suivant toute vraisemblance, et permis à l'armée française, après une défaite, de passer sur le territoire belge.

§ 3. — *Armée de Châlons.*

L'attaque du Ier corps bavarois sur Bazeilles détermina les divers corps français à occuper leurs positions de combat.

12e *corps.*

Le 12e corps occupait le terrain compris dans une sorte d'angle aigu dont le sommet est à Bazeilles et dont les côtés sont jalonnés par Balan et Bazeilles d'une part, où les troupes faisaient face au Sud-Ouest; par Daigny et La Moncelle, d'autre part, où elles étaient déployées face à l'Est.

2e *division* (Lacretelle) sur deux lignes. La 1re brigade (Louvent) s'établit sur les hauteurs qui bordent la rive droite de la Givonne, ses trois régiments accolés, depuis la Rapaille jusqu'à l'Ouest du château de la Platinerie. A gauche le 31e de ligne : le IIe bataillon et une compagnie du Ier dans le fond du ravin vis-à-vis Daigny; deux compagnies du Ier à mi-côte vis-à-vis du pont de Daigny; les trois autres compagnies du Ier en face de Petite Moncelle ; le IIIe bataillon en réserve sur la crête, à 500 mètres environ de la position des deux premiers. Au

---

(1) Général Ducrot, *La Journée de Sedan*, p. 16.

centre, le 20ᵉ de ligne, depuis un petit bois situé au Nord-Ouest de La Moncelle jusqu'aux abords de la cote 212, les bataillons placés, partie en tirailleurs, partie comme soutien de l'artillerie. Entre la cote 212 et la cote 194, une fraction du 22ᵉ de ligne, de la division Grandchamp (1). A droite le 14ᵉ de ligne, au Sud de la cote 194, se reliant à droite vers le parc du château de Monvillers à l'infanterie de marine (2).

La 2ᵉ brigade (Marquisan), constituée par les 3ᵉ et 4ᵉ régiments de marche se rassembla face à l'Est près du saillant Sud-Est du bois de la Garenne (3).

Les batteries de la division prirent position sur les hauteurs au Nord-Ouest de Petite Moncelle et dans l'ordre suivant du Nord au Sud : 3ᵉ du 7ᵉ, 10ᵉ (à balles) et 11ᵉ du 8ᵉ, 4ᵉ (à balles) du 11ᵉ, 4ᵉ du 7ᵉ (4). Quatre autres batteries vinrent leur prêter appui : les 8ᵉ et 9ᵉ du 10ᵉ, de la 3ᵉ division, à leur droite, vis-à-vis la Ramorie, la 7ᵉ du même régiment restant en réserve; la 4ᵉ (de 12) du 8ᵉ, de la réserve, au Sud-Ouest de Daigny (5). Toutes faisaient face à l'Est, sauf la 4ᵉ du 8ᵉ au Sud-Est. Les 3ᵉ et 4ᵉ batteries du 15ᵉ (de la 1ʳᵉ division) qui s'étaient placées d'abord sur les hauteurs au Nord de la citadelle de Sedan vinrent ensuite se joindre aux précédentes (6).

3ᵉ division. — Aux premiers coups de fusil qui s'étaient fait entendre à Bazeilles vers 4 h. 15 du matin, les quatre

---

(1) Voir p. 11.
(2) *Historiques* manuscrits des 14ᵉ, 20ᵉ et 31ᵉ de ligne.
(3) *Récit* des opérations de la 2ᵉ brigade de marche; *Historique* manuscrit du 64ᵉ de ligne.
(4) *Journal* de marche de l'artillerie des 6ᵉ et 12ᵉ corps; *Historiques* manuscrits des 7ᵉ, 8ᵉ et 11ᵉ régiments d'artillerie.
(5) *Rapport* du chef d'escadron de Coatpont, commandant par intérim l'artillerie de la 3ᵉ division du 12ᵉ corps; *Historique* des événements dont a été témoin le colonel Noury, daté de Rennes, 3 octobre 1871.
(6) *Rapports* des capitaines commandants.

régiments d'infanterie de marine de la division de Vassoigne avaient pris les armes sur les emplacements de leurs bivouacs. Les deux régiments de la 1re brigade (Reboul) se trouvaient face au Sud à 300 mètres environ au Nord-Est de la cote 194, le 1er en colonne serrée par division, le 4e à sa droite, ayant ses trois bataillons déployés, la 26e compagnie du IIe bataillon en grand'-garde à Bazeilles. La 2e brigade (des Pallières) (1) était scindée en deux fractions : le 2e régiment était près de la cote 194, détachant une compagnie (Bicheret) du IIe bataillon en grand'garde en face du viaduc du chemin de fer; le 3e régiment occupait Bazeilles même; la 5e compagnie du IIIe bataillon tenant la villa Beurmann à la sortie Nord-Est, sur la route de Sedan, la 4e en grand'garde dans la partie Sud du village, la 14e également en grand'garde non loin de la boucle que forme la Meuse vis-à-vis Bazeilles (2).

L'artillerie de la division faisant face à l'Est, ainsi qu'on l'a vu, ne soutenait pas les troupes auxquelles elle était normalement affectée. Cette mission fut assumée par trois batteries de la réserve : les 8e et 9e (de 12) du 14e qui prirent position au Nord de Bazeilles, face au Sud et la 1re à cheval du 19e établie au Nord-Est de Balan (3).

1re *division*. — La 2e brigade et un seul régiment de

---

(1) Le général des Pallières, blessé au combat du 31, avait remis le commandement au colonel Alleyron.

(2) Renseignements adressés à la Section historique : par M. le général Voyron, le 25 janvier 1904; par M. le général Pennequin, le 12 février 1904; par M. le général Sériot, le 13 avril 1904; par M. le colonel Le Camus, le 3 avril 1904; par M. le lieutenant-colonel Brunot, le 16 février 1904; par M. le lieutenant-colonel Recoing, le 1er avril 1904; par M. le commandant Dabat, le 31 mars 1904.

(3) *Journal* de marche de l'artillerie des 6e et 12e corps; *Historiques* manuscrits des 14e et 19e régiments d'artillerie.

la 1re, le 34e de ligne, se trouvaient rassemblés sur les glacis soit dans le voisinage de la porte de Bouillon, soit sur le front Nord-Est du camp retranché. Le 22e de ligne, second régiment de la 1re brigade, était, depuis le 30 août, séparé en deux fractions. La plus forte, sous les ordres du capitaine Juin, avait bivouaqué, dans la nuit du 31 août au 1er septembre, sur les hauteurs à l'Ouest de La Moncelle et s'était établie, le 1er au matin, la droite à la cote 194, à l'Ouest de la Platinerie, le IIIe bataillon en réserve. La plus faible, commandée par le lieutenant-colonel, et comprenant les états-majors des trois bataillons avec 500 à 600 hommes, était avec la division de L'Abadie, du 5e corps (1).

Une des batteries, la 4e (à balles) du 4e, séparée depuis la veille de sa division, s'était rendue en arrière de la 2e division, dans le vallon à l'Est de la cote 215 et s'était mise à la disposition du général Lacretelle. Les deux autres, 3e et 4e du 15e, se placèrent vis-à-vis Petite Moncelle, face à l'Est, avec les deux compagnies de chasseurs de la division en soutien (2).

Réserve d'artillerie. — Scindée en deux fractions, dont l'une se trouvait à l'aile gauche du 7e corps, à l'Est de Floing, l'autre appuyant les 2e et 3e divisions (3).

Division de cavalerie. — Déployée sur une seule ligne, face au Sud, au Sud de Fond de Givonne, et dans l'ordre suivant de la droite à la gauche : 5e et 6e cuirassiers ; 7e et 1er lanciers ; 7e et 8e chasseurs.

---

(1) *Rapport* du général Grandchamp ; *Historiques* manuscrits des 22e, 34e et 58e de ligne.
(2) *Historiques* manuscrits des 4e et 15e régiments d'artillerie ; *Historique* manuscrit du 2e bataillon de chasseurs à pied.
(3) Voir p. 9 et 10.

1er *corps*.

Au bruit de la fusillade qui s'engageait du côté de Bazeilles, le 1er corps, campé sur les hauteurs à l'Ouest de Givonne et de Daigny, avait pris rapidement les armes. Il était environ 4 heures du matin, le jour commençait à poindre, mais un brouillard épais limitait les vues à courte distance. Le général Ducrot ignorait complètement les projets du maréchal de Mac-Mahon (1). Le commandant en chef voulait-il combattre sur place, ou reprendre la marche sur Montmédy, ou enfin entamer sa retraite sur Mézières ? Dans cette incertitude, le général Ducrot fit prendre une sorte de dispositif d'attente que justifiait d'ailleurs l'éloignement de l'ennemi. D'une manière générale les troupes furent massées, face à l'Est, en arrière des crêtes situées à l'Ouest de Givonne et de Daigny ; seules quelques batteries prirent immédiatement position, couvertes par leurs soutiens d'infanterie (2).

La 1re *division* se forma sur deux lignes à l'Ouest de Givonne et en avant du bois de la Garenne, les bataillons de la 1re brigade serrés en masse (3). La batterie de canons à balles (8e du 9e) à la cote 293 (4), encadrée en avant et à gauche par deux sections de la 7e du 9e et en avant et à droite par la section du centre de cette dernière (5). La compagnie du génie divisionnaire fit

---

(1) *Conseil d'enquête* sur les capitulations, Déposition du général Ducrot.
(2) *Journal* des marches et opérations du 1er corps, par le commandant Corbin.
(3) *Rapport* sur le rôle joué par la 1re brigade de la 1re division du 1er corps pendant la journée du 1er septembre.
(4) *Historique* du 9e régiment d'artillerie, p. 289.
(5) *Rapport* sur les opérations des 6e et 7e batteries du 9e d'ar-

abattre quelques arbres, organisa quelques embuscades pour tirailleurs et construisit à la hâte des épaulements sommaires pour abriter les mitrailleuses (1). Le 13ᵉ bataillon de chasseurs, désigné pour servir de soutien à l'artillerie, se fractionna en trois groupes ; l'un se plaça à l'extrême gauche, à la lisière du bois de la Garenne, un autre à droite, derrière une sorte de talus naturel ; le reste se tint en réserve en arrière. Des tirailleurs furent placés en avant des batteries, sur les pentes descendant vers Givonne (2).

La 3ᵉ division reçut l'ordre de se masser derrière la 1ʳᵉ (3).

La 4ᵉ division se rassembla à droite de la 1ʳᵉ, au Nord du coude que dessine, à l'Ouest de Daigny, la route de Givonne à Sedan (4). La 1ʳᵉ brigade, le 1ᵉʳ bataillon du 3ᵉ Tirailleurs et l'artillerie furent bientôt envoyés sur la rive gauche de la Givonne ; les IIᵉ et IIIᵉ bataillons du 3ᵉ Tirailleurs se mirent derrière le 2ᵉ de marche.

La 2ᵉ division se forma sur deux lignes, par brigades successives, à l'Ouest et au Sud-Ouest de la

---

tillerie. Les débris de la 6ᵉ batterie avaient été employés à former une section qui compléta la 7ᵉ du 9ᵉ réduite, depuis le 6 août, à 5 pièces.

(1) *Rapport* sur la part que le génie de la 1ʳᵉ division du 1ᵉʳ corps a prise à la bataille de Sedan.

(2) *Historique* manuscrit du 13ᵉ bataillon de chasseurs.

(3) *Journal* des marches et opérations du 1ᵉʳ corps, par le commandant Corbin.

(4) *Journal* des marches et opérations du 1ᵉʳ corps, par le commandant Corbin; *Notes* du colonel Robert. Ces deux documents sont un peu contradictoires en ce qui concerne les emplacements de la 4ᵉ division. Les *Notes* du capitaine Achard confirment la version du colonel Robert. D'après l'*Historique* du 2ᵉ de marche, la 2ᵉ brigade de la 4ᵉ division aurait été placée à l'extrême gauche du 1ᵉʳ corps, ce qui est contraire aux trois documents précités et au *Rapport* du colonel commandant le 3ᵉ Tirailleurs.

cote 256, sa droite vers la cote 244 (1); ses batteries $\left(\dfrac{9^e, 10^e, 12^e}{9^e}\right)$ s'établirent au Sud de la cote 256 couvertes par quelques épaulements rapides (2).

A leur droite vinrent se placer deux batteries montées de 4 de la réserve : les 11ᵉ et 5ᵉ du 9ᵉ (3), encadrant une batterie de 12, la 11ᵉ du 6ᵉ, celle-ci renforcée presque aussitôt par une section de l'autre batterie de 12, la 12ᵉ du 6ᵉ (4). Les autres batteries de la réserve $\left(\dfrac{2^e, 3^e, 4^e}{20^e}\right)$ (5) et trois pièces de la 12ᵉ du 6ᵉ demeurèrent en arrière, abritées par un pli de terrain.

Quatre compagnies du 16ᵉ bataillon de chasseurs et quatre du 78ᵉ de ligne furent placées en avant de l'artillerie sur les pentes boisées qui font face à Daigny, l'une d'elles déployée en tirailleurs à la lisière (6).

La *division de cavalerie* Michel du 1ᵉʳ corps, moins la brigade de Septeuil (7), vint se masser en arrière et à gauche de la 2ᵉ division dans le vallon qui s'ouvre au Nord de la cote 207 (8). La brigade de cavalerie de

---

(1) *Journal* des marches et opérations du 1ᵉʳ corps d'armée, par le commandant Corbin.

(2) *Rapport* du lieutenant-colonel Cauvet commandant l'artillerie de la 2ᵉ division; *Historique* du 9ᵉ régiment d'artillerie, p. 286.

(3) La 11ᵉ du 9ᵉ ne comprenait que 3 pièces.

(4) *Rapport* sommaire sur la part prise à la bataille de Sedan par la réserve d'artillerie du 1ᵉʳ corps; *Rapports* des capitaines commandant les 5ᵉ et 11ᵉ batteries du 9ᵉ; *Rapport* du capitaine commandant la 12ᵉ batterie du 6ᵉ. La 12ᵉ du 6ᵉ ne possédait que 5 pièces.

(5) La 1ʳᵉ du 20ᵉ était arrivée à Mézières, le 31, à 5 heures du soir.

(6) *Historique* de la 2ᵉ division du 1ᵉʳ corps. *L'Historique* du 16ᵉ bataillon de chasseurs n'indique pas les numéros de ces compagnies. L'*Historique* du 78ᵉ de ligne parle de six pelotons employés comme soutien de l'artillerie.

(7) La brigade de Septeuil, séparée de sa division, avait bivouaqué au Nord de Sedan, près du bois de la Garenne.

(8) *Rapport* du général Michel, daté de Versailles, 8 septembre 1879;

Septeuil s'était rassemblée entre la lisière Sud du bois de la Garenne et la ferme du même nom.

A peine la 4e division avait-elle pris sa formation de rassemblement, que, de sa propre initiative, le général Ducrot prescrivit au général de Lartigue de se porter, à la hâte, avec sa 1re brigade et l'artillerie divisionnaire sur la rive gauche de la Givonne et « d'occuper les plateaux et les bois qui dominent Daigny à l'Est » (1). Le 3e régiment de zouaves prit la tête de colonne et se dirigea sur Daigny, suivi des 7e, 10e et 11e batteries du 12e, puis du 56e de ligne et enfin du 1er bataillon de chasseurs. Le 1er bataillon du 3e Tirailleurs, qui avait été laissé en grand'garde la veille au soir, sur les hauteurs à l'Est de Givonne et qui se disposait à rallier le régiment, reçut l'ordre de prendre position au Nord-Est de Daigny (2). Le reste de la 2e brigade de la 4e division resta sur ses positions, à l'abri des crêtes, sur deux lignes, la première constituée par les trois bataillons accolés du 2e régiment de marche; la seconde par les IIe et IIIe bataillons du 3e Tirailleurs formés en colonne à demi-distance par peloton (3).

Tandis que la 3e division était en marche pour aller s'établir derrière la 1re, le général Lebrun fit demander du renfort au général Ducrot. Le commandant du 1er corps dirigea immédiatement sur Balan la 1re brigade de la 3e division (4). Celle-ci se trouva donc réduite à deux régiments: le 48e de ligne et le 2e Tirailleurs algériens (5).

---

la division de cavalerie du 12e corps était, comme on l'a vu, à sa droite. (Voir p. 11).

(1) *Journal* du colonel d'Andigné.
(2) *Souvenirs* du capitaine Peloux, qui fut chargé de conduire ce bataillon à son nouvel emplacement.
(3) *Historique* manuscrit du 3e régiment de Tirailleurs.
(4) *Rapport* du général commandant la 1re brigade de la 3e division, daté de Versailles, 18 mai 1871.
(5) L'artillerie de la 3e division avait bivouaqué près de Saint-Menges.

7ᵉ corps.

Le 7ᵉ corps occupait les hauteurs qui s'étendent depuis Floing jusqu'au bois de la Garenne et qui sont parcourues par le chemin de Floing à Givonne. Il y avait bivouaqué dans la nuit du 31 août au 1ᵉʳ septembre et exécuté quelques travaux de campagne.

En première ligne se trouvaient : à droite, la 3ᵉ division (Dumont); à gauche, la 2ᵉ division (Liébert), dont une fraction était disposée en potence face à l'Ouest. La 1ʳᵉ division (Conseil Dumesnil) était en seconde ligne, ainsi que cinq batteries de la réserve.

Les escadrons disponibles de la division de cavalerie Ameil avaient été réunis à l'Est de l'Algérie. Avant le jour, une reconnaissance fournie par le 3ᵉ escadron du 4ᵉ lanciers et commandée par le sous-lieutenant Costa de Beauregard, avait été envoyée sur le front Floing, Saint-Menges, Illy. Elle rentra vers 7 h. 30, sans avoir eu connaissance de l'ennemi (1).

Dans le détail, les emplacements des divers éléments du corps d'armée étaient les suivants :

3ᵉ *division*, par brigades accolées : la 1ʳᵉ (2) ayant sa droite au pied des pentes que surmonte le calvaire d'Illy, dans une sorte d'avancée du bois de la Garenne, un peu au Nord de la bifurcation des chemins qui viennent de Floing et de Cazal; sa gauche, formée du Iᵉʳ bataillon du 52ᵉ, occupant le petit bois situé à 500 mètres environ à l'Ouest de cette bifurcation; la 2ᵉ brigade (3), à gauche

---

(1) *Notes* adressées à la Section Historique par M. le général Heurtault de Lammerville.

(2) Régiments accolés, 52ᵉ à gauche, 72ᵉ à droite. Les 2ᵉ 4ᵉ, 5ᵉ compagnies du IIᵉ bataillon du 52ᵉ étaient soutien de la réserve d'artillerie du 7ᵉ corps.

(3) Régiments accolés, 82ᵉ à droite, à 83ᵉ à gauche. La 2ᵉ brigade

de la 1re, jusques et y compris un second petit bois à 400 mètres à l'Ouest du premier, en liaison avec la division Liébert (1). De l'artillerie divisionnaire, une seule batterie était présente, la 10e (à balles) du 6e qui se trouvait près du premier petit bois ; les deux autres, 8e et 9e du 6e étaient encore au Nord-Ouest de la ferme de la Garenne (2). Les 2e et 3e escadrons du 4e lanciers étaient derrière le centre de la division.

2e *division*, par brigades successives. A la 1re, le 5e de ligne appuyant sa droite au second petit bois avait ses trois bataillons déployés sur une seule ligne en arrière de l'artillerie parallèlement au chemin de Floing, sa gauche se prolongeant au delà de l'auberge le Terme. Deux compagnies de chacun des Ier et IIe bataillons étaient en tirailleurs. Quatre compagnies du IIIe bataillon (3) occupaient des tranchées-abris creusées sur les pentes à 200 mètres environ en avant de la crête. Le 37e de ligne avait son Ier bataillon dans le petit bois et les jardins situés à l'Ouest et au Nord de la cote 238, deux compagnies en tirailleurs dans des tranchées-abris. Ses IIe et IIIe bataillons étaient en potence, leurs compagnies de tirailleurs suivant la crête du plateau, face à l'Ouest, surveillant les prairies de la Meuse et les débouchés Sud de Floing (4). Les 53e et 89e de ligne, constituant la 2e brigade, furent établis à 150 mètres seulement en

---

ne comptait que cinq bataillons : trois du 82e, et les IIe et IIIe du 83e. Le Ier du 83e avait été affecté à la défense des remparts de Sedan.

(1) *Rapport* du général Douay, daté de Sedan, 3 septembre 1870 ; *Historiques* des 1re et 2e brigades de la 3e division.

(2) *Rapport* du lieutenant-colonel commandant l'artillerie de la 3e division ; *Rapports* des capitaines commandant les 8e et 10e batteries du 6e ; *Historique* manuscrit du 6e d'artillerie.

(3) D'après l'*Historique* manuscrit du 5e de ligne. Le *Rapport* du général Liébert mentionne deux compagnies.

(4) Les Ier et IIe bataillons du 37e, envoyés la veille au bois du Hattoy (cote 260 au Nord de Floing), avaient été rappelés, entre 6 heures et

arrière de la 1re, en colonnes par division à distance de déploiement. Le 6ᵉ bataillon de chasseurs (1), en colonne serrée en masse, et les 3ᵉ et 4ᵉ escadrons du 4ᵉ hussards, formant dans la pensée du général Liébert, la réserve de la division, se placèrent derrière la seconde ligne, vis-à-vis de l'intervalle des régiments qui la composaient (2).

La batterie de canons à balles de la division, 12ᵉ du 7ᵉ, prit position au Nord de la cote 238, avec mission de battre les hauteurs du Hattoy. Quant aux deux batteries de 4, 8ᵉ et 9ᵉ du 7ᵉ, elles étaient égarées depuis la veille et combattirent avec le 12ᵉ corps au Nord de Balan. Aussi le général Douay fit-il mettre à la disposition de la 2ᵉ division une batterie de 4 de la réserve, la 8ᵉ du 12ᵉ (3).

1re *division*, réduite à 4,500 fusils, derrière la 3ᵉ, dans la partie supérieure du vallon suivi par le chemin de Cazal à Illy, sa droite appuyée au bois de la Garenne. Les 5ᵉ et 6ᵉ escadrons du 4ᵉ hussards lui étaient adjoints (4).

Division de cavalerie à l'Est de Cazal, près du cimetière.

---

7 heures du matin, par le général Douay qui jugeait leur position trop avancée.

(1) Moins une compagnie, soutien de la batterie de canons à balles de la division.

(2) *Rapport* du général Liébert, daté de Neuwied, 6 octobre 1871 ; *Rapport* du général commandant la 2ᵉ brigade de la 2ᵉ division du 7ᵉ corps ; *Historiques* manuscrits des corps de la 2ᵉ division.

(3) *Rapport* du général Liébert ; *Rapport* sur les opérations des 8ᵉ, 9ᵉ, 12ᵉ batteries du 7ᵉ ; *Rapport* du capitaine commandant la 8ᵉ batterie du 12ᵉ. Il n'a pas été possible de préciser l'emplacement de cette batterie.

(4) *Rapport* du général Saint-Hilaire, daté de Sedan, 3 septembre ; *Notes* sur les opérations de la 1re division du 7ᵉ corps, par le capitaine Mulotte.

Réserve d'artillerie : la 12ᵉ batterie (de 4) du 12ᵉ, les 7ᵉ et 10ᵉ (de 12) du 7ᵉ en arrière de la crête occupée par les 2ᵉ et 3ᵉ divisions, à l'Est de l'auberge le Terme ; les 3ᵉ et 4ᵉ batteries à cheval du 19ᵉ, d'abord placées sur cette crête et exposées au feu des batteries adverses de la rive gauche de la Meuse, allèrent s'abriter dans le vallon au Nord de l'Algérie (1).

Une partie de la réserve d'artillerie du 12ᵉ corps séparée de celui-ci, était venue camper dans la soirée du 31 août, sur les hauteurs entre Floing et Cazal et combattit par hasard avec les troupes du 7ᵉ. Elle fut répartie en deux groupes. L'un composé de trois batteries : la 3ᵉ (de 12) du 8ᵉ et à sa droite, la 12ᵉ (de 4) et la 13ᵉ (à balles) du régiment d'artillerie de marine, sur les pentes au Sud de Floing, près de la route de Sedan à Mézières, face à l'Ouest. L'autre comprenant six batteries : les 10ᵉ et 12ᵉ (de 4) du 14ᵉ, la 3ᵉ (de 4) du 4ᵉ, la 11ᵉ (de 4) du régiment d'artillerie de marine, les 12ᵉ et 6ᵉ (de 4) du 10ᵉ, auxquelles s'étaient jointes trois pièces de la 10ᵉ du 10ᵉ, était à l'Est de la cote 238, face au Nord (2), et, suivant toute apparence, en avant du 5ᵉ de ligne.

Les compagnies divisionnaires du génie (2ᵉ, 3ᵉ, 4ᵉ du 2ᵉ régiment) étaient auprès de l'artillerie de leur division ; la 12ᵉ compagnie du 2ᵉ, réserve du corps d'armée, se tenait au centre et en arrière de la première ligne, à la

---

(1) *Rapports* des capitaines commandant les 3ᵉ et 4ᵉ batteries du 19ᵉ.

(2) *Journal* de marche des 6ᵉ et 12ᵉ corps ; *Historiques* manuscrits des régiments d'artillerie précités ; *Historique* manuscrit du 5ᵉ de ligne ; *Notes* du général Reibell, du 7 avril 1904. Le capitaine commandant la 5ᵉ batterie du 10ᵉ, dont les canons avaient été perdus à la bataille de Beaumont, fut mis à la disposition du général Labastie, commandant l'artillerie du 6ᵉ corps, et ses lieutenants employés au service des batteries de la place de Sedan. Les trois autres pièces de la 10ᵉ batterie du 10ᵉ, sous les ordres du maréchal des logis Cathala, restèrent à la porte de Balan et tirèrent toute la journée, jusqu'à épuisement complet de leurs munitions.

disposition du général commandant le génie. Le général Douay ayant jugé utile, après avoir visité les positions occupées par le 7ᵉ corps, de relier, par des tranchées-abris, les deux petits bois au Nord-Est du Terme et le bois de la Garenne, trois des compagnies du génie (3ᵉ, 4ᵉ, 12ᵉ du 2ᵉ) furent immédiatement chargées de l'exécution de ce travail. Pendant ce temps, la 2ᵉ compagnie élevait à la lisière du petit bois le plus oriental un épaulement rapide destiné à abriter la batterie de canons à balles de la 1ʳᵉ division (1).

5ᵉ corps.

D'une manière générale, le 5ᵉ corps avait été désigné pour rester en réserve au Vieux Camp, au Nord-Est de la ville.

La 1ʳᵉ division (Goze) qui s'était d'abord rassemblée sur les emplacements mêmes de ses bivouacs, dans les fossés et sur les glacis voisins de la porte de Balan, reçut, dès 5 heures du matin, des projectiles qui l'obligèrent à se porter, vers 7 heures, plus à l'Est, au Nord de Fond de Givonne, près d'un ancien redan. Le 11ᵉ de ligne et le Iᵉʳ bataillon du 46ᵉ qui avaient passé la nuit à Balan continuèrent à occuper ce village. Les trois bouches à feu restantes de la batterie de canons à balles de la division, 7ᵉ du 6ᵉ, prirent position sur les pentes au-dessous du redan, face à Bazeilles (2).

La 2ᵉ division (de L'Abadie), mise à la disposition du

---

(1) *Rapport* du lieutenant-colonel Béziat, chef d'état-major du génie du 7ᵉ corps, daté de Coblentz, 15 septembre 1870.

(2) *Journal* de marche de la 2ᵉ brigade de la 1ʳᵉ division du 5ᵉ corps; *Rapport* du chef d'escadron commandant en second l'artillerie de la 1ʳᵉ division du 5ᵉ corps, daté de Mayence, 19 octobre; *Rapport* du capitaine commandant la 7ᵉ batterie du 6ᵉ; *Historiques* manuscrits des 11ᵉ et 46ᵉ de ligne.

7ᵉ corps, avait campé sur les hauteurs au Nord-Est de Cazal, et vint se déployer sur deux lignes, à 800 mètres à l'Ouest de la ferme de la Garenne, face au Vieux Camp. En première ligne était la fraction du 22ᵉ, commandée par le lieutenant-colonel et rattachée provisoirement à la 2ᵉ division (1), le 49ᵉ et le 88ᵉ, ce dernier détachant son IIIᵉ bataillon au cimetière de Cazal ; en seconde ligne, le 14ᵉ bataillon de chasseurs et la 8ᵉ batterie du 2ᵉ (2).

La 3ᵉ division (Guyot de Lespart) était répartie au Nord de Sedan, le long des chemins couverts ; son artillerie prit position au Nord de Fond de Givonne, face à Balan, mais ne put tirer, gênée par les troupes qui se trouvaient devant elle (3).

La division de cavalerie, qui avait bivouaqué près de Fleigneux, n'ayant reçu aucun ordre, se dirigea sur Sedan, afin de rallier le 5ᵉ corps. Mais, n'y étant pas parvenue, elle revint vers le calvaire d'Illy (4).

La réserve d'artillerie fut fractionnée en deux groupes. L'un formé par les deux batteries de 12 (11ᵉ du 10ᵉ, 11ᵉ du 14ᵉ) comptant sept pièces au total (5), et la 6ᵉ (de 4) du 2ᵉ réduite à quatre pièces, s'établit le long du parapet

---

(1) Le 22ᵉ appartenait à la 1ʳᵉ brigade de la 1ʳᵉ division du 12ᵉ corps. L'autre fraction du 2²ᵉ était à l'Ouest de La Moncelle, vers la cote 194.

(2) *Journal* de marche de la 2ᵉ division du 5ᵉ corps ; *Historique* manuscrit du 88ᵉ de ligne.

La 5ᵉ batterie du 2ᵉ, n'ayant plus qu'une pièce, fut mise à la disposition du général de Beurmann, commandant la place de Sedan, et affectée à la défense de la porte de Paris. (*Rapport* du capitaine commandant.)

(3) *Rapport* du colonel commandant le 17ᵉ de ligne ; *Journal* de marche de l'artillerie du 5ᵉ corps.

(4) *Rapport* sur les marches et opérations de la division de cavalerie du 5ᵉ corps, daté de Mayence, 27 septembre 1870 ; *Rapport* du général de Bernis, daté de Hirson, 4 septembre 1870.

(5) 11ᵉ du 10ᵉ : 6 pièces, 11ᵉ du 14ᵉ : 1 pièce.

du Vieux Camp, face aux hauteurs de Floing. L'autre, composé de la 10ᵉ (de 4) du 2ᵉ et des deux batteries à cheval (5ᵉ et 6ᵉ du 20ᵉ) prit, en arrière, une position d'attente (1). Les compagnies du génie divisionnaires furent affectées, comme soutien, à la réserve d'artillerie.

Réserve de cavalerie.

Division Margueritte. — Sur deux lignes, au Sud-Est d'Illy, face à l'Est, la droite au bois de la Garenne. La première ligne était composée des 6ᵉ chasseurs, 3ᵉ et 1ᵉʳ chasseurs d'Afrique, déployés; la deuxième, du 4ᵉ chasseurs d'Afrique et du 1ᵉʳ hussards en colonne derrière les ailes. Sa batterie à cheval, 2ᵉ du 19ᵉ, était au calvaire d'Illy (2).

Avant le jour, trois petits pelotons commandés par des officiers, furent envoyés par le général Margueritte dans différentes directions. L'un d'eux, composé de chasseurs d'Afrique, se trouva à 5 heures du matin, près de Francheval, en présence d'une quinzaine de cavaliers ennemis qui se replièrent. Ils furent remplacés ensuite par de l'infanterie avec du canon. L'officier de chasseurs d'Afrique put apercevoir, d'un point élevé, des colonnes profondes d'infanterie et d'artillerie venant de la direction de Mouzon (3). Les 1ᵉʳ et 2ᵉ escadrons du 1ᵉʳ hussards furent envoyés, au jour, en reconnaissance, l'un sur Givonne, l'autre sur Floing et revinrent,

---

(1) *Journal* de marche de l'artillerie du 5ᵉ corps.
(2) *Historiques* manuscrits du 6ᵉ chasseurs et du 1ᵉʳ hussards; *Rapport* du capitaine commandant la 2ᵉ batterie du 19ᵉ. On trouve dans la *Vie militaire* du général Ducrot, une formation différente. (*Récit* d'un officier d'ordonnance du général Ducrot, t. II, p. 410).
(3) *Rapport* du général de Galiffet, daté de Torcy, 2 septembre 1870 (*Revue historique*, 1885, p. 102).

une heure après, prendre leur place de bataille sans rapporter d'autres renseignements (1).

Division Bonnemains. — Dans le vallon qui s'ouvre au Sud de la cote 238, à l'Ouest de Cazal. Sa batterie à cheval, 7º du 19º, resta auprès d'elle. Vers 7 heures, le général Bonnemains, prévenu de l'approche d'un gros de cavalerie ennemie vers Donchery, envoya à sa rencontre le 2º escadron du 1ᵉʳ cuirassiers, puis le 3º escadron, enfin le régiment tout entier qui vint se déployer à l'Ouest de Floing. Un peloton du 3ᵉ cuirassiers se porta sur Saint-Menges. Il n'existe aucune trace des renseignements rapportés par ces reconnaissances (2).

Place de Sedan.

La garnison proprement dite de la place de Sedan se composait : du dépôt du 3ᵉ régiment de cuirassiers (290 hommes, 394 chevaux), d'un détachement de 35 canonniers, de 1,300 gardes nationaux mobiles qui n'étaient ni instruits ni habillés, de 500 gardes nationaux sédentaires, de 175 artilleurs de la garde nationale, enfin de 200 pompiers ; au total : 2,500 hommes, 394 chevaux (3). L'effectif assigné pour la défense de la place était de 6,000 hommes (4).

Pour compenser cette différence et le défaut d'instruction de la garnison, un certain nombre de fractions furent désignées pour l'occupation des ouvrages et des remparts. La porte de Paris et ses abords furent gardés par un détachement de 360 zouaves du 3ᵉ régiment amenés de

---

(1) *Historique* manuscrit du 1ᵉʳ hussards.
(2) *Journal* de marche de la 2ᵉ division de cavalerie de réserve ; *Historiques* manuscrits des 1ᵉʳ et 3ᵉ cuirassiers ; *Rapport* du chef d'escadron Astier, commandant l'artillerie de la division.
(3) *Rapport* du commandant du génie de la place de Sedan.
(4) *Ibid.*

Mézières la veille par le capitaine de Sesmaisons. Le Ier bataillon du 83e fut chargé de la défense des remparts : les 1re, 3e et 4e compagnies au faubourg de Torcy, aux portes de Glaire et de Paris ; la 5e à la porte de Balan et dans les ouvrages qui dominent le faubourg ; la 6e dans la citadelle (1). La 1re batterie du 10e d'artillerie, arrivée à Sedan le 30 août, était fractionnée en deux groupes : 60 hommes servaient l'artillerie du front Est de la place (2); 35 les bouches à feu du front Sud (3). Une demi-batterie du 13e d'artillerie se trouvait sur les remparts de l'enceinte de Torcy et au bastion dit d'Asfeld (4). Enfin deux compagnies du génie : la 4e et la 11e du 3e régiment étaient affectées à la défense des ouvrages.

Tels sont les emplacements de l'armée de Châlons le 1er septembre au matin. Elle est déployée d'avance contre un ennemi qui n'a pas encore paru. Elle forme un bloc sans articulation, sans avant-gardes, sans avant-postes de combat, sans débouchés, sans retraite assurée vers l'intérieur du pays, sans autre issue que la place même de Sedan. La pensée du maréchal de Mac-Mahon flotte, incertaine, entre plusieurs partis. Les commandants de corps d'armée n'ont d'instructions, ni pour un mouvement, ni pour une bataille. Les troupes sont fatiguées par les marches des journées précédentes et par les privations de toute sorte. Elles sentent confusément

---

(1) La 2e compagnie en réserve près de la sous-préfecture.

(2) Quatre canons de 24 (dont 2 rayés) destinés à contrebattre les batteries établies sur les hauteurs de Remilly et de Wadelincourt ; deux canons de 12 rayé de siège et un obusier de 22 destinés à battre la route de Bazeilles ; un canon de 24 et trois mortiers destinés à battre le Fond de Givonne et le calvaire d'Illy.

(3) Bouches à feu de 12 rayé de siège destinées à contrebattre l'artillerie ennemie établie sur les hauteurs de Frénois. (*Historique* manuscrit du 10e régiment d'artillerie.)

(4) *Historique* manuscrit du 13e régiment d'artillerie.

chez le général en chef l'absence d'une volonté directrice et sont, en partie, démoralisées avant d'avoir combattu. Mais elles sauront se ressaisir dès le début de la bataille et sauver du moins l'honneur des armes.

CHAPITRE II

Les premiers combats sur la Givonne.

§ 1er. — *Engagement du Ier corps bavarois à Bazeilles.*

Dans le courant de la nuit, le général von der Tann avait reçu, à Angécourt, l'ordre du prince royal de Prusse prescrivant au Ier corps bavarois de contenir l'adversaire et de combiner son action avec celle de l'armée de la Meuse.

Il se rendait en conséquence à Aillicourt à 3 heures du matin afin de hâter le plus possible le passage de la Meuse. Moins d'une heure après, la *1re* brigade d'infanterie à droite commençait à franchir la rivière sur le pont de bateaux jeté la veille. Les troupes les plus avancées de la 2e brigade utilisaient, en même temps, à gauche, le viaduc du chemin de fer; le reste conservait ses emplacements sur la hauteur de Pont-Maugis.

Un brouillard épais favorisait l'opération. De plus, contrairement aux ordres du général Lebrun, le détachement qui devait garder le pont du chemin de fer et les avant-postes placés en amont et en aval sur la rive droite de la Meuse, s'étaient repliés pendant la nuit sur le village (1) sauf la 14e compagnie du 3e régiment. La 4e compagnie du 9e bataillon de chasseurs, qui marchait en tête de la colonne de gauche, pénètre dans la grande rue de

---

(1) Renseignements adressés à la Section Historique, le 10 mars 1904, par M. le général Le Lorrain.

Bazeilles sans être vue et sans rencontrer d'abord aucune résistance, mais bientôt la fusillade de la 4ᵉ compagnie du 3ᵉ régiment d'infanterie de marine embusquée derrière une barricade et dans les maisons voisines l'oblige à se rejeter dans les ruelles latérales.

Le 3ᵉ régiment d'infanterie de marine se répartit rapidement dans les maisons du village. De leur côté, les chasseurs bavarois sont renforcés par six compagnies des Iᵉʳ et IIIᵉ bataillons du 2ᵉ régiment d'infanterie : la 2ᵉ se porte contre la villa Beurmann au point d'intersection de la route de Sedan et du chemin de Daigny ; la 3ᵉ et la 4ᵉ se glissent dans les jardins qui bordent Bazeilles au Nord-Ouest ; les 10ᵉ et 11ᵉ pénètrent dans la partie orientale ; la 12ᵉ cherche à venir en aide au Iᵉʳ bataillon à l'Ouest de la grande rue.

La lutte acquiert immédiatement une violence extrême ; de part et d'autre, les liens tactiques se rompent au milieu des engagements confus dont chaque maison est le théâtre. A plusieurs reprises, des fractions du 3ᵉ régiment d'infanterie de marine exécutent, en partant de la villa Beurmann, des retours offensifs dans la grande rue qui reste cependant en partie au pouvoir des Bavarois.

Pendant ce temps, la colonne de droite avait traversé le pont de bateaux d'Aillicourt. Le 2ᵉ bataillon de chasseurs, qui tenait la tête, se porte à son tour sur Bazeilles ; le IIᵉ bataillon du 1ᵉʳ régiment d'infanterie occupe la gare située sur la rive gauche de la Givonne ; le reste des troupes de la 1ʳᵉ brigade se rassemble au Sud du village.

Vers 4 heures du matin, le général von der Tann avait reçu du commandant en chef de l'armée de la Meuse l'avis qu'il se porterait à 4 h. 45 sur Villers-Cernay, Francheval et La Moncelle et qu'une division du IVᵉ corps marcherait sur Remilly, afin de soutenir ce mouvement. Le général von der Tann décide alors que les fractions de la 2ᵉ brigade encore disponibles à Remilly se porteront sur Bazeilles par le pont de bateaux, et qu'elles seront suivies par la 3ᵉ brigade. La 4ᵉ brigade et les trois bataillons de la 2ᵉ en position sur les hauteurs de Pont-Maugis reçoivent l'ordre de descendre jusqu'à la Meuse et de s'établir : la 4ᵉ brigade au pont de bateaux, les trois bataillons au viaduc du chemin de fer. La brigade de cuirassiers et la réserve d'artillerie doivent conserver provisoirement les emplacements qu'elles occupaient dans la soirée du 31 août (1).

Vers 5 h. 15, le commandant de la 1ʳᵉ brigade prescrit aux quatre bataillons rassemblés au Sud du village d'y pénétrer à leur tour. Le Iᵉʳ bataillon du 1ᵉʳ chemine le long de la lisière orientale de Monvillers ; puis, croyant les Bavarois déjà maîtres de Bazeilles, il pousse sur La Moncelle, dans l'intention de déborder la gauche des Français. Les trois bataillons du régiment du Corps se portent à l'attaque des maisons encore au pouvoir du 3ᵉ régiment d'infanterie de marine dans la partie Sud du village. Mais, à ce moment, se produit un mouvement de recul parmi les troupes bavaroises engagées à l'Ouest de la grande rue. C'était le 2ᵉ régiment d'infanterie de marine qui entrait en ligne.

Quittant l'emplacement de son bivouac, ce régiment s'était porté vers le Sud-Ouest et s'était avancé d'abord jusqu'à 500 mètres environ de la sortie Nord de Bazeilles. Deux bataillons s'étaient déployés entre Bazeilles et Balan face au Sud-Ouest, à cheval sur la route qui réunit les deux localités, le Iᵉʳ au Sud, le IIᵉ au Nord de cette route. Le IIIᵉ bataillon demeurait en réserve. Pendant ce mouvement, les balles étaient arrivées nombreuses et, à plusieurs reprises, le lieutenant-colonel

---

(1) *Historique du Grand État-Major prussien*, 8ᵉ livraison, p. 1088-1092.

Domange avait fait prendre la position du tireur à genou tout en restant lui-même à cheval (1). Puis, le lieutenant-colonel Domange avait fait exécuter une demi-conversion à gauche au Ier bataillon et, se mettant à sa tête, l'avait entraîné à la baïonnette dans la grande rue et dans la partie du village située à l'Ouest. Des fractions du 3e régiment parmi lesquelles la 5e compagnie du IIIe bataillon, s'étaient également lancées à la charge. Le IIIe bataillon du 2e avait remplacé le Ier au Nord de Bazeilles.

Sous cette vigoureuse attaque, les Bavarois cèdent presque partout. La 4e compagnie du 2e régiment, abandonne, après s'y être énergiquement défendue, le saillant Nord-Ouest de Bazeilles. Le major von Sauer, accompagné d'une fraction de la 3e compagnie, qui s'était replié dans une des maisons les plus avancées, est obligé de se rendre après une longue résistance. La 1re compagnie du 2e bataillon de chasseurs est entraînée dans ce mouvement rétrograde et toute la portion occidentale du village est reconquise par les Français. La grande rue tombe également en leur pouvoir. La majeure partie des défenseurs ne se rallie que derrière le remblai du chemin de fer ; le reste est refoulé sur les fractions qui combattent à l'Est de la grande rue (2). Les 9e et 10e compagnies du régiment du Corps, qui venaient précisément d'arriver, parviennent toutefois à se maintenir dans le voisinage du débouché Sud de la grande rue. Les Bavarois s'organisent alors défensivement dans les deux constructions en pierre situées à l'angle de la grande rue au point où elle rejoint la route de Douzy, tandis que les Français

---

(1) *Récit* verbal du sergent Poittevin, un des glorieux survivants de la maison dite des « dernières cartouches. »

(2) Renseignements adressés à la Section Historique : par M. le lieutenant-colonel Brunot, le 16 février 1904 ; par M. le commandant Peloux, le 20 avril 1904 ; par M. le général Sériot, le 13 avril 1904.

occupent les deux rangées de maisons jusqu'au delà de cet angle (1).

A peu près en même temps, les Bavarois étaient obligés d'abandonner les maisons qu'ils avaient occupées dans le secteur Est du village, en raison de l'intervention d'une partie de la brigade Reboul (1er et 4e régiments d'infanterie de marine).

Cette brigade, quittant l'emplacement de ses bivouacs, s'était portée droit devant elle vers le Sud par régiments accolés. Le 4e, à droite, formé d'abord en colonne à distance entière par pelotons, se mit en ligne avec drapeau, jalonneurs, guides généraux, et entama « une marche en bataille, au son de la *Marseillaise* (2) ». Deux compagnies, les 14e et 15e du IIe bataillon, avaient été détachées, dès 4 h. 30 du matin, pour garder la route de Sedan, à côté d'une tuilerie. Au bout d'une centaine de mètres, le régiment s'arrêta. Le Ier bataillon exécuta un changement de front sur l'aile droite, avec toutes les prescriptions réglementaires de l'époque, puis, par une marche en bataille gagna la route de Sedan et s'abrita derrière le remblai. « Quelques officiers montent sur la route et voient l'ennemi à moins de 100 mètres se faufilant à travers les prés et le long des haies ; le cri de : « En avant ! à la baïonnette ! » est poussé, et on s'élance sur les Bavarois..... la plupart se rendent la crosse en l'air (3). »

D'autre part, le IIe bataillon et quatre compagnies du IIIe se portèrent successivement sur Bazeilles, avec un grand élan, franchissant, en tiraillant, les haies et les clôtures et chargeant à la baïonnette partout où ils le

---

(1) *Historique du Grand État-Major prussien*, 8e livraison, p. 1092-1093.

(2) Notes adressées à la Section Historique, le 12 février 1904, par M. le général Pennequin.

(3) *Ibid.*

pouvaient (1). Entraînant des fractions du 3ᵉ régiment, ils poussèrent ainsi jusqu'à l'église dont une compagnie se rendit maîtresse (2). Dans le village, les combats partiels, dégénérant en mêlée, continuaient de plus en plus confus avec le nombre et l'ardeur des combattants, de plus en plus difficiles à reconstituer avec le mélange croissant des unités et l'incertitude des heures. « De plan d'engagement, d'ordres donnés pour la répartition des forces, la distribution des rôles, la division du terrain en secteurs, il n'y en a eu d'aucune sorte et à aucun degré... Les troupes étaient jetées au combat comme du charbon sur un foyer. Chacun a marché pour son compte, suivant ses aspirations, avec les soldats qu'il pouvait grouper autour de lui (3). »

Au moment où les deux dernières compagnies du 4ᵉ régiment allaient pénétrer dans Bazeilles, le capitaine adjudant-major Voyron reçut l'ordre d'en distraire quelques fractions « pour s'opposer au feu de l'infanterie saxonne, soutien des batteries placées sur les hauteurs de la rive gauche de la Givonne (4) ».

Le 1ᵉʳ régiment d'infanterie de marine exécuta d'abord, comme le 4ᵉ, une marche en bataille face au Sud. Mais le Iᵉʳ bataillon seul pénétra dans Bazeilles par la lisière Nord, les IIᵉ et IIIᵉ bataillons appuyèrent vers le Sud-Est

---

(1) D'après le *Journal* de marche de la 3ᵉ division du 12ᵉ corps, le général de Vassoigne aurait détaché, sur la demande d'un officier d'état-major, « le IIIᵉ bataillon du 4ᵉ régiment pour soutenir la division Grandchamp attaquée par les Allemands qui tournent notre gauche ». D'après des *Notes* du général Voyron, alors capitaine adjudant-major de ce bataillon, « quelques fractions » seulement en auraient été distraites « pour s'opposer au feu de l'infanterie saxonne... ».

(2) *Rapport* du capitaine commandant provisoirement le IIᵉ bataillon du 4ᵉ régiment, daté de Sedan, 3 septembre 1870.

(3) *Notes* adressées à la Section Historique, le 10 mars 1904, par M. le colonel Buisson d'Armandy.

(4) *Notes* du général Voyron.

et s'engagèrent ultérieurement aux abords du château de Monvillers (1).

Le IIe bataillon du régiment bavarois du Corps et les fractions qui occupaient le secteur Est du village n'avaient pu résister à ces forces supérieures en nombre et s'étaient repliés peu à peu vers la croisée de la route de Douzy avec celle de Sedan. Les deux constructions en pierre qui s'y trouvaient devenaient le centre de résistance des Bavarois et, par suite, le foyer de l'action.

La lutte s'exaspérait, violente et opiniâtre, pleine d'alternatives et d'épisodes héroïques : les Français échouaient dans plusieurs assauts tentés contre ces maisons ; la 2e compagnie du 2e bataillon de chasseurs subissait des pertes sérieuses dans deux attaques infructueuses contre un vaste bâtiment situé en face. La situation restait indécise sur ce point jusqu'à 7 h. 30 environ. A ce moment, une section de la 3e batterie (de 4) du 1er s'approchait jusqu'à 60 mètres de ce bâtiment et obligeait les défenseurs à l'évacuer.

Le IIe bataillon du régiment du Corps essayait, peu après, d'enlever la villa Beurmann, mais était repoussé par le feu. La section d'artillerie, amenée à proximité, lançait une douzaine d'obus, mais bientôt presque tous ses servants étaient hors de combat. « La lutte se poursuivit, notamment dans la grande rue, sans rien perdre de sa violence et sans aboutir à aucun résultat marqué (2). »

§ 2. — *La brigade Carteret-Trécourt à Balan.*

La 3e division du 1er corps, campée sur les hauteurs à l'Ouest de Givonne, s'était mise en marche vers 6 h. 45

---

(1) *Notes* adressées à la Section Historique : par M. le général Bouguié, par M. le colonel Le Camus, par M. le lieutenant-colonel Recoing.

(2) *Historique du Grand État-Major prussien*, 8e livr., p. 1093-1094.

pour occuper les positions qui lui avaient été assignées, quand, à 6 h. 55, le général Carteret-Trécourt reçut l'ordre de se porter sur Balan avec la 1re brigade pour appuyer l'infanterie de marine (1).

Cette brigade, forte de 2,900 hommes environ (2) se dirigea, par la dépression de terrain au Nord de la cote 207 et en passant à l'Est de Fond de Givonne, vers le vallon coté 187 qui s'ouvre sur la Meuse à l'Est de Balan. Elle était formée en colonne par peloton à distance entière. Le général Carteret-Trécourt, prenant les devants, rencontra le général de Vassoigne près de Balan, et se mit à sa disposition. Il lui fut prescrit de former la réserve de la division d'infanterie de marine, tout entière engagée à ce moment. Le général Carteret-Trécourt rejoignit sa brigade qu'il trouva un peu en désordre. Le 36e de ligne avait été coupé par des voitures et de la cavalerie; puis la colonne avait été en butte aux feux des batteries bavaroises de la rive gauche de la Meuse (3) et avait subi des pertes, parmi lesquelles le colonel Beaudoin du 36e. Les Ier et IIe bataillons de ce régiment avait pris alors le pas gymnastique pour s'abriter dans le chemin creux qui conduit à Balan en passant par la cote 215. Le IIIe bataillon s'en trouva séparé; deux de ses compagnies appuyèrent vers le Sud-Est et se joignirent au 22e de la division Lacretelle du 12e corps.

Le général Carteret-Trécourt forma sa brigade sur deux lignes au Nord-Est de Balan en la dissimulant complètement des vues de l'ennemi sur le revers Ouest de la croupe cotée 215 ; ce temps d'arrêt permit au 36e de réunir deux bataillons et demi (4).

---

(1) *Rapport* du général commandant la 1re brigade de la 3e division, daté de Villeneuve-l'Étang, 18 mai 1871.

(2) 8e bataillon de chasseurs : environ 450 hommes ; 2e zouaves : environ 1,000 hommes ; 36e de ligne : environ 1,450 hommes.

(3) Voir p. 36.

(4) *Rapport* du général commandant la 1re brigade de la 3e division

§ 3. — *Le combat à Bazeilles jusqu'à 9 heures.*

Sur ces entrefaites, les fractions d'infanterie de la 2ᵉ brigade bavaroise encore disponibles (1) avaient franchi la Meuse au pont de bateaux de Remilly et s'étaient dirigées sur Bazeilles. Vers 8 h. 15, le 4ᵉ bataillon de chasseurs faisait sa jonction, sur la face Ouest du parc Dorival, avec le 2ᵉ bataillon qui avait quitté le combat sous prétexte de « remplacer ses munitions presque complètement épuisées (2) ». Le IIᵉ bataillon du 2ᵉ régiment d'infanterie s'était établi défensivement à l'angle Sud-Ouest de Bazeilles dans quelques maisons de construction solide et avait résisté à toutes les tentatives que l'infanterie de marine avait faites pour l'en déloger. Le IIIᵉ bataillon du régiment du Corps qui s'était maintenu jusque-là près du débouché Sud du village, pénétrait alors par une rue latérale jusque sur la place du Marché, sous les murs mêmes de l'église, mais ne pouvait progresser au delà.

Entre les Bavarois engagés dans la portion Sud de Bazeilles et la gauche des Saxons en marche sur la Moncelle, des fractions du 3ᵉ régiment d'infanterie de marine, renforcées par les IIᵉ et IIIᵉ bataillons du 1ᵉʳ continuaient à se maintenir dans le parc de Monvillers. Le général von der Tann confia à la tête de colonne de la 2ᵉ division la mission d'enlever ce point d'appui et de faire disparaître ainsi la solution de continuité entre le Iᵉʳ corps bavarois et le XIIᵉ.

---

du 1ᵉʳ corps ; *Rapport* du chef de bataillon commandant le 8ᵉ bataillon de chasseurs, daté de Wiesbaden, 25 septembre 1870 ; *Historiques* manuscrits du 36ᵉ de ligne et du 2ᵉ zouaves.

(1) 4ᵉ bataillon de chasseurs, 2ᵉ régiment d'infanterie.
(2) *Historique du Grand État-Major prussien*, 8ᵉ livraison, p. 1094.

Cette division avait franchi la Meuse sur le pont de bateaux et atteint la gare de Bazeilles à 6 h. 45 environ. Le 1ᵉʳ bataillon de chasseurs, marchant en tête de la 3ᵉ brigade, remonte le long de la lisière orientale du village jusqu'à hauteur du château de Monvillers et jette une compagnie et demie dans le parc par une brèche de la muraille. Les tirailleurs français postés aux abords du château sont refoulés et les Bavarois s'avancent jusqu'au bras occidental de la Givonne. Par suite d'un malentendu, le reste du 1ᵉʳ bataillon de chasseurs avait continué sur La Moncelle; il avait été suivi par les deux bataillons du 3ᵉ régiment d'infanterie, pendant que ceux du 12ᵉ restaient encore en réserve à l'Est de Monvillers.

Bientôt l'action devint tellement vive entre Bazeilles et La Moncelle que, vers 7 h. 45, le 12ᵉ régiment s'y porta également. Le Iᵉʳ bataillon vient garnir en partie les haies de la partie Nord du parc de Monvillers et se relie par sa droite au 3ᵉ régiment en marche sur La Moncelle. Le IIᵉ bataillon du 12ᵉ s'embusque sur la lisière Nord-Ouest du parc entre les compagnies du Iᵉʳ bataillon; la 7ᵉ compagnie reste seule en réserve derrière le château.

De son côté, le Iᵉʳ bataillon du régiment du Corps traversait, sans rencontrer grande résistance, la partie orientale de Bazeilles où il laissait une compagnie, et pénétrait de même dans le parc, au moyen d'une brèche ouverte par les pionniers dans le mur qui en borde la lisière Sud. Une partie de ce bataillon renforce les chasseurs; l'autre se joint à des fractions du 12ᵉ (1).

« Mais on avait devant soi d'épaisses lignes de tirailleurs français bien postés à couvert, de sorte qu'on ne pouvait faire des progrès marqués au delà du parc. Dans Bazeilles aussi, le combat continuait toujours,

---

(1) *Historique du Grand État-Major prussien*, 8ᵉ livraison, p. 1096.

acharné et indécis. Tous les efforts des Bavarois pour sortir de la grande rue venaient se briser contre l'opiniâtre résistance de la villa Beurmann et des autres points d'appui de la défense (1). »

Les péripéties de la lutte dans le village avaient produit, de part et d'autre, un mélange complet des unités. Vers 8 h. 45, les trois premières brigades bavaroises se trouvaient presque totalement dispersées en tirailleurs ; la 3e elle-même, entrée en ligne la dernière, n'avait plus que quelques compagnies intactes. La situation était semblable à la division de Vassoigne dont seules les unités qui combattaient entre Bazeilles et Balan étaient encore en ordre (2).

Des deux côtés, il y avait une brigade en réserve. La 4e brigade bavaroise avait quitté Remilly en deux colonnes dès l'arrivée en ce point de la 8e division prussienne. Le 7e bataillon de chasseurs, les Ier et IIe bataillons du 10e, la VIIIe batterie et le 4e régiment de chevau-légers, avaient franchi la Meuse sur les ponts de bateaux et s'étaient formés en réserve sur la rive droite de la Givonne, au Sud de Bazeilles. Vers 7 h. 45, les chasseurs se rapprochaient de la partie Sud-Ouest du village pour appuyer les troupes engagées sur ce point. D'autre part, le IIIe bataillon du 10e, les Ier et IIe du 13e et la 4e batterie s'étaient rassemblés tout d'abord sur la rive gauche de la Meuse, près du viaduc du chemin de fer. La batterie ouvrait le feu sur Bazeilles. Vers 8 h. 15, ces troupes passaient la Meuse et s'avançaient le long du chemin de fer (3).

---

(1) *Historique du Grand État-Major prussien*, 8e livraison, p. 1096.
(2) *Notes* du général Bouguié, du colonel Heiligenmayer, du capitaine Dehousse ; *Rapport* du capitaine commandant provisoirement le IIe bataillon du 4e régiment d'infanterie de marine.
(3) *Historique du Grand État-Major prussien*, 8e livraison, p. 1098.

La brigade de cuirassiers était restée à Angécourt.

Du côté des Français, la brigade Carteret-Trécourt conservait sa position au Nord-Est de Balan.

Tandis que ces combats d'infanterie acharnés se livraient à Bazeilles, les deux artilleries, à peu près impuissantes à y prendre part, se contrebattaient l'une l'autre en tirant par intermittences ou par fraction sur les troupes adverses qu'elles apercevaient à l'extérieur du village. Il était 6 heures du matin environ quand, sur l'ordre du général von der Tann, les batteries bavaroises, établies sur les hauteurs entre Pont-Maugis et Aillicourt (1), ouvraient le feu sur les masses d'infanterie de marine qui, de leurs bivouacs, se préparaient à marcher sur Bazeilles, puis sur la brigade Carteret-Trécourt.

Les trois batteries de la division de Vassoigne étaient en action, face à l'Est, appuyant les troupes de la division Lacretelle. Trois autres batteries françaises de la réserve du 12ᵉ corps engagèrent le feu avec l'artillerie bavaroise : les 8ᵉ et 9ᵉ (de 12) du 14ᵉ, établies au Nord de Bazeilles ; la 1ʳᵉ à cheval du 19ᵉ au Nord-Est de Balan.

La distance considérable et le brouillard rendirent d'ailleurs le tir incertain pendant les premières heures du combat, et ces deux circonstances permirent aux batteries françaises de conserver leur position malgré leur infériorité numérique considérable (2).

Sur ces entrefaites, la tête de colonne du IVᵉ corps avait fait son apparition sur le champ de bataille. Dans les premières heures de la matinée, la 7ᵉ division s'était portée sur Mairy ; la 8ᵉ et l'artillerie de corps sur Remilly. Cette dernière s'était rassemblée ensuite à l'Ouest d'Aillicourt, afin de s'opposer éventuellement à

---

(1) C'étaient les IIIᵉ, VIᵉ, VIIᵉ, VIIIᵉ batteries du 3ᵉ (*Historique* du 3ᵉ régiment d'artillerie bavaroise, p. 211-212).

(2) *Historiques* manuscrits des 14ᵉ et 19ᵉ régiments d'artillerie.

tout effort tenté par les Français pour déboucher de Sedan sur la rive gauche de la Meuse. Accédant ensuite à la requête du général von der Tann, le commandant du IV⁰ corps avait dirigé la *8ᵉ* division sur Bazeilles afin de soutenir les Bavarois. Son avant-garde atteignait la gare vers 10 heures. Au même moment, la 7ᵉ division arrivait à Lamécourt où l'avait appelée le commandant de l'armée de la Meuse (1).

§ 4. — *Entrée en ligne du XII⁰ corps à La Moncelle* (2).

L'avant-garde du XII⁰ corps, constituée avec les sept bataillons les plus rapprochés de Douzy (3), avait rompu de ce village à 5 heures du matin, précédée par le 1ᵉʳ escadron du *2ᵉ* régiment de Reiter. Elle suivit d'abord la route de Bazeilles, puis l'itinéraire le Rulle, Lamécourt, La Moncelle. Dès le départ, le *13ᵉ* bataillon de chasseurs avait pris la direction de Rubécourt pour établir la liaison avec la Garde. Les éclaireurs de cavalerie constatèrent que La Moncelle était occupée. D'ailleurs, des hauteurs de la rive gauche de la Givonne, on apercevait, sur les coteaux opposés, des masses d'infanterie et de l'artillerie qui appuyait de son feu les défenseurs de Bazeilles.

Vers 5 h. 45, la 4ᵉ batterie prend position à 500 mètres environ au Nord-Est de La Moncelle, à la cote 233 et ouvre le feu sur les batteries adverses. Le *105ᵉ* se déploie à sa droite; le *107ᵉ* marche sur La Moncelle, le Iᵉʳ bataillon au Nord, le IIIᵉ au Sud de la route (4), et s'établit dans le village que quelques

---

(1) *Historique du Grand État-Major prussien*, 8ᵉ livraison, p. 1112.
(2) *Ibid.*, p. 1099-1105.
(3) *105ᵉ* et *107ᵉ* régiments, *13ᵉ* bataillon de chasseurs, 4ᵉ batterie.
(4) Le *107ᵉ* ne comptait, pour le moment, que huit compagnies; les 5ᵉ, 6ᵉ, 8ᵉ, 10ᵉ, se trouvant fort éloignées, n'arrivèrent que plus tard.

patrouilles des 14ᵉ et 20ᵉ de ligne lui abandonnent sans résistance.

Peu après, les 9ᵉ, 11ᵉ et 12ᵉ compagnies du *107ᵉ* chassent des tirailleurs du 20ᵉ de deux maisons isolées, situées au bord de la route de Balan, sur les pentes de la rive droite, et s'y installent.

En même temps, les 7ᵉ, 8ᵉ et 10ᵉ compagnies du *107ᵉ* arrivaient dans la partie Sud de La Moncelle, de sorte que, vers 7 heures du matin, dix compagnies de ce régiment se trouvaient réunies dans cette localité ou aux abords et se reliaient, à gauche au Iᵉʳ bataillon du 1ᵉʳ régiment d'infanterie bavaroise qui avait cheminé le long de la face orientale du parc de Monvillers.

La 4ᵉ batterie avait été secondée, à la même heure, par deux batteries bavaroises, Vᵉ et VIᵉ du *1ᵉʳ*, qui se placèrent successivement à sa gauche, au Sud-Est de La Moncelle. Toutes trois luttaient contre l'artillerie adverse, établie sur les hauteurs de la rive droite (1) et parvenaient, grâce à l'infériorité du matériel français, à maintenir leurs positions. Leurs soutiens (8ᵉ du *11ᵉ* et fraction de la 11ᵉ du régiment du Corps), faisaient le coup de feu avec les tirailleurs français embusqués dans la vallée. Elles furent d'ailleurs renforcées peu après par les trois autres batteries de la *24ᵉ* division qui s'établirent à la droite de la 4ᵉ. Recevant sur leur flanc droit des balles de l'infanterie de la division de Lartigue, elles durent faire un changement de front pour s'y soustraire et se placer, face à Daigny, non loin du carrefour situé à l'Est de Petite Moncelle.

Pour le moment, l'avant-garde du XIIᵉ corps marquait un temps d'arrêt et se bornait à échanger une vive fusil-

---

(1) C'étaient, du Nord au Sud, les batteries $\frac{3^e}{7^e}$, $\frac{10^e, 11^e}{8^e}$, $\frac{4^e}{11^e}$, $\frac{4^e}{7^e}$, $\frac{8^e, 9^e}{10^e}$.

lade avec les tirailleurs des 14ᵉ, 22ᵉ et 20ᵉ de ligne, car il avait fallu recourir aux troupes qu'elle n'avait pas encore engagées et même au gros de la 24ᵉ division pour faire tête au mouvement offensif d'une partie de la division de Lartigue du 1ᵉʳ corps vers le bois Chevalier (1).

Constatant cet arrêt de l'infanterie saxonne, le général Lebrun prévint le général Ducrot qu'il allait faire passer le pont de Daigny par une des brigades de cavalerie du 12ᵉ corps, à laquelle il confiait la mission de charger les batteries allemandes en les prenant en flanc de la droite à la gauche. Il priait en même temps le général Ducrot de faire protéger le mouvement de cette brigade de cavalerie par une de ses divisions d'infanterie qui se porterait, à cet effet, sur la rive gauche de la Givonne. Par suite d'une erreur commise par l'officier porteur de l'ordre, ce fut la brigade de lanciers de Nansouty de la division de cavalerie du 1ᵉʳ corps qui se mit en mouvement (2). Elle franchit la Givonne à Daigny et s'avança sur La Moncelle, mais ne recevant aucun ordre, elle revint sur ses pas vers 8 heures et rejoignit sa division au Sud-Est de Fond de Givonne (3).

Vers 8 heures, l'avant-garde du XIIᵉ corps reçut un renfort inattendu, consistant en des fractions de la *3ᵉ* brigade bavaroise. C'étaient six compagnies du *3ᵉ* régiment : les 3ᵉ et 4ᵉ se portèrent sur la lisière Nord-Ouest du village ; les 9ᵉ et 10ᵉ dans un petit château, au débouché oriental ; les 11ᵉ et 12ᵉ au Sud de la Platinerie. En outre, la 3ᵉ compagnie du *1ᵉʳ* bataillon de chasseurs s'établit au pont de la route de Balan à Rubécourt. Les 1ʳᵉ et 2ᵉ compagnies du *3ᵉ*, accompagnées de la 1ʳᵉ et

---

(1) Voir p. 42.
(2) Général Lebrun, *loc. cit.*, p. 99-100.
(3) Général Michel, *La division de cavalerie du 1ᵉʳ corps à la bataille de Sedan*.

d'une partie de la 2ᵉ du *1ᵉʳ* bataillon de chasseurs continuèrent vers le Nord par la vallée de la Givonne.

Sur ces entrefaites, le commandant du XIIᵉ corps avait prescrit : à l'artillerie de corps d'arriver vivement par Douzy ; à la *23ᵉ* division de suivre ce mouvement ; à la division de cavalerie de rester provisoirement à l'Est de ce village.

Vers 8 h. 15, toute l'artillerie de corps, sauf la 2ᵉ batterie à cheval conservée en réserve, s'engageait sur les hauteurs 233 de part et d'autre de la 4ᵉ; la 6ᵉ se plaçant seule au Sud de la route de La Moncelle à Rubécourt. Dix batteries saxonnes et deux batteries bavaroises agissaient donc contre Daigny et contre l'artillerie française en position sur les coteaux de la rive droite (1). Celle-ci avait été renforcée, il est vrai, par la 7ᵉ du 10ᵉ vis-à-vis la Ramorie ; par les 3ᵉ et 4ᵉ du 15ᵉ et la 4ᵉ du 4ᵉ, au Nord-Ouest de La Moncelle, et combattait ainsi avec l'avantage du nombre.

---

(1) Croquis schématique représentant les emplacements respectifs de ces douze batteries allemandes et des batteries françaises opposées.

Mais la supériorité du matériel allemand ne tarda pas à se manifester. Au bout d'un quart d'heure, la 4ᵉ batterie du 4ᵉ fut obligée de changer de position; la 4ᵉ du 7ᵉ, « écrasée », cessa le feu; la 4ᵉ du 11ᵉ fut « très éprouvée ». Les 7ᵉ, 8ᵉ et 9ᵉ batteries du 10ᵉ, exposées à des feux de front, d'écharpe et de revers subirent des pertes sérieuses parmi lesquelles le lieutenant-colonel Noury, les lieutenants Ruhlmann et Parisot, le capitaine Mowat qui furent blessés. Deux pièces de la 9ᵉ furent démontées. Ces trois batteries se replièrent derrière la crête pour se réorganiser. Enfin, la 4ᵉ du 8ᵉ, prise d'écharpe, alla prendre un nouvel emplacement vers Fond de Givonne (1). Les autres batteries conservèrent leurs positions, en ralentissant toutefois le tir, d'une manière générale (2). La situation, sur ce point du champ de bataille, resta à peu près stationnaire jusqu'à 9 heures.

Sur ces entrefaites, les régiments de la 1ʳᵉ division du 12ᵉ corps avaient exécuté divers mouvements : la fraction du 22ᵉ de ligne, d'abord rattachée à la division de L'Abadie était venue se déployer le long de la lisière Est du bois de la Garenne; le 34ᵉ avait traversé Fond de Givonne et s'était établie à l'Est de cette localité; le 58ᵉ se dirigeait par Fond de Givonne sur Daigny; le 79ᵉ avait son Iᵉʳ bataillon sur les hauteurs qui dominent le faubourg de Balan, sans doute vers la cote 217; les IIᵉ et IIIᵉ bataillons dans le vallon parallèle à la route de Bouillon qui s'ouvre à l'Ouest de la cote 207 (3).

---

(1) *Historiques* manuscrits des régiments d'artillerie précités.
(2) *Historique du Grand État-Major prussien*, 8ᵉ livraison, p. 1105.
(3) *Historiques* manuscrits des 22ᵉ, 34ᵉ, 58ᵉ de ligne; *Historique* du 79ᵉ de ligne, p. 313.

§ 5. — *Combat de la division de Lartigue à l'Est de Daigny.*

Tandis que l'un des régiments de l'avant-garde du XIIe corps, le *107e*, se portait sur La Moncelle, l'autre, le *105e*, s'était déployé, comme on l'a vu, à droite de la batterie, vers la cote 233. Le commandant de la *24e* division, constatant que les Français occupaient fortement les hauteurs de la rive droite de la Givonne jusqu'au Nord-Ouest de Daigny, avait dirigé, à 6 h. 15, le *105e* sur cette localité.

Le régiment longea d'abord la lisière Ouest du bois Chevalier, puis après avoir fait face au Nord-Ouest, gravissait une croupe suivie par le chemin de terre qui passe au Nord de la cote 233, quand apparurent de l'autre côté du vallon descendant vers Petite Moncelle, une ligne de tirailleurs français couvrant une colonne en marche de la partie Nord de Daigny vers le bois Chevalier (1). C'étaient la 1re brigade (Fraboulet de Kerléadec) et l'artillerie de la 4e division du 1er corps que le général Ducrot avait envoyées sur la rive gauche de la Givonne (2). La colonne avait pris, à la sortie de Daigny, la route de Villers-Cernay. Elle était précédée du Ier bataillon du 3e régiment de turcos. Celui-ci déploya d'abord deux compagnies, puis trois autres en tirailleurs, sous la protection desquelles la brigade de Kerléadec prit ses dispositions de combat (3).

---

(1) *Historique du Grand État-major prussien*, 8e livraison, p. 1113.

(2) Ordre de marche de la brigade : 3e zouaves ; 7e, 10e, 11e batteries du 12e; 56e de ligne ; 1er bataillon de chasseurs. Effectifs : 3e zouaves (1,100 hommes), 56e (1,095), 1er bataillon de chasseurs (360), Ier bataillon du 3e Tirailleurs (350 environ), d'après le *Journal* du colonel d'Andigné.

(3) *Historiques* manuscrits du 3e zouaves et du 3e Tirailleurs.

Le 3ᵉ zouaves se hâta de gagner du terrain vers l'Est et se forma tout entier en bataille, par un à droite, le long du chemin de Daigny à Villers-Cernay, sauf une compagnie qui fut maintenue en arrière, à couvert, et chargée de la garde du drapeau (1). L'artillerie divisionnaire prit position sur la croupe au Nord-Ouest de Daigny, la 10ᵉ (à balles) du 12ᵉ à droite, la 7ᵉ du 12ᵉ au centre, la 11ᵉ du 12ᵉ à gauche (2). Les trois compagnies de droite du Iᵉʳ bataillon du 56ᵉ de ligne se portèrent à 200 mètres environ en avant des batteries, tandis que les trois compagnies de gauche s'établissaient dans les jardins de Daigny. Le IIᵉ bataillon du 56ᵉ se plaça à la gauche du 3ᵉ zouaves et se couvrit par deux compagnies et une section en tirailleurs; le IIIᵉ occupa Daigny (3). Enfin le 1ᵉʳ bataillon de chasseurs fut maintenu en réserve au Nord du village (4).

De son côté le *105ᵉ* s'était déployé suivant une ligne marquée, d'une manière générale, par le chemin qui conduit de La Moncelle à Villers-Cernay, en longeant la lisière occidentale du bois Chevalier. Le IIIᵉ bataillon occupait le bouquet de bois contigu à ce chemin; à sa gauche, le Iᵉʳ était déployé en colonnes de compagnies; à sa droite, le IIᵉ débordait le Iᵉʳ bataillon du 3ᵉ Tirail-

---

(1) *Rapport* du commandant Hervé, daté de Sedan, 2 septembre 1870.

(2) *Rapport* du lieutenant-colonel Lamandé commandant l'artillerie de la 4ᵉ division du 1ᵉʳ corps; *Rapport* du capitaine commandant la 11ᵉ batterie du 12ᵉ; *Journal* de marche du colonel d'Andigné.

(3) *Historique* manuscrit du 56ᵉ de ligne. D'après un *Rapport* du commandant Branlard, du 56ᵉ, daté de Stettin, 4 mars 1871, le déploiement du régiment aurait été différent. Mais on observera que l'*Historique* manuscrit fut rédigé par cet officier supérieur et par les capitaines Labordère et Canonge et revêtu de leurs signatures le 25 août 1871, époque à laquelle le commandant Branlard avait sans doute reconnu l'inexactitude de son *Rapport*.

(4) *Journal* du colonel d'Andigné.

leurs (1). Celui-ci, appelant en ligne sa dernière compagnie, refoula, par une charge à la baïonnette, les fractions qui lui étaient directement opposées, puis, le déploiement de la brigade de Kerléadec étant terminé, passa en réserve derrière le 3ᵉ zouaves (2). Une fusillade intense éclata bientôt sur tout le front, sans que, de part et d'autre, on prît l'offensive.

A ce moment, arriva au Nord-Est de Daigny, le commandant Corbin, envoyé par le général Ducrot « pour recommander de gagner du terrain vers le bois Chevalier, afin d'éloigner un mouvement tournant (3) ». Le 3ᵉ zouaves se porta en avant à plusieurs reprises, notamment contre le IIᵉ bataillon du *105ᵉ*, mais il ne comptait que 1,100 hommes de troupe dont la valeur morale n'était pas comparable à celle qu'il avait montrée à Frœschviller. Ses tentatives furent, chaque fois, repoussées par le feu (4).

A 6 h. 45 d'ailleurs, trois batteries de la *24ᵉ* division (3ᵉ, IIIᵉ, IVᵉ du *12ᵉ*) étaient venues s'établir en arrière de l'aile gauche du *105ᵉ*, aux abords du carrefour à l'Est de Petite Moncelle. Elles avaient été aussitôt en butte, il est vrai, aux balles des tirailleurs des 1ʳᵉ, 2ᵉ, et 3ᵉ compagnies du Iᵉʳ bataillon du 56ᵉ qui s'étaient rapprochés d'elles jusqu'à 400 mètres et elles avaient été obligées de se reporter un peu en arrière et au Sud, mais elles apportaient un soutien puissant à l'infanterie dont les munitions commençaient à s'épuiser (5).

---

(1) *Historique du Grand État-Major prussien*, 8ᵉ livraison, p. 1114.
(2) *Historique* manuscrit du 3ᵉ Tirailleurs; *Rapport* du commandant Hervé.
(3) *Journal* du colonel d'Andigné.
(4) *Historique du Grand État-Major prussien*, 8ᵉ livraison, p. 1114.
(5) *Ibid.*
En se portant en ligne les soldats du *105ᵉ* avaient déposé leurs sacs, mais négligé d'en retirer les cartouches qui s'y trouvaient.

Une nouvelle attaque du 3ᵉ zouaves fut repoussée à la baïonnette par le IIIᵉ bataillon du *105ᵉ* appuyé par les feux des bataillons voisins (1). A ce moment déboucha sur le champ de bataille le *12ᵉ* bataillon de chasseurs dont la 2ᵉ compagnie occupa le bouquet de bois contigu au chemin de La Moncelle à Villers-Cernay, et dont les 3ᵉ et 4ᵉ compagnies s'établirent au carrefour situé un peu au Nord, la 1ʳᵉ reliant ces deux groupes (2). Une partie du *105ᵉ*, relevé par les chasseurs, se reconstituait derrière ce bois, tandis que les trois batteries de la *24ᵉ* division reprenaient leur position primitive.

Cependant, la situation des Saxons demeurait toujours critique. Le *12ᵉ* bataillon de chasseurs fut assailli, vers 7 h. 45, de front par le Iᵉʳ bataillon du 3ᵉ Tirailleurs et, sur son flanc droit, par le IIᵉ bataillon du 56ᵉ de ligne. Ses 3ᵉ et 4ᵉ compagnies se repliaient déjà, quand des renforts entrèrent en action et arrêtèrent leur mouvement rétrograde.

A droite, le *13ᵉ* bataillon de chasseurs chargé d'établir la liaison avec la Garde, s'était porté de Rubécourt vers le Nord, le long de la lisière orientale du bois Chevalier; puis, se dirigeant vers l'Ouest, avait traversé ce bois et débouché sur le flanc gauche de la brigade de Kerléadec. A gauche, les 5ᵉ et 6ᵉ compagnies du *107ᵉ* venant du Sud, avaient atteint le bouquet de bois avec une fraction du *13ᵉ* bataillon de chasseurs. Enfin, le *104ᵉ* tout entier suivait leurs traces. L'arrivée de ces troupes fraîches détermine un mouvement offensif général; les Iᵉʳ et IIᵉ bataillons du *104ᵉ* poussent droit sur la lisière Sud-Est de Daigny, suivis par le IIIᵉ et par le Iᵉʳ du *105ᵉ* (3).

---

(1) *Historique du Grand État-Major prussien*, 8ᵉ livraison, p. 1115.
(2) Von Schimpff, *Das XII. Korps im Kriege* 1870-71, t. II, p. 145.
(3) *Historique du Grand État-Major prussien*, 8ᵉ livraison, p. 1116.

Désormais, l'issue de la lutte ne pouvait plus être douteuse. En vain, les généraux de Lartigue, Fraboulet de Kerléadec et les officiers de leur état-major donnent-ils aux troupes le plus brillant exemple. En présence de la supériorité numérique de l'adversaire et des pertes que subissent les batteries, il est nécessaire de battre en retraite. L'artillerie, obligée d'abandonner trois mitrailleuses et un certain nombre de caissons, faute d'attelages, gagna la route de Daigny à Givonne et ensuite le calvaire d'Illy (1). Les trois compagnies de droite du Ier bataillon du 56e de ligne protégèrent et suivirent son mouvement et se portèrent au Nord-Ouest de Daigny, rejointes pendant leur marche par une partie de la 4e et par la 5e du Ier, ainsi que par les trois compagnies de gauche du IIe bataillon. Celles-ci furent placées en tirailleurs dans le bois qui borde la rive droite de la Givonne, vis-à-vis Daigny. Le reste du IIe bataillon et la 6e compagnie du Ier, traversant le village, remontèrent sur le plateau, au Nord-Ouest, où ils se rallièrent au IIIe bataillon qui avait évacué Daigny (2). Le Ier bataillon du 3e Tirailleurs gagna également les hauteurs à l'Ouest de Haybes.

Pendant ce temps, le 3e zouaves luttait encore au Nord-Est de Daigny, sous la vigoureuse impulsion du général de Lartigue, tandis que le général de Kerléadec se mettant à la tête du 1er bataillon de chasseurs, lui faisait occuper Daigny, où le commandant Hervé vint le renforcer avec deux compagnies du 3e zouaves.

Déjà l'ennemi y pénétrait : la 2e compagnie du *13e* bataillon de chasseurs par l'Est, suivie par les 1re et 4^e

---

(1) *Journal* du colonel d'Andigné; *Rapport* du lieutenant-colonel Lamandé; *Rapport* du chef d'escadron Warnet, daté de Paris, 6 septembre 1870.

(2) *Historique* manuscrit du 56e de ligne.

du *105*ᵉ ; les 1ʳᵉ, 2ᵉ et 3ᵉ compagnies du *104*ᵉ par le Sud-Est ; la 4ᵉ et des contingents bavarois par le Sud ; les 2ᵉ et 3ᵉ compagnies du *105*ᵉ par la Rapaille. Sur la place de l'église la 2ᵉ compagnie du 1ᵉʳ bataillon de chasseurs arrêta l'assaillant de front, tandis que la 4ᵉ débouchant sur son flanc gauche l'obligea à reculer. Mais, vers 9 h. 45, le village tomba définitivement au pouvoir des Allemands. Le 1ᵉʳ bataillon de chasseurs reprit sa position de la matinée.

Sur ces entrefaites, le 3ᵉ zouaves avait quitté la position qu'il occupait et se repliait sur Daigny, quand il se trouva pris entre deux feux. Il reflua sur les hauteurs au Nord-Est où il fut criblé de balles et de projectiles, et se jeta, en désordre et non sans pertes sérieuses, dans les jardins et dans le parc situés au Nord de Daigny, le le long de la Givonne. Le général de Lartigue qui accompagnait les zouaves, eut un cheval tué sous lui et fut atteint lui-même par trois éclats d'obus. Le colonel d'Andigné, son chef d'état-major, fut également blessé.

A partir de ce moment le 3ᵉ zouaves se trouva scindé en deux fractions. L'une, composée de deux compagnies envoyées à Daigny et d'une fraction du IIIᵉ bataillon sous les ordres du commandant Hervé, se porta sur les hauteurs de la rive gauche, auprès du 3ᵉ Tirailleurs, et se joignit ensuite à la 2ᵉ brigade de la 4ᵉ division. L'autre comprenant le reste du régiment, avec le drapeau, put gagner la frontière belge par Olly, puis Rocroi et Signy-le-Petit, d'où elle fut dirigée par chemin de fer sur Paris (1).

---

(1) *Historique du Grand État-Major prussien*, 8ᵉ livraison, p. 1117-1118 ; *Journal* du colonel d'Andigné ; *Rapport* du commandant Warnet ; *Rapport* du commandant Hervé ; *Historiques* manuscrits du 1ᵉʳ bataillon de chasseurs et du 3ᵉ zouaves.

A cette colonne s'étaient jointes quelques fractions du 56ᵉ de ligne et du 1ᵉʳ bataillon de chasseurs.

En somme, vers 9 h. 45 du matin, la 1re brigade de la division de Lartigue était complètement refoulée sur la rive droite de la Givonne, à part quelques fractions qui tenaient encore à Haybes. L'ennemi était solidement établi à Daigny et à la Rapaille où l'action se transformait peu à peu en une fusillade de pied ferme entre les tirailleurs saxons et bavarois et ceux des IIe et IIIe bataillons du 31e de ligne, prolongés à gauche par quatre compagnies du 16e bataillon de chasseurs et quatre compagnies du 78e qui couvraient des batteries de la 2e division du 1er corps (1). Le 31e de ligne avait été renforcé vers 9 heures par le 58e de la division Grandchamp (2). Le flanc droit de la 24e division était d'ailleurs assuré par l'intervention de la Garde sur la haute Givonne.

---

(1) *Historique* de la 2e division du 1er corps.
(2) Voir p. 41.

CHAPITRE III

Le général Ducrot nommé commandant en chef.

§ 1ᵉʳ. — *Le projet de concentration sur Illy.*

Tandis que ces combats se livraient à Bazeilles, à La Moncelle et à Daigny, de graves événements se produisaient dans l'armée française et venaient rendre sa situation encore plus critique.

Le 1ᵉʳ septembre, au point du jour, le maréchal de Mac-Mahon attendait à Sedan, avec impatience, le résultat des reconnaissances qu'il avait envoyées la veille vers l'Est et vers l'Ouest (1). Entre 4 h. 30 et 5 heures, il reçut un message du général Lebrun annonçant qu'il était attaqué par des forces considérables. En même temps, un officier de l'état-major de la division Margueritte fit connaître que vers minuit une forte colonne d'infanterie avait traversé Pouru-aux-Bois, mais, qu'à 3 heures du matin, son avant-garde n'avait pas encore dépassé Francheval (2). Le Maréchal prescrivit au lieutenant-colonel Tissier, sous-chef d'état-major général, de rester à Sedan et de rassembler le convoi du quartier général pour l'acheminer sur Mézières au premier ordre (3). Puis, accompagné de son état-major, il sortit de Sedan vers 5 heures et se dirigea à grande allure vers le 12ᵉ corps afin de se « rendre compte de la posi-

---

(1) *Notes* de M. le général de Vaulgrenant.
(2) *Enquête*, t. I, p. 38 ; *Souvenirs inédits* du maréchal de Mac-Mahon.
(3) *Notes* de M. le général Kessler, du 5 janvier 1904.

tion de l'ennemi et pouvoir ainsi donner des ordres de mouvement soit dans la direction de l'Ouest, soit dans celle de l'Est (1) ». Il n'était « point inquiet » d'ailleurs, « persuadé » qu'il passerait « dans l'une quelconque des deux directions (2). Au lieutenant-colonel Broye qui manifestait une certaine inquiétude au sujet des dangers que courait l'armée, le Maréchal répondit que les troupes étaient exténuées, qu'elles avaient besoin de se refaire et de toucher des vivres; « qu'il verrait le lendemain (3) ».

Le Maréchal atteignit Balan et dépassa les lignes de tirailleurs de l'infanterie de marine établies près de cette localité. Il constata que les Bavarois étaient déjà ébranlés; qu'ils avaient leur gauche à la Meuse et que leur droite était fort en l'air. Cette observation « lui suggéra l'idée de profiter d'une attaque aussi décousue (4) ». Mais il voulut, auparavant, voir ce qui se passait sur la Givonne et, à cet effet, se dirigea sur La Moncelle. Après avoir examiné la situation des hauteurs à l'Ouest de ce village, il se remettait en marche vers Daigny, quand, près de la Platinerie, il fut atteint par un éclat d'obus et perdit connaissance. Il était entre 5 h. 45 et 6 heures du matin (5). En revenant à lui, le Maréchal

---

(1) *Souvenirs inédits* du maréchal de Mac-Mahon. Cf. *Notes* de M. le général Broye, du 7 janvier 1904; *Notes* de M. le général Riff, du 20 janvier 1904.

(2) *Souvenirs inédits* du maréchal de Mac-Mahon.

(3) Le général Broye au général de Vaulgrenant, 6 novembre 1903 (Papiers du général Broye).

(4) *Notes* de M. le général de Vaulgrenant.

(5) « Il était en ce moment 6 heures moins un quart à peu près; je suis certain de cette heure, car, après être rentré à Sedan, le docteur Cuignet, qui me pansa, constata qu'il était 6 h. 30 minutes. » (*Enquête*, t. I, p. 38.)

« On peut fixer à 6 heures environ l'heure approximative à laquelle le Maréchal a été blessé. » (*Notes* de M. le général Kessler.)

sentit qu'il était non seulement hors d'état de remonter à cheval, mais encore de diriger les opérations (1). »

Jugeant que, de tous les commandants de corps d'armée, le général Ducrot était le plus à même de connaître les mouvements de l'ennemi, le plus digne aussi d'assumer la lourde charge de la direction des opérations, le maréchal de Mac-Mahon le désigna comme son successeur, bien qu'il ne fût pas le plus ancien (2). Puis il envoya le commandant de Bastard, son aide de camp, au général Faure, chef d'état-major général, avec mission de lui rendre compte de la blessure qu'il avait reçue et de le prier de prévenir le général Ducrot. Le commandant de Bastard, n'ayant pas trouvé le général Faure, se mit à la recherche du général Ducrot. Mais, en route, il fut blessé lui-même et ne put aller plus loin.

Sur ces entrefaites, le Maréchal ayant été rejoint par le général Faure, lui recommanda d'envoyer deux autres officiers au général Ducrot : le chef d'escadron Riff et le capitaine Kessler furent désignés (3). Tous deux le cherchèrent assez longtemps (4) et finirent par le trouver sur la hauteur à l'Ouest de Givonne entre 7 h. 45 et 8 heures du matin (5).

« Il était 6 heures du matin. » (*Notes* de M. le général Riff.)

« Je crois ne pas me tromper beaucoup en disant qu'il a été blessé vers 6 h. 15 du matin. » (*Notes* de M. le général de Vaulgrenant.)

(1) *Souvenirs inédits* du maréchal de Mac-Mahon.

(2) Le maréchal de Mac-Mahon au Ministre de la guerre, Pouru-aux-Bois, 16 septembre 1870 ; *Enquête*, t. I, p. 38.

(3) *Souvenirs inédits* du maréchal de Mac-Mahon ; *Notes* de M. le général Kessler.

(4) *Notes* de M. le général Kessler, du 5 janvier 1904 ; *Notes* de M. le général Riff, du 20 janvier 1904.

(5) D'après le général Ducrot, c'est le commandant Riff qui lui aurait apporté l'ordre de prendre le commandement en chef (*La Journée de Sedan*, p. 20). Le général Kessler croit, au contraire, être arrivé le premier auprès du général Ducrot : « L'attention qu'il prêta à ma

Quand le général Ducrot reçut communication de la mission dont il était chargé, il n'hésita pas à accepter la responsabilité du commandement suprême, quelle que fût la gravité de la situation. C'était, dans les circonstances critiques où se trouvait l'armée, faire preuve d'un grand caractère et d'une haute valeur morale.

Le général Ducrot n'avait reçu aucune instruction du grand quartier général pour la journée du 1er septembre. Quelles étaient les intentions du maréchal de Mac-Mahon? Voulait-il livrer une bataille offensive ou défensive, reprendre sa marche sur Montmédy, ou battre en retraite sur Mézières ? Le général Ducrot l'ignorait complètement (1). Au reste, le Maréchal n'était pas encore fixé lui-même au moment où il avait été blessé.

---

communication me fit penser qu'il n'avait pas encore eu connaissance des événements..... » (*Notes* de M. le général Kessler, du 5 janvier 1904).

L'heure de la prise de commandement du général Ducrot ne peut guère être précisée d'une façon absolue. Dans sa déposition au Conseil d'enquête sur les capitulations, le général Ducrot dit : « 7 heures à peu près. » Le *Journal* des marches et opérations du 1er corps, rédigé par le commandant Corbin, indique également : « 7 heures environ ». Le capitaine Peloux mentionne : « Vers 7 heures ». Mais les *Notes* du colonel Robert, chef d'état-major du 1er corps, disent : « Vers 8 heures »; le commandant Rouff, aide de camp du général Ducrot : « Après 8 h. 30 » (Duquet, *Encore la Retraite à Sedan*, p. 28); le capitaine Achard, attaché à l'état-major du 1er corps : « Vers 8 heures »; le général Kessler écrit : « Je ne crois pas pouvoir affirmer l'avoir rencontré avant 8 heures » (*Notes* du 5 janvier 1904); le général Riff, enfin, dit : « Je n'ai pas noté cette heure, mais je ne crois pas pouvoir me tromper en affirmant qu'il était 7 h. 45 à 8 heures, 8 heures au plus tard. » (*Notes* du 20 janvier 1904.) Le général Bonnal, témoin oculaire, dit que les premiers ordres furent donnés entre 8 heures et 8 h. 30. (A. Duquet, *Encore la Retraite à Sedan*, p. 113.) Le général Broye dit de son côté : « L'ordre n'a pas dû arriver à Ducrot avant 7 h. 30 au plus tôt ». (Papiers du général Broye).

Il semble que les témoignages désintéressés et concordants des généraux Kessler et Riff doivent faire admettre 7 h. 45 à 8 heures.

(1) *La Journée de Sedan*, p. 22, note 1 ; *Conseil d'enquête* sur les capitulations, Déposition du général Ducrot.

De l'ennemi, le général Ducrot n'avait pas reçu de renseignements d'ensemble et ne savait que ce qu'il lui avait été donné d'observer par lui-même ou par ses reconnaissances, depuis le 30 août. Mais, dès cette date, dans la soirée, la situation lui avait paru « très grave (1) ». Il avait compris qu'il fallait, de toute nécessité, renoncer au projet de marcher sur Metz, et que le salut de l'armée exigeait que l'on se repliât vers le Nord Ouest (2). C'est dans ce but qu'il avait voulu établir les bivouacs du 1er corps à Illy, dans la soirée du 31 août (3). Il n'avait renoncé à cette idée que sur l'ordre formel du commandant en chef (4).

Quelques instants avant de recevoir la communication du commandant Riff et du capitaine Kessler, le général Ducrot avait aperçu, des hauteurs à l'Ouest de Givonne, des masses ennemies cheminant du Sud au Nord sur les crêtes opposées, à environ 2 kilomètres. Il leur avait fait envoyer quelques coups de canon. Les groupes s'étaient dispersés et avaient pris le pas de course en avant. Au même moment, un paysan lui remettait un billet du maire de Villers-Cernay, lui annonçant que, depuis le matin, de nombreuses troupes prussiennes passaient à Villers-Cernay et à Francheval (5). L'intention de l'ennemi lui parut être, avec juste raison, de déborder le 1er corps par le Nord, de gagner Illy et de lui intercepter ainsi la retraite sur ce point (6).

Le général Ducrot reconnut la manœuvre habituelle

---

(1) Le général Ducrot au général Margueritte, Carignan, 30 août.
(2) Général Ducrot, *La Journée de Sedan*, p. 7-9.
(3) Le général Ducrot au maréchal de Mac-Mahon, Carignan, 31 août.
(4) Le maréchal de Mac-Mahon au général Ducrot, Sedan, 31 août; *Journal* des marches et opérations du 1er corps.
(5) C'étaient les colonnes de la Garde. Voir p. 4 et 48.
(6) Général Ducrot, *La Journée de Sedan*, p. 21-22.

des Allemands, celle, écrivait-il, qu'ils avaient déjà « pratiquée à Sadowa, à Wissembourg, à Frœschwiller » : l'enveloppement par des mouvements tournants sur les ailes (1). Il comprit qu'il fallait s'y dérober sans retard et, sans hésitation, il prit le parti de concentrer immédiatement l'armée sur les hauteurs d'Illy. Cette opération terminée, le général Ducrot considérait la retraite comme assurée ; il prendrait ensuite les dispositions que commanderaient les circonstances pour se replier sur Mézières (2).

---

(1) *Note* manuscrite du général Ducrot sur la bataille de Sedan (Papiers Ducrot).

(2) « Me retournant vers mes officiers d'état-major, je leur dis : Messieurs, je suis chargé du commandement ; nous n'avons pas un instant à perdre ; il faut se concentrer immédiatement en arrière sur le plateau d'Illy ; quand nous serons tous là, nous aurons notre retraite assurée, et nous verrons ce qu'il y aura à faire. » (*Conseil d'enquête* sur les capitulations, Déposition du général Ducrot.)

L'idée de la concentration préalable vers Illy est également exprimée par le général Ducrot dans l'ouvrage intitulé *La Journée de Sedan* : « Aussitôt il envoie prévenir les commandants de corps d'armée que l'armée entière va se concentrer sur le plateau d'Illy » (p. 21). Cf. 23. « N'est-il pas à peu près certain que, vers 11 heures, la majeure partie de l'armée se serait trouvée concentrée en bon ordre sur les hauteurs qui s'étendent entre Saint-Menges, le calvaire d'Illy et Fleigneux ? » (*Ibid.*, p. 42.)

La même idée dominante de la concentration sur Illy apparaît aussi dans la déposition du général Ducrot au procès Wimpffen-Cassagnac. « Muni de mon commandement..., je voulais concentrer l'armée sur le plateau de Floing à Illy.... Une fois là nous pouvions effectuer en force notre retraite sur Mézières ». (*Gazette des Tribunaux* du 13 février 1875.) Voir aussi les *Souvenirs* du général Bonnal dans Duquet (*loc. cit.* p. 113). — « Je l'ai adjuré (Wimpffen), au nom du salut de l'armée, de laisser continuer le mouvement de retraite qui était en cours d'exécution et de concentrer toute l'armée sur le village d'Illy, véritable clef de la position ». (Le général Ducrot à Mme Ducrot, Margut, 7 septembre 1870, *Vie militaire du général Ducrot*, t. II, p. 421). Cf. *Lettre* du docteur Sarazin à Mme Ducrot, Cassel, 4 septembre (Papiers Ducrot). — Dans sa *Vie militaire*, le général Wolff dit que Ducrot lui déclara, dès

En vain le chef d'état-major du 1ᵉʳ corps et un des aides de camp firent-ils quelques objections au général Ducrot au sujet du mouvement rétrograde que les troupes allaient exécuter presque sans avoir combattu. Le combat, disaient-ils, semblait prendre bonne tournure à Bazeilles et il serait préférable peut-être d'attendre encore avant de prendre cette résolution. Un effort énergique du 1ᵉʳ corps dans la direction de l'Est, par Givonne, Daigny et La Moncelle, pourrait ouvrir de nouveau à l'armée la route de Carignan et permettrait de revenir au projet de marche sur Montmédy. La retraite éventuelle dans la direction de Mézières par les bois qui avoisinent la frontière de Belgique et la rive droite de la Meuse, ne paraissait pas absolument compromise. Tels furent les arguments présentés au général Ducrot (1). Il répondit, en termes assez vifs, que l'ennemi manœuvrait pour envelopper l'armée ; qu'il n'y avait pas une heure à perdre, si l'on voulait échapper à son étreinte ; qu'il fallait donc exécuter ses ordres sans délai (2). Le colonel Robert, chef d'état-major du 1ᵉʳ corps, fit observer que du moment où la retraite était décidée, il fallait au moins en prévenir l'Empereur. « Que l'Empereur aille se faire f.... où il voudra, s'écria le général Ducrot, c'est lui qui nous a mis dans ce pétrin (3) ! »

En conséquence, vers 8 heures, le général Ducrot, si l'on en croit son témoignage postérieur aux événements,

---

sa prise de commandement, « qu'on battrait en retraite sur Mézières ». Mais plus loin, le général Wolff relate également la concentration entre Illy et Fleigneux.

Ainsi la retraite sur Mézières était bien dans la pensée du général Ducrot, mais il la subordonnait à la concentration préalable sur Illy.

(1) *Notes* du colonel Robert.
(2) *Conseil d'enquête* sur les capitulations, Déposition du général Ducrot.
(3) *Notes* du colonel Robert.

fit prévenir les commandants de corps d'armée que l'armée entière allait se concentrer sur le plateau d'Illy (1). Il prévint son chef d'état-major que la ligne de retraite était vers Mézières (2). Il ordonna au général Forgeot, commandant l'artillerie de l'armée, de « faire filer immédiatement tous les *impedimenta* de l'artillerie ; les mêmes prescriptions sont données à l'intendance relativement aux voitures de l'administration (3) ». Enfin,

---

(1) Général Ducrot, *La Journée de Sedan*, p. 21. — Le 7ᵉ corps, au moins, ne fut pas prévenu, semble-t-il. Dans son rapport sur la bataille de Sedan, le général Douay ne mentionne pas la réception de cet ordre : « En ce moment, je fus prévenu que le maréchal de Mac-Mahon, blessé, avait dû se retirer du champ de bataille et que le général Ducrot avait pris le commandement de l'armée. »

Le général Douay, dans sa déposition au *Conseil d'enquête* sur les capitulations, dit : « Je reçus un premier billet m'annonçant que le Maréchal venait d'être blessé et que le général Ducrot prenait le commandement de l'armée ». Sans relater l'arrivée d'ordres du nouveau commandant en chef, le général Douay ajoute plus loin : « Quelque temps après, je reçus un autre billet, celui-là était du général de Wimpffen... »

« Je n'ai reçu que deux communications de l'état-major général. La première m'annonçait la prise de commandement par le général Ducrot, la deuxième m'annonçait la prise de commandement par le général de Wimpffen » (Procès Wimpffen-Cassagnac, *Gazette des Tribunaux* du 13 février 1875, Déposition du général Douay.)

De fait, le 7ᵉ corps n'exécuta aucun mouvement de concentration sur Illy. Le 5ᵉ corps resta également immobile. Le général de Wimpffen écrit dans son rapport au Ministre, daté de Fays-les-Veneurs, 5 septembre, qu'il fut informé de la prise de commandement du général Ducrot une heure environ après que le Maréchal eut été blessé et alors que le général Ducrot « avait déjà donné certains ordres aux commandants de corps d'armée ».

Dans ses *Notes*, le général Robert spécifie, il est vrai, que des officiers furent envoyés aux 5ᵉ et 7ᵉ corps, afin d'avertir leurs chefs du mouvement sur Illy (*La Journée de Sedan*, p. 125), mais il est certain que ces deux corps n'ont pas bougé.

(2) Le docteur Sarrazin à Mᵐᵉ Ducrot, 4 septembre (Papiers Ducrot); *Souvenirs* du général Wolff.

(3) Général Ducrot, *La Journée de Sedan*, p. 21.

en vue de la retraite sur Mézières, il s'enquit de la praticabilité des bois de la Falizette auprès du capitaine adjudant-major Debord du 74ᵉ de ligne qui connaissait bien le pays (1).

D'après les instructions du général Ducrot, la rupture du combat devait se faire en échelons, par la droite. Le 12ᵉ corps, se repliant le premier, contournerait les fronts Est et Nord-Est de la place dont les feux protégeraient son mouvement et tiendraient l'ennemi à distance. La division Wolff, établie à l'extrême gauche du 1ᵉʳ corps, au Nord-Ouest de Givonne, était destinée, au contraire, à constituer le dernier échelon ; puis il lui était recommandé de se jeter dans le bois de la Garenne où, pensait le général Ducrot, elle trouverait facilement moyen d'arrêter la marche de l'assaillant en se défendant pied à pied. Le général Wolff alla reconnaître aussitôt les positions successives qu'il pourrait occuper (2). Les divisions Pellé et L'Hériller, du même corps d'armée, reçurent l'ordre de prendre une position intermédiaire entre le plateau d'Illy et les hauteurs à l'Ouest de Givonne, près du bois de la Garenne, de façon à protéger la retraite du 12ᵉ corps et de la division Wolff. Quelques-uns de leurs éléments, entre autres la 2ᵉ brigade de la 2ᵉ division, entamèrent le mouvement (3). Le général Ducrot avait eu d'abord l'intention de replier immédiatement sur la rive droite de la Givonne la division de Lartigue, puis il se ravisa et la maintint sur la rive gauche afin de tenir le plus longtemps possible le pont de Daigny, seul point de passage que l'artillerie ennemie pût utiliser (4).

---

(1) Procès Wimpffen-Cassagnac, *Gazette des Tribunaux* du 14 février 1875, Déposition du capitaine Debord.
(2) *Souvenirs* inédits du général Wolff.
(3) *Historique* de la 2ᵉ divison du 1ᵉʳ corps ; *Souvenirs* inédits du général Wolff.
(4) Général Ducrot, *La Journée de Sedan*, p. 27.

Sentant la nécessité d'agir sans retard, le général Ducrot se rendit auprès du général Lebrun afin de hâter son mouvement. Il lui en exposa les motifs. L'attaque des Allemands contre les positions du 12º corps n'était, affirmait-il, autre chose qu'une feinte destinée à attirer l'attention de l'armée de Châlons vers l'Est, tandis qu'ils manœuvraient pour l'envelopper par le Nord, en débordant la gauche du 1ᵉʳ corps. A son avis, la véritable bataille serait bientôt vers Illy. Il jugeait qu'il fallait y concentrer l'armée, la gauche appuyée à ce village, la droite serait couverte par Sedan ; elle se trouverait ainsi déclarait-il, en bonne situation. Si l'ennemi n'agissait pas comme il le prévoyait et se bornait au contraire à une attaque de front, le général Ducrot se proposait d'exécuter un retour offensif et de le jeter dans le ravin de la Givonne (1).

Le commandant du 12º corps fit des objections. Les troupes, disait-il, se maintenaient fort bien sur leurs positions et il éprouvait un certain regret de les leur faire abandonner. Elles comprenaient d'ailleurs des bataillons de marche qu'il craignait de démoraliser en les faisant reculer et dont la retraite pouvait dégénérer en déroute. Le mouvement présentait des difficultés sérieuses, le bois de la Garenne ne pouvant être traversé que « par une ou deux routes au plus sur lesquelles il serait difficile à l'artillerie de marcher (2). » Enfin le général Lebrun croyait que l'armée adverse n'avait pas un effectif supérieur à 60,000 ou 70,000 hommes et il ne lui semblait pas vraisemblable qu'elle pût tourner les 120,000 ou 130,000 combattants de l'armée de Châlons.

---

(1) Tels sont les arguments que le général Ducrot aurait donnés au général Lebrun et qu'il relate dans *La Journée de Sedan*, p. 33. On ne les trouve, ni dans la déposition du général Ducrot, ni dans celle du général Lebrun au *Conseil d'enquête* sur les capitulations.

(2) *Rapport* du général Lebrun.

Il pria donc le général Ducrot et obtint de lui de renvoyer sa décision suprême à trois quarts d'heure plus tard, se déclarant tout prêt à exécuter alors le mouvement sur Illy si ses intentions n'avaient pas varié (1).

Ce laps de temps à peu près écoulé (2), entre 8 h. 45 et 9 heures (3), le général Ducrot envoya au général Lebrun le capitaine Peloux avec ordre « d'effectuer le mouvement de retraite sans plus tarder (4) ». Puis il se rendit lui-même auprès du général Lebrun et lui déclara qu'il n'y avait plus un instant à perdre pour se conformer à ses instructions (5). Le général Lebrun s'inclina. Il soumit toutefois au général Ducrot une série de mesures destinées dans sa pensée à effectuer dans de bonnes conditions l'opération qui lui était prescrite. Chaque division ne commencerait son mouvement qu'au moment où la division placée à sa droite serait déjà établie sur son nouvel emplacement. Ainsi la division d'infanterie de marine qui tenait Bazeilles, devait tout d'abord se porter au Nord de Fond de Givonne; la division Grandchamp se replierait ensuite, suivie elle-même de la division Lacretelle. Le général Lebrun pria instamment le général Ducrot de donner des ordres

---

(1) *Conseil d'enquête* sur les capitulations, Dépositions des généraux Lebrun et Ducrot; Renseignements verbaux du colonel de Léglise, qui appartenait alors à l'état-major du 12ᵉ corps.

(2) Le *Rapport* du général Lebrun dit que « les troupes restèrent sur leurs emplacements pendant une demi-heure encore ».

(3) Dans son *Rapport*, le général Lebrun dit : « vers 9 heures. »

(4) *Souvenirs* du capitaine Peloux.

(5) Le général Lebrun, dans son *Rapport* ainsi que dans sa déposition au *Conseil d'enquête*, relate les faits comme ils viennent d'être exposés. Le général Ducrot, dans sa déposition au même *Conseil*, croit, au contraire, mais sans se le rappeler nettement, n'être allé trouver le général Lebrun qu'une seule fois. On observera, à ce sujet, que le général Lebrun n'avait aucun intérêt à mentionner deux entrevues avec le général Ducrot, s'il n'y en avait eu qu'une seule.

tels, que le 1ᵉʳ corps ne commençât à se retirer que lorsque le 12ᵉ aurait complètement occupé les hauteurs au Nord de Fond de Givonne. Le général Ducrot approuva toutes ces dispositions (1).

§ 2. — *La division de Vassoigne évacue Bazeilles.*

Se conformant aux instructions qu'il avait reçues, vers 9 heures du matin, du général Ducrot, le général Lebrun avait envoyé à la division de Vassoigne l'ordre d'évacuer Bazeilles et de se porter par les hauteurs de la Ramorie sur Fond de Givonne (2). Des fractions d'infanterie de marine venaient précisément d'exécuter des retours offensifs partiels qui leur avaient permis de réoccuper la partie Ouest de Bazeilles et de menacer ainsi la gauche et les derrières du IIIᵉ bataillon du régiment bavarois du Corps. Celui-ci avait rétrogradé vers la place du Marché où il avait été recueilli par le IIᵉ bataillon du 2ᵉ régiment et relevé par deux compagnies du 7ᵉ bataillon de chasseurs, arrivant par la lisière Sud-Ouest du village (3). Ces retours offensifs facilitèrent la rupture du combat et la retraite de la division de Vassoigne.

---

(1) *Conseil d'enquête* sur les capitulations, Déposition du général Lebrun.

Dans son ouvrage *Bazeilles-Sedan*, publié en 1884 et renfermant de nombreuses inexactitudes, le général Lebrun a relaté ces dispositions d'une manière différente, en disant que la brigade de gauche du 12ᵉ corps, voisine du 1ᵉʳ, devait commencer le mouvement et que la brigade de droite, qui occupait Bazeilles, devait se replier la dernière (p. 103.) Les souvenirs du général Lebrun l'ont probablement trompé, en cette circonstance, car ce fut effectivement la division d'infanterie de marine qui entama le mouvement. C'était, du reste, la manière de procéder la plus rationnelle.

(2) *Journal* de marche de la 3ᵉ division du 12ᵉ corps.

(3) *Historique du Grand État-Major prussien*, 8ᵉ livr., p. 1111.

La 1ʳᵉ brigade reçut, vers 9 h. 30, l'ordre de se replier lentement vers le Nord (1). Le général Reboul était, à ce moment, « plein d'espoir sur le résultat de la bataille (2) ». Néanmoins, il rassembla tout ce qu'il put des 1ᵉʳ et 4ᵉ régiments au Nord de Bazeilles, et les déploya en bataille pour offrir moins de prise aux projectiles dont les accablait l'artillerie allemande de la rive gauche de la Meuse (3). Le mouvement de retraite s'exécuta ensuite, en échelons, dans le plus grand ordre (4). De nombreuses fractions, avisées trop tard ou déjà cernées dans des maisons, se replièrent isolément, ou continuèrent la résistance. Ainsi, le sous-lieutenant Bouguié, avec une quarantaine d'hommes de la 2ᵉ compagnie du 1ᵉʳ bataillon du 1ᵉʳ régiment, sortit par la lisière Ouest de Bazeilles et gagna Balan (5). De même, le commandant Bonnet se porta sur ce point avec 200 hommes environ des IIᵉ et IIIᵉ bataillons du même régiment (6).

Une fraction importante du 4ᵉ vint se grouper à la briqueterie, située sur la route de Balan, non loin de

---

(1) *Journal* de marche de la 3ᵉ division du 12ᵉ corps; *Rapport* du général Reboul.

Le général Lebrun semble avoir commis une erreur dans son rapport. Il dit en effet : « A 9 heures le général de Vassoigne dessinait son mouvement de retraite..... » Il était certainement plus tard, car il ressort de ce rapport même que c'est « vers 9 heures » que le général Ducrot donna au général Lebrun l'ordre impératif d'entamer la retraite. (Voir p. 59). Or le général Lebrun soumit au général Ducrot une série de mesures destinées à la faciliter. (Voir p. 59), et il fallut ensuite un certain temps pour transmettre l'ordre au général de Vassoigne, puis au général Reboul.

(2) *Rapport* du général Reboul.

(3) *Ibid.*

(4) *Journal* de marche de la 3ᵉ division du 12ᵉ corps.

(5) Renseignements adressés à la Section Historique, le 22 avril 1904, par M. le général Bouguié.

(6) Renseignements adressés à la Section Historique, le 3 avril 1904, par M. le commandant Camus.

la cote 161 et fit face à l'Ouest (1). D'autres durent mettre bas les armes après une défense acharnée.

Le colonel Alleyron, commandant le 2ᵉ régiment d'infanterie de marine (2) avait reçu, également, vers 9 h. 30, l'ordre de battre en retraite. Les IIᵉ et IIIᵉ bataillons étaient encore engagés face à l'Ouest en dehors de Bazeilles, entre ce village et la cote 161, et leurs chefs étaient hors de combat. Néanmoins il fut relativement facile de grouper autour du drapeau douze ou treize compagnies ou du moins la plus grande partie des hommes qui les composaient, sous les ordres du capitaine adjudant-major Brunot. Vers 10 h. 30, elles suivirent la brigade Reboul vers Fond de Givonne, sans trop souffrir du feu de l'artillerie ennemie (3). Deux compagnies, sous les ordres du capitaine Disnematin-Dorat, se joignirent à elles. Quelques fractions engagées vers Monvillers se replièrent isolément sur Fond de Givonne (4). Une partie du 3ᵉ régiment d'infanterie de marine parvint aussi à se dégager et à battre en retraite sur ce point. Bazeilles demeura occupé par des groupes confus des quatre régiments de la division de Vassoigne, le plus grand nombre appartenant toutefois au 3ᵉ. Les 8ᵉ et 9ᵉ batteries du 14ᵉ allèrent se reconstituer à Fond de Givonne. Leur mouvement, exécuté sous le feu de l'ennemi, fut difficile ; mais grâce à l'énergie de tous,

---

(1) Renseignements fournis à la Section Historique par M. le colonel Buisson d'Armandy.

(2) Et provisoirement la 2ᵉ brigade, en remplacement du général Martin des Pallières, blessé la veille.

(3) Renseignements adressés à la Section Historique, le 9 février 1904, par M. le lieutenant-colonel Brunot et par M. le lieutenant-colonel Dumesnil.

(4) Renseignements adressés à la Section Historique, le 26 mars 1904, par M. le colonel de Percin.

aucune pièce ne fut abandonnée (1). La 1re batterie du 19e conserva sa position au Nord-Est de Balan.

A partir de 10 heures, les Bavarois et les Saxons, aidés par le tir de l'artillerie, purent donc faire des progrès sensibles dans l'attaque de Bazeilles et de Monvillers. A ce moment d'ailleurs, les trois bataillons encore disponibles de la 4e brigade bavaroise entraient en ligne. Le IIIe bataillon du 10e se subdivisait en deux fractions : les 9e et 10e compagnies se jetaient dans la partie Sud du parc de Monvillers ; les 11e et 12e pénétraient dans Bazeilles par une rue parallèle à la route de Douzy et située au Nord. Ces dernières débouchent ensuite dans la grande rue entre le IIe bataillon du régiment du Corps et les groupes du 1er bataillon de chasseurs embusqués dans un pavillon, à l'angle Sud-Ouest du parc de Monvillers. Les deux premiers bataillons du 13e entrent également dans Bazeilles, le Ier par la rue dont il vient d'être question, le IIe par le parc (2).

Peu à peu les Bavarois, venant à la fois de l'Est et du Sud-Est, envahissent la grande rue et se portent contre la villa Beurmann, tandis que des fractions débouchant du parc de Monvillers la tournent par le Nord-Est. Les derniers groupes d'infanterie de marine qui l'occupent encore l'évacuent alors, et le IIIe bataillon du 10e en prend possession. Une partie des troupes bavaroises et, parmi elles, les Ier et IIe bataillons du 10e suivent l'infanterie de marine en retraite et s'emparent des dernières maisons de Bazeilles situées sur la route de Balan. Pendant ce temps, le 7e bataillon de chasseurs, partant de la place du Marché et aidé par des fractions du Ier bataillon du 13e, occupait la partie Nord-Ouest de Bazeilles. Vers 10 h. 45 du matin, le village était presque en entier

---

(1) *Historique manuscrit* du 14e régiment d'artillerie.
(2) *Historique du Grand État-Major prussien,* 8e liv., p. 1111.

aux mains des Allemands. Ils n'avaient plus à lutter que contre quelques groupes restés en arrière qui firent, tous, la plus honorable résistance avant de se rendre.

Parmi eux, il faut citer les défenseurs de la maison Bourgerie située à la sortie Nord-Ouest de Bazeilles, près de la route de Balan. Une soixantaine d'officiers et d'hommes de troupe s'y étaient établis. Le commandant Lambert, déjà blessé, en avait néanmoins organisé la défense, secondé par les capitaines Aubert, Bourgey, Delaury et Picard, les sous-lieutenants Saint-Félix et Escoubet, le sergent Poittevin. Les Bavarois amenèrent du canon. La défense continua pourtant jusqu'à épuisement total des munitions. Exaspérés par cette longue résistance, les Bavarois se jetèrent sur ces braves au moment où ils furent réduits à déposer les armes. Ils ne durent la vie qu'à la généreuse intervention du capitaine Lissignolo (1).

L'incendie avait commencé ses ravages depuis quelque temps déjà. Systématiquement, les Bavarois mirent le feu à celles des maisons de Bazeilles que le canon avait épargnées. Ils se livrèrent sur les habitants à des violences que la présence, parmi les défenseurs, de quelques paysans armés ne suffit pas à excuser et même à justifier (2).

---

(1) Lettre du capitaine Bourgey et récits verbaux du général Lambert, du sergent Poittevin, du soldat Porchet.

(2) Le maire de Bazeilles envoya plus tard au général Lebrun les renseignements suivants :

« Il y a eu (à Bazeilles) 37 maisons incendiées par les obus allemands. Il y en avait 423 ; 363 ont été incendiées à la main avec du pétrole, des allumettes, des bougies placées sous les lits. J'ai des témoignages de ces faits. Le pétrole et tout ce qui a servi, sauf les fusées, a été pris sur place par les Bavarois. Il n'est resté debout que 23 maisons, y compris les châteaux, le tout dans les écarts ; car, dans Bazeilles même, rien n'a été épargné. J'ai vu moi-même des soldats allemands

Vers midi, Bazeilles presque tout entier était en flammes. Les pionniers ouvraient un chemin contournant le village au Nord-Est et établissant la communication entre la partie Est et la partie Ouest, à travers le parc de Monvillers. Trois bataillons, restés jusqu'alors au viaduc du chemin de fer, Ier, IIe du *11*^{e} et le *9*^{e} chasseurs, se portaient à la lisière Sud de Bazeilles (1).

Tandis que les divisions Pellé et L'Hériller et la réserve d'artillerie du 1er corps s'établissaient sur les emplacements qui leur avaient été indiqués, la division de Vassoigne, après l'évacuation de Bazeilles, se repliait vers le Nord en échelons par brigade. L'Empereur, qui monté à cheval dès le matin, se trouvait aux environs de Balan, aperçut le mouvement de retraite de cette division et en fut surpris. Bien qu'il se fût assigné pour règle de n'influencer en rien les décisions des généraux, il fit demander des explications à ce sujet, par le capitaine d'Hendecourt, un de ses officiers d'ordonnance. Le général Ducrot fit connaître au souverain, comme il les avait déjà exposés au général Lebrun, les motifs de sa résolution que l'Empereur n'entrava d'ailleurs nullement, soit qu'il se fût rendu à ses raisons, soit qu'il voulût se confiner dans son rôle de spectateur (2).

---

mettre le feu à des masures, qu'ils avaient sans doute oubliées, le 3 septembre... » (Extrait de l'ouvrage du général Lebrun, *Bazeilles-Sedan*, p. 325).

(1) *Historique du Grand État-Major prussien*, 8e livraison, p. 1122-1124.

(2) Général Ducrot, *La Journée de Sedan*, p. 27-28.

D'après le comte de La Chapelle (*Œuvres posthumes de Napoléon III, Le Livre de l'Empereur*, p. 119), le capitaine d'Hendecourt ne reparut plus. Il fut tué en effet. Peut-être l'Empereur fut-il renseigné par le capitaine Guzman, un autre de ses officiers d'ordonnance, le seul dont le général Ducrot relate l'arrivée jusqu'à lui.

§ 3. — *Le général de Wimpffen revendique le commandement en chef.*

Vers 9 h. 30 du matin, le mouvement rétrograde de la division de Vassoigne du 12ᵉ corps commençait à se dessiner (1) ; en même temps, les divisions Pellé et L'Hériller et la réserve d'artillerie du 1ᵉʳ corps se portaient sur la position intermédiaire qui leur avait été assignée au Nord-Ouest de Givonne (2). Jusqu'alors, le général de Wimpffen, qui savait depuis une heure au moins que le maréchal de Mac-Mahon avait été blessé (3) et qui possédait une lettre de service du Ministre de la guerre lui attribuant le commandement en chef dans cette éventualité, n'avait pas cru devoir le revendiquer (4).

---

(1) *Conseil d'enquête* sur les capitulations, Déposition du général de Wimpffen ; *Rapport* du général Lebrun.

(2) Général Ducrot, *La Journée de Sedan*, p. 26.

(3) Dans son rapport au Ministre, le général de Wimpffen place la blessure du Maréchal à 7 heures et ajoute qu'il l'apprit une heure plus tard. Dans son ouvrage sur *Sedan* (p. 158) le général de Wimpffen dit qu'il en fut informé « vers 7 h. 15 ».

(4) Le général de Wimpffen, le 29 août au matin, au moment même où il quittait Paris, avait reçu du Ministre de la guerre une lettre ainsi conçue :

Paris, le 29 août 1870.

Mon cher Général,

Dans le cas où il arriverait malheur au maréchal de Mac-Mahon, vous prendrez le commandement des troupes actuellement placées sous ses ordres. Je vous enverrai une lettre de service régularisant cette situation et dont vous ferez usage au besoin.

(Général de Wimpffen, *Sedan*, p. 124).

Si l'on en croit le général de Wimpffen, il aurait été question d'abord de lui donner le commandement du 14ᵉ corps, qu'on formait à Paris, puis d'user de sa personnalité pour faire contre-poids à Trochu et même de le remplacer. « J'ai vu là des intrigues de la cour se méfiant d'un nou-

Il avait laissé agir le général Ducrot, pensant, déclarait-il plus tard, qu'il connaissait le plan du Maréchal (1). Mais, vers 9 heures, il changea d'avis et songea à faire valoir ses droits (2).

Quelle est la cause de cette décision soudaine? D'après son *Rapport* sur la bataille, la gauche du 1er corps se serait repliée, non pas sur Illy, mais sur le milieu du bois de la Garenne, se rapprochant ainsi du Vieux-Camp, et c'est ce mouvement qui aurait déterminé le général de Wimpffen à prendre la direction suprême. Il considérait l'opération projetée par le général Ducrot comme « bien dangereuse » parce que, à son avis :

1° La route était difficile à utiliser par plusieurs corps d'armée ;

2° Il fallait parcourir au moins 6 kilomètres, espace fort long pour des troupes déjà fatiguées par cinq heures de lutte ;

3° Enfin l'on devait s'attendre à ce que l'ennemi « qui était en face et qui prévoyait le mouvement, se jetât sur elles avec d'autant plus d'ardeur qu'il savait les refouler en arrière sur des troupes nombreuses ayant pris position pour barrer le passage (3) ».

Tels sont les motifs allégués par le général de

---

veau La Fayette, ce qui ne m'allait pas du tout. Ces dispositions me firent pencher pour mon envoi à l'armée ». (*Note autographe* sans date, Papiers Wimpffen).

(1) Général de Wimpffen, *Sedan*, p. 158.

(2) Dans une lettre autographe adressée au rédacteur en chef (le nom du journal manque), le général de Wimpffen dit qu'il prit le commandement à 8 h. 15 et que les généraux commandant les corps d'armée en furent informés à 9 heures. Il y a contradiction entre cette assertion et celle de son ouvrage où il déclare qu'il a d'abord laissé agir le général Ducrot. Celui-ci ne prit en effet le commandement qu'à 8 h. 15 et il s'écoula un certain temps jusqu'au début de l'exécution de ses ordres.

(3) *Rapport* du général de Wimpffen au Ministre de la guerre, daté de Fays-les-Veneurs (Belgique), 5 septembre 1870.

Wimpffen quelques jours après les événements. Mais, dans la matinée du 1ᵉʳ septembre, il semble que d'autres considérations soient intervenues. Le billet au crayon qu'il adressa au général Ducrot pour lui notifier sa résolution était, en effet, rédigé en ces termes :

« L'ennemi est en retraite sur notre droite. J'envoie à Lebrun la division Grandchamp. Je pense qu'il ne doit pas être question en ce moment de mouvement de retraite. J'ai une lettre de commandement de l'armée du Ministre de la guerre, mais nous en parlerons après la bataille. Vous êtes plus près de l'ennemi que moi ; usez de toute votre énergie et de tout votre savoir pour remporter la victoire sur un ennemi dans des conditions désavantageuses. En conséquence, soutenez vigoureusement Lebrun, tout en surveillant la ligne que vous êtes chargé de garder (1). »

Donc, suivant toute apparence, la résistance énergique de la division de Vassoigne à Bazeilles fit croire au général de Wimpffen que la bataille pouvait prendre bonne tournure sur ce point (2). L'offensive dans ce secteur lui parut préférable à la concentration sur Illy, et c'est pour faire prévaloir son projet, avec l'espoir d'un succès

---

(1) Papiers Ducrot. — Tel est le texte de l'original. Dans son ouvrage sur *Sedan*, le général de Wimpffen a donné un texte différent. En particulier, il substitue : « L'ennemi faiblit sur notre droite » à « L'ennemi est en retraite sur notre droite » et les mots : « positions désavantageuses » à « conditions désavantageuses » (p. 162).

(2) Dans son ouvrage sur *Sedan*, le général de Wimpffen complète son projet en ces termes : « Ma conviction étant que l'opération de retraite par Illy offrait une prompte défaite, j'ordonnai au contraire un mouvement offensif vigoureux en avant sur notre droite. J'espérais pouvoir écraser la gauche de l'ennemi formée des deux corps bavarois, puis les ayant battus et jetés à la Meuse, revenir avec les 12ᵉ et 1ᵉʳ corps vers les 5ᵉ et 7ᵉ pour combattre, avec toute l'armée réunie, l'aile droite des Allemands » (p. 163). Mais, d'autre part, le général de Wimpffen dit qu'il « comptait sur les péripéties de la bataille pour trouver une

suivi de la possibilité d'opérer la jonction avec l'armée de Metz, qu'il revendiqua le commandement (1).

Il n'avait pas, d'ailleurs, de plan arrêté à ce moment. Il comptait « sur les péripéties de la bataille pour trouver une combinaison moins désastreuse » que celle du général Ducrot, et qui « ne livrerait pas l'armée à l'ennemi avant d'avoir au moins épuisé tout ce qu'on peut espérer des chances d'une lutte héroïque (2) ».

Dès que le général Ducrot fut en possession du billet du général de Wimpffen, il partit au galop à sa recherche et le rencontra au bout d'un instant.

Sans lui contester en aucune façon le commandement en chef, il se déclara prêt à le seconder de tous ses efforts, mais essaya auparavant de lui faire partager sa conviction de la nécessité de la concentration sur Illy. Il connaissait, affirma-t-il, la manière de faire des Alle-

---

combinaison moins désastreuse (que le mouvement sur Illy) et qui ne livrerait pas l'armée à l'ennemi avant d'avoir au moins épuisé tout ce qu'on peut espérer des chances d'une lutte héroïque » (p. 159).

Le *Rapport* du général de Wimpffen au Ministre, en date du 5 septembre 1870, ne contient pas la combinaison des deux manœuvres successives en lignes intérieures dont il est question ci-dessus.

(1) « J'ai toujours pensé et je crois pouvoir dire que mes collègues ont pensé avec moi qu'à 7 heures du matin, le général (de Wimpffen) n'avait point voulu prendre le commandement, parce que le succès lui apparaissait comme trop incertain ; qu'à 9 heures, au contraire, il avait cru à un succès certain et qu'alors il n'avait plus hésité à assumer sur lui la responsabilité du commandement. Mon opinion ne pourrait se modifier que si le général de Wimpffen pouvait démontrer qu'il a connu la blessure du Maréchal vers 8 h. 30 seulement.....» (*Notes* personnelles du général Lebrun). Ce n'est là qu'une opinion du général Lebrun ; rien n'autorise à admettre que les mobiles du général de Wimpffen aient été ceux qu'il expose. — Voir à ce sujet p. 67 et suiv.

« Je fis acte *d'abnégation*, de *patriotisme* et non *d'ambition*..... dit de son côté, le général de Wimpffen. En un mot, je n'écoutai que la voix du devoir.....» (Général de Wimpffen, *loc. cit.*, p. 163).

(2) Général de Wimpffen, *loc. cit.*, p. 159. — Cf. *Conseil d'enquête sur les capitulations*, Déposition du général de Wimpffen.

mands ; il avait étudié le terrain et médité sur la situation depuis vingt-quatre heures. Il considérait comme évident que l'adversaire avait fait à Bazeilles une fausse attaque pour mieux assurer le succès du mouvement enveloppant qu'il projetait par la haute Givonne. Il avait vu, ajouta-t-il, les troupes ennemies en mouvement sur ce point, et le billet qu'il avait reçu du maire de Villers-Cernay confirmait ses prévisions. Il l'adjura enfin, au nom du salut de l'armée, de laisser continuer le mouvement de retraite : « Dans deux heures, affirma-t-il, il ne sera plus temps (1). »

Le général de Wimpffen répondit qu'il n'était pas possible de lui donner satisfaction sur ce point ; qu'il ne fallait pas toujours reculer ; que c'était contraire au caractère français. A son avis, il importait de profiter des avantages acquis vers la droite et de faire converger tous les efforts pour écraser les corps adverses opposés au 12e. « Ce n'est pas une retraite qu'il nous faut, déclara-t-il, c'est une victoire. »

Le général Ducrot nullement ébranlé, appela son attention sur la position d'Illy qu'il considérait comme capitale et qu'il appelait « la porte de sortie ». Comme le général de Wimpffen lui demandait ce qu'était Illy, le général Ducrot lui montra sur la carte la boucle que forme la Meuse en aval de Sedan et au Nord de laquelle il ne reste qu'un étroit espace jusqu'à la frontière belge. « Il n'y a là, dit-il, qu'un unique point de passage, c'est Illy ! Si l'ennemi s'en empare, nous sommes perdus. »

Mais le général de Wimpffen s'en tint à son projet : il déclara, d'une façon péremptoire, qu'il fallait seconder le 12e corps et réunir tous les efforts dans le secteur qu'il occupait. Constatant l'inanité de ses représen-

---

(1) *Conseil d'enquête* sur les capitulations, Déposition du général Ducrot.

tations, le général Ducrot conclut : « Il vous faut une victoire ? Eh bien ! nous serons trop heureux si nous avons une retraite ce soir ! (1) »

Le général de Wimpffen ordonna alors au général Ducrot de reprendre ses premières positions, ce que celui-ci fit exécuter aussitôt, et il renforça la gauche du 1ᵉʳ corps par la 1ʳᵉ brigade (Saurin) de la 1ʳᵉ division du 5ᵉ, bien que le général Ducrot regardât ce secours comme inutile (2).

Après cet entretien, le nouveau commandant en chef se rendit auprès du général Lebrun (3). En suivant la dépression de Fond de Givonne, il rencontra l'Empereur. Il lui annonça que l'armée allait reprendre les positions qu'elle avait abandonnées et qu'il se proposait ensuite « de jeter les Bavarois dans la Meuse (4) ». Puis il se dirigea vers le commandant du 12ᵉ corps.

---

(1) *Conseil d'enquête* sur les capitulations, Déposition du général Ducrot. Cf. Général Ducrot; *La Journée de Sedan*, p. 29-31. D'après cet ouvrage, le général Lebrun aurait assisté à cet entretien. Il semble d'après la déposition de ce dernier au Conseil d'enquête que le général Ducrot ait confondu avec un incident postérieur.

L'entretien entre les généraux de Wimpffen et Ducrot a dû être rapporté d'après les seules déclarations de ce dernier, le général de Wimpffen ne l'ayant relaté ni dans sa déposition au Conseil d'enquête, ni dans son ouvrage sur Sedan.

(2) *Rapport* du général de Wimpffen ; *Journal* de marche de la brigade Nicolas (2ᵉ de la 1ʳᵉ).

(3) Général de Wimpffen, *Sedan*, p. 163.

(4) *Conseil d'enquête* sur les capitulations, Déposition du général de Wimpffen. Le général ajouta : « J'aurais voulu faire un effort plus considérable contre l'ennemi, mais il est trop tard. » Dans son ouvrage sur Sedan, le général rapporte ainsi l'entretien : « Sire, les choses vont bien, nous regagnons du terrain. — L'Empereur m'ayant fait observer que l'ennemi montrait des forces considérables sur notre gauche, je répondis : « Nous allons d'abord nous occuper de jeter les Bavarois à la Meuse, puis avec toutes nos troupes, nous ferons face à notre nouvel ennemi » (p. 164.) Cf. *Relation* de la bataille de Sedan par le général

A peine eut-il abordé le général Lebrun, qu'il lui ordonna de cesser le mouvement rétrograde que le général Ducrot lui avait fait exécuter. Il lui déclara qu'il n'admettait pas que l'on pût songer à battre en retraite sur Mézières ; cette opération, si elle devenait indispensable, devait s'effectuer sur Carignan. Mais il n'y avait pas lieu, à son avis, de s'y arrêter pour le moment. Le 12e corps devait, au contraire, réoccuper immédiatement les emplacements des premières heures de la matinée.

Le général Lebrun objecta très justement que la division de Vassoigne se repliait vers Fond de Givonne et qu'il n'était point aisé de reprendre un grand village comme Bazeilles, fortement tenu par l'adversaire. Le nouveau commandant en chef répondit qu'il fallait s'en emparer « coûte que coûte ». Le général Lebrun ne put lui en donner l'assurance ; il promit seulement de faire prendre position à ses troupes sur les hauteurs situées au Sud de Fond de Givonne (1).

A 10 h. 15, le général Ducrot tenta un dernier effort. Il vint renouveler au général de Wimpffen son avis de l'opportunité, de la nécessité même du mouvement sur Illy qu'il avait déjà préconisé. Ses objurgations furent vaines. Le général de Wimpffen ne laissa pas ignorer, assure-t-il, aux généraux Ducrot et Lebrun que si l'armée ne pouvait se maintenir victorieusement sur le terrain qu'elle occupait, « en gagnant une bataille défensive », il ne lui resterait plus d'autre ressource que de s'ouvrir « un passage sanglant, dans la direction de l'Est vers Carignan et Montmédy (2) ». Toutefois, à ce

---

Pajol (Wimpffen, *Sedan*, p. 300 et suiv.) qui donne de ce propos une version un peu différente, contre laquelle a protesté le général de Wimpffen.

(1) *Conseil d'enquête* sur les capitulations, Déposition du général Lebrun. Cf. Général Lebrun, *Bazeilles-Sedan*, p. 111-113.

(2) Général de Wimpffen, *Sedan*, p. 165.

moment, il espérait encore se maintenir sans désavantage sur ses positions et réussir à exécuter ses « opérations successives » contre l'armée allemande (1). Comme il l'avait dit à l'Empereur, son projet était de refouler les Bavarois, de les acculer à la Meuse; puis, avec toutes ses troupes, de faire face aux forces adverses qui avaient franchi la rivière en aval de Sedan.

Ainsi, à 10 heures du matin, l'armée française avait passé déjà par trois directions différentes. Au début de la journée, il semblait que l'on dût se défendre sur place; puis le général Ducrot avait ordonné la concentration sur Illy, par une série de mouvements en retraite; enfin le général de Wimpffen prescrivait de reprendre l'offensive dans le secteur Sud-Est du champ de bataille. Ces changements, en déterminant l'abandon de positions vaillamment défendues, étaient de nature à démoraliser les troupes; à produire des fluctuations dont seuls les commandants de corps d'armée connaissaient les motifs; à exposer les unités à des manœuvres en formation dense sous le feu; à jeter, en un mot, le désarroi dans une armée déjà ébranlée par des défaites antérieures et placée dans une des situations les plus critiques dont l'histoire militaire fasse mention.

---

(1) Général de Wimpffen, *Sedan*, p. 165.

CHAPITRE IV

La bataille sur la Givonne de 9 heures à midi.

§ 1er. — *Les combats sur la basse Givonne entre* 9 *heures et* 10 *heures du matin.*

A 9 heures du matin, sur l'ordre du général Lebrun, transmis par le général Lacretelle, la 2e brigade (Marquisan) de la 2e division du 12e corps (1), rassemblée près du saillant Sud-Est du bois de la Garenne, se porta sur les hauteurs situées à l'Ouest de Daigny. Le 31e de ligne de la 1re brigade, qui les occupait au début de la bataille, avait été renforcé vers 9 heures par le 58e de la division Grandchamp. Mais il avait engagé complètement ses deux bataillons en première ligne et la nécessité de secours se faisait sentir sur ces points, surtout vis-à-vis Daigny.

Six batteries françaises seulement continuaient le feu, non pas tant en raison des effets qu'elles produisaient que, suivant l'expression du général Lebrun, « pour montrer à l'infanterie qu'elles faisaient, pour la soutenir, tout ce qui était humainement possible (2) ». C'étaient la 3e du 7e, les 10e et 11e du 8e, la 4e du 11e, les 3e et 4e du 15e établies au Nord de la cote 212. Les 7e, 8e et 9e batteries du 10e dont le commandant supérieur, lieutenant-colonel Noury, avait été blessé, tentèrent de reprendre le feu, mais furent obligées, une seconde fois, de battre en

---

(1) 3e de marche (IVes bataillons des 40e, 62e, 61e de ligne); 4e de marche (IVes bataillons des 65e, 91e, 94° de ligne).

(2) *Rapport* du général Lebrun.

retraite, sans pouvoir emmener deux pièces et plusieurs caissons déjà abandonnés précédemment (1).

En arrivant sur la crête, la tête de colonne du 3ᵉ régiment de marche fut assaillie par des obus qui causèrent en peu de temps des pertes sérieuses aux deux premiers pelotons. Les Iᵉʳ et IIᵉ bataillons se déployèrent sur la crête, à gauche des 31ᵉ et 58ᵉ de ligne, le IIIᵉ resta en réserve, à 200 mètres en arrière, à l'abri des vues de l'ennemi. Le 4ᵉ de marche s'établit à la gauche du 3ᵉ; les Iᵉʳ et IIᵉ bataillons en première ligne, le IIIᵉ en réserve, près du coude que forme la route de Sedan à Bouillon (2).

L'arrivée de cette brigade semble avoir déterminé des mouvements offensifs partiels des 20ᵉ, 22ᵉ et 14ᵉ de ligne placés à sa droite. En même temps, les IIᵉ et IIIᵉ bataillons du 1ᵉʳ régiment d'infanterie de marine et des fractions du 4ᵉ obtenaient quelques avantages aux abords et dans le parc de Monvillers. Enfin le IIIᵉ bataillon du 22ᵉ, venant se déployer à gauche des deux autres, avait déterminé un mouvement en avant de ce point. Les progrès de ces troupes furent assez prononcés pour obliger « les batteries allemandes qui luttaient contre l'artillerie ennemie, à l'Est de la Givonne, à tourner leurs efforts contre l'infanterie assaillante (3) ». Celle-ci fut arrêtée, mais les

---

(1) *Rapport* du commandant de Coatpont, commandant par intérim l'artillerie de la 3ᵉ division du 12ᵉ corps. Ce *Rapport* ne mentionne qu'une pièce abandonnée; l'*Historique manuscrit* en déclare deux. *Rapport* du capitaine commandant la 4ᵉ batterie du 11ᵉ.

(2) *Journal* de marche de la 2ᵉ brigade de la 2ᵉ division du 12ᵉ corps.

(3) *Historique du Grand État-Major prussien*, 8ᵉ livraison, p. 1107. D'après cet ouvrage, l'attaque de la division Lacretelle aurait été assez sérieuse. Elle aurait exécuté sur La Moncelle un « retour offensif » afin de faciliter la retraite des divisions Grandchamp et de Vassoigne du 12ᵉ corps. Il semble que les faits aient été un peu exagérés. D'une part, les *Historiques* des 20ᵉ et 14ᵉ de ligne sont muets sur ce point; d'autre part, le *Rapport* du général Lebrun dit seulement que la division Lacretelle « maintenait l'ennemi... avec vigueur ».

tirailleurs qui avaient franchi la Givonne incommodaient fort l'artillerie de corps saxonne qui dut se reporter en arrière. Une seule batterie, la 6ᵉ, à laquelle l'ordre de la retraite n'était point parvenu, resta sur sa position, au Sud du chemin de Lamécourt, et tira à mitraille. Les autres batteries, parvenues sur leurs nouveaux emplacements (1) reprirent le feu sur l'infanterie française, puis regagnèrent leur position initiale quand celle-ci eût été rejetée dans la vallée. La 2ᵉ batterie à cheval du XIIᵉ corps, inutilisée jusqu'alors, vint prolonger l'extrême droite de la ligne d'artillerie saxonne. A l'Est du parc de Monvillers, de nombreux tirailleurs français appartenant au 14ᵉ de ligne et au 1ᵉʳ régiment d'infanterie de marine, avaient également contraint la VIᵉ batterie bavaroise à rétrograder. La Vᵉ avait pu continuer le feu (2).

Bien que les mouvements offensifs partiels des Français eussent été contenus par l'artillerie, la situation n'en demeurait pas moins précaire pour les troupes allemandes qui occupaient La Moncelle. Le combat qui se livrait à Daigny absorbait les ressources disponibles de la 24ᵉ division, et la 23ᵉ arrivait seulement au Rulle. Aussi le commandant de la 2ᵉ division bavaroise dirigeait-il sur La Moncelle les troupes de la 4ᵉ brigade qui débouchaient alors au Sud de Bazeilles (3) et poussait-il en avant les 2ᵉ et VIIIᵉ batteries qui vinrent se placer à gauche de la Vᵉ bavaroise (4).

Vers 8 h. 45, le commandant du XIIᵉ corps prescrivit à la 23ᵉ division qui atteignait Le Rulle d'engager

---

(1) L'*Historique du Grand État-Major prussien* ne les indique pas.
(2) *Historique du Grand État-Major prussien*, 8ᵉ livraison, 1108.
(3) Voir p. 35 et suiv.
(4) *Historique du Grand État-Major prussien*, 8ᵉ livraison, p. 1108-1109.

aussitôt une de ses brigades et de rassembler l'autre. La *46ᵉ* brigade se porte donc sur Bazeilles ; deux batteries, les Iʳᵉ et 2ᵉ, s'établissent sur le mamelon à l'Est de Monvillers, entre la route de Lamécourt et la 6ᵉ. Une masse d'artillerie comprenant seize batteries (treize saxonnes et trois bavaroises) était donc en action à ce moment sur les hauteurs à l'Est de la basse Givonne. Le *101ᵉ*, de la *45ᵉ* brigade, remplace à la gauche de l'artillerie saxonne le *2ᵉ* régiment de Reiter qui seul l'avait couverte jusqu'alors. Les deux autres régiments de la *45ᵉ* brigade restent en réserve à l'Ouest du Rulle avec le *1ᵉʳ* régiment de Reiter et deux batteries $\left(\frac{\text{I, II}}{12}\right)$ (1).

Au moment où la *46ᵉ* brigade se portait vers la lisière orientale de Bazeilles, les munitions commençaient déjà à manquer aux troupes allemandes engagées plus au Nord, dans la vallée de la Givonne. Sur la demande d'officiers bavarois, le commandant de cette brigade la fait obliquer au Nord de la route, vers Monvillers, et jette en ligne le *102ᵉ* dont huit compagnies sont immédiatement déployées dans le parc et au Nord. Mais les défenseurs de Monvillers avaient été renforcés par des fractions du 2ᵉ régiment d'infanterie de marine qui opposent une vigoureuse résistance (2). Le *102ᵉ* étant impuissant à rétablir le combat, les sept compagnies du *103ᵉ* présentes (3) s'engagent à leur tour et renforcent les groupes du *102ᵉ* (4).

---

(1) *Historique du Grand État-Major prussien*, 8ᵉ livraison, p. 1109 et 1124.

(2) Renseignements adressés à la Section Historique, le 22 mars 1904, par M. le colonel de Percin.

(3) Le IIIᵉ bataillon du *103ᵉ* était à Stenay ; la 2ᵉ compagnie était soutien d'artillerie.

(4) *Historique du Grand État-Major prussien*, 8ᵉ livraison, p. 1110.

Peu de temps après, les Ier et IIe bataillons du *10e* régiment bavarois, comptant à eux deux cinq compagnies seulement (1), qui arrivaient des abords Sud de Bazeilles, débouchaient à l'Ouest de la lisière occidentale de La Moncelle et entraient en ligne au Nord et au Sud de la route de Balan.

Cette partie du front de bataille allemand paraissant suffisamment assurée par l'arrivée de ces renforts, les autres bataillons de la *4e* brigade bavaroise furent dirigés sur Bazeilles où, sur ces entrefaites, les Français avaient gagné du terrain (2).

§ 2. — *Progrès des Allemands à La Moncelle de* 10 *heures à midi.*

L'entrée en ligne, vers 9 h. 45, de la *46e* brigade saxonne et des Ier et IIe bataillons du *10e* bavarois avait rétabli le combat en faveur des Allemands sur la basse Givonne, entre La Moncelle et Monvillers (3). Les compagnies saxonnes établies dans les deux maisons isolées, au bord de la route de La Moncelle à Balan, avaient reçu quelques secours : un petit groupe du *12e* bavarois et les tirailleurs du IIIe bataillon du *3e* bavarois.

Leur situation n'en demeurait pas moins fort critique. Les fractions les plus avancées des 2e, 5e et 6e compagnies du *10e* bavarois tentèrent de les dégager, mais elles furent repoussées par le feu du 14e de ligne dont certains groupes n'étaient pas à plus de cinquante mètres de la maison supérieure. Les Ier et IIe bataillons du *10e* débouchent alors de La Moncelle et s'engagent en entier

---

(1) Deux compagnies (4e et 8e) étaient soutien d'artillerie ; la 1re était détachée auprès de la colonne principale de munitions.

(2) *Historique du Grand État-Major prussien,* 8e livraison, p. 1111.

(3) Voir p. 63 et 77.

sur la rive droite de la Givonne, entraînant toutes les troupes qui combattaient dans leur voisinage. Les compagnies des IIe et IIIe bataillons du *107*^e qui se trouvaient dans La Moncelle gagnent ainsi du terrain le long de la route de Balan et atteignent, en même temps que les Bavarois, le chemin creux qui conduit de Bazeilles à Daigny en passant à la cote 194.

Le 14e de ligne se maintint toutefois, avec la plus grande énergie, sur la crête située immédiatement à l'Ouest de ce chemin. Les 3e et 4e batteries du 15e, accablées et manquant d'ailleurs de munitions, durent se replier sur Fond de Givonne vers 10 h. 30. Mais les 3e du 7e, 10e et 11e du 8e, 4e du 11e continuèrent la lutte inégale.

L'évacuation volontaire de Bazeilles et du parc de Monvillers par la division de Vassoigne laissèrent le flanc droit du 14e de ligne sans appui. Des forces ennemies considérables entraient d'ailleurs en ligne. Les Ier et IIe bataillons du *12*^e bavarois, les 11e et 12e compagnies du *3*^e progressèrent au Sud de la route de Balan tandis que les troupes bavaroises qui avaient pris position à La Moncelle dans la matinée, s'avançaient au Nord de cette route. La *46*^e brigade saxonne, de son côté, faisait effort dans la direction de Balan.

Les huit compagnies du *102*^e, déployées au Sud de La Moncelle et dans le parc de Monvillers, se dirigèrent vers le chemin creux, leur droite gagnant les abords de la cote 194 ; les quatre compagnies restantes s'établirent dans le parc. Le *103*^e, derrière la gauche du *102*^e, se porta vers la route de Bazeilles à Balan. D'autre part, le Ier bataillon du *107*^e, après s'être rassemblé dans La Moncelle, marcha vers la cote 194.

Enfin l'avant-garde de la *8*^e division, postée jusqu'alors à la gare de Bazeilles, s'ébranlait à son tour. Le IIe bataillon du *71*^e, formant tête de colonne, franchit la Givonne au Nord du parc de Monvillers et jeta une compagnie vers Bazeilles où quelques fractions isolées d'infanterie de marine combattaient encore. Les trois autres suivirent les Saxons (1).

Assailli de front et sur son flanc droit, canonné à la fois par l'artillerie ennemie établie sur les hauteurs à l'Est de La Moncelle, et par les batteries bavaroises de la rive gauche de la Meuse, le 14ᵉ de ligne dut, entre 11 heures et midi, effectuer sa retraite vers le Nord-Ouest (2). Le 22ᵉ de ligne évacua peu après les abords de la cote 194. Le général Cambriels qui dirigeait sa retraite fut blessé par un éclat d'obus. Découvert sur son flanc droit, le 20ᵉ de ligne se replia à son tour, non sans exécuter un vigoureux retour offensif qui tint l'ennemi à distance, et au cours duquel le lieutenant-colonel Dardier eut un deuxième cheval tué sous lui. Dès 8 heures du matin, le colonel Louveau de la Guigneraye avait été blessé très grièvement (3).

A gauche du 20ᵉ, le 34ᵉ de ligne parvint à se maintenir jusqu'à 1 heure sur ses positions de la matinée, en face de Daigny et de Petite Moncelle, sans même engager son IIIᵉ bataillon. Son colonel avait été également blessé, dès 10 heures du matin (4).

La brigade Marquisan conserva aussi jusqu'à 1 heure, la plus ferme attitude sur les hauteurs au Nord-Est de Daigny. A plusieurs reprises elle arrêta par le feu des tentatives de l'ennemi pour franchir, en amont de Dai-

---

(1) *Historique du Grand État-Major prussien*, 8ᵉ livraison, p. 1119-1121.

(2) *Historiques manuscrits* des 14ᵉ et 20ᵉ de ligne. — D'après l'*Historique* du 14ᵉ, la retraite aurait eu lieu à 11 heures; d'après celui du 20ᵉ, la retraite des 14ᵉ et 20ᵉ se serait effectuée simultanément vers midi.

(3) *Historique manuscrit* du 20ᵉ de ligne.

(4) *Historique manuscrit* du 31ᵉ de ligne.

gny, le ravin de la Givonne (1). Les 1re et 4e compagnies du bataillon du 64e de ligne et une compagnie du bataillon du 62e égrenées en tirailleurs le long de la rivière se distinguèrent par leur énergie et subirent des pertes sensibles (2).

La retraite des 14e et 20e de ligne entraîna celle des batteries qui avaient bravement soutenu une lutte inégale jusqu'alors. Déjà les 3e et 4e batteries du 15e avaient dû se replier vers Fond de Givonne (3). D'autres cherchèrent, par des changements fréquents de position, à se soustraire aux effets du tir de l'artillerie adverse. Vers 11 heures, la 3e batterie du 7e alla prendre un nouvel emplacement sur le plateau au Nord de la cote 187 (4). Elle y fut rejointe par la 4e du 11e qui ouvrit aussitôt un tir efficace et arrêta, par ses boîtes à balles, les tirailleurs ennemis (5). Les 10e et 11e du 8e se retirèrent enfin en même temps que l'infanterie et s'établirent sur les pentes de la croupe 215 (6), à droite et à gauche de la 1re batterie à cheval du 19e (7). La 7e batterie du 10e tenta de reprendre position dans le voisinage des précédentes, mais il fut impossible de faire gravir la crête aux attelages décimés par le feu et épuisés de fatigue (8). Cette batterie resta d'ailleurs séparée des deux autres qui faisaient groupe avec elle jusqu'à la fin de la bataille. La 8e du 10e était dispersée depuis la dernière mise en

---

(1) *Journal* de marche de la brigade Marquisan.
(2) *Historique manuscrit* du 64e de ligne.
(3) *Rapport* des capitaines commandant les 3e et 4e batteries du 15e régiment d'artillerie.
(4) *Historique manuscrit* du 7e régiment d'artillerie; *Journal* du commandant Janisson.
(5) *Rapport* du capitaine commandant la 4e batterie du 11e régiment d'artillerie.
(6) *Historique manuscrit* du 8e régiment d'artillerie.
(7) *Historique manuscrit* du 19e régiment d'artillerie.
(8) *Rapport* du chef d'escadron de Coatpont.

batterie. La 9ᵉ du 10ᵉ ne comptait plus que quatre pièces auxquelles se réunit plus tard une section de la 8ᵉ du 10ᵉ (1).

Quelques fractions du *12ᵉ* bavarois et du *71ᵉ* suivent les Français en retraite dans la direction de Balan. Trois compagnies se portèrent sur la croupe à l'Ouest de la cote 212, mais furent arrêtées par le feu (2).

Les Allemands s'organisent aussitôt sur les positions conquises. Les troupes bavaroises vont se reformer plus loin, sur le versant de la vallée de la Meuse, et ne laissent sur les hauteurs que le IIᵉ bataillon du *10ᵉ* et le 1ᵉʳ du *1*ᵉʳ. Les Saxons occupent le terrain face au Nord jusqu'au delà des routes de La Moncelle et de Bazeilles à Balan. A leur droite, se rassemblèrent, vers midi, près de la cote 194, dix compagnies du *107ᵉ* ; à leur gauche six compagnies du *102ᵉ* ; à leur extrême gauche enfin, deux compagnies du *102ᵉ* et sept du *103ᵉ* qui donnaient la main aux troupes bavaroises en marche sur la route de Bazeilles à Sedan (3).

L'artillerie allemande de la rive gauche de la Givonne avait puissamment appuyé les mouvements offensifs de l'infanterie. La VIIIᵉ batterie du *12ᵉ* ne trouvant plus à s'employer utilement après la retraite des tirailleurs français, gagnait l'extrême droite, à côté de la 2ᵉ à cheval. Les deux dernières batteries du XIIᵉ corps, 1ʳᵉ et IIᵉ, venues du Rulle, traversant La Moncelle avec le *108ᵉ*, s'établissaient, vers midi, sur les hauteurs de la rive droite et entamaient le feu contre l'artillerie française en position sur la croupe 215 et au Nord de la cote 187, concurremment avec les batteries demeurées sur la rive gauche de la Givonne. Celles-ci avaient été renforcées,

---

(1) *Historique manuscrit* du 10ᵉ régiment d'artillerie.
(2) *Historique du Grand État-Major prussien*, 8ᵉ livraison, p. 1121.
(3) *Ibid*, p. 1122.

quelque temps auparavant par les VII° et VIII° batteries de l'artillerie de réserve bavaroise qui s'étaient portées à l'extrême gauche des batteries saxonnes (1).

Tout d'abord, le prince royal de Saxe avait pensé que le maréchal de Mac-Mahon entamait sa retraite vers l'Ouest, en couvrant ce mouvement par des arrière-gardes maintenues à l'Est de Sedan. L'effort de l'armée française devait, dans ces conditions, porter presque en totalité sur la III° armée, aussi le prince royal de Saxe se proposa-t-il, avant tout, de se relier à celle-ci par sa droite. Il résolut donc et prescrivit, vers 8 heures, d'enlever d'abord les positions de la Givonne, puis de faire remonter la Garde vers Fleigneux et de porter le XII° corps, par Illy, vers la croupe à l'Est de Saint-Menges. Le Ier corps bavarois était chargé de protéger du côté de Sedan le mouvement de l'armée de la Meuse vers sa droite, en s'établissant au bois de la Garenne.

Le prince royal de Saxe s'aperçut bientôt, « à la longueur imprévue de la lutte sur la Givonne, comme aussi à l'attitude générale des Français » que ceux-ci se trouvaient encore en forces considérables à l'Est de Sedan. Il n'en persista pas moins dans sa détermination de tendre la main au plus vite à la III° armée. Aucun changement ne fut apporté aux ordres donnés à cet effet (2).

Voyant l'infanterie allemande maîtresse des hauteurs de la rive droite de la Givonne, en face de La Moncelle, le commandant du XII° corps ordonna à la *23*° division de ne pas pousser plus loin dans la direction de Balan, mais de se diriger vers Illy. Ce mouvement exigeait que ces hauteurs restassent fortement occupées, car les troupes bavaroises avaient besoin d'un certain temps

---

(1) *Historique du Grand État-Major prussien*, 8° livraison, p. 1124.
(2) *Ibid*, p. 1127.

pour se reconstituer et se réapprovisionner en munitions. Aussi le général de Montbé, commandant la 23ᵉ division, maintint-il provisoirement ses troupes en position. De son côté, le général von der Tann demandait au commandant de la *8ᵉ* division, de s'avancer jusqu'aux environs de la cote 194, à l'Ouest de La Moncelle, afin de remplacer sur la ligne de bataille, les Saxons qui appuyaient au Nord (1).

En conséquence, la *8ᵉ* division se portait aussitôt sur la rive droite de la Givonne, au Nord de Bazeilles, en ne laissant aux ponts de la Meuse que le *31ᵉ* et le *12ᵉ* hussards. Les quatre batteries divisionnaires, quittant leur position d'attente à l'Ouest de La Moncelle, s'établissaient, face au Nord-Ouest, sur la croupe 194-212, couvertes à droite par le *4ᵉ* bataillon de chasseurs, le IIIᵉ bataillon et les 2ᵉ et 3ᵉ compagnies du *71ᵉ*, à gauche par la 4ᵉ compagnie de ce régiment. La 1ʳᵉ compagnie luttait contre des partis français embusqués dans quelques fourrés de la vallée et dont les balles gênaient les batteries saxonnes.

Les tirailleurs du 14ᵉ et du 20ᵉ de ligne tentèrent un retour offensif, mais furent repoussés par les soutiens de l'artillerie.

Les deux batteries de la *5ᵉ* brigade bavaroise prirent ensuite position à la gauche des batteries prussiennes au Sud de la cote 194. Plus tard, quatre batteries du Iᵉʳ corps bavarois les rejoignirent, l'une d'elle se plaçant à la droite de l'artillerie de la *8ᵉ* division. Ces soixante bouches à feu, formant un angle à peu près droit, engagèrent la lutte avec les batteries françaises établies sur le plateau au Nord de la cote 187.

En raison de l'arrivée des troupes de la *8ᵉ* division,

---

(1) *Historique du Grand État-Major prussien*, 8ᵉ livraison, p. 1124-1128.

les unités saxonnes qui se trouvaient encore à l'Ouest de La Moncelle, ralliaient successivement la 23e division pour se joindre au mouvement de flanc qui se préparait sur Illy (1).

§ 3. — La brigade Carteret-Trécourt recueille la division de Vassoigne.

Le mouvement de retraite de la division de Vassoigne s'effectua dans de bonnes conditions bien que les unités tactiques fussent rompues et que le terrain qu'elle avait à parcourir au Nord de Bazeilles fût battu par les feux croisés des batteries bavaroises et saxonnes.

Deux circonstances contribuèrent à lui faire garder une excellente attitude : le moral des soldats n'était point affaibli, car ils avaient le sentiment d'une évacuation volontaire de Bazeilles ; la brigade Carteret-Trécourt, de la 3e division du 1er corps, se trouvait au Nord-Est de Balan, en mesure de les recueillir.

Cette brigade avait pris, à cet effet, dès 9 heures du matin, les dispositions suivantes :

Le 8e bataillon de chasseurs déploya quatre compagnies en tirailleurs à l'Est du chemin creux qui, passant à la cote 215, descend à Balan et à une centaine de mètres environ en avant de la 1re batterie du 19e. Les deux autres compagnies restèrent en réserve, à droite et à gauche de cette batterie, abritées derrière le talus qui borde le chemin creux (2) ;

Le Ier bataillon du 2e zouaves fut placé dans le bois et le parc qui dominent Balan ; les deux autres demeu-

---

(1) *Historique du Grand État-Major prussien*, 8e livraison, p. 1145-1146.

(2) *Rapport* du chef de bataillon Viénot, commandant le 8e bataillon de chasseurs, daté de Wiesbaden, 25 septembre 1870. — Le *Rapport*

rèrent en réserve au Nord de ce bois, ayant sur leur gauche, et un peu en arrière, le 36ᵉ de ligne (1).

Ce fut sous la protection de ces troupes que le gros de la division de Vassoigne se replia sur Fond de Givonne, tandis que quelques fractions gagnaient Balan et occupaient, assez confusément, les maisons du village. Cette division vint s'établir ensuite sur les pentes méridionales du Vieux Camp.

Quatre batteries qui avaient évacué les hauteurs au Nord-Ouest de La Moncelle (2) vinrent, à partir de 11 heures, s'établir au Nord de la cote 187. La présence de la brigade Carteret-Trécourt contribua également à limiter le mouvement de recul des 14ᵉ et 20ᵉ de ligne de la division Lacretelle ; leurs tirailleurs vinrent se souder à gauche avec le 31ᵉ de ligne qui se maintenait dans le bois et sur les hauteurs à l'Ouest de Daigny, sa droite faisant face au Sud. La brigade Marquisan conservait également ses positions au Nord-Ouest de Daigny.

Ainsi, comme le général Lebrun l'avait promis au général de Wimpffen, les troupes du 12ᵉ corps restaient en possession du plateau situé au Sud de Fond de Givonne. Il ne pouvait guère être question d'ailleurs, sans l'intervention de troupes fraîches, de reprendre Bazeilles à l'ennemi, en raison de sa supériorité manifeste en infanterie et surtout en artillerie (3).

---

du général Carteret-Trécourt dit qu'il y avait trois compagnies en réserve.

(1) *Rapport* du général Carteret-Trécourt, daté de Villeneuve-l'Étang, 18 mai 1871.

(2) Voir p. 81.

(3) D'après le général Lebrun, des tentatives auraient été faites par les troupes du 12ᵉ corps pour « réoccuper les positions qu'elles avaient dû quitter et principalement Bazeilles, où le corps d'armée bavarois s'était déjà fortement établi. Les efforts qu'elles firent pour reprendre aux Allemands la rive droite de la Givonne, et les tentatives répétées aux-

A ce moment, se trouvaient, au Nord de Fond de Givonne, le 34ᵉ et une partie du 22ᵉ de ligne, de la 1ʳᵉ brigade de la division Grandchamp. Ce dernier régiment auquel manquaient tous les officiers supérieurs depuis le 30 août, était commandé par le capitaine Juin. Le 34ᵉ de ligne avait traversé Fond de Givonne vers 7 heures du matin (1) et avait pris position au Sud de la cote 256, derrière la crête. Vers 9 h. 30, il avait été rappelé vers l'Ouest et, traversant de nouveau Fond de Givonne, était venu s'établir en bataille, un peu en avant de son emplacement initial, entre les glacis de la place et le saillant Sud-Ouest du bois de la Garenne, la gauche appuyée à ce bois. Il y fut rejoint, vers 11 h. 30, par la fraction du 22ᵉ de ligne qui avait combattu à l'Ouest de La Moncelle. A midi, le 34ᵉ fut reporté à l'Est de Fond de Givonne et vint se déployer à cheval sur la route de Bouillon, au Nord et au Sud de la cote 256 (2). Le 58ᵉ de ligne, premier régiment de la 2ᵉ brigade de la division Grandchamp était engagé, comme on l'a vu (3), depuis 9 heures du matin à l'Ouest de Daigny, pêle-mêle avec le 31ᵉ de ligne de la division Lacretelle (4). Quant au 79ᵉ de ligne, deuxième régiment de cette même brigade, son 1ᵉʳ bataillon était toujours vers la cote 247, au Sud

---

quelles la division d'infanterie de marine, se livra pour déloger de Bazeilles les Allemands qui en défendaient les approches, n'aboutirent qu'à lui faire perdre beaucoup de monde ». (Général Lebrun, *Bazeilles-Sedan*, p. 115). Le général Lebrun place ces retours offensifs *avant* la retraite des troupes du 12ᵉ corps au Nord de Fond de Givonne. Or, le *Journal* de marche de la division de Vassoigne ne relate qu'un retour offensif exécuté plus tard, comme on le verra plus loin.

Les témoignages des survivants sont pleinement d'accord avec ce document.

(1) Voir p. 41.
(2) *Historique manuscrit* du 34ᵉ de ligne.
(3) Voir p. 41 et 48.
(4) *Historique manuscrit* du 58ᵉ de ligne.

de Fond de Givonne ; le IIe dans le vallon à l'Est de cette localité ; le IIIe sur les hauteurs au Nord (1).

§ 4. — *Situation du Ier corps bavarois, des XIIe et IVe corps, vers midi.*

Au cours de la lutte aussi longue qu'acharnée qui avait eu lieu dans la matinée à Bazeilles et dans le parc de Monvillers, les troupes allemandes s'étaient fréquemment mêlées. Ces points d'appui tombés en leur pouvoir par suite de la retraite volontaire de la division de Vassoigne, il s'agissait de reformer les unités tactiques, de renouveler les munitions, d'accorder enfin quelque repos aux combattants.

Vers midi, le Ier corps bavarois prenait les positions suivantes :

La 2e division avait été chargée par le général von der Tann d'occuper fortement Bazeilles et La Moncelle et de s'y maintenir à tout prix. La 3e brigade s'établissait à La Moncelle, le Ier bataillon du *12e* bordant la lisière occidentale du village. La 4e brigade gardait la partie Ouest du parc de Monvillers et la villa Beurmann, sauf le 7e bataillon de chasseurs dont le gros était au Sud-Est de Balan.

La *1re* brigade se trouvait à l'Est de Monvillers, formant réserve de la 4e, le IIe bataillon du *1er* régiment à la sortie Nord de Bazeilles en repli du 7e bataillon de chasseurs ; le IIIe bataillon du régiment du Corps vers la gare. Entre la gare et la route de Douzy, se rassemblaient tous les autres bataillons de la 2e brigade et la 3e batterie.

Les autres batteries et les régiments de cavalerie des deux divisions bavaroises se tenaient disponibles au

---

(1) *Historique* du 79e de ligne, p. 313.

Sud-Est de Bazeilles, aux abords de la gare. La réserve d'artillerie — moins les deux batteries engagées à l'aile droite de la ligne d'artillerie saxonne — la brigade de cuirassiers venue d'Angécourt, étaient massés au Nord des ponts de bateaux, sur la rive droite de la Meuse.

A grande distance en avant du front général du Ier corps bavarois, trois compagnies du *3*^{e} et du *10*^{e} tiraillaient contre les Français (1).

Les éléments du XIIe corps occupaient les emplacements ci-après :

Le *107*^{e} se rassemblait à l'Est de la cote 194, sur le chemin de La Moncelle à Balan ; les tirailleurs du *108*^{e} couronnaient la crête, sur laquelle les 1re et IIe batteries étaient déjà en position. Le reste de la *45*^{e} brigade arrivait à Monvillers, ainsi que le *101*^{e} que le *106*^{e} était allé remplacer derrière la grande masse d'artillerie à l'Est de La Moncelle. La *46*^{e} brigade avait été retirée de la première ligne ; le *102*^{e} s'établissait dans le parc de Monvillers, le *103*^{e} sur la lisière Nord de Bazeilles. Le *1*^{er} régiment de Reiter était à Monvillers ; le *2*^{e}, derrière l'artillerie, auprès du *106*^{e}. La *47*^{e} brigade et une partie de la *48*^{e} continuaient, auprès de Daigny, une fusillade de pied ferme. La division de cavalerie avait été laissée à Douzy.

Le IVe corps occupait toujours les mêmes emplacements qu'à 10 heures du matin (2), sauf le IIe bataillon du *71*^{e} qui se rassemblait, en majeure partie, sur le chemin de La Moncelle à Balan (3).

---

(1) Voir p. 82.
(2) Voir p. 36-37.
(3) *Historique du Grand État-Major prussien,* 8e livraison, p. 1125-1126.

CHAPITRE V

Opérations d'ensemble de la IIIe armée.

§ 1. — *Déploiement de la IIIe armée au Sud et à l'Ouest de Sedan.*

Tandis que l'armée de la Meuse et le Ier corps bavarois attaquaient les 1er et 12e corps sur leurs positions de la rive droite de la Givonne et à Bazeilles, d'autres troupes allemandes entraient en ligne au Sud et à l'Ouest de Sedan. Le cercle allait se former autour de l'armée de Châlons sans qu'elle y mît aucun obstacle et se resserrer de plus en plus, grâce à la supériorité numérique considérable dont disposaient les Allemands.

A 7 h. 15 du matin, le roi de Prusse était arrivé sur le mamelon 307 situé au Sud de Frénois, excellent observatoire permettant de suivre les péripéties de la bataille. De son côté, le prince royal de Prusse avait quitté Chémery un peu avant 4 heures du matin et se tenait, depuis 6 heures environ, sur les pentes au Nord-Est de la Croix Piot. De ce point on pouvait distinguer, à partir de 7 heures, après la chute de la brume, toute la région au Nord et à l'Ouest de Sedan, mais Bazeilles était masqué par des hauteurs intermédiaires.

Jugeant, par l'intensité croissante de la canonnade que le Ier corps bavarois était chaudement engagé, le Prince royal considéra comme opportun de le faire soutenir. Le corps le plus à portée était le IIe bavarois, en marche sur deux colonnes vers Noyers et Bulson. Une seule division et la réserve d'artillerie qui occuperaient les hauteurs comprises entre Frénois et Wadelincourt, suffisant à empêcher les Français de déboucher de Sedan par le Sud-Ouest, le général de Hartmann reçut l'ordre de porter l'autre sur Bazeilles.

A l'aile gauche de l'armée allemande, où les mouvements avaient commencé avant le jour, les XI⁰ et V⁰ corps étaient en marche pour atteindre la route de Sedan à Mézières. Déjà ils avaient dépassé Donchery. La division würtembergeoise franchissait la Meuse à Dom-le-Mesnil prête à jeter son avant-garde vers Vivier-au-Court, dans la direction de retraite présumée des Français. La 4ᵉ division de cavalerie, enfin, se rassemblait près de Frénois.

Mais, sur ces entrefaites, le Prince royal apprenait que la route de Mézières était libre. Les Français n'avaient-ils pas quitté leurs positions de Sedan ou s'étaient-ils portés vers l'Est ? Dans les deux hypothèses, il importait, non plus d'intercepter la route de Mézières, mais de se porter vivement sur l'armée adverse et de donner au plus tôt la main à l'armée de la Meuse.

En conséquence, à 7 h. 15, le Prince royal prescrivit aux V⁰ et XIᵉ corps de contourner la boucle de la Meuse et de marcher au canon. Le XIᵉ corps devait passer par Saint-Menges, le Vᵉ suivre l'aile gauche du XIᵉ (1).

§ 2. — *Déploiement du IIᵉ corps bavarois au Sud de Sedan.*

Parti de ses bivouacs de Raucourt à 3 h. 45 du matin, le IIᵉ corps bavarois avait marché en deux colonnes. La 3ᵉ division et la brigade de uhlans s'étaient portées, par Angécourt et Noyers, vers les hauteurs à l'Ouest de Wadelincourt ; la 4ᵉ division et la réserve d'artillerie, par Chehéry, sur Frénois. Au bruit de la canonnade qui

---

(1) *Historique du Grand État-Major prussien*, 8ᵉ livraison, p. 1138-1140.

retentissait sur la Givonne, le commandant du corps d'armée, général de Hartmann, qui marchait avec cette dernière colonne, prit avec lui la réserve d'artillerie et le 2e régiment de chevau-légers, et se porta au trot sur Frénois où il arriva vers 7 h. 45. Apprenant en ce point la nouvelle destination donnée par le Prince royal à son corps d'armée, il fit marcher la 5e brigade avec deux batteries et le 1er chevau-légers sur Bazeilles et prescrivit au reste de la 3e division de rester entre Wadelincourt et le bois de la Marfée jusqu'à ce qu'elle y fût relevée par la 4e division. La réserve d'artillerie reçut l'ordre de prendre position sur les hauteurs à l'Est de Frénois.

A ce moment, la 3e division se rassemblait au bois de la Marfée, après avoir rappelé à elle, aux environs de Noyers, les quatre batteries détachées au IIe corps bavarois, dans la soirée de la veille (1). Parmi celles-ci, la IIIe du 2e était déjà en position au Sud de Wadelincourt, pour répondre au feu que la place de Sedan dirigeait de ce côté sur les troupes bavaroises.

A la réception de l'ordre du commandant de corps d'armée, vers 8 h. 45, le 1er chevau-légers se porta par Pont-Maugis vers le pont du chemin de fer, suivi de la 5e brigade d'infanterie et des 4e et VIIe batteries du 4e, tandis que le reste des troupes de la division s'établissait en position d'attente, derrière la parcelle Nord du bois de la Marfée. La brigade de uhlans y arrivait vers 9 h. 45.

La réserve d'artillerie avait terminé, vers 8 h. 45, sa mise en batterie, à l'Est de Frénois, aux abords de la cote 255. Elle commençait un tir lent contre les débouchés et les approches dont les Français auraient pu faire usage. Les pièces des remparts ripostaient, un peu plus

---

(1) Voir *Armée de Châlons*, 3e partie, p. 229, note (2).

tard. La VIIIe batterie du 4e (1), venait se placer, pendant quelque temps, à la droite. Cette aile était couverte par un demi-bataillon du 6e; l'aile gauche par le 2e chevau-légers. Vers 9 h. 45, sur l'ordre du Prince royal, les VIIe et VIIIe batteries de la réserve gagnaient la croupe 181, au Nord du château de Belle Vue, sous la protection du 3e escadron du 2e chevau-légers. De là, elles prenaient d'enfilade et de revers l'artillerie française établie entre Floing et Illy.

Vers 9 h. 15, la VIe batterie du 4e se joignit à celles qui étaient en action au Sud de Wadelincourt. Elles prenaient d'écharpe deux batteries françaises en position au Nord de Balan, face au Sud-Est, et les contraignaient à la retraite. Cette batterie venait se placer ensuite à gauche de la réserve d'artillerie.

Recevant avis de sa nouvelle destination, vers 8 h. 45, le général commandant la 4e division avait dirigé la 7e brigade de Cheveuges sur Wadelincourt, à travers champs, en longeant la lisière Nord du bois de la Marfée. La 8e brigade, plus à gauche, contournait le mamelon 307. Vers 9 h. 45, les 6e et 10e bataillons de chasseurs de la 7e brigade occupaient Wadelincourt et la hauteur à l'Ouest; deux bataillons du 5e et la 1re batterie du 4e s'établissaient en réserve. Le village était mis en état de défense. La fusillade s'engageait entre les tirailleurs français postés sur la rive droite de la Meuse et les chasseurs bavarois. Ceux-ci, essayant de s'approcher des remparts, étaient ramenés par un feu très nourri.

Parvenue à Frénois, la 8e brigade poussait sur Sedan, par la grande route, le 5e bataillon de chasseurs qui occupait la station, et le IIIe bataillon du 5e. La 2e batterie du 4e s'établissait sur les pentes au Sud de la cote 173.

---

(1) Appartenant à la 6e brigade d'infanterie.

En deuxième ligne, les III° bataillons des *11°*, *1ᵉʳ* et *14°* tenaient le château de Frénois, le carrefour des deux routes au Nord et le parc de Belle Vue. Des barricades étaient construites aux principaux débouchés et surtout sur la partie de la chaussée entre Frénois et la gare. Une légère fusillade s'engageait sur ce point.

La *4°* division une fois établie à Wadelincourt et à Frénois, les fractions de la *3°* restées au bois de la Marfée se portaient à 10 h. 15 sur la rive droite de la Meuse. La 5° brigade se rassemblait déjà au Sud de Bazeilles, quand, après l'occupation de cette localité, le général von der Tann lui prescrivit de se diriger sur Balan, afin de faire effort sur la droite des Français pendant le mouvement de l'armée de la Meuse vers sa propre aile droite. Vers 11 h. 15, la brigade s'ébranla en passant à l'Ouest de Bazeilles (1).

---

(1) *Historique du Grand Etat-Major prussien*, 8° livraison, p. 1140-1143.

CHAPITRE VI

La bataille sur le front du 7ᵉ corps jusqu'à midi environ.

§ 1ᵉʳ. — *Mouvement des Vᵉ et XIᵉ corps par Saint-Menges* (1).

Il était environ minuit quand les Vᵉ et XIᵉ corps reçurent communication de l'ordre donné par le prince royal de Prusse dans la soirée du 31, aux termes duquel ils devaient franchir la Meuse en aval de Sedan. Les généraux commandant ces corps d'armée convinrent que le pont fixe de Donchery servirait à tous deux ; que le XIᵉ disposerait en outre de celui qu'avaient jeté la veille les pionniers dans le voisinage de l'auberge de Condé ; que le Vᵉ en établirait un autre à cinquante pas en aval du précédent.

Après avoir pris les armes par alerte dans ses cantonnements-bivouacs de Chehéry, Bulson, Connage, Omicourt, le Vᵉ corps s'était mis en marche par Omicourt à 2 h. 15 du matin, et, à 3 h. 45 environ, son avant-garde débouchait sur la Meuse (2). Le pont fut commencé

---

(1) *Historique du Grand État-Major prussien*, 8ᵉ livraison, p. 1146 et suiv. ; Von Hahnke, *loc. cit.*, p. 217 et suiv. ; Stieler von Heydekampf, *Opérations du Vᵉ corps prussien*, p. 105 et suiv.

(2) L'*Historique du Grand État-Major prussien* ne spécifie pas son itinéraire. Il semble que cette avant-garde ait pris par Saint-Aignan et Villers-sur-Bar, laissant la grande route par Cheveuges à la disposition du XIᵉ corps. Si on l'admet, on sera surpris de constater que l'*Historique du Grand État-Major prussien* fasse parcourir, de nuit, par cette avant-garde, les huit kilomètres qui séparent Omicourt de la Meuse en une heure et demie.

vers 4 h. 30 ; à 5 h. 15 les troupes formant la tête d'avant-garde franchirent la Meuse et prirent la direction de Vivier-au-Court.

Le XIe corps quitta ses bivouacs de Cheveuges vers 2 h. 45 du matin et franchit le fleuve au pont de Donchery. Un certain nombre d'unités avaient fait fausse route dans l'obscurité ou s'étaient croisées avec une partie du Ve corps, demeurant ainsi en arrière. Néanmoins, vers 5 heures du matin, le XIe corps se trouvait, en majeure partie, au Nord de Donchery et se dirigeait, en trois colonnes, vers la route qui conduit de Sedan à Mézières par la rive droite de la Meuse (1).

La division würtembergeoise partant de Flize, de Boutancourt et d'Etrépigny, avait commencé, à 5 h. 15, l'établissement d'un pont à Dom-le-Mesnil. Cette opération terminée, la *3e* brigade traversait la Meuse vers 6 heures et se portait sur Vivier-au-Court où elle prenait position face à Mézières.

La *2e* division de cavalerie, venant des environs de Chémery, s'était mise en marche à 4 h. 45 sur Vendresse, pour rejoindre les Würtembergeois à Dom-le-Mesnil. La *4e* se tenait massée à Frénois.

A 7 h. 15, l'avant-garde du Ve corps atteignait Vivier-au-Court ; sur sa droite les têtes de colonnes du XIe corps débouchaient, à peu près à la même heure, sur Vrigne-aux-Bois, Briancourt, Montimont.

Jusqu'alors on n'avait pas rencontré l'ennemi, pas même une patrouille de cavalerie. La route de Sedan à

---

(1) A droite : la *41e* brigade d'infanterie sur Montimont. (Moins le *80e* resté en arrière.)

Au centre : la *42e*, l'artillerie de corps, la *44e* sur Briancourt. (Moins la *94e* resté en arrière.)

A gauche : la *43e* sur Vrigne-aux-Bois.

Deux escadrons et deux batteries avaient été attachés à chaque brigade d'infanterie.

Mézières paraissait complètement libre; aucun indice ne permettait de supposer que l'armée française fût en retraite dans cette direction. Au contraire, du côté de Bazeilles, le bruit de la fusillade et du canon augmentait d'instant en instant. Le Prince royal en conclut que les Français étaient retenus sur ce point par le Ier corps bavarois et peut-être aussi par des fractions de l'armée de la Meuse. En conséquence, vers 7 h. 15, il envoya, par le major von Hahnke, aux Ve et XIe corps l'ordre de contourner la boucle de la Meuse par le Nord, de marcher au canon et d'attaquer l'armée adverse à revers (1).

Le commandant du Ve corps engagea son avant-garde sur Vrigne-aux-Bois et lui indiqua Fleigneux comme objectif de son mouvement, afin d'effectuer au plus vite la jonction avec l'armée de la Meuse et de couper les Français de la frontière belge. De son côté, le commandant du XIe corps dirigea sa colonne de droite, par le défilé de Saint-Albert, sur Saint-Menges; les autres devaient la suivre. Les deux corps d'armée allaient donc

---

(1) D'après l'*Historique du Grand État-Major prussien* (8e livr., p. 1148), le major von Hahnke serait arrivé vers 7 h. 15 auprès des Ve et XIe corps, porteur de l'ordre du Prince royal. Cette heure d'arrivée paraît prématurée, ainsi que l'a fait remarquer la *Revue de Cavalerie*. (*La Retraite sur Mézières*, par un officier supérieur, t. XXXVI, p. 398 et suiv.) L'*Historique du Grand État-Major prussien* relate, en effet, que la brume était tombée vers 6 h. 45, ce qui avait permis au Prince royal, placé à la Croix-Piot, d'embrasser du regard toute la région au Nord et à l'Ouest de Sedan. Il semble, d'après la suite de l'*Historique*, qu'il ait expédié ses ordres aux Ve et XIe corps par le major Hahnke, à 7 h. 15 (8e livr., p. 1138-1139). Cet officier n'aurait pu, dès lors, arriver à destination avant 8 h. 15 du matin. Dans son ouvrage : *Opérations de la IIIe armée*, le major Hahnke confirme cette manière de voir : « Il était alors sept heures et demie (7 h. 15), dit-il; l'ordre fut immédiatement envoyé au XIe et au Ve corps de contourner la boucle de la Meuse..... » (p. 220). Le major Hahnke est d'ailleurs muet sur l'heure de son arrivée à destination.

se trouver échelonnés, le V⁰ derrière le XI⁰, sur la route de Vrigne-aux-Bois à Saint-Menges, par Saint-Albert. D'ailleurs, par suite d'erreurs de direction, ils s'enchevêtrèrent et se présentèrent dans l'ordre suivant à l'entrée Ouest du défilé de Saint-Albert :

Ancienne colonne de droite du XI⁰ corps (*41ᵉ* brigade); V⁰ corps ; *42ᵉ* brigade et artillerie de corps du XI⁰ corps; 22ᵉ division (rejointe entre temps par les 1ᵉʳ et II⁰ bataillons du *94ᵉ*) (1).

A Saint-Albert, les 2ᵉ et 3ᵉ escadrons du *14ᵉ* hussards qui marchaient en tête de la *41ᵉ* brigade rencontrèrent quelques patrouilles de cavalerie française qu'ils refoulèrent sur Saint-Menges. Mais là, ils furent accueillis par des coups de fusil (2) et aperçurent en même temps tout le 1ᵉʳ régiment de cuirassiers, formé en bataille au Nord-Ouest de Floing (3). Ils rétrogradèrent alors sur Saint-Albert. La tête de colonne de la *41ᵉ* brigade y arrivait à ce moment. Derrière elle, le V⁰ corps, après avoir suivi un instant la route, gravissait la croupe de la ferme du Champ de la Grange, tandis que le XI⁰ se jetait en partie dans les prairies qui bordent la Meuse. Quelques bataillons de ce dernier, marchant devant le V⁰ corps, se portaient vers l'Est, le long des bois qui, au Nord, avoisinent la frontière belge.

---

(1) Dans ses articles intitulés *La Retraite sur Mézières*, l'officier supérieur anonyme fait remarquer combien l'*Historique du Grand État-Major prussien* présente, à son avis, d'invraisemblances sur ce point. Il est malheureusement difficile, faute de pièces justificatives annexées à la relation officielle allemande, de se rendre compte de ce qui s'est passé réellement. (Voir *Revue de Cavalerie*, t. XXXVI, p. 594 et suiv.)

(2) L'*Historique du Grand État-Major prussien* dit : « la fusillade ». Ce ne furent peut-être que quelques coups de pistolet tirés par un peloton du 3ᵉ régiment de cuirassiers. D'après l'*Historique* du *87ᵉ*, cette fusillade aurait été exécutée par quelques paysans (p. 291).

(3) Voir p. 23.

§ 2. — *Modification à la répartition des divisions du 7ᵉ corps.*

Vers 8 heures du matin, le général Douay, jugeant nécessaire de se relier plus étroitement au 1ᵉʳ corps, chargea de cette mission la division Dumont (1). En conséquence, la brigade Bordas appuya vers le Nord-Est et vint occuper tout entière la lisière du bois de la Garenne, situé au Sud du calvaire d'Illy (2).

La brigade Bittard des Portes, deuxième de la division Dumont, reçut l'ordre de garnir la lisière Sud du bois de la Garenne et de se tenir prête, soit à renforcer l'aile droite du 7ᵉ corps, soit à se porter éventuellement, comme la division de L'Abadie, au soutien du 12ᵉ (3).

La seule batterie de la division qui fût présente rejoignit les deux autres près de la ferme de la Garenne ; elles y restèrent inactives jusque vers midi (4).

La division Conseil Dumesnil remplaça la division Dumont et se forma sur deux lignes. La première, sous les ordres du général de Saint-Hilaire, commandant la 2ᵉ brigade, garnissait la crête et comprenait le 99ᵉ de ligne, une partie du 21ᵉ et la compagnie du génie divisionnaire (2ᵉ du 2ᵉ). Le Iᵉʳ bataillon du 99ᵉ s'établit

---

(1) Le général de Saint-Hilaire, dans son *Rapport* du 3 septembre, place cet incident à 5 h. 30. Mais l'*Historique* de la brigade Bittard des Portes dit que la division Dumont ne prit les armes que vers 8 heures du matin. L'*Historique manuscrit* du 82ᵉ de ligne donne la même heure ; celui du 83ᵉ dit que le mouvement s'effectua à 7 heures.

(2) *Journal* du général Bordas ; *Historique manuscrit* du 72ᵉ de ligne.

(3) *Rapport* du général Douay.

(4) *Rapport* du lieutenant-colonel Bonnin, commandant l'artillerie de la 3ᵉ division du 7ᵉ corps ; *Rapport* du capitaine Collet-Meygret, commandant la 10ᵉ batterie du 6ᵉ.

Le premier de ces documents indique « vers midi », le second « entre 11 heures et midi ».

dans des tranchées-abris, entre le bois de la Garenne et le premier petit bois contigu au chemin de Floing allant de l'Est à l'Ouest par l'auberge Le Terme. Deux compagnies du 21ᵉ et deux compagnies du IIᵉ bataillon du 99ᵉ, occupèrent ce bois derrière lequel se plaça la compagnie du génie.

Dans l'intervalle entre ce bois et un autre situé plus à l'Ouest se déployèrent le reste du IIᵉ bataillon du 99ᵉ et le IIIᵉ bataillon du même régiment, celui-ci tenant par sa gauche la lisière du second petit bois, et se reliant au 5ᵉ de ligne de la division Liébert.

La deuxième ligne, sous les ordres du lieutenant-colonel Gillet (1), était à 300 mètres environ en arrière de la première et composée du 21ᵉ de ligne à droite, derrière le 1ᵉʳ bataillon du 99ᵉ; du 47ᵉ au centre, vis-à-vis l'intervalle entre les deux petits bois, les bataillons accolés, chacun d'eux en colonne serrée par division; de la fraction présente du 3ᵉ de ligne (2), un peu à gauche du second petit bois.

L'artillerie divisionnaire fut répartie de la manière suivante : la moitié de la 6ᵉ batterie du 7ᵉ à droite, l'autre moitié à gauche du premier petit bois, abritée par des épaulements; la 5ᵉ du 7ᵉ réduite à quatre pièces depuis le 30 août, à droite du second petit bois; la 11ᵉ (à balles) du 7ᵉ, en position d'attente en arrière du centre. Le 17ᵉ bataillon de chasseurs fournit des soutiens à ces batteries. L'effectif total de cette division ne dépassait pas 4,500 hommes (3).

---

(1) Les généraux de Bretteville et Morand avaient été blessés le 30 à Beaumont.

(2) Le 3ᵉ de ligne ne comptait plus que 160 hommes présents.

(3) *Rapport* du général de Saint-Hilaire, daté de Sedan, 3 septembre; *Notes* sur les opérations de la 1ʳᵉ division du 7ᵉ corps, par le capitaine d'état-major Mulotte.

La division de L'Abadie du 5e corps s'était déployée tout d'abord face au Sud-Est, à 800 mètres environ à l'Ouest du bois de la Garenne. Le général Douay lui prescrivit de prendre position au Nord-Est de la ferme Triples-Levrettes. Le mouvement s'exécuta dans le plus grand ordre bien que des projectiles arrivant de l'Est, de l'Ouest et même du Sud vinssent tomber sur le terrain parcouru (1).

Tandis que ces mouvements s'exécutaient, le général Douay reçut un billet non signé lui annonçant que le maréchal de Mac-Mahon venait d'être blessé et que le général Ducrot prenait le commandement en chef de l'armée. Sans considérer que celui-ci n'était pas le plus ancien général de division, le commandant du 7e corps en attendit des ordres qui ne semblent pas lui être parvenus (2).

§ 3. — *Déploiement de l'avant-garde et de l'artillerie du XIe corps* (3).

Après avoir franchi le défilé de Saint-Albert, le IIIe bataillon du 87e qui formait tête de colonne, avait occupé Saint-Menges sans combat. Tandis que la majeure partie de ce régiment s'établit à l'Est du village, face vers Illy, trois compagnies continuent dans la direction du Sud. L'une, la 11e, gagne le petit bois du Hattoy, à la cote 260 ; les deux autres, 8e et 10e, se portent sur Floing et pénètrent, vers 8 h. 45, dans la partie Nord-Ouest du village

---

(1) *Journal* de marche de la division de L'Abadie ; *Souvenirs* du général Faulte de Vanteaux.
(2) *Conseil d'enquête* sur les capitulations, Déposition du général Douay.
(3) *Historique du Grand État-Major prussien*, 8e livraison, p. 1149 et suiv.

que la division Liébert n'occupait pas (1). En même temps, trois batteries prennent position au Nord-Est du petit bois du Hattoy : les 3e et 4e du *11e*, de la *22e* division, qui, escortées par les 1er et 2e escadrons du *13e* hussards (2) avaient devancé l'ancienne colonne du centre ; la 5e du *11e*, de l'artillerie de corps, venue avec le *87e*. Elles entament aussitôt la lutte avec les huit batteries françaises placées aux abords de la cote 238, au Sud-Est de Floing (3). La situation des batteries allemandes ne tarde pas à devenir pénible : trois pièces de la 4e sont mises hors de combat et forcées de se retirer ; la 3e, incommodée par le feu que l'artillerie de corps ouvre sur ses derrières, se replie d'abord derrière le petit bois, mais pour revenir bientôt en ligne à la gauche de la 5e. Mais, vers 9 h. 45, elles sont renforcées par sept batteries, dont cinq de l'artillerie de corps et deux de la *21e* division. Les unes prennent une position intermédiaire au Champ de la Grange ; les autres, accélérant l'allure, doublent l'infanterie et gagnent les crêtes au Nord de Floing. La 3e à cheval arrive la première et se porte à la gauche des trois pièces de la 4e encore en état de combattre. Les Ve, VIe et 6e débouchent ensuite de Saint-Menges et se placent à gauche de la 3e à cheval. La 1re à cheval et la 2e s'intercalent entre la Ve et la 6e. La Ire, d'abord établie au Nord de Saint-Albert, se rapproche de Floing, vers 9 h. 45, et vient finalement prendre position à l'extrême droite de la ligne, à l'Ouest du petit bois du Hattoy ; mais la 12e (à balles) du 7e, de la division

---

(1) Le 1er régiment de cuirassiers, qui se trouvait précédemment au Nord-Ouest de Floing, avait probablement rallié le gros de la division Bonnemains vers Cazal.

(2) Ces deux escadrons se réunissaient, à l'Est de Saint-Menges, aux 2e et 3e escadrons du *14e* hussards.

(3) Une batterie de canons à balles de la 2e division (12e du 7e); sept batteries de 4 (10e et 12e du 14e, 3e du 4e, 11e de l'artillerie de marine, 12e et 6e du 10e, 8e du 12e). Voir p. 18.

Liébert, lui inflige des pertes telles qu'elle est bientôt obligée de recourir au personnel et aux attelages des caissons. Les 1ʳᵉ et IIᵉ viennent un peu plus tard, se former à l'extrême gauche, au bord du chemin de Saint-Menges à Fleigneux (1).

La situation de cette artillerie était, pour le moment, « assez hasardée (2) ». Elle était protégée, il est vrai, dans une certaine mesure sur ses flancs, mais insuffisamment sur son front. Les quatre escadrons des *13*ᵉ et *14*ᵉ hussards qui, de Saint-Menges s'étaient portés sur Fleigneux, couvraient son aile gauche. Le Iᵉʳ bataillon du *83*ᵉ, arrivé sur le champ de bataille avec l'artillerie de corps, s'était placé au Sud de Saint-Menges, près du petit bois du Hattoy, au saillant Sud duquel il détachait, pour couvrir la 1ʳᵉ batterie, la 3ᵉ compagnie et un peloton de la 4ᵉ. Les IIᵉ et IIIᵉ bataillons du *83*ᵉ restaient en réserve au Sud de Saint-Menges. A 8 h. 45, la tête de colonne de la *42*ᵉ brigade atteignait cette localité : le Iᵉʳ bataillon du *88*ᵉ se portait sur le chemin de Fleigneux derrière la gauche de la ligne des bouches à feu, le IIᵉ au petit bois du Hattoy (3).

Six compagnies du *82*ᵉ se dirigeaient également sur ce dernier point, tandis que le IIᵉ bataillon, accompagné des 10ᵉ et 12ᵉ compagnies, se portait en avant et à gauche des batteries, pour s'établir face à Illy (4).

Vers 9 heures, le général commandant l'artillerie du 7ᵉ corps fit renforcer les batteries en action aux abords

---

(1) *Historique du Grand État-Major prussien*, 8ᵉ livraison, p. 1151 et 1152.

(2) *Ibid.*, p. 1152.

(3) Le IIIᵉ bataillon qui, avant le changement de direction vers l'Est des colonnes du XIᵉ corps, s'était dirigé sur Bosséval, était encore en marche vers le champ de bataille.

(4) *Historique du Grand État-Major prussien*, 8ᵉ livraison, p. 1152 et 1153.

de la cote 238 par trois autres appartenant à la réserve : la 12ᵉ (de 4) du 12ᵉ, les 7ᵉ et 10ᵉ (de 12) du 7ᵉ (1).

A 9 h. 30, la 4ᵉ batterie à cheval du 19ᵉ vint se placer à l'extrême droite de la ligne d'artillerie (2). D'autre part, la 7ᵉ batterie à cheval du 19ᵉ attachée à la 2ᵉ division de réserve de cavalerie, prit position au Sud-Ouest de Cazal et canonna l'infanterie ennemie à son débouché de Saint-Menges ; mais, contre-battue des hauteurs du petit bois du Hattoy et prise à revers par des batteries adverses établies sur la rive gauche de la Meuse (3), elle ne tira qu'une dizaine de coups par pièce et rejoignit ensuite sa division (4).

Tandis que les deux infanteries restaient momentanément à peu près inactives, la lutte se poursuivait violente, entre les douze batteries françaises de Floing et les douze batteries du XIᵉ corps placées sur les crêtes du Hattoy. Celles-ci mirent assez longtemps pour régler leur tir (5), mais cette opération même causa des pertes sérieuses à l'infanterie de la division Liébert, les coups courts frappant les tirailleurs placés en avant de l'artillerie, les coups longs atteignant les soutiens et les troupes de seconde ligne massés en arrière d'elle (6). Cette infanterie fit

---

(1) *Journal* de route du lieutenant-colonel Claret, chef d'état-major de l'artillerie du 7ᵉ corps ; *Rapport* du général Liébert. Les *Rapports* des capitaines commandant les 7ᵉ et 10ᵉ batteries du 7ᵉ, disent, il est vrai, qu'ils ont ouvert le feu à 7 heures du matin, mais c'est là certainement une erreur.

(2) *Rapport* du lieutenant de Lyonne, commandant la 4ᵉ batterie du 19ᵉ.

(3) Voir p. 93.

(4) *Rapport* du commandant Astier sur le rôle de l'artillerie de la 2ᵉ division de réserve de cavalerie ; *Historique manuscrit* du 19ᵉ régiment d'artillerie.

(5) *Rapport* du général de Liégeard.

(6) *Journal* de route du lieutenant-colonel Claret, chef d'état-major de l'artillerie du 7ᵉ corps ; *Historique manuscrit* du 5ᵉ de ligne.

toutefois la meilleure contenance (1), sauf à un moment où les deux batteries de 12 s'étant éloignées d'une cinquantaine de mètres, leur mouvement en arrière effraya les fractions placées dans leur voisinage et détermina parmi elles un commencement de panique qui cessa promptement d'ailleurs dès que ces batteries reprirent le feu (2). La 4ᵉ du 19ᵉ interrompit également son tir pour s'abriter dans le ravin au Sud, mais elle revint en ligne à 10 heures (3).

Vers 10 h. 30 environ, « il devint évident que l'artillerie ennemie avait une portée, une tension de trajectoire et une justesse de tir qui lui assuraient une énorme supériorité (4) ». En outre, les batteries françaises étaient non seulement contre-battues de front, mais encore prises d'enfilade et presque à revers par celles que l'adversaire avait établies sur la rive gauche de la Meuse (5). L'artillerie des 7ᵉ et 12ᵉ corps commençait à subir des pertes sérieuses ; elle combattait néanmoins « avec une énergie et une abnégation au-dessus de tout éloge et de toute admiration, et le général Liébert maintenait sa division ferme sous cette pluie de fer (6) ».

Vers 10 h. 45, les deux dernières batteries du XIᵉ corps entrèrent en ligne à l'aile droite de la ligne d'artillerie : la IIIᵉ à droite, la IVᵉ à gauche de la Iʳᵉ (7). Du côté français la dernière batterie disponible sur ce point du

---

(1) *Rapport* du général Liébert.
(2) *Journal* de route du lieutenant-colonel Claret, chef d'état-major de l'artillerie du 7ᵉ corps.
(3) *Rapport* du lieutenant de Lyonne, commandant la 4ᵉ batterie du 19ᵉ.
(4) *Rapport* du général de Liégeard.
(5) Voir p. 93.
(6) Prince Bibesco, *loc. cit.*, p. 145 ; Cf. *Rapport* du général Douay.
(7) Les IIIᵉ et IVᵉ batteries appartenaient à l'artillerie de la 22ᵉ division. En raison du manque d'espace, la IVᵉ ne put ouvrir le feu qu'avec

champ de bataille, la 3ᵉ à cheval du 19ᵉ, vint s'établir à 11 heures environ à droite de la 4ᵉ du 19ᵉ. A peine avait-elle pris position d'ailleurs, qu'elle reçut l'ordre de cesser le feu et de se reporter dans le vallon qu'elle venait de quitter, au Nord de l'Algérie. Mais toutes les autres poursuivirent la lutte avec énergie en changeant parfois légèrement d'emplacement pour se soustraire au tir réglé de l'artillerie adverse.

Sur ces entrefaites, le général de Wimpffen avait envoyé au général Douay un billet lui annonçant qu'il prenait le commandement en chef et qu'il lui fallait une victoire dans la soirée (1). Puis, vers 10 h. 30, le général de Wimpffen écrivit au commandant du 7ᵉ corps : « Je crois à une démonstration sur votre corps d'armée, mais surtout pour vous empêcher de porter secours aux 12ᵉ et 1ᵉʳ corps. Voyez si vos positions vous permettent de n'utiliser qu'une partie de vos troupes et d'envoyer le reste au général Lebrun. Je vous engage à envoyer une partie de votre artillerie et la brigade de L'Abadie dans le bois de la Garenne, pour se joindre au général de Fontanges (2). »

Soucieux d'éviter le moindre retard dans la transmission de ces instructions et désireux d'examiner la situation

---

quatre pièces. (*Historique du Grand État-Major prussien*, 8ᵉ livraison, p. 1152.)

(1) *Conseil d'enquête* sur les capitulations, Déposition du général Douay.

(2) Général de Wimpffen, *Sedan*, p. 165. L'heure n'est pas spécifiée par le général de Wimpffen. Elle résulte des heures précédemment données dans son ouvrage.

Il semble que le général de Wimpffen ait commis une erreur dans la rédaction ou dans la reproduction de ces instructions, car le 17ᵉ de ligne, de la brigade de Fontanges, suivit et ne précéda pas la brigade d'infanterie de la division de L'Abadie dans le bois de La Garenne. Le 68ᵉ de ligne, deuxième régiment de la brigade de Fontanges, était resté au soutien des batteries de la réserve d'artillerie du 5ᵉ corps. (*Journal de marche de la 2ᵉ division du 5ᵉ corps*.)

dans le secteur Ouest, le général de Wimpffen se rendit lui-même auprès du général Douay et le rejoignit avant que l'officier, qui en était porteur, fût arrivé (1).

Le général Douay lui déclara que, malgré l'infériorité numérique du 7ᵉ corps, — dont il se rendait compte, sans doute, à la suite du déploiement de l'artillerie adverse — il espérait « pouvoir tenir », mais qu'il était indispensable que le plateau d'Illy restât en possession de l'armée française (2). Les deux généraux se rendirent sur ce point, et, après une courte conférence, le général de Wimpffen, partageant l'avis du commandant du 7ᵉ corps sur l'importance du calvaire d'Illy, reconnut la nécessité d'y envoyer des renforts (3). Il prit congé du général Douay et se rendit par le bois de la Garenne au Vieux Camp, ayant acquis « davantage encore la conviction

---

(1) Général de Wimpffen, *loc. cit.*, p. 165.

(2) *Rapport* du général Douay.
Dans sa déposition au *Conseil d'enquête* sur les capitulations, le général de Wimpffen relate ainsi les premières paroles du général Douay : « Je me bats pour l'honneur de nos armes. » Dans son ouvrage sur Sedan, le général de Wimpffen aggrave le propos en le tranformant ainsi : « ..... Il me déclara que nous ne nous battions plus que pour l'honneur de nos armes » (p. 166). Le général Douay, n'y fait aucune allusion dans son rapport sur la bataille et dans sa déposition au Conseil d'enquête.

(3) Il semble, ou qu'un malentendu se soit produit entre le général de Wimpffen et le général Douay, ou bien que l'entretien ait été inexactement relaté par l'un d'eux. Le général de Wimpffen donne, en effet, la version ci-après : « ..... Vos craintes sont justes, aurait-il dit au général Douay..... Vous allez vous entendre avec le général Ducrot qui vous fournira les troupes de soutien. » (*Conseil d'enquête* sur les capitulations, Déposition du général de Wimpffen.) — Dans son rapport sur la bataille, le général Douay déclare, au contraire : « Il m'affirma que le 1ᵉʳ corps l'occupait (Illy) en forces, et qu'il veillerait à ce qu'il s'y maintînt. » D'autre part, au Conseil d'enquête sur les capitulations, le général Douay a déposé en ces termes, contradictoires avec ceux de son rapport : « Il (le général de Wimpffen) me dit : « Soyez tranquille, vous aurez là, tout à l'heure, peut-être plus de monde

que la marche de notre armée sur Mézières ne pouvait que difficilement s'opérer pendant le jour » et résolu à tenir sur ses positions jusqu'à la nuit (1).

§ 4. — *Déploiement de l'artillerie du Ve corps.*

Tandis que l'aile gauche du XIe corps s'étendait peu à peu jusqu'à la vallée de la Givonne par les hauteurs situées entre Fleigneux et Illy, l'artillerie du Ve était venue s'établir au Nord-Ouest de cette dernière localité.

Vers 9 h. 15, l'avant-garde du Ve corps (2) avait atteint le Champ de la Grange. Pendant que les deux batteries qui lui étaient affectées (VIe et 6e du 5e) traversaient Saint-Menges et prenaient position au Nord-Est du village vers 9 h. 45, le général de Kirchbach envoyait aux batteries de la *10e* division et de l'artillerie de corps, l'ordre de se déployer à la gauche de la ligne formée par celles du XIe. Devançant l'infanterie et passant au Champ de la Grange, puis au Nord de Fleigneux ou dans l'intérieur même du village, l'artillerie de corps, escortée par quatre escadrons des *13e* et *14e* hussards, se formait face à Illy et ouvrait le feu vers 10 h. 30. Elle était rejointe bientôt par les deux

---

qu'il n'en faudra. » Je croyais qu'il ferait passer le 1er corps sur le plateau d'Illy. »

Cette dernière version *paraît* être la vraie car, dans son ouvrage sur Sedan, le général de Wimpffen écrit : « Je lui promis (au général Douay) de faire soutenir ses troupes par la gauche du 1er corps, par une nouvelle brigade du 5e et par de l'artillerie » (p. 166). On ne saurait affirmer, toutefois, que ce soit l'expression de la vérité, en raison de l'esprit de passion dans lequel est conçu l'ouvrage du général de Wimpffen et des nombreuses inexactitudes qu'il renferme.

(1) *Rapport* du général de Wimpffen, daté de Fays-les-Veneurs, 5 septembre 1870.

(2) *20e* brigade d'infanterie, *14e* régiment de dragons, VIe et 6e batteries du 5e.

batteries de l'avant-garde ; puis, à 10 h. 45, par les deux autres batteries de la *10ᵉ* division qui avaient également devancé l'infanterie. A ce moment donc, une puissante ligne d'artillerie comprenant dix batteries du Vᵉ corps (1) et quatorze du XIᵉ était déployée entre Floing et les forêts au Nord de Fleigneux. Elles couvraient de projectiles les positions de l'armée française, notamment le plateau d'Illy et le bois de la Garenne, et croisaient leurs feux avec les batteries de la Garde établies sur les hauteurs de la rive gauche de la Givonne.

Deux escadrons du *13ᵉ* hussards, quatre du *14ᵉ* et le *4ᵉ* régiment de dragons se massaient derrière l'aile gauche de cette artillerie dont la protection était confiée provisoirement à l'infanterie du XIᵉ corps qui arrivait alors à Fleigneux. Dix compagnies de divers régiments s'y trouvaient rassemblées : la 7ᵉ du *82ᵉ* et la 7ᵉ du *88ᵉ* occupaient le petit bois au Nord d'Illy ; les autres se portaient sur la croupe au Sud de Fleigneux. A l'extrême gauche, deux bataillons et demi du *80ᵉ* (2) arrivés entre temps à Fleigneux, s'étaient avancés à l'Est, au Nord du petit bois, au soutien de cinq compagnies du *87ᵉ* (3) qui avaient occupé Olly après un léger engagement. Peu après, le 5ᵉ escadron du régiment des hussards de la Garde débouchait non loin d'Olly et la jonction se trouvait ainsi opérée entre l'extrême gauche de la IIIᵉ armée et l'armée de la Meuse.

Apprenant que la protection de l'artillerie était suffisamment assurée, la *20ᵉ* brigade d'infanterie s'était arrêtée provisoirement au Champ de la Grange. La

---

(1) Dans l'ordre suivant de la droite à la gauche : 6ᵉ, VIᵉ, 5ᵉ, 4ᵉ, 3ᵉ, IIIᵉ, IVᵉ, 2ᵉ à ch., 3ᵉ à ch., Vᵉ.

(2) $\frac{1^{re}, 4^e, II^e \text{ et } III^e}{80^e}$.

(3) $\frac{3^e, 4^e, 5^e, 6^e, 7^e}{87^e}$.

19ᵉ brigade s'était déployée au Nord de Saint-Menges et, vers 9 h. 45, deux de ses bataillons, IIᵉ et IIIᵉ du *46ᵉ*, rejoints bientôt par le 5ᵉ bataillon de chasseurs, s'étaient établis dans le village même où ils constituaient la réserve de l'aile droite du XIᵉ corps.

Les deux batteries de 4 de la division Conseil Dumesnil du 7ᵉ corps (5ᵉ et 6ᵉ du 7ᵉ), avaient entrepris courageusement de lutter contre l'artillerie très supérieure qui leur était opposée. Bientôt leurs pertes en servants avaient été telles qu'il avait fallu demander des chasseurs du 17ᵉ bataillon pour les remplacer ; deux de leurs caissons avaient sauté faisant de nombreuses victimes. Entre 10 h. 45 et 11 heures, la 5ᵉ du 7ᵉ fut obligée de se retirer dans un vallon en arrière de sa position où elle continua à souffrir du feu de l'artillerie adverse. Un caisson fit encore explosion tuant beaucoup d'hommes et de chevaux. La 6ᵉ du 7ᵉ parvint à force d'énergie à se maintenir sur son emplacement et à continuer la lutte si inégale (1).

De son côté, la 2ᵉ batterie du 19ᵉ régiment d'artillerie à cheval attachée à la division Margueritte, en position à 500 mètres au Nord du saillant septentrional du bois de la Garenne et dont une section était depuis quelque temps déjà hors de combat, avait également cessé son feu vers 10 h. 30, faute de munitions. Elle ne comptait plus d'ailleurs que 27 hommes valides et il fallut que les officiers se missent aux roues pour remettre les pièces sur les avant-trains. Elle alla se ravitailler au parc du 1ᵉʳ corps qui ne put lui fournir que 45 obus (2).

---

(1) *Rapport* du général de Saint-Hilaire ; *Notes* du capitaine Mulotte ; *Historique manuscrit* du 7ᵉ régiment d'artillerie ; *Notes* adressées à la Section Historique : par M. le colonel Théven de Guéléran, le 25 mars 1904 ; par M. le général Leloug, le 9 avril 1904.

(2) *Rapport* du capitaine Hartung, commandant la 2ᵉ batterie du 19ᵉ.

La batterie de canons à balles de la division Conseil Dumesnil entra alors en ligne entre les deux petits bois qui jalonnaient sa position. Son mouvement fut aperçu de l'artillerie adverse qui redoubla son feu et lui causa immédiatement des pertes. Néanmoins, la batterie tint bon et prit pour objectif les troupes qu'elle apercevait au Nord-Ouest d'Illy. En même temps, les bataillons de première ligne poussèrent des tirailleurs au Nord, sur la croupe qui domine la route de Floing à Illy (1).

§ 5. — *Première charge de la division Margueritte.*

Passant au delà de Saint-Menges, au Nord de la ligne des batteries du XI° corps, le II° bataillon et les 10° et 12° compagnies du *82°* s'étaient établis, vers 9 h. 15, non loin de la cote 264, face à Illy, tandis que les 9° et 12° compagnies du *87°*, postées jusqu'à présent sur le revers Sud de cette croupe, s'ébranlaient pour descendre dans le vallon au Sud-Ouest d'Illy (2).

Le déploiement de l'artillerie prussienne au Sud-Est de Saint-Menges avait déterminé déjà le général Margueritte à faire face dans cette direction. Il forma sa division en colonne par régiment au Sud-Est d'Illy dans l'ordre : 3°, 4°, 1ᵉʳ chasseurs d'Afrique, 6° chasseurs et 1ᵉʳ hussards (3). La batterie à cheval, 2° du 19°, prit position à 500 mètres au Nord du saillant septentrional du bois de la Garenne et ouvrit le feu sur l'infanterie ennemie (4). Les batteries de gauche de la ligne d'artil-

---

(1) *Rapport* du général de Saint-Hilaire ; *Historique manuscrit* du 7° régiment d'artillerie.

(2) *Historique du Grand État-Major prussien*, 8° livraison, p. 1153.

(3) *Historique manuscrit* du 3° régiment de chasseurs d'Afrique ; *Vie militaire du général Ducrot*, t. II, p. 412.

(4) *Rapport* du capitaine Hartung, commandant la 2ᵉ batterie du 19° ; *Historique manuscrit* du 19° régiment d'artillerie.

lerie du XI° corps ripostèrent et obligèrent la batterie française à se replier (1).

Le général Margueritte donna alors au général de Galliffet, commandant la brigade de chasseurs d'Afrique (2), l'ordre de charger l'infanterie prussienne en marche sur Illy, et d'enlever les batteries établies à l'Est de Saint-Menges. Apercevant les préparatifs de la charge et jugeant que la cavalerie française se proposait de déborder la gauche prussienne, le commandant des six compagnies du 82e appuya sur Fleigneux en se faisant couvrir à gauche par la 6°.

Le 3ᵉ régiment de chasseurs d'Afrique, placé en tête, part droit devant lui, en fourrageurs, et se dirige sur les 9ᵉ et 12ᵉ compagnies du 87e dont les pelotons de tirailleurs allaient atteindre la route de Floing à Illy, au Sud-Ouest de cette dernière localité. Ceux-ci ouvrent, à 50 mètres, un feu à volonté qui n'arrête pas toutefois les escadrons, chacun se portant énergiquement sur le groupe le plus à portée. Quelques officiers traversent même la ligne ennemie, mais la majeure partie du régiment, s'éloignant du centre à droite et à gauche, exécute bientôt une double conversion, déborde ainsi les deux ailes de la chaîne de tirailleurs prussiens, et tombe sous le feu des soutiens postés dans les broussailles qui parsèment les pentes de la rive droite du ruisseau de Floing. Les chasseurs d'Afrique sont également fusillés : sur leur flanc droit, par la 6ᵉ compagnie du 82e placée vers la cote 264 ; sur leur flanc gauche, par la 11ᵉ du 87e qui tient le petit bois du Hattoy ; de front enfin, par la 3ᵉ

---

(1) Voir p. 110.

(2) L'Empereur avait nommé, à Stonne, le 28 août, le colonel de Galliffet, général de brigade, en même temps que le général Margueritte, divisionnaire. Le décret portant ces deux promotions est daté de Raucourt, 30 août 1870 (*Archives administratives* du Ministère de la guerre).

du 87ᵉ. Les batteries du XIᵉ corps les criblent, en outre, de projectiles. Le 3ᵉ escadron continue néanmoins la charge pendant quelque temps, en se dirigeant sur l'artillerie prussienne, mais, ne se sentant pas appuyé, il revient, comme les trois autres vers Illy et le bois de la Garenne. Le régiment était diminué de plus d'un tiers de son effectif. Les lieutenants Leclerc et Renault, les sous-lieutenants de Vergennes et Jardel étaient tués ; le lieutenant de la Moussaye, les sous-lieutenants de Ganay, de Cours, Petit, Zwenger étaient blessés, ce dernier mortellement.

Le 4ᵉ chasseurs d'Afrique s'était ébranlé d'abord en colonne de pelotons derrière le centre du 3ᵉ, puis s'était porté à droite. L'escadron de tête venait à peine de dépasser une assez forte tranchée, qu'un groupe de 80 tirailleurs environ, couchés derrière un talus, se levèrent et ouvrirent un feu violent. Le capitaine-commandant Pujade et le lieutenant de Montfort tombèrent ; en même temps l'artillerie ennemie produisit des ravages considérables dans les rangs du régiment. La continuation de la charge n'était pas possible : le colonel ordonna le ralliement. Quant au 1ᵉʳ régiment de chasseurs d'Afrique, il se trouva, étant encore en colonne de pelotons, arrêté par le village d'Illy et, après en avoir traversé la partie Sud, il vint, comme les 3ᵉ et 4ᵉ, se reformer près du Calvaire, devant la brigade Tilliard (1).

La division de cavalerie du 5ᵉ corps, réduite à deux

---

(1) *Historiques manuscrits* des 1ᵉʳ, 3ᵉ et 4ᵉ régiments de chasseurs d'Afrique ; *Vie militaire du général Ducrot*, t. II, p. 410 et suiv. (Récit d'un ancien officier d'ordonnance du général Ducrot) ; *Historique du Grand État-Major prussien*, 8ᵉ livraison, p. 1153-1154 ; *Historique du 87ᵉ*, p. 292-293 ; *Notes* adressées à la Section Historique : le 5 mai 1902, par M. le général Descharmes ; le 10 mai 1904, par le chef d'escadron Allut.

Contrairement à l'*Historique du Grand État-Major prussien*, les régiments, 12ᵉ chasseurs et 5ᵉ lanciers, vint un peu plus tard se placer en échelons derrière la division Margueritte.

La brigade de Septeuil, séparée de la division de cavalerie du 1ᵉʳ corps, arriva également sur le plateau d'Illy vers 11 heures du matin et s'établit face à Illy, à droite de la division Margueritte, et derrière la division de cavalerie du 12ᵉ corps (1).

Pendant les charges des chasseurs d'Afrique, la plus septentrionale des croupes qui descendent du calvaire d'Illy sur Floing s'était garnie d'infanterie française dont la fusillade chassa les deux compagnies du *87ᵉ* du vallon au Sud-Ouest d'Illy et les obligea à remonter au Nord, vers les fractions du *82ᵉ* qui s'étaient portées sur Fleigneux (2). Sur l'ordre du général commandant la *21ᵉ* division, l'infanterie réunie sur ce point et à laquelle s'adjoignit la 7ᵉ compagnie du *88ᵉ*, puis, un peu plus tard, la 1ʳᵉ du *87ᵉ*, prenait ses dispositions pour couvrir les batteries du Vᵉ corps qui débouchaient à ce moment au Sud de Fleigneux. Le IIᵉ bataillon du *82ᵉ* occupait ce village.

D'autres fractions d'infanterie de la *21ᵉ* division, coupées d'elle au Sud de Donchery (3), la ralliaient. Les 3ᵉ et 4ᵉ compagnies du *11ᵉ* bataillon de chasseurs et la

---

charges des 3ᵉ et 4ᵉ régiments de chasseurs d'Afrique ne furent pas appuyées par deux escadrons de lanciers de la division Ameil, du 7ᵉ corps. Les 2ᵉ et 3ᵉ escadrons du 4ᵉ lanciers ont chargé un peu plus tard, et c'est sans doute de là qu'est née la confusion. (*Historiques manuscrits* des 4ᵉ et 8ᵉ lanciers; *Notes* adressées à la Section Historique, le 4 avril 1904, par M. le général Heurtault de Lammerville.)

(1) Voir p. 14 et 15.

(2) Telle est la version donnée par l'*Historique du Grand État-Major prussien* (8ᵉ livr., p. 1154). Cette infanterie française ne pouvait guère consister qu'en des tirailleurs du 99ᵉ et du 21ᵉ de ligne (Voir p. 111). Mais les *Historiques* de ces régiments ne mentionnent pas le fait.

(3) *80ᵉ* régiment et $\dfrac{3^e,\ 4^e}{11^o \text{ chass.}}$

majeure partie du Ier bataillon du *80e* renforçaient les troupes postées dans le petit bois du Hattoy. Les deux autres compagnies du *11e* bataillon de chasseurs, qui avaient accompagné l'artillerie de corps, se portaient également à l'aile droite : la 1re se joignait aux 3e et 4e, la 2e occupait la ferme située à la croisée des chemins au Nord de Floing. Quant au gros du *80e*, il arrivait par le Champ de la Grange, au Nord de Saint-Menges, vers 9 h. 45. Ce mouvement et l'occupation de Fleigneux déterminaient cinq compagnies du *87e* (1) restées jusqu'alors à l'Est de Saint-Menges à s'avancer vers la vallée de la Givonne, en passant au Sud de Fleigneux.

A ce moment, une colonne française composée de voitures, de fractions de cavalerie et d'artillerie se dirigeait d'Illy vers le Nord. Les compagnies du *87e* gagnent, au pas de course, les hauteurs à l'Est de Fleigneux, capturent une trentaine de fourgons, puis, traversant un bois, se portent sur une clairière au Sud d'Olly où les bouches à feu étaient établies. Accueillie par deux volées de mitraille au moment où elle atteint la lisière orientale du bois, la 6e compagnie poursuit néanmoins sa marche en avant et s'empare de huit pièces de canon (2).

§ 6. — *Mouvements de la cavalerie française sur le plateau d'Illy.*

Constatant le déploiement de l'artillerie du Ve corps, le général Brahaut et le général Margueritte avaient résolu de charger ces batteries qui ne paraissaient pas encore bien soutenues. Les huit escadrons de la division de cavalerie du 5e corps massés près d'Illy et passant

---

(1) 3e, 4e, 5e, 6e, 7e.
(2) *Historique du Grand État-Major prussien*, 8e livraison, p. 1155-1156.

au Nord du village, devaient les prendre en flanc par leur gauche, tandis que les chasseurs d'Afrique contournant Illy par le Sud, les attaqueraient de front.

La brigade de Septeuil, rassemblée derrière la brigade de cuirassiers de la division de cavalerie du 12e corps, exécuta un passage de ligne afin d'appuyer le mouvement.

Les dispositions préparatoires furent prises sans retard mais, en même temps, l'infanterie ennemie apparut en forces et le général Margueritte fit connaître au général Brahaut qu'il renonçait pour le moment à cette entreprise. Les escadrons du 5e corps s'en abstinrent également. Les évolutions exécutées par toute cette cavalerie l'avaient amenée sur un terrain vu par les batteries ennemies de Fleigneux qui la prirent aussitôt pour objectif et mirent le désordre dans ses rangs compacts. Le 6e chasseurs fit des pertes considérables. Le 1er hussards s'engagea instinctivement dans le bois de la Garenne pour y chercher un abri, et les autres régiments de la division Margueritte agirent de même. L'artillerie prussienne couvrit le bois de projectiles. C'est alors que le général Tilliard, commandant la brigade, fut tué et remplacé par le colonel de Bauffremont. La division se reforma d'abord dans la clairière de la ferme de Quirimont d'où elle fut chassée par les obus de l'artillerie prussienne. Elle se porta alors au Sud du bois de la Garenne où elle reçut encore des projectiles des batteries allemandes de la rive gauche de la Givonne. Toutefois une partie du 4e chasseurs d'Afrique prit une fausse direction et ne rejoignit plus de la journée. 250 chevaux à peine de ce régiment rallièrent le gros de la division (1).

De leur côté, les huit escadrons de la division Brahaut refluèrent dans le bois au Nord-Est d'Illy. Le général de

---

(1) *Notes* de M. le général Descharmes.

Bernis, commandant la 1re brigade, parvint à les rallier en partie, mais le feu de l'artillerie ennemie les rejeta de nouveau dans le bois. Il tenta alors, sur l'ordre du général Brahaut, de les reconstituer à la lisière orientale, près d'Olly, où ils y furent accueillis par les balles des 3e, 4e, 5e, 6e et 7e compagnies du *87e* qui, des abords Sud de Fleigneux, avaient atteint la haute Givonne (1). Le désordre augmenta encore, et le général de Bernis ne parvint à réunir que 4 officiers, environ 20 sous-officiers et cavaliers.

Le général Brahaut chercha avec cette petite troupe à gagner Sedan par la vallée de la Givonne : il se heurta à des détachements ennemis qui l'en empêchèrent et il fut obligé de se rejeter vers le Nord. Il tenta alors de gagner Mézières à travers bois, mais il fut attaqué plus tard, sur un chemin conduisant en Belgique, par le 1er escadron du *14e* régiment de dragons venant d'Issancourt. Le général de Bernis, le lieutenant de Quinsonas, son officier d'ordonnance, et le maréchal des logis Drivon, celui-ci grièvement blessé, parvinrent à se dégager et à se rendre à travers bois à Mézières où ils arrivèrent le lendemain matin. Quant au général Brahaut il fut fait prisonnier, ainsi que le lieutenant-colonel Pujade, son chef d'état-major, le commandant Gervais et son porte-fanion qui n'avaient pas voulu l'abandonner.

Les 12e chasseurs et 5e lanciers se dirigèrent en grande partie vers le Nord, puis vers l'Ouest, et, écornant un peu le territoire belge, réussirent à gagner Renwez dans la soirée et Vervins le 2 septembre (2).

Le général Michel, commandant la division de cavalerie du 1er corps, avait appris, vers 8. h. 15, par un

---

(1) Voir p. 115.
(2) *Rapport* sur les marches et opérations de la division de cavalerie du 5e corps; *Rapport* du général de Bernis; *Rapport* du général de Septeuil; *Historiques manuscrits* des 1er hussards, 6e et 12e chasseurs,

officier d'état-major, que le général Ducrot avait pris le commandement en chef à la place du maréchal de Mac-Mahon blessé, et que l'armée allait battre en retraite. Une conversation qu'il avait eue la veille avec le général Ducrot lui fit penser que le mouvement s'effectuerait vers Mézières. Les projectiles des batteries allemandes de la rive gauche de la Givonne atteignant déjà ses escadrons massés à l'Est de Fond de Givonne, le général Michel résolut de quitter cet emplacement et de se mettre à la recherche du 1er corps, afin de s'intercaler dans ses colonnes. Il fit donc rompre par quatre vers l'Ouest, contourna Sedan par le Nord et, trouvant la route d'Illy encombrée d'ambulances, se rejeta sur Cazal, d'où il se dirigea vers le calvaire d'Illy. En y arrivant, entre 10 h. 30 et 11 heures, il rallia la brigade de cavalerie légère de Septeuil mais il constata que le terrain compris entre la Givonne, Illy et le bois de la Garenne était criblé d'obus venant à la fois de l'Est et de l'Ouest. La division, faisant bonne contenance sous le feu, se dirigea sur Illy, traversa le village du Sud au Nord et prit le chemin de terre qui mène vers le Nord. Au moment où elle allait se déployer, des fractions du 87e ouvrirent le feu sur la tête de colonne dont les premiers pelotons se jetèrent dans le bois à l'Ouest d'Olly. Toujours persuadé que la retraite sur Mézières était en voie d'exécution, le général Michel résolut de s'engager dans la forêt des Ardennes par Olly et de se diriger vers l'Ouest en longeant la frontière. Il fut suivi par la brigade de lanciers et par deux escadrons du 10e dragons, mais séparé du 8e cuirassiers et des 2e et 4e escadrons du 10e dragons, qui, arrêtés par l'infanterie allemande, rétrogradèrent vers Floing et se joignirent à la division

---

5e lanciers, 1er et 3e chasseurs d'Afrique ; *Récit* d'un ancien officier d'ordonnance du général Ducrot (*Vie militaire du général Ducrot*, t. II, p. 413-414).

Bonnemains. La brigade de Septeuil s'était également portée sur Olly vers 11 h. 30. De là, elle suivit la route de Corbion jusqu'à quelques centaines de mètres de la frontière belge; elle se dirigea ensuite vers le Nord-Ouest et effectua sa jonction avec les escadrons conduits par le général Michel (1). La colonne gagna Sugny, sur le territoire belge, se rabattit sur Pussemange et Gespunsart, passa par Neufmanil et Nouzon, et arriva à Charleville à 6 heures du soir. Après un repos de deux heures, elle partit pour Maubert-Fontaine (2).

Au début de la bataille, la division de cavalerie du 12e corps s'était déployée sur une seule ligne, face au Sud, au Sud de Fond de Givonne. Mais bientôt les projectiles de l'artillerie ennemie l'obligèrent à quitter cet emplacement. Elle se porta vers Fond de Givonne puis vers le Nord, à travers le bois de la Garenne, dans la direction d'Illy, et vint se rassembler, vers 11 heures, face à ce village, la brigade de lanciers en première ligne, la brigade de cuirassiers et, à sa droite, la brigade de chasseurs en seconde ligne. Les obus des batteries allemandes de Fleigneux déterminèrent la division à faire un mouvement vers l'Est; elle se reforma en bataille, la droite appuyée au chemin conduisant de Givonne à Illy. Peu après, la brigade de lanciers rompit à droite par pelotons, en deux colonnes d'un régiment chacune qui s'engagèrent dans les bois au Nord-Est d'Illy. Le 1er lanciers se forma en colonne avec distances

---

(1) Le général de Septeuil fut séparé de sa brigade. Suivi seulement de quelques officiers et cavaliers, il erra longtemps à sa recherche et, trompé par un guide, finit, dans la soirée, par pénétrer sur le territoire belge où il fut arrêté. (*Rapport* du général de Septeuil.)

(2) *Journal* de marche de la division de cavalerie du 1er corps; général Michel, la division de cavalerie du 1er corps d'armée à la bataille de Sedan; *Rapport* du général de Septeuil; *Historiques manuscrits* des régiments de la division de cavalerie du 1er corps.

dans une clairière et fut rejoint par le 7ᵉ. Mais la brigade se heurtant à des fractions d'infanterie ennemie, rétrograda et revint à la ferme de la Garenne. Toutefois trois pelotons du 4ᵉ escadron du 7ᵉ lanciers, formant tête de colonne, avaient continué à marcher vers le Nord. Après avoir erré longtemps, ils franchirent la frontière belge, arrivèrent à Corbion et furent désarmés un peu plus loin. Un escadron du 1ᵉʳ lanciers eut le même sort (1). La brigade de cuirassiers de la division de cavalerie du 12ᵉ corps et le 8ᵉ chasseurs refluèrent également vers la ferme de la Garenne (2). Le 7ᵉ chasseurs, au contraire, séparé du gros de la division et du 8ᵉ chasseurs, et rejeté dans les bois au Nord-Est d'Illy, rejoignit les généraux Brahaut et de Bernis et les suivit, à travers taillis, formant une longue colonne de 3 kilomètres. Le colonel qui marchait en tête, parvint, comme le général de Bernis, à échapper au 1ᵉʳ escadron du *14*ᵉ dragons, et à rallier une partie de son régiment, qu'il ramena en France à Gespunsart, en écornant le territoire belge vers Sugny. Il gagna ensuite Sécheval et Rocroi par une marche de nuit (3).

§ 7. — *Combats à Floing.*

Les 8ᵉ et 10ᵉ compagnies du *87*ᵉ qui avaient pénétré dans la partie Nord de Floing (4) y étaient restées seules pendant deux heures, entretenant une fusillade assez vive avec les tirailleurs du 1ᵉʳ bataillon du 37ᵉ de ligne, sans

---

(1) *Historiques manuscrits* des 1ᵉʳ et 7ᵉ lanciers.
(2) *Historique manuscrit* du 8ᵉ chasseurs.
(3) *Rapport* du colonel Thornton, commandant le 7ᵉ chasseurs, au Ministre de la guerre, daté de Versailles, 7 septembre 1870 ; *Historique manuscrit* du 7ᵉ chasseurs.
(4) Voir p. 101.

que, de part et d'autre, se produisît un mouvement offensif notable. Vers 10 h. 45, elles furent renforcées par des unités d'infanterie du XI⁰ corps qui, préalablement rassemblées à l'abri du bois du Hattoy, se portèrent, par petits groupes, dans le village. Ce furent successivement : les 1ʳᵉ et 2ᵉ compagnies et la moitié de la 4ᵉ du *83*ᵉ, puis la 6ᵉ ; ensuite, une demi-heure après, les 5ᵉ et 7ᵉ ; enfin la 8ᵉ et le IIIᵉ bataillon. La 9ᵉ compagnie vint de son côté, occuper le cimetière. La 2ᵉ compagnie de pionniers, franchissant les prairies qui bordent la Meuse, gagna le moulin de Maltourné. La 2ᵉ compagnie du *11*ᵉ bataillon de chasseurs poussa vers le débouché occidental de Floing ; un peu plus tard, les autres compagnies du bataillon se formèrent sur la lisière Est ; les 9ᵉ et 11ᵉ du *82*ᵉ suivirent le *83*ᵉ dans l'intérieur du village. La 2ᵉ compagnie du *87*ᵉ qui se tenait auprès des batteries, à l'Est de Saint-Menges, se porta en avant et s'établit à l'Est de Floing, dans le vallon. Le *83*ᵉ, après avoir occupé Floing, fit déboucher des fractions de la lisière orientale, et chercha à gagner les hauteurs au Sud-Est (1).

Ce déploiement de forces avait déterminé la 1ʳᵉ brigade de la division Liébert à augmenter la densité de sa ligne de tirailleurs.

Les quatre compagnies restantes du Iᵉʳ bataillon du 5ᵉ de ligne, formées en colonnes de division, s'étaient d'abord établies un peu en arrière de leur position première afin d'échapper, sans toutefois y parvenir, au feu meurtrier de l'artillerie prussienne. Les troupes ennemies augmentant sans cesse à Floing, les 1ʳᵉ et 2ᵉ compagnies, puis une section de la 5ᵉ du Iᵉʳ bataillon se portèrent en avant pour renforcer les deux compagnies placées en tirailleurs dès le début de l'action. Les 5ᵉ et 6ᵉ compagnies

---

(1) *Historique du Grand État-Major prussien*, 8ᵉ livraison, p. 1159-1160.

du II⁰ bataillon et les deux dernières compagnies disponibles du III⁰ arrivèrent en ligne à leur tour. Il ne restait plus en réserve que deux compagnies environ du I⁰ʳ bataillon et deux du II⁰ (1).

Au 37ᵉ de ligne, tout le Iᵉʳ bataillon était venu renforcer les deux compagnies primitivement déployées en tirailleurs ; les II⁰ et III⁰ bataillons avaient ouvert le feu sur l'infanterie adverse qui commençait à déboucher entre le moulin de Maltourné et la partie occidentale de Floing.

Bientôt le colonel de Formy de la Blanchetée entraîna une partie des Iᵉʳ et II⁰ bataillons du 37ᵉ, et exécuta à leur tête une vigoureuse contre-attaque sur Floing. Les premières maisons furent enlevées; quelques fractions poussèrent même jusqu'à la lisière Nord du village. Le combat oscilla quelque temps, subissant des alternatives diverses. Mais, à ce moment, l'ennemi recevait des renforts. Vers 11 h. 45, les Iᵉʳ et II⁰ bataillons du *46ᵉ* venant de Saint-Menges, franchissaient au pas de course les pentes découvertes du versant Ouest du mamelon 260 ; le Iᵉʳ s'arrêtait sur la lisière Nord de Floing, le II⁰ s'engageait dans les rues du village. De son côté, le 5ᵉ bataillon de chasseurs pénétrait dans la partie Ouest et s'y établissait. L'arrivée de ces troupes détermine, vers midi 15, un mouvement offensif général dont le résultat est de refouler les compagnies du 37ᵉ de ligne et de les obliger à évacuer Floing. Leur colonel avait été blessé (2). Les Allemands prirent position en avant de la lisière Sud-Est, au pied des hauteurs, et un court moment de répit se produisit que l'infanterie désorganisée par ce combat de rues, utilisa, de part et d'autre, pour se remettre en ordre.

---

(1) *Historique manuscrit* du 5ᵉ de ligne.
(2) *Historique manuscrit* du 37ᵉ de ligne ; *Historique du Grand État-Major prussien*, 8ᵉ livraison, p. 1160.

Vers midi, le feu des batteries françaises établies sur le plateau de Floing avait sensiblement diminué (1). Trois d'entre elles, les 7e et 10e du 7e, puis la 8e du 12e s'étaient repliées dans le vallon au Nord-Ouest de Cazal, soit en raison des pertes qu'elles avaient subies, soit par manque de munitions. Les 10e et 12e du 14e exécutèrent le même mouvement vers midi 30. Sept autres batteries continuèrent le feu, bien que l'artillerie allemande du bois du Hattoy eût nettement pris la supériorité et bien qu'elles reçussent des coups à revers des hauteurs de Frénois : c'étaient la 12e (à balles) du 7e, la 3e du 4e, la 11e de marine, les 6e et 12e du 10e, la 12e du 12e, la 4e du 19e (2). De même les trois batteries établies face au Sud-Ouest, sur les pentes au Sud de Floing : 12e et 13e du régiment d'artillerie de marine, 3e du 8e, parvinrent à conserver leurs positions et entretinrent la lutte, non sans succès, contre les batteries adverses situées sur la rive gauche de la Meuse (3).

Tandis que ces événements se passaient à Floing, les dernières colonnes des Ve et XIe corps avaient débouché à leur tour, vers 11 h. 45, du défilé de la Falizette. Les bataillons déjà arrivés sur le théâtre de l'engagement, mais provisoirement conservés en réserve, s'étaient portés en avant. Au même moment, les éléments de la 22e division d'infanterie, dont le mouvement avait été arrêté (4),

---

(1) *Journal* de marche de la 2e brigade de la 2e division du 7e corps ; *Historique du Grand État-Major prussien*, 8e livraison, p. 1161.

(2) *Historiques manuscrits* des régiments d'artillerie ci-dessus et *Rapports* des capitaines commandants. Il y a doute pour la 12e du 12e et la 11e de l'artillerie de marine. Les documents ne permettent pas de décider si elles se maintinrent sur la position ou si elles se replièrent.

(3) *Rapport* sur la marche des opérations de l'artillerie du 6e corps de l'armée du Rhin ; *Historique* du 8e régiment d'artillerie ; *Notes* du général Reibell, datées du 7 avril 1904.

(4) Voir p. 96.

atteignaient Saint-Albert (1). De son côté, l'infanterie du V⁰ corps rassemblée au Nord de Saint-Menges et au Champ de la Grange, rompait dans la direction de Fleigneux et se déployait dans le vallon au Sud de cette dernière localité, la *19ᵉ* brigade en avant et à droite de la *20ᵉ*. Ces troupes étaient remplacées par les deux brigades d'infanterie et l'artillerie de la *9ᵉ* division qui s'établissaient au Champ de la Grange entre midi et 1 heure (2).

§ 8. — *Opérations de la 4ᵉ division de cavalerie et de la division würtembergeoise.*

On a vu que la division würtembergeoise avait reçu l'ordre de jeter un pont à Dom-le-Mesnil, d'y franchir la Meuse et de prendre ensuite position, de façon à pouvoir agir vers Mézières, ou servir de réserve aux V⁰ et XI⁰ corps, suivant le cas. Quant à la *4ᵉ* division de cavalerie, elle devait se rassembler au Sud de Frénois (3).

A 5 h. 30 du matin, la division würtembergeoise établissait un pont à Dom-le-Mesnil, et à 6 heures, la *3ᵉ* brigade commençait le passage. Entre 7 et 8 heures du matin, toute la division se trouvait sur la rive droite de la Meuse. La brigade de cavalerie fut aussitôt envoyée à Tumécourt, pour éclairer dans la direction de Mézières, tandis que la *3ᵉ* brigade se déployait à Vivier-au-Court (4). La garde du pont avait été confiée à deux compagnies établies à Flize et à Nouvion-sur-Meuse (5).

---

(1) *32ᵉ* et *95ᵉ* régiments d'infanterie ; $\frac{1^{er}, \; II^e}{94^e}$; $\frac{3^e, \; 4^e}{13^e \; \text{huss.}}$; 3ᵉ compagnie de pionniers.
(2) *Historique du Grand État-Major prussien*, 8ᵉ livraison, p. 1161.
(3) Voir p. 3.
(4) *Historique du Grand État-Major prussien*, 8ᵉ livraison, p. 1163.
(5) *Ibid.*, p. 1164.

A 10 heures, un ordre du Prince royal, prescrivit à la division würtembergeoise de venir prendre position à Donchery pour y former la réserve de l'armée. Au même moment, la brigade de cavalerie, qui avait envoyé quelques détachements pour couper le chemin de fer de Givet, signalait la présence de l'ennemi à Ville-sur-Lumes.

Afin de couvrir son mouvement sur ses derrières, le général d'Obernitz envoya deux compagnies du *3e* bataillon de chasseurs et deux escadrons du *4e* régiment de cavalerie sur la localité indiquée. Cette petite colonne eut un léger engagement avec des troupes du 13e corps, dans les petits bois situés en avant du village (1).

En arrivant à Vrigne-Meuse, le général d'Obernitz fut informé que deux bataillons d'infanterie française et deux escadrons de cavalerie, sortis de Mézières, se dirigeaient sur le pont de Dom-le-Mesnil en suivant la rive gauche de la Meuse.

Il envoya immédiatement dans cette direction le *3e* régiment de cavalerie, la majeure partie de la *3e* brigade et une batterie de 4, sous les ordres du général-major von Hügel. Ce dernier détacha sur Nouvion le I*er* bataillon du *8e* et franchit la Meuse à Dom-le-Mesnil avec le reste de sa colonne.

A Flize, il rencontra le *16e* hussards, de la *6e* division de cavalerie, qui l'informa de la présence de partis français aux environs de Boulzicourt, et de l'occupation par l'ennemi du village de Petite-Ayvelle. Il y eut sur ce point un combat qui fut terminé entre 3 et 4 heures de l'après-midi par la retraite des Français.

Le détachement du général von Hügel prit position à Nouvion et à Flize. La brigade de cavalerie restait à

---

(1) *Historique du Grand État-Major prussien*, 8e livraison, p. 1161. Voir le chapitre intitulé : Le 13e corps.

Tumécourt, le gros de la division occupait près de Donchery l'emplacement qui lui avait été fixé, constituant avec la 4ᵉ division de cavalerie, et la 2ᵉ venue de Dom-le-Mesnil, une réserve générale de l'armée allemande (1).

La 4ᵉ division de cavalerie, qui s'était rassemblée à Frénois à 5 heures du matin, n'avait pas tardé à suivre le mouvement des Vᵉ et XIᵉ corps. Elle se dirigeait sur Montimont, lorsque le prince Albrecht de Prusse qui marchait en avant avec son état-major, s'aperçut que par suite de l'encombrement sur la route de Saint-Menges, sa division était obligée d'attendre.

Il l'arrêta d'abord dans le bas-fond au Sud de Montimont, en même temps qu'il mettait ses batteries à cheval en position à Montimont et leur faisait ouvrir le feu à 4,000 mètres environ sur les batteries françaises établies sur le plateau de Floing.

Malgré la distance, ces batteries réussirent à attirer sur elle une partie du feu de l'ennemi, et la division de cavalerie recevant quelques obus, dut gagner un nouvel emplacement, derrière les hauteurs à l'Ouest de Montimont.

A midi, le Prince royal fit cesser le tir qui devenait gênant pour les troupes prussiennes, et le prince Albrecht se porta au Champ de la Grange, pour continuer à observer la bataille, pendant que la 4ᵉ division constituait la réserve générale avec la division würtembergeoise et la 2ᵉ division de cavalerie (2).

Dans le courant de l'après-midi, la 4ᵉ division de cavalerie, accompagnée de la 2ᵉ, se conforma au mouvement du Vᵉ corps et se porta aux environs d'Illy. Elle reçut

---

(1) *Historique du Grand État-Major prussien*, 8ᵉ livraison, p. 1163-1165.

(2) *Ibid.*, p. 1162-1163.

l'ordre de se diriger sur la rive gauche de la Givonne pour intercepter la route de Bouillon. Elle y resta jusqu'au soir (1).

---

(1) *Historique du Grand État-Major prussien*, 8ᵉ livraison, p. 1201-1202.

CHAPITRE VII

La bataille sur la haute Givonne jusqu'à midi environ.

§ 1er. — *Engagements du 1er corps contre la Garde prussienne.*

En exécution des ordres du prince royal de Saxe, le commandant de la Garde, dont le quartier général était à Carignan, avait prescrit, à 4 h. 30 du matin, à la 1re division d'infanterie de se porter par Pouru-aux-Bois sur Villers-Cernay, et à tout le reste du corps d'armée de marcher sur Francheval. Les troupes prenaient les armes par alerte et se mettaient aussitôt en mouvement au bruit du canon qui retentissait déjà dans la direction de Bazeilles. L'avant-garde de la 1re division se constituait immédiatement près de Villers-Cernay (1), mais le gros, marchant par des chemins secondaires, n'atteignait les abords de ce village que vers 7 h. 45.

Constatant que le ravin du Rulle serait difficile à franchir en raison de la raideur des pentes, et qu'aucune voie de communication ne traversait le bois Chevalier de l'Est à l'Ouest, le commandant de la Garde ordonnait, vers 7 h. 15, aux unités acheminées sur Francheval, de gagner également Villers-Cernay. Peu après, le XIIe corps faisait connaître la situation du combat à La Moncelle et à Bazeilles. En conséquence, la 1re division de la Garde reçut l'ordre de s'avancer de Villers-Cernay sur Givonne, avec l'artillerie de corps; la division de cavalerie, de se

---

(1) Régiment de hussards, bataillon de chasseurs, régiment de fusiliers.

placer sur l'aile droite de l'artillerie ; la 2ᵉ division d'infanterie, de se déployer provisoirement à Villers-Cernay. Le commandant en chef fut informé, à 7 h. 30, que la Garde avait sa tête de colonne à Villers-Cernay, et qu'elle allait entrer en ligne, en interceptant la route de Bouillon.

Déjà l'avant-garde de la 1ʳᵉ division avait pris pied sur les hauteurs à l'Ouest de Villers-Cernay. Tandis que le IIᵉ bataillon du régiment de fusiliers pénètre dans le bois qui les couronne, le Iᵉʳ bataillon et les chasseurs s'avancent vers l'Ouest en cheminant entre le chemin de Daigny et le rideau d'arbres qui se projette vers Haybes. Quelques fractions françaises appartenant à la division de Lartigue, des isolés du 3ᵉ zouaves en particulier, se replient devant ces forces supérieures. Le Iᵉʳ bataillon du régiment de fusiliers borde les lisières Ouest et Sud du rideau d'arbres, la 4ᵉ compagnie poussant jusqu'au chemin de Haybes à Daigny ; le IIᵉ bataillon se porte sur Givonne. Le bataillon de chasseurs s'établit sur les pentes au Nord-Est de Haybes.

Sur ces entrefaites, des patrouilles du régiment de hussards de la Garde s'étaient avancées jusqu'à la ferme de la Virée, et avaient reçu des coups de fusil partant de La Chapelle qu'occupait le 1ᵉʳ bataillon des francs-tireurs de la Seine. En conséquence, la 6ᵉ compagnie du régiment de fusiliers se postait à l'extrême pointe Nord du bois de Villers-Cernay ; les 10ᵉ et 11ᵉ bordaient la lisière Ouest ; un peu plus tard, la 9ᵉ venait se placer derrière elles (1).

L'artillerie de la division était en mesure d'appuyer le mouvement en avant de l'infanterie. Le mauvais état des chemins offrant de grandes difficultés au mouvement des

---

(1) *Historique du Grand État-Major prussien*, 8ᵉ livraison, p. 1128 à 1130.

batteries, elles s'étaient tenues, pendant la marche, derrière la 2ᵉ brigade d'infanterie. Mais au lieu de continuer par Villers-Cernay encore encombré par celle-ci, l'artillerie avait contourné le village, franchi le vallon du ruisseau de Rubécourt et atteint la lisière occidentale des bois de Villers-Cernay où trois batteries $\left(\dfrac{1^{re}, 2^e, II^e}{G}\right)$ avaient pris position vers 8 h. 30, leur gauche au chemin qui conduit de Givonne à la cote 321. La Iʳᵉ s'établissait en arrière et à gauche dans une clairière à 500 mètres environ à l'Ouest de la cote 288 (1).

Ces vingt-quatre bouches à feu entamèrent aussitôt la lutte avec les batteries de la 1ʳᵉ division du 1ᵉʳ corps. La 8ᵉ (à balles) du 9ᵉ occupait la cote 293 ; la section de droite de la 7ᵉ du 9ᵉ était à la gauche ; la section du centre à sa droite (2) ; la section de la 6ᵉ batterie du 9ᵉ s'était placée dans l'intervalle entre les deux régiments de la 1ʳᵉ brigade. Énergiquement contre-battues par les 1ʳᵉ, 2ᵉ et IIᵉ batteries de la Garde, et prises d'écharpe par la Iʳᵉ, les batteries françaises constatèrent bientôt leur infériorité et reculèrent de quelques mètres afin de se porter un peu en arrière de la crête. La batterie de canons à balles cessa même le feu et ne le reprit que par intermittences, évitant de lutter avec l'artillerie adverse (3). Celle-ci avait été renforcée, peu après son entrée en ligne, par les quatre batteries montées de l'artillerie de corps de la Garde. Elles avaient pris le trot dès la sortie de Carignan, rejoint la 2ᵉ division à Pouru-Saint-Remy, et pris rang à l'avant-garde devant le 4ᵉ régiment de grenadiers. Parvenues à Francheval, elles avaient reçu connaissance de l'ordre du prince

---

(1) *Historique du Grand État-Major prussien*, 8ᵉ livraison, p. 1130.
(2) La 7ᵉ batterie du 9ᵉ n'avait plus que 5 pièces.
(3) *Rapports* des capitaines commandant les 6ᵉ, 7ᵉ et 8ᵉ batteries du 9ᵉ.

de Würtemberg de prendre par Villers-Cernay. Elles s'étaient alors dirigées, en forçant l'allure, sur ce village, l'avaient traversé avant l'arrivée du gros de la 1re division et, débouchant à l'Ouest, avaient pris position à la cote 321, derrière le mince rideau d'arbres qui forme saillant au Nord du bois.

Les 3e, 4e et IVe batteries ouvraient le feu à 8 h. 45 contre les troupes françaises massées dans le bois de la Garenne et sur les crêtes au Nord-Ouest de Givonne ; la IIIe restait en réserve faute d'espace. Quelques bouches à feu de la IVe batterie envoyaient de temps en temps des projectiles dans la direction de La Chapelle sur de petites fractions d'infanterie française qui se portaient vers les bois au Sud de cette localité (1). A 8 h. 45 également, le gros de la 1re division de la Garde se rassemblait derrière le bois de Villers-Cernay, la 2e brigade en tête.

La 1re division du 1er corps ne tardait pas à souffrir de ces feux. La 1re brigade avait d'abord été établie à l'Ouest de Givonne sur les pentes en arrière des crêtes, par bataillons en masse. Cinq d'entre eux se trouvaient au Sud de la cote 293 ; le sixième au Nord. Au 18e de ligne, établi au Sud de la cote 293, le Ier bataillon était au centre, le IIe à sa gauche, le IIIe à sa droite jusqu'aux abords Nord de la cote 277 ; la 6e compagnie du 1er bataillon était déployée en tirailleurs dans les jardins de Givonne ; la 5e, à une centaine de mètres en avant et à gauche du front du régiment, garnissait le chemin creux qui, de Givonne, conduit à la cote 293. Les Ier et IIIe bataillons du 96e se trouvaient à gauche du 18e et dans une direction à peu près perpendiculaire, derrière les haies qui bordent ce même chemin ; le IIe était abrité, au Nord de la cote 293, derrière un rideau d'arbres parallèle à la vallée de la Givonne. Le 13e bataillon de chasseurs, réduit

---

(1) *Historique du Grand État-Major prussien*, 8e livraison, p. 1131.

à moins de 200 hommes, servait toujours de soutien à l'artillerie. A partir de 8 h. 30, un grand nombre de projectiles étant venus tomber dans les rangs des 18e et 96e, le général de brigade donna l'ordre de former les bataillons en colonnes de division. Ce mouvement fit gagner une centaine de mètres sur la droite (1).

« Les hommes couchés à terre supportèrent sans bouger un violent feu d'artillerie. Pas un homme ne quitta les rangs, quoiqu'ils fussent traversés à chaque instant par les soldats d'un régiment de marche établi sur notre droite un peu en avant. Deux fois même, tout le IIIe bataillon (du 18e), impatient et frémissant, se leva sous cette canonnade meurtrière en criant : « En avant! » ; il dut être arrêté et calmé, aucun ennemi n'étant visible devant lui et à portée (2) ».

Seule, la 6e compagnie du Ier bataillon du 18e de ligne eut à ce moment un engagement avec l'infanterie adverse. Le IIe bataillon des fusiliers de la Garde avait d'abord été arrêté, dans sa marche sur Givonne, par les salves de la batterie de canons à balles (8e du 9e) de la division Wolff. Plus tard, quand elle fut réduite à ne plus tirer que par intermittences, deux pelotons de la 5e compagnie refoulèrent les tirailleurs français du 18e, et, appuyés par les 7e et 8e compagnies, prirent pied dans la partie Nord de Givonne vers 9 h. 45.

La 2e brigade de la 1re division, placée en seconde ligne, fut éprouvée, elle aussi, par les feux de l'artillerie prussienne qui lui arrivaient de front et d'écharpe. Le 1er zouaves, à droite, massé en colonne à demi-distance, à l'Ouest de Givonne, se forma aussitôt « en ligne de

---

(1) *Rapports* du colonel Bréger, commandant la 1re brigade de la 1re division et du colonel Bluem, commandant le 96e de ligne; *Historique manuscrit* du 96e.

(2) *Rapport* du colonel Bréger, commandant la 1re brigade de la 1re division.

bataille, par bataillon » et appuya, par de petits mouvements un peu en avant et à gauche, afin de se soustraire aux projectiles. Sans cause apparente, ses trois bataillons furent séparés et ne se réunirent plus que dans l'après-midi. Le Ier se déploya à la lisière Est du bois de la Garenne; le IIIe se plaça à sa gauche; le IIe plus à gauche encore. Le 45e, établi à la gauche du 1er zouaves, recula pour se mettre à l'abri dans le bois de la Garenne. Ses bataillons se séparèrent aussi pour ne se rejoindre que vers midi (1). A la gauche du 45e, se trouvait la compagnie divisionnaire du génie (3e du 1er), renforcée par un détachement de 150 sapeurs égarés sur le champ de bataille. Cette troupe occupant, vers 8 h. 30, le débouché du chemin d'Illy, accueillit et refoula plus tard à coups de fusil, un parti de cavalerie ennemie venant de La Chapelle (2).

La 2e division de la Garde s'était réunie de bonne heure à Sachy, d'où elle avait fait partir sur Francheval les 1er et 5e escadrons du 2e uhlans et les 5e et 6e batteries. Derrière cette avant-garde, marchait le 4e régiment de grenadiers, puis le gros de la division. En arrivant à Francheval, le gros de la division fut rejoint par la 1re brigade de la division de cavalerie de la Garde, venue de Carignan avec la 1re batterie à cheval. Les deux autres brigades, avec les 2e et 3e batteries à cheval s'étaient d'abord rassemblées à l'Ouest d'Osnes, d'où elles avaient gagné Francheval d'un seul temps de trot et prit rang à la queue de la colonne de gauche (3).

A plusieurs reprises, dans le cours de la matinée, le commandant du XIIe corps avait demandé au prince de

---

(1) *Historiques manuscrits* du 1er zouaves et du 45e de ligne.
(2) *Rapport* du chef de bataillon Barrillon, sur la part prise par le génie de la 1re division du 1er corps à la bataille de Sedan.
(3) *Historique du Grand État-Major prussien*, 8e livraison, p. 1131.

Würtemberg de porter la Garde sur Daigny afin de le soutenir. Le prince de Würtemberg allait céder à ces sollicitations, et déjà il avait prescrit aux batteries de la 2ᵉ division établies à l'Est de Haybes, derrière le bois de Villers-Cernay, de tirer sur les hauteurs de la rive droite de la Givonne, quand il reçut, vers 8 h. 45, du commandant de l'armée de la Meuse, l'ordre de porter la Garde sur Fleigneux, dès qu'elle aurait pris possession de ces hauteurs.

De la croupe 321 où se trouvait l'artillerie de corps, on distinguait d'ailleurs nettement l'action engagée par la IIIᵉ armée vers Saint-Menges. Le prince de Würtemberg résolut alors de ne faire marcher sur Daigny qu'une partie de ses forces, destinées à empêcher les Français de rompre la ligne sur ce point. Le gros des troupes de la Garde se dirigerait sur Givonne, « afin de joindre la IIIᵉ armée aussitôt que ce mouvement de flanc se trouverait suffisamment préparé par l'artillerie (1) ».

Le prince de Würtemberg donna des ordres dans ce sens; puis, entre 10 et 11 heures, il les compléta par les dispositions suivantes :

La 2ᵉ division d'infanterie — qui avait commencé à se rassembler à l'Est de Villers-Cernay à 8 h. 15 et qui s'était déjà avancée jusqu'au bois Chevalier — se rapprocherait de Daigny et s'opposerait, le cas échéant, à toute entreprise de l'ennemi contre le XIIᵉ corps. Le commandant de l'artillerie déploierait toutes les batteries de la Garde sur les hauteurs de la rive gauche de la Givonne, tant pour soutenir le XIIᵉ corps, que pour préparer l'attaque de l'infanterie sur les pentes du versant opposé. La division de cavalerie chercherait à entrer en liaison avec la IIIᵉ armée dans la direction d'Illy (1).

---

(1) *Historique du Grand État-Major prussien*, 8ᵉ livraison, p. 1132.

L'exécution de ces dispositions détermina, sur l'extrême droite de l'armée allemande, une formidable canonnade contre les positions du 1ᵉʳ corps. Les batteries de la 2ᵉ division de la Garde établies derrière le rideau d'arbres à l'Est d'Haybes, dirigèrent d'abord leurs feux sur quelques épaulements qu'elles apercevaient près du saillant de la route de Sedan à Givonne, au Nord-Ouest de Daigny.

La lutte était encore fort vive dans la vallée, aux abords de cette dernière localité. Les troupes allemandes qui l'avaient occupée vers 9 h. 45, essayaient d'en déboucher et se trouvaient arrêtées par les feux des IIᵉ et IIIᵉ bataillons du 31ᵉ de ligne, renforcés sur leur gauche par les débris des cinq compagnies de droite du Iᵉʳ bataillon du 56ᵉ et des trois compagnies de gauche du IIᵉ bataillon de ce régiment, lesquels tenaient les petits bois de la rive droite de la Givonne.

Les batteries de la 2ᵉ division ne pouvant, des positions qu'elles avaient prises, soutenir leur infanterie, appuyèrent vers le chemin de Villers-Cernay à Daigny, en se rapprochant de l'extrême droite de la ligne d'artillerie du XIIᵉ corps, où deux batteries bavaroises avaient pris position précédemment. Sur ces nouveaux emplacements, elles étaient en mesure de tirer sur les pentes à l'Ouest de Daigny et de la Rapaille (1).

Énergiquement contrebattues de front, dès le début de l'action, et prises d'écharpe par l'artillerie saxonne établie au Sud-Est de Daigny, les batteries françaises de la 2ᵉ division du 1ᵉʳ corps $\left(\frac{9^e, 10^e, 12^e}{9^e}\right)$ qui occupaient la crête à l'Ouest de Daigny, « éprouvèrent des pertes considérables (2) ». Mais elles se maintinrent sur leur

---

(1) *Historique du Grand État-Major prussien*, 8ᵉ livraison, p. 1133.

(2) *Rapport* du lieutenant-colonel Cauvet, commandant l'artillerie de la 2ᵉ division du 1ᵉʳ corps, Bourges, 1ᵉʳ août 1871.

position, bien que plusieurs pièces fussent démontées.

Le 1ᵉʳ régiment de Tirailleurs, malencontreusement placé derrière les batteries, subit des pertes très fortes sans qu'on songeât à l'abriter dans un pli de terrain situé à 200 mètres à gauche. 17 officiers et plus de 200 hommes tombèrent avant que le régiment eût tiré un coup de fusil (1).

Les batteries de la réserve qui appuyaient celles de la 2ᵉ division souffrirent également. La 11ᵉ (de 4) du 9ᵉ dut se retirer de 200 mètres en arrière. La 5ᵉ (de 4) du 9ᵉ continua le feu. La 11ᵉ (de 12) du 6ᵉ, qui avait épuisé les munitions de première ligne et dont les caissons de deuxième ligne avaient disparu, fut remplacée par les trois pièces restantes de la 12ᵉ (de 12) du 6ᵉ (2). Le colonel commandant la réserve d'artillerie fit venir en outre sur le même emplacement les batteries à cheval $\left(\frac{2^e, 3^e, 4^e}{20^e}\right)$ pour renforcer les précédentes. Les 2ᵉ et 3ᵉ du 20ᵉ seules ouvrirent le feu et furent assez éprouvées. Au bout de dix minutes, on reconnut que « la position n'était plus tenable et qu'il était urgent de se reporter plus en arrière (3) ».

Vers 11 h. 30, toutes ces batteries, en butte à un feu violent, exécutèrent un mouvement de retraite, au cours duquel le capitaine Bavelaër, commandant la 5ᵉ (de 4) du 9ᵉ, reçut trois éclats d'obus ; il conserva néanmoins la direction de sa batterie jusqu'à la fin de la bataille.

---

(1) L. de Narcy, *Journal d'un officier de turcos*, p. 221-232.

(2) *Notes* du lieutenant-colonel de Brives ; *Rapports* des capitaines commandant les 5ᵉ et 11ᵉ batteries du 9ᵉ. La 11ᵉ du 9ᵉ, séparée de sa réserve depuis le 30 août, dut atteler aux pièces les 5 chevaux des caissons.

(3) *Rapport* sommaire du colonel Grouvel, sur la part prise à la bataille de Sedan par la réserve d'artillerie du 1ᵉʳ corps; *Rapports* des capitaines commandant les 2ᵉ, 3ᵉ et 4ᵉ batteries du 20ᵉ.

Quant à la réserve d'artillerie du 5ᵉ corps, répartie au Vieux Camp en deux groupes faisant face vers l'Ouest(1), elle n'avait pas encore pris part, dans la matinée, à la lutte engagée sur la Givonne, lorsque les batteries placées à l'Est de Daigny commencèrent à lui envoyer de revers « lentement d'abord, mais bientôt avec précision, de nombreux obus (2) ».

Le général Liédot, craignant pour les trois batteries (10ᵉ du 2ᵉ, 5ᵒ et 6ᵉ du 20ᵉ), réunies en masse et plus particulièrement exposées aux vues de l'ennemi, leur prescrivit de traverser le ravin de Fond de Givonne. Peu après, le feu adverse redoublant sur le groupe (6ᵉ du 2ᵉ, 11ᵉ du 14ᵉ, 11ᵉ du 10ᵉ) resté au Vieux Camp, le colonel de Fénelon, à qui le général Liédot, blessé mortellement, avait transmis le commandement, lui donnait l'ordre d'évacuer le retranchement et de s'établir sur les hauteurs au Sud de la route de Bouillon, dans le voisinage de la cote 217.

De nouveau réunie, la réserve d'artillerie du 5ᵉ corps se plaçait en batterie, sur les indications du général de L'Abadie, en arrière d'abris destinés à l'infanterie et ouvrait le feu d'abord contre Bazeilles, puis ripostait à l'artillerie du XIIᵉ corps. Mais, dans cette nouvelle position, elle ne tardait pas à être accablée par les projectiles ennemis qui arrivaient de tous les côtés, et, en se retirant, se fractionnait pour occuper successivement différentes positions, soit au Sud de Fond de Givonne, soit vers le bois de la Garenne (3).

Conformément aux instructions qu'il avait reçues, le commandant de la 2ᵉ division de la Garde avait dirigé la 4ᵉ brigade sur Daigny, mais en lui interdisant de fran-

---

(1) Voir p. 21.
(2) *Journal* de marche de l'artillerie du 5ᵉ corps.
(3) Les documents ne permettent pas de déterminer ces emplacements d'une manière précise.

chir la vallée. Le 2ᵉ régiment de grenadiers cheminait à cet effet dans un pli de terrain parallèle au chemin de Villers-Cernay, suivi par le 4ᵉ. La 3ᵉ brigade d'infanterie demeurait à l'Ouest de Villers-Cernay, ayant à sa gauche le 2ᵉ régiment de uhlans. Pendant ce temps, les Saxons s'étaient emparés de Daigny. Le Iᵉʳ bataillon du 2ᵉ grenadiers occupait les maisons du débouché oriental du village; les 5ᵉ et 6ᵉ compagnies se portaient sur sa gauche; le reste du régiment formait réserve sur la pente.

Sur ces entrefaites, le gros de la 1ʳᵉ division de la Garde s'était déployé derrière le bois de Villers-Cernay. Les Iᵉʳ et IIᵉ bataillons du 4ᵉ régiment s'étaient avancés sur Givonne pour appuyer le régiment de fusiliers. Celui-ci étant déjà maître de cette localité, d'où il avait chassé les 5ᵉ et 6ᵉ compagnies du Iᵉʳ bataillon du 18ᵉ, les deux bataillons s'arrêtaient momentanément sur la lisière occidentale du bois; puis, débouchant au delà, ils engageaient une fusillade assez inoffensive avec les tirailleurs des 18ᵉ et 96ᵉ de ligne et du 13ᵉ bataillon de chasseurs postés sur les pentes de la rive droite de la Givonne.

A plusieurs reprises, ces tirailleurs, soutenus sur leur droite par des fractions ralliées appartenant à la division de Lartigue, exécutèrent des mouvements offensifs partiels entre Givonne et Daigny, particulièrement aux abords de Haybes, afin de prendre sous leur feu les batteries de la 2ᵉ division de la Garde établies au Nord-Est de Daigny.

Vers 11 h. 15, la 4ᵉ compagnie du régiment de fusiliers pénétra dans Haybes, avec un peloton de chasseurs, en chassa des fractions dissociées du 56ᵉ de ligne et du Iᵉʳ bataillon du 3ᵉ Tirailleurs, et donna la main aux troupes saxonnes vers Daigny. Les 3ᵉ et 4ᵉ compagnies du bataillon de chasseurs et les 4ᵉ et 12ᵉ du régiment de fusiliers occupèrent la lisière occidentale de Haybes et engagèrent une violente fusillade contre les tirailleurs français du 56° de ligne, du Ier bataillon du 3ᵉ turcos et du 1er bataillon de chasseurs, embusqués dans le fond de la vallée et sur les pentes qui bordent la rive droite. Le reste du Ier bataillon du régiment de fusiliers et la 2ᵉ compagnie de chasseurs restaient en position le long du rideau d'arbres (1).

Désormais les Allemands étaient maîtres de presque tous les points de la vallée de la Givonne et ils arrêtaient aisément les mouvements offensifs partiels exécutés, sans liaison et sans appui, par quelques faibles fractions appartenant au 1er corps.

D'autre part, la 6ᵉ compagnie du régiment de fusiliers de la Garde, débouchant du saillant Nord du bois de Villers-Cernay, s'était portée sur La Chapelle, tandis que les batteries de droite de la Garde envoyaient des obus sur le village. Vers 11 h. 15, les cinq compagnies du Ier bataillon de francs-tireurs, qui l'occupaient, battirent en retraite; une partie passa sur le territoire belge et fut désarmée. Le 5ᵉ escadron des hussards de la Garde, traversant alors La Chapelle, puis la forêt des Ardennes à l'Ouest, marcha sur Olly pour entrer en liaison avec l'aile gauche de la IIIe armée (2).

§ 2. — *Situation sur la haute Givonne vers midi.*

En somme, vers midi, alors que les Bavarois étaient maîtres de Bazeilles et qu'à l'aile gauche du XIIe corps, on se préparait, des hauteurs à l'Ouest de La Moncelle, à marcher sur Illy, les diverses fractions de la Garde occupaient les emplacements suivants :

---

(1) Le capitaine Marconnier au Ministre de la guerre ; *Historique du Grand État-Major prussien*, 8ᵉ livraison, p. 1136.

(2) *Historique du Grand État-Major prussien*, 8ᵉ livraison, p. 1134.

En première ligne, le 2ᵉ régiment de grenadiers près de Daigny et derrière lui, contre le chemin de Villers-Cernay, le 4ᵉ grenadiers ; dans Haybes et à l'Est, le Iᵉʳ bataillon et la 12ᵉ compagnie du régiment de fusiliers, avec la majeure partie du bataillon de chasseurs ; dans Givonne et au Nord, le IIᵉ bataillon de fusiliers presque en entier ; entre le fond de la vallée et les batteries, les deux bataillons de grenadiers du 4ᵉ régiment ; derrière les batteries, la 1ʳᵉ brigade d'infanterie.

Le IIIᵉ bataillon du 2ᵉ régiment, les 9ᵉ, 10ᵉ et 11ᵉ compagnies du régiment de fusiliers et la 1ʳᵉ compagnie de chasseurs formaient soutien de l'artillerie sur la face Ouest du bois de Villers-Cernay ; à l'extrême droite, la 6ᵉ compagnie du régiment de fusiliers occupait La Chapelle.

La 3ᵉ brigade d'infanterie constituait, avec trois bataillons de la 2ᵉ et le 2ᵉ régiment de uhlans, une réserve générale aux abords de Villers-Cernay.

La division de cavalerie marchait sur Illy ; sa tête de colonne était parvenue au Nord de Givonne.

Huit batteries étaient en action à l'aile gauche, près de la route de Villers-Cernay à Daigny : Iʳᵉ, 1ʳᵉ à cheval ; 2ᵉ à cheval, 3ᵉ à cheval (1), VIᵉ, 6ᵉ, 3ᵉ, Vᵉ. Six batteries étaient établies à l'aile droite, en deux groupes de trois, derrière le saillant Nord et sur la face Ouest du bois de Villers-Cernay : IVᵉ, 3ᵉ, IIIᵉ (2); 1ʳᵉ, 2ᵉ, IIᵉ.

Sur toute la ligne, depuis Bazeilles jusqu'en amont de la Givonne, tous les points de passage étaient au pouvoir des Allemands. Quelques fractions françaises qui tenaient encore dans des bouquets de bois au fond de la vallée, en étaient successivement délogées (3).

---

(1) L'Abtheilung à cheval de la Garde ne prit ses positions que vers midi 15.
(2) La IIIᵉ remplaçait, vers midi, la 4ᵉ.
(3) *Historique du Grand État-Major prussien*, p. 1133, 1137 et 1138.

Les troupes du 1ᵉʳ corps occupaient les emplacements ci-après :

La 1ʳᵉ brigade de la 1ʳᵉ division avait conservé à peu près ses positions de la matinée, ainsi que l'artillerie divisionnaire, sauf le 1ᵉʳ bataillon du 96ᵉ qui s'était porté en avant vers Givonne, sans doute pour empêcher l'ennemi d'en déboucher. La 2ᵉ brigade était dans le bois de la Garenne, les bataillons séparés les uns des autres.

La 1ʳᵉ brigade de la 2ᵉ division se trouvait à peu près sur ses positions initiales, au Nord-Ouest de Daigny ; la 2ᵉ brigade s'était abritée dans un pli de terrain au Nord-Ouest de la cote 256, ainsi que l'artillerie divisionnaire (1).

La 1ʳᵉ brigade de la 3ᵉ division était avec le 12ᵉ corps ; la 2ᵉ au Sud de la cote 293, un peu en arrière de la droite de la 1ʳᵉ brigade de la 1ʳᵉ division. Cette division était privée de son artillerie depuis l'avant-veille.

La 2ᵉ brigade de la 4ᵉ division, primitivement placée entre les 1ʳᵉ et 2ᵉ divisions, avait changé d'emplacement depuis le mouvement de concentration qui s'était esquissé sur Illy, et était venue s'établir à droite de la 2ᵉ division, se reliant par sa droite au 58ᵉ de ligne de la division Grandchamp (2).

Les débris de la 1ʳᵉ brigade s'étaient en partie ralliés après le combat de la rive gauche de la Givonne et se ravitaillaient en munitions.

La réserve d'artillerie du 1ᵉʳ corps avait dû cesser la lutte et se reconstituait au Nord-Est de Fond de Givonne.

---

(1) Voir chapitre VIII.
(2) C'est du moins ce qui paraît ressortir du *Rapport* du colonel d'Andigné et du *Rapport* du colonel Barrué, commandant le 3ᵉ régiment de Tirailleurs.

CHAPITRE VIII

Les combats au Calvaire d'Illy.

§ 1er. — *La division Dumont dans le bois de la Garenne et au Calvaire d'Illy.*

Vers 8 heures du matin, le général Douay avait prescrit au général Dumont d'envoyer sa deuxième brigade (Bittard des Portes) à la lisière du bois de la Garenne, au Nord de Fond de Givonne (1). Le 82e de ligne se mit en marche en colonne par division et se dirigea vers le Sud, en contournant le bois. Il vint se placer au Sud du bastion occidental du bois de la Garenne et au Nord de la ferme de ce nom, les bataillons en colonne par division, à demi-intervalle de déploiement. Mais des projectiles nombreux éclatant sur ce terrain, le 82e recula jusqu'à la lisière même, où il trouva un abri (2). Les IIe et IIIe bataillons du 83e de ligne se portèrent également sur ce point (3).

Vers 10 heures, un ordre du général Dumont ramena la brigade sur ses emplacements primitifs. Le général Douay

---

(1) *Rapport* du général Douay.
L'*Historique* de la brigade Bittard des Portes dit que l'emplacement indiqué était « de l'autre côté de la route de Bouillon, au-dessus de Givonne ».

(2) *Historique manuscrit* du 82e de ligne.

(3) Le Ier bataillon du 83e était affecté à la défense des remparts de la place de Sedan.
D'après l'*Historique* du 83e, les IIe et IIIe bataillons se seraient placés « sur la route de Sedan à Illy, en arrière du bois de la Garenne, face à Illy », ce qui paraît invraisemblable.

lui ordonna presque aussitôt de reprendre la position qu'elle venait de quitter. Elle se remit donc en mouvement pour s'y rendre, en contournant le bois de la Garenne. Le général de Wimpffen rencontra alors le bataillon tête d'avant-garde, qui appartenait au 82e, et lui enjoignit de prendre à travers les taillis, au plus court. Enfin, le général Dumont arrêta le Ier bataillon de ce régiment au moment où il allait s'engager dans les fourrés et lui prescrivit de s'arrêter là jusqu'à nouvel ordre. Toutes ces circonstances produisirent du désordre. Un certain nombre d'hommes s'égarèrent ou ne voulurent pas rejoindre leur compagnie. Le Ier bataillon, après avoir vainement attendu des instructions, resta séparé des deux autres et finit par se scinder en plusieurs tronçons qui combattirent isolément avec les premières unités constituées qu'ils rencontrèrent. Vers 11 heures, les IIe et IIIe bataillons du 82e se retrouvaient donc au Nord de la ferme de la Garenne, à la lisière Sud du bastion occidental du bois de la Garenne, qu'ils avaient quittée une heure auparavant (1).

Les IIe et IIIe bataillons du 83e semblent, d'après l'*Historique* du corps, n'avoir fait aucun mouvement pendant les marches et contremarches du 82e (2). Vers 10 heures, le IIIe bataillon fut envoyé sur Illy, sous la direction du lieutenant-colonel. Il resta dans le bois de la Garenne « en réserve », exposé au feu des batteries prussiennes, et fit des pertes assez sérieuses. Une heure plus tard, à la nouvelle de l'enlèvement de Givonne par l'ennemi, le IIe bataillon se dirigea sur ce point. Il fut en prise, pendant deux heures, aux projectiles de l'artillerie

---

(1) *Historique* de la brigade Bittard des Portes ; *Historique manuscrit* du 82e de ligne.

(2) *Historique manuscrit* du 83e de ligne. D'après l'*Historique* de la brigade, il semble au contraire, que le 83e ait exécuté les mêmes mouvements que le 82e.

de la Garde, et éprouva des pertes sensibles sans être engagé (1).

Sur ces entrefaites, le général Douay avait reçu du général de Wimpffen « l'avis, ce n'était pas un ordre absolu », d'envoyer des renforts au 12ᵉ corps (2). Le général Bittard des Portes reçut en conséquence, par l'intermédiaire d'un officier de l'état-major du 7ᵉ corps, l'ordre de rejoindre la division de L'Abadie, au Nord-Est de Triples-Levrettes, et de se porter avec elle au soutien du 12ᵉ corps (3). Le mouvement du 83ᵉ s'effectua à travers bois, dans la direction du Sud-Est, non sans une certaine confusion. Les projectiles se croisaient presque en tous sens. Les deux colonels de la brigade furent blessés (4).

Le général de L'Abadie avait établi vers la cote 231, face au Sud-Est, la seule batterie qui lui restât (5), la 8ᵉ du 2ᵉ, et l'avait fait couvrir par quelques compagnies du 49ᵉ et du 88ᵉ (6). Le reste de ses troupes était abrité. Le général Bittard des Portes parvint à faire sortir du bois la valeur de deux bataillons, à les former en colonne et à rallier le général de L'Abadie.

Recevant encore « des demandes incessantes de ren-

---

(1) *Historique manuscrit* du 83ᵉ de ligne.
(2) *Conseil d'enquête* sur les capitulations, Déposition du général Douay. L'ouvrage du prince Bibesco, *Belfort-Reims-Sedan*, donne le texte du billet du général de Wimpffen. Si ce texte est exact, ce n'est point un avis, mais un ordre absolu (p. 147). L'heure d'expédition est midi.
(3) *Rapport* du général Douay.
(4) *Historique* de la brigade Bittard des Portes.
(5) La batterie Arnoux (5ᵉ du 2ᵉ) n'avait plus ni pièces ni caissons; son personnel fut mis à la disposition du commandant de la place de Sedan.
(6) *Rapport* du lieutenant-colonel Bougault, commandant l'artillerie de la 2ᵉ division du 5ᵉ corps; *Historique* de la brigade Bittard des Portes.

forts » de la part du 12e corps, et constatant que le plateau d'Illy était occupé par des troupes du 1er corps, le général Douay se décida à envoyer encore au général Lebrun la brigade Bordas de la division Dumont(1). Cette brigade, qui avait occupé dans la matinée la partie Nord-Ouest des bois de la Garenne, se mit en mouvement vers le Sud. Elle laissa pourtant sur place le Ier bataillon du 52e de ligne. Trois compagnies du IIe bataillon du même régiment étaient détachées comme soutien des batteries de réserve du corps d'armée (2).

Accueillie à la sortie du bois, vers midi 30, par les projectiles de l'artillerie allemande, la tête de colonne se débanda (3); la panique se transmit rapidement et toute la brigade reflua en désordre vers le Nord (4). L'artillerie de la division Dumont (8e, 9e, 10e batteries du 6e) avait pris position dans la matinée sur la croupe au Nord-Ouest de la ferme de la Garenne, mais sans ouvrir le feu, en raison de la distance trop considérable qui la séparait des batteries ennemies. Vers midi, le général Dumont l'avait appelée au Calvaire d'Illy (5).

§ 2. — *La défense du Calvaire d'Illy.*

Vers midi, les batteries du XIe corps qui, en raison de la rapidité de leur mouvement, n'avaient pu se faire suivre de tous leurs caissons, commencèrent à se res-

---

(1) *Rapport* du général Douay; *Conseil d'enquête* sur les capitulations, Déposition du général Douay.
(2) *Historiques manuscrits* des 52e et 72e de ligne.
(3) Voir Hohenlohe, *Lettres sur l'artillerie*, p. 84 et suiv.
(4) *Conseil d'enquête* sur les capitulations, Déposition du général Douay.
(5) *Rapport* du lieutenant-colonel Bonnin, commandant l'artillerie de la 3e division du 7e corps; *Rapport* du capitaine Capitain, commandant la 8e batterie du 6e.

sentir du manque de munitions. Afin de remédier au ralentissement du feu, deux batteries du V⁰ corps (Ire et 1re), restées jusqu'alors en position d'attente au Champ de la Grange, franchirent le ruisseau de Fleigneux, conjointement avec les trois batteries de l'aile gauche du XI⁰ (II⁰, 1re, 3e), et allèrent remplir l'intervalle qui séparait les lignes d'artillerie des deux corps d'armée, sur le chemin de Saint-Menges à Illy. Vingt-six batteries se trouvaient donc en action à l'Est de Saint-Menges et de Fleigneux, et leurs feux se croisant avec ceux de l'artillerie de la Garde établie sur la rive gauche de la Givonne, « produisaient des effets d'une irrésistible puissance (1) ». De nombreux caissons faisaient explosion dans les batteries françaises (2).

Vers midi 45, les cinq compagnies du *82ᵉ* postées auprès des batteries, au Sud de Fleigneux (5ᵉ, 6ᵉ, 8ᵉ, 10ᵉ, 12ᵉ), marchent sur Illy, de concert avec les 1re, 9ᵉ, 12ᵉ du *87ᵉ*. Elles pénètrent sans résistance dans le village, en bordent la lisière Sud et ouvrent la fusillade contre les hauteurs du Calvaire qui n'étaient plus occupées que par quelques fractions d'infanterie isolées. La position allait tomber, presque sans coup férir, aux mains de l'ennemi. Heureusement, le général Douay s'était aperçu, vers midi et demi, de l'abandon du Calvaire d'Illy (3). Justement inquiet des graves conséquences que cet événement pouvait entraîner, il s'y porta rapidement. Il y arriva au moment où la queue de colonne de la brigade Bordas refluait en désordre vers le Nord. A grand'peine, il réussit à réunir la valeur de deux bataillons sur la lisière Nord du bois de la Garenne ; il les entraîna en avant et leur fit réoccuper le Calvaire. Le III⁰ bataillon

---

(1) *Historique du Grand État-Major prussien*, 8ᵉ livraison, p. 1167.
(2) *Rapport* du général Douay.
(3) *Ibid.*

du 83ᵉ, qui se trouvait en réserve dans le bois (1), tenta d'en déboucher également, mais fut rejeté à la lisière par le feu des batteries de Fleigneux (2).

Sur ces entrefaites, la division de cavalerie de la Garde, après avoir traversé Givonne, avait achevé de se rassembler à la Foulerie à 1 heure. Deux pelotons du *3ᵉ* uhlans, suivis du 2ᵉ escadron, s'étaient portés vers le Calvaire. Une grêle de balles, partant des bois de la Garenne, les obligea à rétrograder avec des pertes sensibles. Puis l'infanterie que le général Douay avait ramenée au Calvaire dirigea ses feux sur les escadrons massés dans la vallée. La division de cavalerie de la Garde se porta alors vers le Nord et vint, par Chataimont, s'établir derrière les batteries du Vᵉ corps (3).

La ligne d'infanterie « très légère (4) » qui avait réoccupé le Calvaire, avait été soutenue par l'artillerie de la division Dumont (8ᵉ, 9ᵉ, 10ᵉ batteries du 6ᵉ) qui était venue prendre position à 400 mètres environ au Nord du bois de la Garenne. Elle contribua, par ses feux, à empêcher l'ennemi de déboucher d'Illy (5). Mais bientôt une dizaine de batteries prussiennes concentrèrent leurs feux sur elle et, en moins d'une demi-heure, elle perdit plus de trente hommes et de soixante chevaux; trois caissons et un avant-train firent explosion (6). Vers 1 h. 15, les deux batteries de 4 (8ᵉ et 9ᵉ du 6ᵉ) et, un peu plus tard, la batterie de canons à balles amenèrent les avant-trains afin de chercher une position moins dangereuse.

---

(1) Voir p. 143.
(2) *Historique manuscrit* du 83ᵉ de ligne.
(3) *Historique du Grand État-Major prussien*, 8ᵉ livraison, p. 1168.
(4) *Conseil d'enquête* sur les capitulations, Déposition du général Douay.
(5) *Historique du Grand État-Major prussien*, 8ᵉ livraison, p. 1167.
(6) *Rapport* du lieutenant-colonel Bonnin, commandant l'artillerie de la 3ᵉ division du 7ᵉ corps.

Les deux batteries de 12 de la réserve du 7ᵉ corps avaient reçu du général Douay, l'ordre de venir s'établir au Calvaire d'Illy (1). La 7ᵉ du 7ᵉ arriva la première, mais à peine eut-elle tiré quelques coups de canon, qu'elle reçut « une pluie d'obus », tombant surtout sur les deux sections de droite séparées de celle de gauche par un chemin creux. Deux pièces furent immédiatement démontées. Le capitaine commandant eut son cheval tué sous lui et fut lui-même blessé grièvement ; quinze hommes et vingt-sept chevaux furent mis hors de combat ; un caisson sauta. Toutes ces pertes « essuyées en quelques instants », mirent la batterie dans l'impossibilité de continuer le feu. Il fallut abandonner la position, en laissant sur le terrain deux pièces et deux caissons. Le mouvement de retraite s'effectua sur un chemin en pente et encaissé, entre des bois où les projectiles tombaient en grand nombre. Des troupes de cavalerie et d'infanterie y affluaient aussi en se heurtant. Le désordre se mit dans la batterie dont les différents éléments se trouvèrent séparés. Les deux premières sections se retirèrent dans un ravin situé à l'extrémité du chemin et durent abandonner une partie de leur matériel. La section de gauche, commandée par le sous-lieutenant Goiran, resta en arrière, se joignit à quatre pièces de 4, et la batterie ainsi constituée alla s'établir à droite de l'emplacement occupé précédemment par la 7ᵉ du 7ᵉ. Elle s'y maintint très énergiquement, malgré le feu intense de l'ennemi (2). La 10ᵉ batterie du 7ᵉ avait suivi la 7ᵉ du même régiment dans son mouvement vers le Calvaire d'Illy. Elle était sur le point d'y prendre position quand le général Douay lui donna

---

(1) *Rapport* du lieutenant-colonel Bonnin, commandant l'artillerie de la 3ᵉ division du 7ᵉ corps.

(2) *Rapport* du capitaine de Bellaunoy, commandant la 7ᵉ batterie du 7ᵉ, daté de Sedan, 4 septembre.

contre-ordre, en raison de l'insuccès qu'avait éprouvé la 7e. Elle n'agit plus jusqu'à la fin de la bataille (1).

Les deux bataillons environ du 82e de ligne que le général Bittard des Portes avait amenés au général de L'Abadie, au Nord-Est de Triples-Levrettes, n'avaient pu demeurer longtemps sur ce terrain découvert sous le feu de l'artillerie, et s'étaient repliés vers le Nord, dans le bois de la Garenne. Rencontrant le général Bittard des Portes, le général Douay lui donna « personnellement l'ordre » de se porter sur le Calvaire d'Illy et d'y tenir autant qu'il le pourrait, « se fiant à son énergie et à son dévouement (2) ». Une mission de même nature fut donnée au général de Fontanges, commandant la 2e brigade de la 3e division du 5e corps, qui était venu avec le 17e de ligne se mettre à la disposition du général Douay (3). Le 68e, deuxième régiment de la brigade, était resté au soutien de la réserve d'artillerie du 5e corps. Ces batteries en se retirant plus tard avec quelque précipitation (4), jetèrent le désordre parmi les troupes du 68e; la confusion fut encore augmentée par l'arrivée de débris de la cavalerie. Le régiment fut entraîné ainsi jusque sous les murs de la place (5). Des isolés appartenant à divers régiments des 1er et 5e corps, se joignirent à ces troupes.

Les deux bataillons du 82e prennent la direction d'Illy par la ferme de Quirimont, et, vers 1 h. 30, se déploient

---

(1) *Rapport* du capitaine Huon, commandant la 10e batterie du 7e, daté de Sedan, 3 septembre.
D'après le *Rapport* du général Douay, cette batterie aurait pris position comme la précédente et éprouvé le même sort. Dans sa déposition au Conseil d'enquête sur les capitulations, le général Douay ne mentionne que la mise en batterie de la 7e du 7e.
(2) *Historique* de la brigade Bittard des Portes.
(3) *Rapport* du général de Fontanges.
(4) Voir p. 137.
(5) *Historique manuscrit* du 68e de ligne.

au delà de la lisière Nord du bois de la Garenne, à l'Est de la route d'Illy, entre cette route et un bataillon du 72ᵉ occupant la cote 283. La 3ᵉ compagnie du IIᵉ bataillon du 82ᵉ est à la droite, prolongée, en allant vers la gauche, par les 2ᵉ, 1ʳᵉ, 4ᵉ, 5ᵉ et 6ᵉ compagnies qui font face au Nord, puis par le IIIᵉ bataillon, dans l'ordre direct, face au Nord-Ouest (1). Les généraux Dumont et Bittard des Portes, qui donnent à leurs troupes le plus noble exemple, sont blessés tous deux, celui-ci de deux balles.

Le général de Fontanges établit le 17ᵉ de ligne, dans l'ordre normal (2), à la droite du 82ᵉ, par conséquent entre ce régiment et le bataillon du 72ᵉ, qui occupait la cote 283 (3). Le général de L'Abadie amena, de son côté, dans le bois de la Garenne les troupes dont il disposait.

Le 14ᵉ bataillon de chasseurs déploya une compagnie à la lisière, les autres demeurant en réserve, dans l'intérieur du bois. Peu après, une de ces dernières reçut pour mission d'occuper une ferme (4), et de couvrir ainsi le flanc gauche du bataillon (5).

Le 49ᵉ de ligne n'était plus au complet. Afin de le soustraire aux projectiles, le général de L'Abadie lui avait prescrit de se porter de la cote 276 à la lisière

---

(1) *Historique manuscrit* du 82ᵉ de ligne.

(2) Iᵉʳ, IIᵉ, IIIᵉ bataillons, de la droite à la gauche.

(3) *Rapport* du général de Fontanges ; *Rapport* du colonel Weissenburger, commandant le 17ᵉ de ligne.

D'après ce dernier document, le 17ᵉ se serait trouvé en seconde ligne, à la droite du 82ᵉ, mais on ne voit pas bien, dans cette version, quelles étaient les troupes qui auraient constitué la première ligne.

(4) Vraisemblablement, la maison isolée située au Nord de Quirimont.

(5) Il ne semble pas possible de relater, avec quelque précision, les opérations du 14ᵉ bataillon de chasseurs. Le *Rapport* du chef de bataillon Parlier, est vague et confus, et l'*Historique manuscrit* n'existe pas aux Archives de la guerre.

Sud-Est du bois de la Garenne. Une partie du Ier bataillon fit « par le flanc gauche » ; l'état-major de la division voulut, en même temps, faire exécuter un changement de direction à gauche aux IIe et IIIe bataillons. Ces mouvements produisirent la confusion. Le régiment se divisa en plusieurs tronçons qui ne se réunirent plus dans la journée (1). Une partie du Ier bataillon du 49e occupa des tranchées-abris voisines de la maison située au Nord de la ferme de Quirimont; ce qui restait des IIe et IIIe bataillons s'établit sur la lisière du bois de la Garenne, au Sud de la cote 276 (2). Enfin, une fraction, forte d'environ deux ou trois compagnies, alla, sous les ordres du capitaine Faulte de Vanteaux, soutenir le 72e de ligne à la cote 283 (3).

Le 88e de ligne avait laissé son IIIe bataillon dans des jardins situés à l'Est du cimetière, qu'il occupait au début de la bataille. Les Ier et IIe bataillons, fort incomplets, ce dernier surtout, depuis le 30 août, suivirent le mouvement du 49e de ligne vers la ferme de Quirimont (4).

Le général Douay confia au général Doutrelaine le soin de tenir la position du Calvaire d'Illy. « Cet officier général domine de la tête la plupart de nos soldats; il se place à droite de la ligne, et, debout au milieu de la mitraille, il sert de jalonneur par sa taille, d'exemple par son admirable sang-froid (5). » La défense du Calvaire paraissant momentanément assurée, le général

---

(1) *Souvenirs* du général Faulte de Vanteaux.

(2) *Journal* de marche de la division de L'Abadie; *Rapport* du colonel Kampf, commandant le 49e de ligne.

(3) *Souvenirs* du général Faulte de Vanteaux.

(4) *Journal* de marche de la division de l'Abadie; *Rapport* du commandant Escarfail ; *Historique manuscrit* du 88e de ligne; *Notes* du colonel Lespinasse.

(5) Prince Bibesco, *loc. cit.*, p. 152.

Douay se porta du côté de Floing pour se rendre compte de la situation à la division Liébert (1).

§ 3. — *Renforts envoyés par le 1er corps au Calvaire d'Illy.*

Vers 11 heures, le général Ducrot entendit le canon dans la direction de Floing et, un peu plus tard, dans celle de Fleigneux. Il comprit aussitôt que, suivant ses prévisions, l'ennemi avait tourné l'armée française par Donchery. Plein d'inquiétude, il envoya vers Illy le chef d'escadron Corbin, sous-chef d'état-major général du 1er corps, afin de savoir exactement ce qui se passait de ce côté. Au bout d'un quart d'heure, ne le voyant pas revenir, et entendant une canonnade de plus en plus intense, le général Ducrot prit le parti de se porter au Calvaire d'Illy, afin de se rendre compte, par lui-même, de la situation (2).

Le terrain au Sud-Est d'Illy était balayé à ce moment par les feux croisés des batteries des XIe et Ve corps et de celles de la Garde. Le général Ducrot aperçut des fractions du 7e corps qui refluaient en désordre dans le bois de la Garenne et une brigade de cuirassiers (3) qui se repliait. Il arrêta cette dernière et adjura son chef de maintenir la position pendant quelques instants, en lui annonçant l'arrivée prochaine de renforts (4).

---

(1) *Conseil d'enquête* sur les capitulations, Déposition du général Douay.
(2) *Ibid.*
(3) Dans son ouvrage : *La Journée de Sedan*, le général Ducrot mentionne un régiment de cuirassiers seulement, p. 33.
(4) *Conseil d'enquête* sur les capitulations, Déposition du général Ducrot.

« De toute la vitesse de son cheval », le général Ducrot partit à la recherche du général de Wimpffen qu'il rencontra au Sud du bois de la Garenne, près du Vieux Camp.

« Les événements que je vous annonçais, lui dit-il, se sont produits plus tôt que je ne le pensais. L'ennemi attaque le Calvaire d'Illy. Douay est fort ébranlé. Les instants sont précieux. Hâtez-vous d'envoyer des renforts, si vous voulez conserver cette position (1). » Le général de Wimpffen chargea alors le commandant du 1er corps de réunir tout ce qu'il trouverait de troupes de toutes armes et de se maintenir au Calvaire d'Illy, tandis que, personnellement, il s'occuperait du 12e corps (2).

Le général Ducrot alla trouver le général Forgeot, et lui prescrivit d'envoyer sur la crête, au Sud-Ouest du Calvaire, toutes les batteries disponibles au 1er corps. Tous deux firent la reconnaissance de la position (3). Peu après, le général Ducrot donna au colonel Robert, chef d'état-major du 1er corps, l'ordre d'amener ce qu'il trouverait des divisions Pellé et L'Hériller, au saillant Nord-Ouest du bois de la Garenne (4).

Six batteries du 1er corps vinrent, successivement, occuper les emplacements reconnus par le général Forgeot.

Les 7e et 11e batteries du 12e et les trois canons à balles restant à la 10e du même régiment (5), s'établirent à 400 mètres environ derrière la ligne d'infanterie et ouvrirent le feu sur les fractions ennemies, en marche

---

(1) Général Ducrot, *loc. cit.*, p. 33.
(2) *Ibid.*
(3) *Conseil d'enquête* sur les capitulations, Déposition du général Ducrot.
(4) *Ibid.*
(5) Ces batteries constituaient l'artillerie de la 4e division du 1er corps.

de Saint-Menges sur Illy. Elles le continuèrent jusqu'à épuisement total de leurs munitions, dont une grande partie avait déjà été consommée dans les combats de la matinée sur la rive gauche de la Givonne. Ces batteries se mirent alors à l'abri de la crête et parvinrent à se ravitailler à des caissons d'un autre corps. Cette opération terminée, elles se reportèrent en avant et s'établirent « un peu sur la droite et au-dessus d'Illy ». La 11e batterie, désignée pour prendre position à la droite de la 7e ne put y placer que la 1re section, le terrain au delà étant battu à revers par l'artillerie de la Garde prussienne. Les deux autres sections se portèrent à la gauche de la 7e. Le lieutenant-colonel Lamandé, commandant supérieur de ces batteries, ne quitta la place qu'après avoir perdu plus de la moitié des hommes et des chevaux. La 11e n'avait plus qu'un attelage pour la plupart de ses voitures. Quand la retraite fut ordonnée, elle prit, à part une pièce, la direction de Givonne et tomba aux mains de l'ennemi. La 10e batterie eut le même sort. La 7e, au contraire, se replia sur Sedan (1).

La 2e batterie du 20e régiment à cheval (2), sous les ordres du capitaine Perrin, vint, vers 1 heure, prendre position sur la croupe au Nord-Est du Terme, près de la bifurcation des chemins située à 300 mètres à l'Ouest de la cote 302. Elle ouvrit le feu sur l'artillerie ennemie. Mais, presque aussitôt, elle fut couverte « par une véritable avalanche d'obus » qui lui causa des pertes très sérieuses et fit sauter un caisson. Cette batterie se maintint pourtant avec une très grande énergie jusqu'à 1 h. 30. Il ne lui restait plus alors que quatre coups par pièce. Un instant après, elle se retira après avoir perdu

---

(1) *Rapport* du lieutenant-colonel Lamandé; *Rapport* du capitaine Ducasse, commandant la 11e batterie du 12e.
(2) Appartenant à la réserve d'artillerie du 1er corps.

3 officiers, 7 hommes tués raides, 15 blessés, 35 disparus. Elle n'avait plus que 31 chevaux (1).

La 3ᵉ batterie du 20ᵉ s'établit entre deux bouquets de bois sur la croupe au Nord-Est du Terme, et tira environ 100 coups de canon malgré le feu intense auquel elle était exposée. Elle perdit une si grande quantité de servants qu'elle fut obligée d'avoir recours à des auxiliaires du 17ᵉ bataillon de chasseurs, sous la direction du lieutenant Pavot. Cet officier, « pour entraîner ses hommes, se mit lui-même à servir les pièces avec une rare énergie ». En se repliant au bout d'une heure et demie, la batterie avait perdu son lieutenant en premier, 7 sous-officiers, 7 brigadiers et 27 canonniers (2).

Enfin, la 11ᵉ batterie du 9ᵉ, ne comptant plus que trois pièces, ravitaillées en munitions à la ferme de la Garenne, se porta de sa propre initiative au Calvaire d'Illy et se plaça à la droite de la 7ᵉ du 12ᵉ qui l'occupait encore à ce moment. Elle fut, comme celle-ci, éprouvée par des feux de front et de revers, eut une pièce démontée et fut obligée de se retirer. Faute d'attelages, elle laissa sur le terrain deux caissons. Ne pouvant utiliser la route de Sedan, par la ferme de Quirimont, encombrée par l'infanterie et la cavalerie, elle se dirigea sur Givonne, fut enveloppée et forcée de se rendre (3).

Vers 3 heures, toutes les batteries du 1ᵉʳ corps avaient dû abandonner la position (4).

---

(1) *Rapport* du capitaine Perrin, commandant la 2ᵉ batterie du 20ᵉ, Sedan, 3 septembre 1870.

(2) *Rapport* du capitaine Brice, commandant la 3ᵉ batterie du 20ᵉ ; *Historique manuscrit* du 17ᵉ bataillon de chasseurs.

Peut-être la 4ᵉ batterie du 20ᵉ a-t-elle également pris position aux abords du Calvaire d'Illy, mais le *Rapport*, trop vague, de son capitaine, ne permet pas de l'affirmer.

(3) *Rapport* du capitaine Berthiot, commandant la 11ᵉ batterie du 9ᵉ.

(4) *Notes* du colonel Robert.

« L'héroïsme déployé, dans cette circonstance, par l'artillerie, sûre d'avance d'être écrasée, est bien au-dessus de tout ce que nous pourrions exprimer, dit un témoin oculaire. Elle eut, du moins, la consolation d'arrêter pendant un certain temps l'élan de l'ennemi et de permettre à nos troupes de cavalerie et d'infanterie de préparer une dernière tentative (tentative désespérée pour briser le cercle de fer et de feu qui nous étreignait), en attirant sur elle les efforts de l'ennemi..... (1) ».

Conformément aux instructions qu'il avait reçues du général Ducrot, le colonel Robert s'était rendu auprès du général Pellé, commandant la 2ᵉ division du 1ᵉʳ corps. Il le trouva au Nord-Ouest de Daigny, près de la cote 256. Mais, sur ces entrefaites, le général de Wimpffen avait employé la 1ʳᵉ brigade de cette division, qu'il avait chargée de renforcer les troupes occupant les crêtes à l'Ouest de Daigny (2). Le général Pellé ne disposait donc plus que de sa 2ᵉ brigade et de son artillerie divisionnaire qui s'était retirée du feu et cherchait à se ravitailler (3).

Dirigés par le colonel Robert, les trois régiments de la brigade : 78ᵉ de ligne, 1ᵉʳ Tirailleurs, 1ᵉʳ régiment de marche, et les trois batteries divisionnaires, 9ᵉ, 10ᵉ, 12ᵉ du 9ᵉ, se portèrent, vers 1 heure, au saillant Nord-Ouest du bois de la Garenne. A 2 heures environ, l'artillerie divisionnaire prit position adossée au bois ; les deux batteries de 4 tirèrent les quelques coups qui leur restaient ; la batterie de canons à balles n'ouvrit pas le feu en raison de la distance trop considérable. L'infanterie se déploya, partie en avant des batteries, partie

---

(1) *Notes* du capitaine d'artillerie Achard, *La Journée de Sedan*, p. 139.
(2) *Conseil d'enquête* sur les capitulations, Déposition du général Ducrot.
(3) *Ibid.*

en arrière comme réserve, ayant à sa gauche, avec un certain intervalle, les batteries à cheval de la réserve du 1er corps (1). Le général Ducrot, mettant l'épée à la main, essaya d'entraîner à la charge les quelques bataillons groupés autour de lui, mais l'intensité du feu de l'ennemi déjoua cette tentative (2).

La 3e division, dont une brigade seulement, la 2e, était disponible (3), avait reçu du colonel Robert l'ordre de suivre le mouvement du général Pellé. Ne la voyant pas arriver, le colonel Robert partit à sa recherche vers 2 heures ; il poussa jusqu'à l'Est du bois de la Garenne, où il l'avait vue précédemment, et ne l'y retrouva plus (4). Cette brigade s'était mise en mouvement pour se porter sur Illy à travers le bois de la Garenne. Le chemin étroit qu'elle suivait était déjà encombré de troupes de toutes armes. Infanterie, cavalerie, artillerie se pressaient en sens contraire, et les obus des batteries allemandes tombant dans cette masse, venaient y augmenter la confusion. La brigade continua néanmoins sa marche, au prix des plus grands efforts et sans se désunir. Mais un capitaine d'état-major survint, apportant au général L'Hériller l'ordre de revenir sur ses pas. Dans le mouvement en sens inverse, une partie des unités se dissocièrent ; la colonne s'égara peut-être ou ne crut pas pouvoir regagner son emplacement primitif. Elle finit par aboutir près des glacis de la place, au moment où la lutte était à peu près terminée (5).

---

(1) *Historique* de la 2e division du 1er corps. *Notes* du colonel Robert ; *Historiques manuscrits* des 78e de ligne, 1er Tirailleurs, 1er de marche ; *Rapport* du lieutenant-colonel Cauvet, commandant l'artillerie de la 2e division du 1er corps, Bourges, 1er août 1871.
(2) *Journal* des marches et opérations du 1er corps.
(3) La 1re était, on le sait, au Nord-Est de Balan.
(4) *Notes* du colonel Robert.
(5) *Journal* de marche de la 2e brigade de la 3e division du 1er corps ; *Historiques manuscrits* du 48e de ligne et du 2e Tirailleurs.

§ 4. — *Perte du Calvaire d'Illy.*

Vers 1 h. 45, les tirailleurs du 82ᵉ de ligne qui occupaient le Calvaire d'Illy (cote 276) cédèrent sous le feu écrasant de l'artillerie et de l'infanterie ennemies. La 5ᵉ compagnie du *82ᵉ* s'empara de ce point et ouvrit son feu sur la lisière du bois de la Garenne. Déjà le IIIᵉ bataillon et les 1ʳᵉ et 4ᵉ compagnies du *80ᵉ* ainsi que les 3ᵉ, 4ᵉ, 5ᵉ et 7ᵉ compagnies du *87ᵉ* venant des environs de la Scierie et d'Olly, s'étaient portés également sur le Calvaire par Chataimont. La 3ᵉ compagnie du *87ᵉ* s'était arrêtée dans le petit bois voisin de la Foulerie pour servir de repli aux uhlans de la Garde qui se dirigeaient à ce moment sur le Calvaire. Les trois autres compagnies pénétrèrent un instant dans le saillant Nord-Est du bois de la Garenne, mais en furent rejetées par un retour offensif.

L'infanterie du XIᵉ corps, parvenue au Calvaire d'Illy, entame un feu nourri contre le bois de la Garenne et contre la gauche du 82ᵉ de ligne, qui occupait encore les abords Sud-Ouest de la cote 283.

Sur ces entrefaites, des dispositions avaient été prises par le commandant de l'artillerie de la Garde pour bombarder le bois de la Garenne. A cet effet, les batteries montées, établies sur la face occidentale et derrière le saillant Nord du bois de Villers-Cernay, vinrent prendre position sur les pentes à l'Est de Givonne. Vers 1 h. 45, les batteries à cheval prolongèrent les deux ailes de cette ligne, de sorte que soixante bouches à feu criblaient de projectiles le bois de la Garenne (1). Les cinq autres batteries de la Garde, ainsi que les deux batteries bava-

---

(1) 3ᵉ ch., 1ᵉ, 2ᵉ, IIᵉ, 4ᵉ, 3ᵉ, IVᵉ, IIIᵉ, 1ʳᵉ ch., 2ᵉ ch. Voir à ce sujet : Prince de Hohenlohe, *Lettres sur l'artillerie*, p. 84 et suiv.

roises et les sept batteries saxonnes les plus rapprochées continuaient à agir surtout contre l'artillerie du 1er corps, en position à l'Ouest de Haybes et de Daigny.

Entre midi et une heure, la gauche de la ligne d'artillerie saxonne s'était trouvée masquée par suite des progrès des cinq batteries allemandes engagées sur les hauteurs de la rive droite de la Givonne, au Nord du chemin de La Moncelle à Balan (1). Vers midi 45, deux batteries du II° corps bavarois, la 2° à cheval de la brigade de uhlans et la 1re du 4°, étaient allées renforcer celles qui étaient en action au Sud-Est de Frénois. A ce moment donc, 71 batteries allemandes (2) faisaient converger leurs feux sur l'étroit espace dans lequel l'armée française se trouvait refoulée (3).

Cet ouragan de fer frappait sans relâche et presque en tous sens les batteries, les premières lignes d'infanterie, les masses de cavalerie et jusqu'aux réserves françaises. De nombreuses unités de l'armée de Châlons subissaient des pertes considérables sans avoir combattu, sans même avoir vu l'ennemi et, démoralisées, devenaient incapables d'aucun effort. D'autres, au contraire, conservèrent toute leur ardeur et contribuèrent, dans cette néfaste journée, à sauver du moins l'honneur des armes.

---

(1) Voir p. 82.
(2) Au Nord : 14 batteries du XI° corps, 12 du V°. A l'Est : 15 batteries de la Garde, 7 saxonnes et 2 bavaroises, sur la rive gauche de la Givonne ; 4 batteries de la 8° division et 6 batteries bavaroises à l'Ouest de La Moncelle. Au Sud : 11 batteries du II° corps bavarois.
(3) *Historique du Grand État-Major prussien*, 8° livraison, p. 1170.

CHAPITRE IX

Fin de la bataille sur le front du 7ᵉ corps.

§ 1. — *La division Conseil Dumesnil de midi à 2 heures.*

Sur le front de la division Conseil Dumesnil, la situation, depuis 11 heures du matin, était restée à peu près stationnaire. Le combat s'était réduit, pendant un certain temps, à une canonnade entre des batteries allemandes et la batterie de canons à balles (11ᵒ du 7ᵉ) en position entre les deux petits bois situés au Nord-Est du Terme. Battue par des feux d'écharpe, celle-ci fut assez éprouvée. Plusieurs roues furent brisées ; un obus, éclatant sous la première pièce, tua ou blessa grièvement le chef de pièce et quatre servants. La batterie fut alors obligée de suspendre son tir et de se mettre à l'abri, dans le ravin au Sud de sa position, pour nettoyer les culasses des canons à balles (1).

Vers 1 heure de l'après-midi, la 2ᵉ batterie de 20ᵉ (2) vint s'établir près de la croisée des chemins, à 300 mètres à l'Ouest de la cote 302 ; à peu près en même temps, la 3ᵉ batterie du 20ᵉ (3) prit position entre les deux bouquets de bois au Sud-Ouest de ce point (4). La batterie de canons à balles de la division Conseil Dumesnil pro-

---

(1) *Historique manuscrit* du 7ᵉ régiment d'artillerie.
(2) Appartenant à la réserve d'artillerie du 1ᵉʳ corps.
(3) *Ibid.*
(4) Voir p. 136 et 155. D'après le *Rapport* du général de Saint-Hilaire, ce serait la réserve d'artillerie du 7ᵉ corps qui aurait occupé ces positions. Il semble qu'il y ait là une erreur ; tout au moins les documents relatifs à cette artillerie ne mentionnent-ils pas le fait.

fita de cette intervention pour reprendre le feu sur Illy, mais, en un instant, elle eut deux hommes tués et plusieurs autres blessés grièvement. Elle dut bientôt se retirer et regagner son abri dans le vallon au Sud (1).

Sur ces entrefaites, le III⁰ bataillon du 99⁰, qui occupait le petit bois le plus rapproché du Terme, avait déployé en tirailleurs trois compagnies, qui s'étaient portées vers la croupe 270. Les Ier et IIIe bataillons du 47⁰ pénétrèrent dans ce bois pour soutenir les trois compagnies restantes du 99⁰. Le 21⁰ de ligne et la fraction présente du 3⁰ se portèrent également en avant (2) pour appuyer la première ligne. La canonnade des batteries prussiennes était alors très meurtrière (3).

Les officiers d'état-major de la division donnèrent brillamment l'exemple en se plaçant à la tête de ces bataillons. C'est à ce moment que le colonel d'état-major Sumpt eut les deux mains emportées par un obus (4).

Vers 2 heures de l'après-midi, la division Conseil-Dumesnil conservait encore ses positions de la matinée (5). Elles n'avaient été, il est vrai, que faiblement attaquées jusqu'alors par l'infanterie adverse. Vers 1 heure seulement, les quatre bataillons de la *19⁰* brigade rassemblés au Sud-Ouest de Fleigneux, s'étaient portés en avant, afin de fermer la trouée entre les troupes allemandes engagées à Floing et à Illy (6).

---

(1) *Historique manuscrit* du 7⁰ régiment d'artillerie.
(2) *Rapport* du général de Saint-Hilaire.
(3) *Historique manuscrit* du 3⁰ de ligne.
(4) *Notes* du capitaine d'état-major Mulotte.
(5) *Rapport* du général de Saint-Hilaire.
(6) *Historique du Grand État-Major prussien*, 8⁰ livraison, p. 1173.

§ 2. — *La division Liébert attaquée de front et sur son flanc gauche.*

A la contre-attaque du 37º de ligne sur Floing et à l'occupation de cette localité par l'ennemi, avait succédé, de part et d'autre, une période de calme relatif pendant laquelle le combat s'était presque réduit, pour les deux infanteries, à une fusillade de pied ferme (1).

Sur ces entrefaites, l'adversaire reçut des renforts considérables. Entre 11 h. 45 et midi 45, huit bataillons de la *22ᵉ* division débouchèrent à Saint-Albert. Le général de Schkopp les dirigea sur Floing, en longeant la Meuse, de façon à aborder, en flanc et à revers, les positions de la division Liébert. La *43ᵉ* brigade, formée en demi-bataillons, exécuta ce mouvement; le *95ᵉ* était en tête, puis venait le *32ᵉ*; les Iᵉʳ et IIᵉ bataillons du *94ᵉ* formaient réserve. La 3ᵉ compagnie de pionniers et deux escadrons du *13ᵉ* hussards suivaient le mouvement de l'infanterie.

Après avoir traversé le ruisseau à Floing même, et en aval, le général de Schkopp reçut, du commandant du XIᵉ corps, l'ordre d'envoyer une brigade, comme réserve générale, au bois du Hattoy. Mais les tirailleurs du *95ᵉ* s'étant déjà engagés à ce moment au Sud de Floing, le général de Schkopp ne crut pas devoir se conformer à ces instructions. Il se contenta d'envoyer, sur le point désigné, les deux bataillons du *94ᵉ*.

Le IIIᵉ bataillon du *95ᵉ*, après avoir franchi le ruisseau, appuya à gauche et prit sa direction sur la carrière située entre Floing et Gaulier. La 11ᵉ compagnie, se portant plus à gauche encore, gagna le pied de la croupe 238, sur la face Sud de Floing. Les 5ᵉ et 6ᵉ com-

---

(1) *Historique du Grand État-Major prussien,* 8ᵉ livraison, p. 1171.

pagnies s'avancèrent à droite de la 11°, tandis que les six autres compagnies, se dirigeant au Sud de la carrière, marchèrent contre les hauteurs de Gaulier. Au Nord de la carrière, le II° bataillon et les 9° et 11° compagnies du *32°* prolongèrent le front du *95°*; les autres fractions du *32°* se portèrent vers la pointe Sud de Cazal à l'extrême droite de la brigade. La 3° compagnie de pionniers et les deux escadrons de hussards s'arrêtèrent, près de la Meuse, dans le voisinage de Gaulier. La 2° compagnie de pionniers se joignit au mouvement de la *43°* brigade sur Cazal, ainsi qu'un grand nombre d'isolés appartenant à tous les corps engagés autour de Floing (1). Ces derniers mouvements s'étaient effectués dans l'angle mort qui se trouve au pied des pentes occidentales de la croupe 238.

La situation s'était sensiblement modifiée, depuis midi, sur ce point du champ de bataille. Vers 1 heure, le général Ducrot arriva sur le terrain occupé par la division Liébert. Il annonça qu'il faisait avancer l'artillerie du 1er corps pour renforcer cette division et lui permettre, s'il était possible, de se frayer un passage à travers les lignes ennemies, la droite du 7° corps étant complètement tournée (2).

De nouvelles dispositions furent prises immédiatement

---

(1) *Historique du Grand État-Major prussien*, 8° livraison, p. 1171-1172.

Les *95°* et *32°* régiments formaient ainsi, de la gauche à la droite, trois groupes :

Au Nord de la carrière : $\frac{11^e, 6^e, 5^e}{95^e}$; $\frac{11^e, 9^e \text{ et } 11^e}{32^e}$;

Dans la carrière : $\frac{10^e, 12^e, 4^e}{95^e}$;

Au Sud de la carrière : $\frac{1^{re}, 2^e, 3^e, 7^e, 8^e, 9^e}{95^e}$; $\frac{12^e, 10^e \text{ et } 1^{er}}{32^e}$.

(2) *Rapport* du général Liébert.

par le général Liébert. Les deux compagnies encore disponibles au IIe bataillon du 5e de ligne (1) se portèrent en avant afin de renforcer les tirailleurs occupant des tranchées voisines de l'auberge du Terme. Ce régiment ne garda en réserve que deux compagnies environ du Ier bataillon. Il fit des pertes sensibles, mais garda énergiquement sa position (2). Le 37e de ligne, après l'effort qu'il avait produit sur Floing, avait reconstitué, le mieux possible, ses unités dans les jardins voisins de Floing, sur les pentes Nord-Ouest de la croupe 238 (3). Il fut remplacé, dans les tranchées situées sur la crête du plateau, par les deux compagnies de droite des Ier et IIIe bataillons du 53e ; les autres compagnies demeurant en arrière, le IIe bataillon restant en seconde ligne (4). Un bataillon du 89e de ligne fut porté à la gauche du 37e, en avant des tranchées, et s'embusqua dans des haies qui courent parallèlement à la crête du plateau ; un second bataillon occupa la partie gauche des tranchées, le troisième forma la réserve (5). Le 6e bataillon de chasseurs se déploya en arrière de la ligne formée par les régiments de la division, et se tint prêt à renforcer les parties menacées (6).

Les 3e et 4e escadrons du 4e régiment de hussards, sous la direction du lieutenant-colonel, se portèrent au galop contre l'infanterie ennemie qui débouchait de Floing et

---

(1) Voir p. 122.
(2) *Rapport* du général Liébert ; *Historique manuscrit* du 5e de ligne.
(3) *Rapport* du général Liébert ; *Historique manuscrit* du 37e de ligne. Le *Journal* de marche de la 2e brigade de la 2e division donne des indications contradictoires avec le *Rapport* Liébert.
(4) *Rapport* du général Liébert ; *Historique manuscrit* du 53e de ligne.
(5) *Rapport* du général Liébert.
(6) *Ibid.*

arrivèrent jusqu'à 300 mètres environ des tirailleurs qui se replièrent sur la lisière du village et ouvrirent un feu nourri. Le lieutenant-colonel et plusieurs cavaliers furent blessés. Les deux escadrons se reformèrent à hauteur du 6ᵉ bataillon de chasseurs (1).

Dix batteries des 7ᵉ et 12ᵉ corps étaient parvenues à conserver leur position jusqu'à midi 30 environ, malgré la supériorité écrasante de l'artillerie prussienne et les feux d'enfilade et de revers provenant des batteries bavaroises de la rive gauche de la Meuse (2). Mais, à partir de 1 heure, la lutte devint impossible pour la plupart d'entre elles, soit qu'elles fussent trop éprouvées, soit qu'elles manquassent de munitions. Les trois batteries (3) qui, placées sur les pentes occidentales de la croupe 238, avaient longtemps contrebattu sans succès l'artillerie bavaroise de la rive gauche (4), durent se replier. Les sept batteries qui avaient pu se maintenir sur la crête, entre la cote 238 et le Terme (5), furent obligées également de cesser le feu et de s'abriter sur les pentes Sud. Les 3ᵉ du 4ᵉ et 12ᵉ du 7ᵉ se retirèrent les dernières (6) Le général Liébert ordonna à la batterie la moins maltraitée de se porter de nouveau en avant du 5ᵉ de ligne et de tenter un dernier effort pour arrêter le mouvement du général de Schkopp. Cette batterie essaya d'ouvrir le feu, mais, dès les premiers coups, elle se déclara impuissante à lutter contre le feu écrasant de

---

(1) *Rapport* du général Liébert ; *Historique manuscrit* du 4ᵉ hussards.

(2) Voir p. 92 et suiv.

(3) 3ᵉ du 8ᵉ, 12ᵉ et 13ᵉ de l'artillerie de marine.

(4) *Rapport* sur les marches et opérations de l'artillerie du 6ᵉ corps.

(5) 12ᵉ du 7ᵉ, 3ᵉ du 4ᵉ, 11ᵉ de l'artillerie de marine, 6ᵉ et 12ᵉ du 10ᵉ, 12ᵉ du 12ᵉ, 4ᵉ du 19ᵉ.

(6) *Rapport* du chef d'escadron de Callac, sur les opérations des 8ᵉ, 9ᵉ et 12ᵉ batteries du 7ᵉ ; *Historique manuscrit* de la 3ᵉ batterie du 4ᵉ.

l'artillerie prussienne (1). Ainsi, au moment où le mouvement débordant du général de Schkopp commençait à produire ses effets, la division Liébert était à peu près privée du soutien de l'artillerie.

Vers 1 heure, les tirailleurs du *32e* et du *95e*, gagnant toujours du terrain sur les pentes occidentales de la croupe 238, atteignaient la crête du plateau. Constatant ces progrès, les troupes allemandes qui occupaient Floing en débouchaient à leur tour et, de gradin en gradin, gravissaient les pentes au Sud-Est du village. Les *82e*, *83e*, *87e* et le *11e* bataillon de chasseurs se trouvaient en général à l'aile droite, tandis que les Ier et IIe bataillons du *46e* formaient la gauche, vers le cimetière, avec quelques fractions du *83e*. Le 5e bataillon de chasseurs restait, provisoirement, seul dans le village (2).

A cette double attaque, la division Liébert opposa une résistance énergique et active. Le 5e de ligne fut d'abord contraint de se replier à une cinquantaine de mètres de la crête mais il reprit par trois fois ses positions, aux abords de l'auberge du Terme, brillamment entraîné par ses officiers et ses sous-officiers. Dans l'ardeur de la lutte, la 6e compagnie du Ier bataillon exécuta une contre-attaque qui la mena assez loin en avant du front. Ce régiment eut là cinq officiers tués ou blessés (3).

Le 37e de ligne ne put tenir longtemps sur les pentes Nord-Ouest de la croupe. Sa gauche fut débordée. Sous la pluie de balles qui leur arrivaient de front et d'écharpe, les tirailleurs les plus avancés du IIIe bataillon vinrent se rassembler derrière le centre du régiment. En outre, un certain nombre d'hommes se replièrent dans les tranchées de la crête. Ils furent ramenés en avant par leurs

---

(1) *Rapport* du général Liébert.
(2) *Historique du Grand État-Major prussien*, 8e livraison, p. 1173.
(3) *Rapport* du général Liébert; *Historique manuscrit* du 5e de ligne.

officiers, mais tout le régiment fut obligé, peu après, de remonter sur le plateau (1). Le colonel, deux chefs de bataillon et seize officiers furent blessés ; trois furent tués. Le bataillon du 89ᵉ qui se trouvait à gauche du 37ᵉ rétrograda également sur les hauteurs.

Le 53ᵉ de ligne se porta alors en avant pour refouler l'attaque débouchant de Floing, mais, à ce moment, les tirailleurs des *32ᵉ* et *95ᵉ* s'établirent normalement à son front et le criblèrent de leurs feux de flanc et de revers. En quelques minutes, les IIᵉ et IIIᵉ bataillons perdirent la moitié de leur effectif ; le porte-drapeau fut tué, et le drapeau, coupé en deux par un obus, fut ramassé par le soldat Girod. Le lieutenant-colonel Gœtzmann fut tué d'une balle dans la tête, ainsi que cinq officiers ; vingt-six furent blessés (2).

A l'extrême gauche, le IIIᵉ bataillon du 89ᵉ vint renforcer les deux premiers dans les tranchées. Tous trois exécutèrent une vigoureuse contre-attaque qui coûta au régiment des pertes très sensibles. Dix officiers furent tués ; vingt-six blessés (3).

Enfin, le 6ᵉ bataillon de chasseurs entra lui-même en ligne. Les quatre compagnies présentes ouvrirent le feu, par salves, sur des troupes d'infanterie ennemie débouchant du bois du Hattoy. La 6ᵉ compagnie, détachée le matin comme soutien d'une batterie de canons à balles, rejoignit les autres et se plaça à leur gauche. Le capitaine Mancel, commandant le bataillon, le porta au delà de la crête afin de voir le fond du vallon de Floing, mais dans cette nouvelle position, les pertes furent telles qu'il fallut reprendre l'emplacement précédent (4).

---

(1) *Rapport* du général Liébert ; *Historique manuscrit* du 37ᵉ de ligne.
(2) *Rapport* du général Liébert ; *Historique manuscrit* du 53ᵉ de ligne.
(3) *Rapport* du général Liébert ; *Historique manuscrit* du 89ᵉ de ligne.
(4) *Historique manuscrit* du 6ᵉ bataillon de chasseurs.

Grâce aux efforts de tous, l'offensive de l'ennemi fut momentanément arrêtée sur le front de la division Liébert et sur son aile gauche. Quelques contre-attaques partielles réussirent même à rejeter l'assaillant jusqu'au pied des pentes. Dans les fluctuations de cette lutte indécise, les unités tactiques se désagrégeaient de part et d'autre. Chez les Allemands « des fractions de compagnies et même de régiments divers se groupaient confusément autour des officiers encore valides et s'efforçaient, dans une série d'actions particlles qui échappent à toute analyse, de gagner de leur mieux du terrain (1) ».

Les 2º et 3º escadrons du 4º lanciers, qui stationnaient au Sud du petit bois le plus oriental de la croupe du Terme. reçurent à ce moment — 1 h. 30 environ — par l'intermédiaire d'un officier d'état-major, l'ordre de se porter contre l'infanterie ennemie qui abordait les hauteurs 238, entre Floing et Gaulier. Ces deux escadrons étaient très réduits. Le 2º ne comptait que deux pelotons, le 3º n'avait pas 80 sabres dont on forma trois pelotons.

Ils se mirent en mouvement vers l'Ouest, en colonne de pelotons, en se défilant des vues de l'artillerie ennemie, sous la direction du commandant Esselin. En arrivant à la limite du plateau, au moment de franchir la crête pour descendre sur la Meuse, les deux escadrons se formèrent face à l'Ouest, sur la même ligne, par le mouvement de vers la gauche en bataille, le 3º escadron à droite. Puis un groupe de généraux et d'officiers d'état-major donna des ordres au chef d'escadrons qui poursuivit d'abord sa marche, mais fit exécuter presque aussitôt un demi-tour par pelotons, mouvement motivé sans doute par les difficultés du terrain et la raideur de la pente. Les deux escadrons revinrent en arrière de la crête et se remirent face en tête.

---

(1) *Historique du Grand État-Major prussien*, 8º livraison, p. 1173.

Il y eut alors entre le commandant et les généraux une explication à la suite de laquelle la ligne fut rompue par la droite en avant par pelotons, et franchit de nouveau la crête. Mais, au lieu de continuer sa marche vers l'Ouest, le 3° escadron, qui était en tête, se forma en bataille face au Nord, par le mouvement de sur la droite en bataille. Sa gauche se trouvait ainsi appuyée au chemin de terre qui, s'embranchant sur celui de Sedan à la Maladrie, à hauteur de Fraichault, et restant à mi-côte, aborde Floing par le Sud-Est. Le 2° escadron se forma derrière le 3°. Ce mouvement se fit au pas, sous le feu, à 200 mètres au plus de l'infanterie ennemie qui sortait de Floing, et devant laquelle chaque peloton se présentait successivement. Un officier et quelques chevaux furent blessés. Aussitôt le déploiement terminé, les escadrons prirent le galop. Quelques tirailleurs allemands qui n'avaient pas eu le temps de se rallier furent sabrés au passage, mais le feu cloua sur place presque tout le 3° escadron, à moins de 60 pas de l'infanterie ennemie. Presque tous les chevaux tombèrent sous les balles ou furent entraînés par la chute de leurs voisins. Très peu de cavaliers pénétrèrent dans Floing, où ils furent démontés et pris. Les escadrons eurent 4 officiers et 46 hommes de troupe tués; 6 officiers et 29 cavaliers blessés.

Les résultats matériels de cette charge furent peu importants. Pourtant le mouvement en avant des Allemands fut arrêté pendant un temps appréciable, et l'infanterie française, immobilisée sur ce point, regagna environ 150 mètres de terrain (1).

L'ennemi recevait, d'ailleurs, de nouveaux renforts.

Le Ier bataillon du *82*° et les 2° et 3° compagnies du *80*°, quittant leur position d'attente au bois du Hattoy,

---

(1) *Notes* adressées à la Section Historique par M. le général Heurtault de Lammerville; *Historique manuscrit* du 4° lanciers.

s'avançaient soit par Floing, soit en passant à l'Est du village. La 3ᵉ batterie et une section de la IVᵉ du XIᵉ corps, escortées par la 5ᵉ compagnie du *94ᵉ*, contournaient Floing par l'Ouest et venaient s'établir sur le versant occidental de la croupe 238, prenant ainsi en flanc les positions de la division.

Les hauteurs au Sud-Est de Floing continuaient d'ailleurs à être criblées d'obus par les batteries allemandes.

C'est à ce moment — il était 2 heures environ — qu'eurent lieu, devant le front de la division Liébert, les charges héroïques de la division Margueritte.

§ 3. — *Les charges de Floing.*

Après avoir traversé, du Nord au Sud, le bois de la Garenne, non sans quelque désordre (1), la division Margueritte s'était ralliée et reconstituée au Nord-Ouest de la cote 231. Vers midi, elle prit la formation suivante, face à l'Ouest. La 2ᵉ brigade (de Bauffremont)(2) à droite, le 1ᵉʳ hussards en tête, suivi du 6ᵉ chasseurs, en colonne par quatre, le long de la lisière Sud du bois ; la 1ʳᵉ brigade à gauche, dans l'ordre : 1ᵉʳ, puis 3ᵉ chasseurs d'Afrique, également en colonne par quatre, le long d'un grand mur de clôture (3). L'intervalle entre les deux brigades était d'environ 300 mètres. Les têtes de colonnes se trouvaient respectivement à 200 et 400 mètres environ du chemin de terre qui, partant de Cazal, aboutit à l'angle Sud-Ouest du bois de la Garenne. La division

---

(1) Voir p. 116.
(2) Le colonel de Bauffremont, du 1ᵉʳ hussards, avait pris le commandement de cette brigade.
(3) Pour le 4ᵉ chasseurs d'Afrique, voir p. 116.

était défilée aux vues de l'ennemi par la croupe qui s'abaisse vers le cimetière de Sedan, mais une grande quantité de projectiles tombaient sur le terrain qu'elle occupait (1).

Après avoir tenté vainement de faire gagner du terrain à la division Pellé (2), le général Ducrot constata que les batteries du 1er corps étaient hors d'état de soutenir la lutte. Il songea alors à arrêter l'infanterie ennemie qui progressait sans cesse, au moyen de charges de cavalerie (3).

Il envoya donc un de ses officiers d'ordonnance au général Margueritte, auquel fut communiqué l'ordre de se porter dans le ravin situé au Sud de la croupe du Terme. Cet officier expliqua au général « qu'un effort désespéré allait être tenté ; que toutes les divisions de cavalerie chargeraient derrière la sienne lorsque l'artillerie aurait ébranlé les masses qu'on avait devant soi, et que l'infanterie essaierait de se frayer un passage dans le sillon de la cavalerie (4) ».

Le général Margueritte fit rompre ses colonnes. A ce moment, il fut rejoint par le général Ducrot qui venait s'assurer que ses ordres avaient été compris. Le général Ducrot le guida lui-même et le conduisit dans le ravin au Sud-Est du Terme ; puis, après avoir dépassé la gauche des batteries à cheval du 1er corps, il lui indiqua le point

---

(1) Renseignements adressés par M. le général Berthaut à la Section Historique, le 18 juin 1904.

D'après les *Souvenirs* de M. le général de la Moussaye, alors lieutenant au 3e chasseurs d'Afrique, les régiments étaient en colonnes de pelotons.

(2) Voir p. 189.
(3) Général Ducrot, *La Journée de Sedan*, p. 34.
(4) *Récit* d'un ancien officier d'ordonnance du général Ducrot. (*Vie militaire du général Ducrot*, t. II, p. 414.)

où la division devait se déployer (1). Le général Ducrot donna enfin au général Margueritte des instructions générales sur le but à atteindre : charger dans la direction de Floing ; en cas de succès, se rabattre vers la droite de manière à prendre en flanc les troupes qui attaquaient le saillant Nord-Ouest du bois de la Garenne et en dégager ainsi les défenseurs. De son côté, le général Ducrot se proposait de faire simultanément un mouvement offensif avec l'infanterie, en passant à travers les batteries (2).

Le général Ducrot quitta alors le général Margueritte qui, après avoir fait arrêter ses têtes de colonnes, se porta en avant, vers la crête du Terme, pour reconnaître le terrain. Pendant ce temps, la division commença son déploiement préparatoire qui, sans affecter un dispositif régulier, fut finalement le suivant, vers 2 heures de l'après-midi :

A droite, le 3ᵉ chasseurs d'Afrique ; à sa gauche, et sur la même ligne, le 1ᵉʳ chasseurs d'Afrique, tous deux déployés. A la gauche de celui-ci et, masqué par un pli de terrain, le 1ᵉʳ hussards. Derrière le 1ᵉʳ hussards, le 6ᵉ chasseurs et enfin deux escadrons environ du 4ᵉ chasseurs d'Afrique (3). Déjà les obus et les balles causaient des pertes sensibles à tous les régiments.

---

(1) *Conseil d'enquête* sur les capitulations, Déposition du général Ducrot.

(2) *Ibid.*

D'après le *Récit* d'un ancien officier d'ordonnance du général Ducrot, « le général Margueritte ne devait commencer son attaque que lorsque les autres divisions de cavalerie seraient arrivées derrière la sienne, et en mesure, par conséquent, d'exécuter à sa suite des charges successives ». (*Vie militaire du général Ducrot*, t. II, p. 415.)

(3) *Notes* de M. le général de Galliffet, du 23 juillet 1900. Ces *Notes*, pas plus que les *Historiques* des régiments, n'indiquent la formation des 1ᵉʳ hussards, 6ᵉ chasseurs, 4ᵉ chasseurs d'Afrique. D'après le

Le général Margueritte, parvenu sur la crête aux abords de l'auberge du Terme, s'était rendu compte de la situation et avait fait choix du terrain sur lequel il allait lancer sa division, quand une balle lui perfora les deux joues en lui coupant une partie de la langue. Il fut conduit à l'ambulance de la Garenne, soutenu par le lieutenant Reverony, son officier d'ordonnance, et par le chasseur Wurtz, porteur de sa longue-vue. Ce remarquable chef de cavalerie devait succomber le 6 septembre, des suites de sa blessure (1). Rassemblant toutes ses forces, il eut l'énergie de tendre le bras dans la direction de l'ennemi. Les chasseurs d'Afrique l'acclamèrent, puis crièrent : « Vengeons-le ! En avant (2) ! » Quelques pelotons partirent même sans ordre, dans leur impatience de joindre l'adversaire. Un déluge de balles les arrêta.

Toutefois, il y eut encore un temps d'arrêt de quelques minutes. Les chefs des quatre régiments et le général de Galliffet se réunirent dans l'intervalle vide entre les deux brigades pour tenir conseil. Successivement, arrivèrent les lieutenants Reverony et de Pierres qui vinrent dire au général de Galliffet que le général Margueritte lui remettait le commandement de la division (3). Puis, accourut le capitaine Faverot de Kerbrech, chargé

Récit d'un ancien officier d'ordonnance du général Ducrot, « ces régiments étaient soit « en colonne avec distance », soit, « comme on dirait aujourd'hui, en masse avec des intervalles variables ». (*Vie militaire du général Ducrot*, t. II, p. 415.)

(1) Martinien, *loc. cit.*, p. 104.

(2) *Récit* d'un ancien officier d'ordonnance du général Ducrot (*Vie militaire du général Ducrot*, t. II, p. 416); *Notes* de M. le général Berthaut; Général Faverot de Kerbrech, *La guerre contre l'Allemagne*, p. 75.

(3) *Rapport* du général de Galliffet (*Revue Historique*, 1885, p. 103). Le général de Galliffet, avait été nommé général de brigade par décret du 30 août (*Archives administratives* de la guerre). Voir p. 112.

par le général Ducrot de prescrire à la cavalerie de donner sans attendre davantage. Au même instant, le général Ducrot revint vers la division Margueritte. Il aperçut le général de Galliffet et lui fit dire de partir le plus tôt possible, la situation devenant de plus en plus critique. Chaque régiment devait s'efforcer de culbuter l'infanterie prussienne qui était devant son front (1). Le général de Galliffet n'ayant aucun officier à envoyer à l'autre brigade, pria le général Ducrot de lui faire parvenir l'ordre directement. Celui-ci déféra aussitôt à ce désir et fit prévenir directement le colonel de Bauffremont, qui se trouvait à la tête de la 2ᵉ brigade, depuis la mort du général Tilliard (2). Les charges commencèrent alors sous les feux de front et de flanc de l'artillerie et de l'infanterie adverses, et dans des conditions de terrain très défavorables (3). La direction générale était celle du Nord-Ouest (4).

Les 3ᵉ et 4ᵉ escadrons du 1ᵉʳ chasseurs d'Afrique, au centre, s'ébranlent les premiers, sous la direction du colonel Clicquot. A leur gauche et presque simultanément, part le 1ᵉʳ hussards conduit par le colonel de Bauffremont; puis à leur droite, le 3ᵉ chasseurs d'Afrique entraîné par le général de Galliffet, et dont les 1ᵉʳ, 2ᵉ, 3ᵉ, et 6ᵉ escadrons chargent successivement. Ils renversèrent les premiers petits groupes ennemis, mais leurs efforts échouèrent devant les bataillons compacts dont les feux leur firent subir des pertes sensibles (5). Quelques frac-

---

(1) *Rapport* de M. le général de Galliffet (*Revue historique*, 1885, p. 103).

(2) *Récit* d'un ancien officier d'ordonnance du général Ducrot; général Faverot de Kerbrech, *loc. cit.*, p. 75-76.

(3) *Historique du Grand État-Major prussien*, 8ᵉ livraison, p. 1174.

(4) *Notes* de M. le général Berthaut.

(5) *Rapport* de M. le général de Galliffet; *Historique du 87ᵉ*, p. 302.

tions arrivèrent jusqu'aux pièces en batterie sur les hauteurs au Nord de Floing (1).

Le 6ᵉ chasseurs, suivant d'abord les traces du 1ᵉʳ hussards, appuya ensuite à droite, passa à la croisée des chemins venant de Cazal et de la ferme Pierremont, aborda la crête du Terme entre les deux petits bois à l'Est de l'auberge, franchit à toute allure, en colonne de régiment, le vallon situé au Nord et gravit les pentes de la croupe 270. En ce point se trouvaient le capitaine de Saint-Ferjeux et le lieutenant de Montrichard, officiers d'ordonnance du général de Salignac-Fénelon, qui criaient : « A la charge ! » mais sans indiquer aucune direction. La fumée était épaisse ; on ne distinguait rien à vingt mètres. Le feu de l'infanterie et de l'artillerie ennemies, d'ailleurs invisibles, était extrêmement violent. Le régiment tournoya vers les pentes en avant, sur le terrain des charges du matin. Les escadrons de tête abordèrent l'infanterie ennemie ; les escadrons de queue ne la virent même pas, non plus que ceux du 4ᵉ chasseurs d'Afrique qui leur succédèrent. Le régiment revint au galop entre les deux petits bois de la croupe du Terme et poursuivit ensuite son chemin, dans la direction de l'Est, au pas, en colonne par quatre (2).

Les restes des cinq régiments se rallièrent au Nord-Ouest de la ferme de la Garenne sur le terrain où ils se trouvaient avant l'attaque.

Le général Ducrot envoya une seconde fois le capitaine de Kerbrech auprès du général de Galliffet pour le prier de charger encore. Le général de Galliffet lui montra que le terrain présentait à quelques centaines de

---

(1) *Historique du Grand État-Major prussien*, 8ᵉ livraison, p. 1175.
(2) *Notes* de M. le général Berthaut ; *Historiques manuscrits* des 1ᵉʳ et 3ᵉ chasseurs d'Afrique, du 1ᵉʳ hussards et du 6ᵉ chasseurs ; *Historique du 95ᵉ*, p. 58-62.

mètres en avant un obstacle à pic impossible à franchir. Le général Ducrot indiqua une autre direction vers le Nord-Ouest. Il accourut lui-même et demanda encore un effort « pour l'honneur des armes ». Le général de Galliffet répondit simplement : « Tant que vous voudrez, mon général, tant qu'il en restera un ».

Inclinant cette fois à droite vers le Nord-Est, la charge s'ébranla, franchit la dépression qui sépare les plateaux de Floing et d'Illy, et tenta vainement de s'élever sur les pentes Sud de ce dernier. Ces escadrons de héros s'égrenèrent peu à peu, tués, blessés ou pris (1).

Les pertes de la division Margueritte, au cours des charges fournies dans la matinée et dans l'après-midi étaient considérables : 29 officiers tués, 25 blessés ; 783 hommes de troupe tués, blessés ou disparus (2).

L'énergie, la bravoure, l'esprit de sacrifice de cette admirable cavalerie arrachèrent, dit-on, au roi Guillaume, un cri d'admiration (3). L'*Historique* du Grand État-Major prussien lui a rendu un hommage bien justifié : « Bien que le succès n'eût pas répondu aux efforts de ces braves escadrons, bien que leur héroïque tentative eût été impuissante à conjurer la catastrophe à laquelle l'armée française était déjà irrémissiblement vouée,

---

(1) Général de Kerbrech, *loc. cit.*, p. 79; Paul et Victor Margueritte, *Quelques idées*, p. 286.

(2) Martinien, *loc. cit.*, p. 121-123 ; George Bastard, *Charges héroïques*, p. 341-353.

D'après le *Rapport* de M. le général de Galliffet (daté du 2 septembre), le chiffre *approximatif* des pertes de la division est : 84 officiers, 709 hommes de troupe tués, blessés ou disparus.

(3) D'après un *Récit* fait quelques jours après par le Prince royal au général Ducrot (Général Ducrot, *La Journée de Sedan*, p. 35, note 1) ; *Rapport* de M. le général de Galliffet (d'après une conversation entre le Prince royal, le général de Moltke, le général Reille et le colonel d'Abzac).

celle-ci n'en est pas moins en droit de jeter un regard de légitime orgueil vers ces champs de Floing et de Cazal, sur lesquels, dans cette mémorable journée de Sedan, sa cavalerie succomba glorieusement sous les coups d'un adversaire victorieux (1). »

Pendant que l'artillerie et la cavalerie faisaient de nobles efforts, le général Ducrot, à la tête de son état-major, cherchait à gagner du terrain avec les quelques bataillons ou fractions de bataillons de la brigade Gandil qu'il avait pu grouper autour de lui. Mais ces troupes, exposées depuis le matin au feu d'une artillerie formidable, « portées tantôt en avant, tantôt en arrière, impuissantes à répondre directement à un ennemi invisible qui les couvrait de projectiles, se voyant enfin enveloppées de toutes parts, n'avaient plus ni élan, ni énergie (2) ». Le général Ducrot, dont le rôle fut, comme on l'a dit, « splendidement multiple (3) », donnant aux troupes un exemple magnifique de courage et d'ardeur, essaya, par trois fois, de les entraîner. Quelques braves se portent en avant ; la plupart suivent, mais accablés bientôt, reculent et se débandent (4). Il était 3 heures environ.

Le général Ducrot envoie alors le capitaine Faverot de Kerbrech, son officier d'ordonnance, porter au général de Galliffet l'ordre de charger encore une fois. Le général lui fit observer que les Prussiens se trouvaient au delà de carrières infranchissables et qu'il y avait folie à les aborder dans ces conditions. Le général Ducrot revint avec le capitaine de Kerbrech auprès du général

---

(1) *Historique du Grand État-Major prussien*, 8ᵉ livraison, p. 1178.
(2) Général Ducrot, *La Journée de Sedan*, p. 37.
(3) Le capitaine Faverot de Kerbrech au général Fleury, 8 septembre 1870.
(4) Général Ducrot, *loc. cit.*, p. 37 ; *Notes* du capitaine Achard.

de Galliffet et lui indiqua un terrain favorable à une charge (1).

Mettant l'épée à la main, le général Ducrot se plaça avec son état-major devant l'aile droite des débris de la division Margueritte que le général de Galliffet conduisit encore une fois à la charge sans espoir de voir le succès couronner son sacrifice. En dépassant la gauche de l'infanterie de la division Liébert, qui tenait encore sur la crête du Terme, le général Ducrot se jeta devant elle pour l'empêcher de tirer sur les chasseurs d'Afrique et l'entraîner à sa suite à la baïonnette. Mais très peu d'hommes répondirent à cet appel désespéré. La charge vint d'ailleurs se briser contre la ligne des tirailleurs ennemis ; le général de Galliffet et quelques sous-officiers ou simples chasseurs d'Afrique arrivèrent seuls jusqu'aux réserves prussiennes (2). Cette dernière et sublime tentative portait à la moitié de son effectif les pertes subies par la division Margueritte (3).

§ 4. — *Retraite de la division Liébert.*

A 1 heure de l'après-midi, le général de Wimpffen avait fait part au général Douay de la résolution qu'il

---

(1) *Récit* d'un ancien officier d'ordonnance du général Ducrot (*Vie militaire du général Ducrot*, t. II, p. 418); le capitaine Faverot de Kerbrech au général Fleury.

(2) « Au retour, assure un officier d'ordonnance du général Ducrot, ils durent passer à très petite portée d'un bataillon du *81e* (Nassau), dont le feu fut arrêté à leur approche. Quelques Français saluèrent du sabre en criant : « Vive l'Empereur ! » Les officiers allemands rendirent le salut. » (*Vie militaire du général Ducrot*, t. II, p. 419.)

(3) Le capitaine de Kerbrech au général Fleury; *Souvenirs* du commandant Faverot de Kerbrech ; *Récit* d'un ancien officier d'ordonnance du général Ducrot (*loc. cit.*, t. II, p. 418-419).

avait prise de se frayer une issue vers Carignan (1) :
« Je me décide à percer l'ennemi pour aller à Carignan
prendre la direction de Montmédy. Je vous charge de
couvrir la retraite. Ralliez à vous les troupes qui sont
dans le bois (2). »

Ce billet arriva à destination vers 2 heures de l'après-midi (3). Le général Douay fit répondre que, dans la situation où se trouvaient ses troupes, ne comptant que trois brigades, sans artillerie, presque sans munitions, tout ce qu'il pouvait faire était de se retirer, sans déroute, du champ de bataille (4). A l'issue des charges de la division Margueritte, il prit donc le parti de se replier par échelons dans la direction de l'Est, en résistant sur toutes les positions favorables qui se présenteraient. Le général Liébert reçut l'ordre de commencer le mouvement, et, de sa personne, le général Douay alla reconnaître le terrain (5).

La situation de la division Liébert commençait à devenir critique. Arrêtée dans son mouvement offensif pour faire tête à la cavalerie, l'infanterie allemande reprend sa marche. A droite, la *43e* brigade (6) gagne du

---

(1) *Conseil d'enquête* sur les capitulations, Déposition du général Douay.

(2) Cité par le prince Bibesco (*loc. cit.*, p. 154).
Dans ses *Notes*, le colonel Robert donne de cet ordre un texte différent. Il est vrai qu'il ne le reproduit qu'« à peu près » : « Je vois que l'ennemi l'emporte sur nous ; je réunis les troupes que je trouve sous ma main pour tenter une trouée dans la direction de Carignan ; appuyez ce mouvement, si vous le pouvez. » (Cité dans *la Journée de Sedan*, p. 127.) Le texte donné par le prince Bibesco est conforme à la version indiquée dans l'ouvrage du général de Wimpffen (p. 169).

(3) Prince Bibesco, *loc. cit.*, p. 154.

(4) *Rapport* du général Douay.

(5) *Conseil d'enquête* sur les capitulations, Déposition du général Douay.

(6) *32e* et *95e*. Voir p. 166.

terrain vers Cazal; à gauche, les quatre bataillons de la *19*ᵉ (1) venant des environs de Fleigneux, atteignent la route de Floing à Illy; au centre, les troupes qui ont débouché de Floing s'avancent de part et d'autre du chemin de la ferme de Quirimont et se portent partie à l'Est, partie vers le petit bois attenant à la sortie Nord-Est de Cazal. Entre ces troupes et les quatre bataillons de la *19*ᵉ brigade, s'intercalent : la 2ᵉ compagnie du *87*ᵉ, les 1ʳᵉ et 4ᵉ du *88*ᵉ, les Iᵉʳ et IIᵉ bataillons du *94*ᵉ, maintenus jusqu'alors au bois du Hattoy comme soutiens de l'artillerie (2). La division Liébert était donc abordée par le Nord et par l'Ouest, de front et de flanc, par des forces considérables, en même temps que très sérieusement menacée par la *43*ᵉ brigade, dans sa ligne de retraite sur Sedan.

Les batteries allemandes de Saint-Menges et de Fleigneux, dont un certain nombre avaient interrompu leur tir pendant la mêlée des charges de cavalerie, le reprennent pour préparer l'attaque des hauteurs au Sud-Est de Floing. Leurs feux se croisent avec ceux de l'artillerie établie sur la rive gauche de la Meuse (3). Deux batteries de la 3ᵉ division du 7ᵉ corps, la 8ᵉ, et à sa gauche la 9ᵉ du 6ᵉ, étaient venues, sur l'ordre du général Ducrot, s'établir sur la crête du Terme. Elles ouvrirent le feu, semble-t-il, sur les troupes de la *19*ᵉ brigade, cheminant le long du ruisseau de Fleigneux et lui causèrent des pertes sensibles (4). Mais la 8ᵉ batterie fut bientôt très éprouvée elle-même; un grand nombre d'hommes et de chevaux furent tués et trois caissons firent explosion. Elle dut

---

(1) IIIᵉ bataillon du *46*ᵉ, IIᵉ du *6*ᵉ, IIIᵉ du *6*ᵉ, de la droite à la gauche; Iᵉʳ du *6*ᵉ en réserve.
(2) *Historique du Grand État-Major prussien*, 8ᵉ livraison, p. 1178-1179.
(3) *Historique manuscrit* du 6ᵉ bataillon de chasseurs.
(4) *Historique du Grand État-Major prussien*, 8ᵉ livraison, p. 1178.

cesser le feu et se retirer dans le ravin au Sud ; elle le reprit un peu plus tard et le continua jusqu'à épuisement total des munitions. La 10ᵉ batterie (à balles) du 6ᵉ, retardée dans sa marche par des difficultés de terrain, rejoignit la 9ᵉ et s'établit auprès d'elle, sans toutefois ouvrir le feu, l'infanterie ennemie s'étant abritée et l'artillerie adverse étant jugée trop éloignée (1).

Vers 3 h. 30, le mouvement de retraite de la division Liébert commença par les 37ᵉ et 89ᵉ de ligne qui allèrent occuper le bois attenant à Cazal. Le 37ᵉ se replia en deux fractions : les Iᵉʳ et IIᵉ bataillons d'abord, le IIIᵉ bataillon ensuite (2).

Les autres unités de la division restèrent, pendant ce temps, sur leurs positions. Le 6ᵉ bataillon de chasseurs arrêta, par un feu violent à 400 mètres, la marche de l'adversaire et l'empêcha de la reprendre. Mais débordé sur sa gauche, il se retira à son tour, dans le plus grand ordre (3). La retraite du 5ᵉ de ligne s'effectua, sans trop de pertes, sous la protection des compagnies de réserve du Iᵉʳ bataillon, ralliées autour du drapeau (4). Le 53ᵉ de ligne se dégagea également sans difficultés, grâce, semble-t-il, à quelques contre-attaques et retours offensifs partiels qui furent arrêtés par la 8ᵉ compagnie du *46ᵉ* et la 9ᵉ du *83ᵉ* établies au cimetière de Floing (5). Ses IIᵉ et Iᵉʳ bataillons vinrent successivement s'établir dans le bois au Nord-Est de Cazal, avec des fractions du 6ᵉ bataillon de chasseurs (6).

---

(1) *Rapport* du lieutenant-colonel Bonnin, commandant l'artillerie de la 3ᵉ division du 7ᵉ corps; *Rapport* du capitaine Collet-Meygret, commandant la 10ᵉ batterie du 6ᵉ.
(2) *Rapport* du général Liébert ; *Historique* manuscrit du 37ᵉ de ligne.
(3) *Historique manuscrit* du 6ᵉ bataillon de chasseurs.
(4) *Historique manuscrit* du 5ᵉ de ligne.
(5) *Historique du Grand État-Major prussien*, 8ᵉ livraison, p. 1181.
(6) *Journal* de marche de la 2ᵉ brigade de la 2ᵉ division du 7ᵉ corps ; *Historique manuscrit* du 6ᵉ bataillon de chasseurs.

Tous ces mouvements furent exécutés en bon ordre, malgré le feu intense de l'artillerie et de l'infanterie adverses, et malgré la proximité de celle-ci (1).

La croupe 238, si vaillamment défendue par la division Liébert, tombait ainsi aux mains des Allemands. Les 2ᵉ, 3ᵉ et 4ᵉ compagnies du *5ᵉ* bataillon de chasseurs s'emparent de l'auberge du Terme. La 1ʳᵉ compagnie du même bataillon, appuyée par les Iᵉʳ et IIᵉ bataillons du *46ᵉ*, occupe la tranchée-abri attenante au bâtiment (2). De part et d'autre de l'auberge, arrivent des contingents du XIᵉ corps : 8ᵉ et 10ᵉ compagnies du *87ᵉ* ; la majeure partie du *83ᵉ* ; le Iᵉʳ bataillon, les 9ᵉ et 11ᵉ compagnies du 82ᵉ ; enfin le *11ᵉ* bataillon de chasseurs. Une partie prend sous son feu le bois au Nord-Est de Cazal où se trouvaient les Iᵉʳ et IIᵉ bataillons du 53ᵉ de ligne ; le reste se réorganise près du Terme (3).

Après l'occupation de cette croupe, les dernières compagnies du XIᵉ corps restées auprès de l'artillerie, au Sud-Est de Saint-Menges, s'avançaient sur Floing (4). Le IIIᵉ bataillon du *88ᵉ*, rappelé de Bosséval, avait franchi le défilé de la Falizette, à la suite du Vᵉ corps, et atteint les environs de Saint-Menges entre 2 et 3 heures. Il se portait ensuite en première ligne en passant à l'Est de Floing (5).

Enfin, vers 2 heures, la *17ᵉ* brigade s'était portée au bois du Hattoy, en réserve générale du Vᵉ corps ; seul,

---

(1) *Rapports* du général Douay et du général Liébert.
« L'ennemi ne se décidait à reculer que pas à pas... » (*Historique du Grand État-Major prussien*, 8ᵉ livraison, p. 1181.)

(2) *Historique du Grand État-Major prussien*, 8ᵉ livraison, p. 1181.

(3) *Ibid.*, p. 1182.

(4) $\frac{11^e}{87^e}$, $\frac{2^e, 3^e \text{ et partie de la } 4^e}{80^e}$, $\frac{2^e, 3^e, 5^e, 6^e \text{ et } 8^e}{88^e}$.

(5) *Historique du Grand État-Major prussien*, 8ᵉ livraison, p. 1182.

le IIIᵉ bataillon du *59ᵉ* s'avançait au delà du ruisseau de Floing (1).

Vers 3 heures, les 1ʳᵉ et IVᵉ batteries du XIᵉ corps s'établissaient aux abords du Terme et ouvraient le feu sur les troupes de la division Liébert en retraite (2).

La plupart des batteries françaises étaient hors d'état de soutenir le mouvement rétrograde de leur infanterie, soit que leurs munitions fussent épuisées et que, suivant les errements de l'époque, elles fussent allées se ravitailler en arrière, soit que leurs pertes en hommes, chevaux et matériel ne leur permissent pas d'intervenir. Quelques-unes, cependant, protégèrent la retraite. De ce nombre, furent les 3ᵉ et 4ᵉ du 19ᵉ qui, depuis 11 h. 15 environ, étaient restées à l'abri dans le ravin au Sud de la croupe du Terme. Elles se conformèrent au mouvement de la division Liébert, la 3ᵉ marchant en colonne par section derrière la 4ᵉ. En gravissant les pentes Nord-Ouest du plateau de l'Algérie, la 4ᵉ batterie fut coupée par un flot de fantassins et de cavaliers. Trois pièces de cette batterie et la 3ᵉ tout entière furent ainsi entraînées sur le plateau sans pouvoir rejoindre la tête de colonne. Les trois premières pièces de la 4ᵉ batterie s'établirent à l'Est du chemin conduisant de l'Algérie à la ferme de Quirimont, non loin de la lisière Sud-Ouest du bois de la Garenne. Leur tir exécuté « avec une grande vivacité », au moyen d'obus à balles, empêcha, à deux reprises, l'infanterie ennemie de dépasser la crête du Terme. Quand toutes les troupes de la division Liébert furent passées, un intendant vint prier le commandant de la batterie de cesser le feu, en raison de la proximité d'une ambulance (3).

---

(1) *Historique du Grand État-Major prussien*, 8ᵉ livraison, p. 1183.
(2) *Ibid.*
(3) *Rapport* du lieutenant de Lyonne, commandant la 4ᵉ batterie du 19ᵉ. Les trois autres pièces se rendirent sur les glacis de la place.

La 10ᵉ batterie du 14ᵉ protégea également la retraite, en prenant une série de positions (1).

La 3ᵉ batterie du 19ᵉ s'établit au Nord-Ouest du cimetière de Sedan et ouvrit le feu à mitraille, à une distance de 300 mètres, sur des jardins occupés par l'infanterie ennemie (2).

Tandis que la division Liébert abandonnait le plateau à l'Est de Floing, la *43ᵉ* brigade avait continué son mouvement dans la direction du Sud-Est. Entre 2 heures et 3 heures, elle avait marché sur Cazal, par les carrières et les hauteurs de Gaulier, en étendant sa droite jusqu'à la Meuse. Les feux de quelques fractions de tous les corps occupant le bois attenant à Cazal, ne peuvent empêcher l'ennemi de s'emparer des maisons. Le IIᵉ bataillon et les 9ᵉ et 10ᵉ compagnies du *32ᵉ*, ainsi que le IIIᵉ bataillon du *95ᵉ* y pénètrent et en garnissent la lisière Est. D'autres groupes du XIᵉ corps, du *46ᵉ* et du *5ᵉ* bataillon de chasseurs s'étaient mêlés à la *43ᵉ* brigade. Celle-ci était elle-même dans une confusion complète (3).

Toutefois, la 3ᵉ batterie du 19ᵉ ayant été obligée de se retirer, faute d'un soutien (4), l'ennemi débouche de Cazal et enlève le cimetière. Pendant ce temps, les 5ᵉ et 6ᵉ compagnies du *95ᵉ* occupent le bois contigu à Cazal; les six autres compagnies des Iᵉʳ et IIᵉ bataillons gravissent le mamelon situé entre les carrières et la Meuse, sur lequel le Iᵉʳ bataillon et les 10ᵉ et 12ᵉ compagnies du *32ᵉ* avaient déjà pris position. La fusillade partant des remparts de la place empêche ces unités de progresser davantage. Plus tard même, les fractions occupant le cimetière sont obligées de regagner Cazal.

---

(1) *Historique manuscrit* du 14ᵉ régiment d'artillerie. Ce document n'est pas plus explicite.
(2) *Rapport* du capitaine Berquin, commandant la 3ᵉ batterie du 19ᵉ.
(3) *Historique du Grand État-Major prussien*, 8ᵉ livraison, p. 1183.
(4) *Rapport* du capitaine Berquin, commandant la 3ᵉ batterie du 19ᵉ.

La 2ᵉ compagnie de pionniers suivit l'aile droite de la 43ᵉ brigade sur la hauteur, entre Gaulier et Cazal ; les deux escadrons du 13ᵉ régiment de hussards se tenaient au Nord de Gaulier (3).

La 1ʳᵉ batterie à cheval et les 5ᵉ et 6ᵉ du XIᵉ corps débouchèrent également, par Floing, dans la direction de Sedan ; la première de ces batteries essayait de canonner la place, mais sa tentative échouait en raison de la supériorité d'action de l'artillerie des remparts (1).

En somme, entre 3 et 4 heures de l'après-midi, l'aile droite des Vᵉ et XIᵉ corps occupait les positions suivantes :

43ᵉ brigade autour de Cazal : $\frac{10^e, 12^e, 1^{er}}{32^e}$, $\frac{1^{er}, 7^e, 8^e}{95^e}$ et, derrière, la 2ᵉ compagnie de pionniers sur la hauteur entre la carrière de Cazal et la Meuse ; $\frac{III^e}{95^e}$, $\frac{II^e, 9^e, 11^e}{32^e}$ dans Cazal. Avec la 43ᵉ brigade se trouvaient des fractions du 46ᵉ régiment et du 5ᵉ bataillon de chasseurs.

Sur le plateau à l'Est de Floing :
1° Sur la croupe Sud du plateau :

5ᵉ bataillon de chasseurs, $\frac{1^{er} \text{ et } II^e}{46^e}$, $\frac{8^e \text{ et } 10^e}{87^e}$, $\frac{9^e \text{ et } 11^e}{82^e}$, 11ᵉ bataillon de chasseurs et éléments du 83ᵉ.

Établies dans l'auberge du Terme et dans les tranchées attenantes, ces troupes luttent par le feu avec les fractions de la division Liébert occupant le bois au Nord-Est de Cazal et la lisière Ouest du bois de la Garenne.

83ᵉ en majeure partie et $\frac{1^{er}}{82^e}$, en voie de réunion derrière l'auberge du Terme ;

---

(1) *Historique du Grand État-Major prussien*, 8ᵉ livraison, p. 1182-1183.
(2) *Ibid.*

$\dfrac{2^e, 3^e, 5^e, 6^e, 8^e, \text{III}^e}{88^e}$, $\dfrac{2^e, 3^e}{80^e}$, $\dfrac{11^e}{87^e}$, $\dfrac{\text{III}^e}{59^e}$, en marche en seconde ligne ;

$\dfrac{\text{I}^{re}\text{ et IV}^e \text{ batteries}}{11^e}$ avec $\dfrac{6^e}{83^e}$, derrière le Terme ; $\dfrac{\text{III}^e \text{ batterie}}{11^e}$ avec $\dfrac{5^e}{94^e}$; $\dfrac{1^{re} \text{ à cheval, } 5^e \text{ et } 6^e \text{ batteries}}{11^e}$ disponibles plus à l'Ouest.

2° Sur la croupe Nord :

6º régiment, $\dfrac{\text{III}^e}{46^e}$, $\dfrac{\text{I}^{er}, 6^e, 7^e, 8^e}{94^e}$, $\dfrac{1^{re} \text{ et } 4^e}{88^e}$, $\dfrac{3^e \text{ et } 1/3\ 4^e}{83^e}$, $\dfrac{2^e}{87^e}$.

Les fractions des 80°, 82°, 87°, 88°, non mentionnées, se trouvaient aux environs d'Illy. Les 17°, 18° et 20° brigades étaient disponibles (1).

Les troupes ne dépassèrent pas, en général, les emplacements qui viennent d'être indiqués, grâce à la fière attitude des bataillons de la division Liébert qui, rétrogradant en échelons, mirent près de deux heures pour gagner les glacis de la place. Quelques fractions embusquées dans des bouquets de bois, derrière des clôtures et dans des maisons, entretinrent le feu et maintinrent l'ennemi à distance jusqu'à la nuit (2).

§ 5. — *Retraite de la division Conseil Dumesnil.*

La retraite de la division Liébert, découvrant le flanc gauche de la division Conseil Dumesnil, mettait celle-ci dans une situation critique. Son flanc droit commençait également à être menacé par les progrès de

---

(1) *Historique du Grand État-Major prussien*, 8° livraison, p. 1184, note *.

(2) *Rapports* du général Douay et du général Liébert.

l'adversaire dans le bois de la Garenne. Son artillerie était d'ailleurs à peu près réduite à l'impuissance. Tous ses bataillons sauf un, du 47ᵉ de ligne, étaient engagés (1). Par surcroît, l'attaque de l'ennemi se produisait précisément à l'aile gauche (2), vers le petit bois le plus voisin du Terme, sur lequel se dirigeaient quatre bataillons de la *19*ᵉ brigade (3) : IIIᵉ du *46*ᵉ ; IIᵉ du *6*ᵉ, IIIᵉ du *6*ᵉ, soutenus en seconde ligne par le Iᵉʳ du *6*ᵉ. Celui-ci se porte bientôt à la gauche du IIIᵉ du *6*ᵉ (4). Les trois compagnies du IIIᵉ bataillon du 99ᵉ détachées sur la croupe 270, sont forcées de l'abandonner. Bien appuyés par les 6ᵉ et VIᵉ batteries du Vᵉ corps, auxquelles leurs positions au Sud de Fleigneux permettent d'intervenir efficacement, les quatre bataillons prussiens progressent dans les vallons au pied de la croupe 270 (5). Arrêtés un instant par les feux obliques des trois autres compagnies du IIIᵉ bataillon du 99ᵉ et d'une partie du 47ᵉ, qui occupent le petit bois voisin du Terme, ils poursuivent bientôt leur marche en avant. Débordés sur leur gauche, le IIIᵉ bataillon du 99ᵉ et le Iᵉʳ du 47ᵉ cèdent (6). Progressivement toute la ligne tombe, sauf le Iᵉʳ bataillon du 99ᵉ, qui se maintient dans les tranchées entre le bois de la Garenne et le petit bois oriental, et la 1ʳᵉ compagnie du IIᵉ bataillon du 99ᵉ qui occupe ce petit bois (7).

La division Conseil Dumesnil effectue sa retraite sous un feu d'artillerie intense. Les IIᵉ et IIIᵉ bataillons du 47ᵉ, traversant au pas de course le vallon situé au Sud de la position, vont former échelon en arrière en s'établissant

---

(1) Voir p. 161.
(2) *Rapport* du général de Saint-Hilaire.
(3) Voir p. 161 et 180.
(4) *Historique du Grand État-Major prussien*, 8ᵉ livraison, p. 1180.
(5) *Ibid.*
(6) *Rapport* du général de Saint-Hilaire.
(7) *Historique manuscrit* du 99ᵉ de ligne.

sur la partie Nord-Est du plateau de l'Algérie, près du bois de la Garenne. Ils s'y maintiennent jusqu'à 4 h. 30 (1).

Le Ier bataillon et la 1re compagnie du IIe bataillon du 99e résistèrent encore pendant un certain temps. Celle-ci, renforcée dans le petit bois par les 4e et 5e compagnies du Ier bataillon, se défendit énergiquement.

La retraite ne fut ordonnée que lorsque l'ennemi, les assaillant sur leur flanc gauche, les prit simultanément presque à revers. Une partie dut déposer les armes (2). Le général Conseil Dumesnil, resté un des derniers sur la position, et n'ayant plus auprès de lui que trois hussards d'escorte, fut fait prisonnier, ainsi que le chef d'escadron d'état-major Taffin (3). La 6e batterie du 7e prit d'abord une position de repli au Nord-Est de l'Algérie (4) et rejoignit à Sedan les deux autres batteries divisionnaires.

Vers 4 heures, au moment de la suprême tentative du général de Wimpffen sur Balan, la 6e du 7e attela cinq pièces sans caissons et se porta en avant sur la route de Bouillon. Successivement elle ouvrit le feu contre les batteries ennemies établies au Sud-Ouest de Wadelincourt, puis contre celles qui se trouvaient au Sud-Est de Balan. Décimée, elle tenta de gagner la Belgique par la route d'Illy. Mais à peine avait-elle fait 500 mètres dans le bois de la Garenne qu'elle fut entourée et forcée de se rendre (5).

---

(1) *Historique manuscrit* du 47e de ligne.
(2) *Historique manuscrit* du 99e de ligne ; *Rapport* du général de Saint-Hilaire.
(3) *Notes* du capitaine d'état-major Mulotte.
(4) Renseignements fournis verbalement par M. le général Lambert.
(5) *Historique* de la 10e brigade d'artillerie, p. 238.

La retraite de la division Conseil Dumesnil entraînait, à son tour, celle des troupes qui se trouvaient à sa droite.

§ 6. — *Retraite de la brigade Gandil, de la division Pellé.*

A plusieurs reprises, le général Ducrot avait tenté un mouvement offensif avec les régiments de la brigade Gandil, de la division Pellé, qui était venue s'abriter à la lisière Nord-Ouest du bois de la Garenne. Mais ses efforts avaient été infructueux. « L'infanterie, hélas! était accablée; tout ressort en elle était brisé; depuis le matin, elle avait supporté une canonnade ininterrompue qui l'avait désorientée d'abord, puis démoralisée. Elle resta sourde à la voix de ses chefs. Par trois fois, le général Ducrot et son état-major se mirent à sa tête pour la ramener au feu; ils obtinrent d'elle l'obéissance, mais ce fut tout. Chaque fois qu'ils durent porter leurs soins ailleurs, elle n'écouta plus ses officiers et lâcha pied (1). » Les batteries à cheval de la réserve d'artillerie du 1er corps étaient d'ailleurs éteintes.

Au moment de la retraite de la division Conseil Dumesnil, le général Pellé donna l'ordre de couvrir la gauche de la brigade Gandil par des tirailleurs derrière lesquels les bataillons auraient rétrogradé par échelons. Mais ce mouvement ne fut pas exécuté. Les bataillons du 1er de marche qu'on voulut lancer en avant et dont les soldats savaient à peine charger leurs fusils, se débandèrent et se jetèrent dans les bois, entraînant avec eux la plupart des autres troupes dans le plus complet désordre. Tout reflua instinctivement sur Sedan (2). Il ne

---

(1) *Notes* du capitaine Achard.
(2) *Historique* de la 2e division du 1er corps.

restait plus alors au général Ducrot aucune troupe sous la main. Son chef d'état-major, le colonel Robert, lui fit part de l'avis que le général de Wimpffen avait envoyé au général Douay, mais il était impossible au général Ducrot de rien faire dans le sens de cet ordre, en admettant qu'il s'appliquât au 1er corps comme au 7e. « A vrai dire, ni le 1er corps ni le 7e n'avaient en ce moment aucune troupe capable de se mettre en ordre pour marcher dans la direction indiquée, direction entièrement opposée d'ailleurs à celle vers laquelle ces corps se trouvaient refoulés (1). »

Le général Ducrot, pour ne pas tomber aux mains de l'ennemi, dut suivre le mouvement général de retraite et gagner Sedan où il arriva vers 3 heures (2). Il se rencontra avec le général Douay vers la partie du rempart qui borde la citadelle. Le drapeau blanc, arboré par ordre de l'Empereur, flottait sur un des bastions. Les deux officiers généraux tinrent conseil et jugèrent devoir pénétrer dans la place afin d'en examiner les défenses et de savoir ce qui se passait dans la direction du Sud-Est. Ils purent constater, avec le général Dejean, commandant en chef du génie, combien les moyens de résistance étaient précaires ; ils placèrent cependant quelques soldats sur les parapets et dans les chemins couverts, mais ces hommes, démoralisés et découragés, quittaient leur poste dès qu'on les perdait de vue.

Le général Ducrot se décida à traverser la ville pour se mettre en communication avec le général de Wimpffen. Au moment où il était entré dans la citadelle, un officier d'ordonnance était venu lui donner l'ordre, de la part du général en chef, d'amener ce qu'il pourrait de troupes

---

(1) *Notes* du colonel Robert.
(2) *Conseil d'enquête* sur les capitulations, Déposition du général Ducrot. — Voir, au sujet de cette heure, p. 191, note 1.

dans la direction de Balan, et de concourir à une tentative de trouée sur Carignan et Montmédy. Le général Ducrot fit observer qu'il n'avait plus, auprès de lui, une seule unité intacte, et qu'il allait s'efforcer de réunir ce qu'il pourrait trouver dans la ville. Il ne croyait pas d'ailleurs que ce dernier effort pût aboutir. Entrant dans Sedan, il constata l'effondrement complet et la confusion indescriptible qui y régnaient. Il était d'ailleurs séparé de ses 1re et 3e divisions. Jugeant l'opération impossible, il se rendit à la sous-préfecture afin de conférer de la situation avec l'Empereur (1).

D'après le récit du général Ducrot, le souverain exprima ses regrets de la nomination, par le Ministre de de la guerre, du général de Wimpffen au commandement en chef de l'armée. Il déclara que, seul, le mouvement prescrit par le général Ducrot eût pu la sauver. Puis, revenant sur des faits antérieurs à la guerre, il rendit justice aux avertissements et aux conseils que lui avait donnés le général Ducrot, et reconnut qu'il aurait dû en tenir un plus grand compte. L'Empereur se montra surpris d'entendre la bataille se continuer quand le drapeau parlementaire avait été arboré depuis quelque temps

---

(1) Général Ducrot, *La Journée de Sedan*, p. 45-47 ; *Notes* du colonel Robert.
Dans *La Journée de Sedan*, le général Ducrot relate qu'il se décida à traverser la ville vers 3 h. 30 (p. 45). Il serait arrivé à la sous-préfecture vers 3 h. 45. Ces heures semblent un peu tardives. Il résulte en effet de l'ouvrage même du général Ducrot, que celui-ci fut reçu par l'Empereur avant le général Lebrun (p. 50). Or, ce dernier assure avoir vu le souverain « à 2 h. 45 ou plutôt même 3 heures ». (*Bazeilles-Sedan*, p. 285, le général Lebrun au général Ducrot, 29 juin 1872.) Le moment de l'entrevue entre l'Empereur et le général Lebrun est confirmé par une déclaration du capitaine Martin, attaché au général Lebrun pendant la bataille de Sedan : « Mon Général, quand vous êtes rentré dans Sedan, il devait être 2 heures ou 2 h. 30. Je vous accompagnais..... » (Général Lebrun, *Bazeilles-Sedan*, p. 293.)

déjà. Il annonça son intention d'avoir une entrevue avec le roi de Prusse ; il espérait en obtenir des conditions avantageuses pour l'armée. Le général Ducrot répondit qu'il ne comptait pas beaucoup sur la générosité de l'adversaire et émit l'opinion d'une sortie à la nuit. L'Empereur fit observer qu'il existait un tel désordre, un tel encombrement dans la ville ; qu'en outre, les troupes étaient si démoralisées, qu'il n'y avait pas le moindre espoir de réussir. A son avis, une tentative de ce genre n'aboutirait qu'à une nouvelle effusion de sang.

Cependant la canonnade, loin de diminuer, redoublait d'intensité. L'incendie se déclarait en plusieurs points de la ville. Le drapeau de la Croix de Genève ne protégeait plus les blessés. Acculées aux murailles, amoncelées dans les fossés, les troupes subissaient des pertes cruelles. Des obus éclataient à tout instant dans le jardin et la cour de la sous-préfecture.

Afin de mettre un terme à la lutte, l'Empereur dicta au général Ducrot l'ordre suivant :

« Le drapeau parlementaire ayant été arboré, les pourparlers vont être ouverts avec l'ennemi ; le feu doit cesser sur toute la ligne. »

Le souverain voulut faire signer cet ordre par le général Ducrot, qui objecta qu'il n'avait pas qualité pour le faire. Ce soin incombait, déclara-t-il, au général de Wimpffen ; mais comme on ne savait où le trouver, le général Ducrot proposa le chef d'état-major général de l'armée ou le général Douay, qui était le plus ancien divisionnaire. L'Empereur désigna le général Faure, chef d'état-major général (1).

Le général Ducrot sortit et transmit les instructions

---

(1) Général Ducrot, *loc. cit.*, p. 47-50. — Cf. *Conseil d'enquête* sur les capitulations, Déposition du général Ducrot.

On observera qu'il faut s'en rapporter au général Ducrot seul pour le récit de cette entrevue.

du souverain au colonel Robert. Celui-ci partit à la recherche du général Faure, et, l'ayant trouvé dans la citadelle, lui fit part de sa mission. Le général Faure répondit qu'il venait de faire abattre le drapeau blanc et qu'il se refusait à apposer son nom sur l'ordre de cessation du feu. Tous deux revinrent à la sous-préfecture et rendirent compte au général Ducrot.

Sur ces entrefaites, le général Lebrun avait été reçu par l'Empereur et avait accepté de remettre au général de Wimpffen, chargé de la signer, une demande d'armistice (1).

---

(1) Voir p. 198.

CHAPITRE X

Fin de la bataille sur le front des 1ᵉʳ et 12ᵉ corps.

§ 1ᵉʳ. — *Le général de Wimpffen se détermine à l'offensive sur Carignan.*

Après avoir examiné la situation sur le front du 7ᵉ corps (1), le général de Wimpffen avait acquis la conviction de l'impossibilité d'une retraite sur Mézières pendant le jour (2). Les manœuvres en lignes intérieures qu'il avait conçues dans la matinée (3), assure-t-il, ne lui paraissaient plus possibles. Il résolut donc de tenir sur ses positions jusqu'à la nuit et de profiter de l'obscurité pour se replier vers l'Ouest (4).

Vers midi, il se porta au Vieux Camp, point central et dominant, d'où il pouvait embrasser l'ensemble de la bataille. Il s'y rencontra avec le général Lebrun et le général Ducrot. Celui-ci exprima ses regrets que, dans la matinée, l'on n'eût pas battu en retraite par Illy, sur Mézières, et fit valoir la nécessité d'exécuter ce mouvement immédiatement. Le général de Wimpffen objecta « que cela n'était pas possible le matin et encore bien moins à l'heure qu'il était (5) ». Le général Lebrun fut du même avis.

Le général Douay ayant manifesté des inquiétudes au

---

(1) Voir p. 107.
(2) *Rapport* du général de Wimpffen.
(3) Voir p. 68 et suiv.
(4) Général de Wimpffen, *Sedan*, p. 168.
(5) *Conseil d'enquête* sur les capitulations, Déposition du général Lebrun.

sujet des troupes qui occupaient le bois de la Garenne, et qui étaient exposées à un feu d'artillerie intense, le général de Wimpffen prescrivit de leur envoyer des renforts, et il se rendit lui-même auprès d'elles. Il constata bientôt que l'artillerie allemande leur causait de grandes pertes et que certaines d'entre elles en étaient très démoralisées (1).

Vers 1 heure, il revint au Vieux Camp. Le cercle de feu se rétrécissait de plus en plus. Le général Douay mandait que sa situation était critique (2). Déjà certaines unités des 1er et 7e corps refluaient en désordre vers la place (3). Désormais, le général de Wimpffen ne pouvait même plus conserver l'espoir de se maintenir sur ses positions jusqu'à la nuit (4). Telle était aussi l'opinion du général Lebrun (5).

La belle contenance du 12e corps suggéra alors un autre projet au général de Wimpffen. Il crut devoir joindre à ce corps d'armée toutes les forces disponibles des 1er et 5e « pour jeter une fraction de l'armée ennemie dans la Meuse » et se frayer une issue dans la direction de Carignan (6). Il fit écrire dans ce sens aux généraux Douay et Ducrot. Le premier fut chargé « de couvrir la retraite (7) »; le second reçut l'ordre de marcher avec toutes ses forces disponibles dans la direction de La Moncelle et Bazeilles, tout en assurant, avec le 7e corps, la possession du Calvaire d'Illy.

---

(1) Général de Wimpffen, *Sedan*, p. 166.
(2) *Rapport* du général de Wimpffen.
(3) *Conseil d'enquête* sur les capitulations, Déposition du général Lebrun.
(4) Général de Wimpffen, *Sedan*, p. 168.
(5) *Conseil d'enquête* sur les capitulations, Déposition du général Lebrun.
(6) *Rapport* du général de Wimpffen; *Rapport* du général Lebrun.
(7) Texte même du billet cité par Bibesco (*Belfort, Reims, Sedan*, p. 154).

La division Goze, du 5ᵉ corps, fut mise à la disposition du général Lebrun, qui lui prescrivit de se placer en deuxième ligne derrière la division d'infanterie de marine (1).

Le général de Lespart, commandant la 3ᵉ division du 5ᵉ corps, fut chargé d'exécuter le même mouvement (2).

Enfin, vers 1 h. 15, le général de Wimpffen adressa à l'Empereur la lettre suivante qui lui fut portée en double expédition par les capitaines d'état-major de Saint-Haouen et de Lanouvelle :

« Je me décide à forcer la ligne qui se trouve devant le général Lebrun et le général Ducrot, plutôt que d'être prisonnier dans la place de Sedan.

« Que Votre Majesté vienne se mettre au milieu de ses troupes, elles tiendront à honneur de lui ouvrir un passage (3). »

Le général Lebrun attendait, pour mettre le 12ᵉ corps

---

(1) *Conseil d'enquête* sur les capitulations, Déposition du général Lebrun.

(2) Général de Wimpffen, *Sedan*, p. 170. Ces dispositions ne sont pas relatées dans le *Rapport* du général de Wimpffen. L'ordre ne paraît être parvenu au général Ducrot qu'à 3 h. 30 (*La Journée de Sedan*, p. 45). Le général de Wimpffen ne disposait, assure-t-il, que de peu d'officiers d'ordonnance et d'état-major (*Conseil d'enquête sur les capitulations*, Déposition du général de Wimpffen ; général de Wimpffen, *Sedan*, p. 171). Le général Faure, chef d'état-major de l'armée de Châlons, accompagné des officiers de l'état-major général, avait d'abord rejoint le général Ducrot quand cet officier général avait été désigné par le maréchal de Mac-Mahon pour prendre le commandement de l'armée. Il se rendit ensuite près du général de Wimpffen, suivi du colonel Broye et du duc d'Harcourt, officier de mobiles. Le général Faure aurait été mal accueilli par le général en chef, et rentra à Sedan. Il assure toutefois que le commandant Riff, le capitaine Kessler et le lieutenant Fabvier rejoignirent le général de Wimpffen vers midi et ne le quittèrent plus.

(3) Général de Wimpffen, *Sedan*, p. 170 ; *Indépendance belge* du 23 septembre 1870. Ce journal donne un texte un peu différent. On a

en mouvement (1), que la division Goze eût occupé l'emplacement prescrit, quand il constata que des fractions de plus en plus nombreuses des 1er et 7e corps refluaient en désordre vers la place de Sedan. Redoutant que cet exemple funeste ne fût suivi par d'autres troupes encore compactes, il se porta en toute hâte à la porte de Balan et fit fermer la barrière. Le remède était insuffisant ; de tous côtés, des soldats débandés se jetèrent dans les fossés. Le général Lebrun poursuivit alors son chemin jusqu'à l'entrée de l'enceinte de la place, et fit lever les ponts-levis. Puis il eut la fâcheuse pensée d'aller au quartier général et de rendre compte de ce qui se passait soit à l'Empereur, soit au maréchal de Mac-Mahon. Ce ne fut pas sans difficultés qu'il parvint à la sous-préfecture. On l'introduisit aussitôt auprès du souverain qui, sans lui laisser le temps d'exposer la situation de l'armée, manifesta son étonnement de ce que la lutte continuât encore quand, depuis plus d'une heure, il avait demandé un armistice en fai-

---

adopté la version de l'ouvrage du général de Wimpffen parce qu'il déclare, dans son ouvrage sur la bataille de Sedan, avoir retrouvé l'original du billet à Sedan, au mois de novembre 1870.

(1) Dans une lettre datée d'Aix-la-Chapelle, 20 octobre 1870, et adressée au général de Wimpffen, le général Lebrun déclare n'avoir pas reçu, vers 1 heure de l'après-midi, l'ordre de tenter avec son corps d'armée une trouée dans la direction de Carignan. Cette lettre fut publiée dans *l'Étoile belge* du 26 octobre suivant. Le général de Wimpffen répondit immédiatement par une lettre contenant le passage ci-après : « J'ajouterai que je n'ai pas seulement parlé au général (Lebrun) de mon intention d'opérer une retraite sur Carignan. Je lui ai donné verbalement moi-même, entre 1 et 2 heures, l'ordre positif de commencer le mouvement, en même temps que j'expédiai des officiers aux 1er et 7e corps pour faire soutenir le 12e. » (Général de Wimpffen, *Sedan*, p. 283.) Le général Lebrun ne relate pas ces instructions dans sa déposition au Conseil d'enquête sur les capitulations ; mais, dans sa brochure *Bazeilles-Sedan* il reconnaît avoir reçu l'ordre de faire un effort sur Bazeilles (p. 120).

sant hisser un drapeau blanc sur la citadelle. Le général Lebrun objecta qu'il était impossible que ce signal fût aperçu de toutes les troupes, sur un champ de bataille dont le développement était considérable. Il était peu vraisemblable, ajouta-t-il, que l'on cessât le feu à la vue de ce drapeau. Ce n'était point ainsi d'ailleurs que, suivant les lois de la guerre, on demandait un armistice, mais en envoyant, au quartier général ennemi, un parlementaire muni de pleins pouvoirs pour en conférer. Le général Lebrun proposa, à cet effet, le général Gresley, son chef d'état-major (1).

L'Empereur lui dicta alors la lettre suivante :

Sous Sedan, le 1er septembre 1870.

« Je soussigné, commandant en chef de l'armée française, ai l'honneur d'adresser à M. le général en chef de l'armée allemande une demande d'armistice, pendant la durée duquel il sera possible de traiter des conditions également acceptables pour ces deux armées.

« *Le général en chef de l'armée française* (2). »

L'Empereur fit observer au général Lebrun que cette lettre devait être signée du général de Wimpffen, commandant en chef. Le général Lebrun partit donc à sa recherche, dans la direction de Balan. Des officiers de la

---

(1) *Conseil d'enquête* sur les capitulations, Déposition du général Lebrun.

(2) D'après le général Lebrun, *Bazeilles-Sedan*, p. 133. « J'ai cru comprendre, dit le général Lebrun, que l'Empereur, parfaitement édifié sur l'insuccès complet de nos armes, d'après les rapports des généraux Ducrot et Douay qu'il avait vus avant moi, n'avait pas voulu attendre que la déroute fût générale, sans rien faire en vue d'obtenir de l'ennemi des conditions moins dures. » (*Notes* personnelles du général Lebrun.)

maison militaire de l'Empereur, croyant que le général Lebrun lui-même était désigné comme parlementaire (1), le firent suivre par un sous-officier de cavalerie porteur d'une lance à laquelle ils fixèrent un fanion blanc (2).

Le général de Wimpffen attendit, pendant une heure environ, la réponse de l'Empereur à la proposition qu'il lui avait faite de venir se mettre à la tête des troupes, afin de se frayer une issue dans la direction du Sud-Est. Ne voyant pas arriver le souverain, au bout de ce laps de temps, et sentant qu'il était peut-être déjà un peu tard pour agir, il se détermina à donner à la division de Vassoigne l'ordre de se reporter en avant (3).

L'Empereur n'avait pas voulu adhérer à la proposition du général de Wimpffen. Au capitaine de Lanouvelle, qui lui demandait quelle réponse il devait porter au général en chef, le souverain avait manifesté le désir d'être informé de toutes les phases de l'action qui allait s'engager, et ajouté « qu'il ne pouvait se faire prendre (4) ».

§ 2. — *Retraite des 1re et 4e divisions du 1er corps.*

De midi à 2 heures, la situation demeura à peu près stationnaire sur la haute Givonne (5). Le 1er corps tenait

---

(1) Le *Rapport* du Conseil d'enquête sur la capitulation de Sedan le déclare par erreur. Le général Ducrot se trompa également sur la mission exacte dont était chargé le général Lebrun. (*La Journée de Sedan*, p. 51.)

(2) Général Lebrun, *Bazeilles-Sedan*, p. 134. Cf. Annexes et éclaircissements, p. 284-288.

(3) Général de Wimpffen, *loc. cit.*, p. 172.

(4) Extraits du *Journal* du capitaine de Lanouvelle. Les mots placés entre guillemets le sont également dans le manuscrit. L'auteur semble donc citer textuellement les paroles de l'Empereur.

(5) Voir p. 139 et suiv.

toujours les crêtes de la rive droite entre Haybes, Givonne et la Forge. La Garde était maîtresse des points de passage de la rivière : la *3e* brigade d'infanterie, trois bataillons de la *2e* brigade et le *2e* régiment de uhlans constituant une réserve générale aux abords de Villers-Cernay. Huit batteries étaient en ligne derrière l'aile gauche ; six derrière l'aile droite. Les seules modifications dans les positions de la Garde furent les suivantes : les 1er et IIe bataillons du *4e* descendirent vers Givonne et se déployèrent entre le IIe bataillon des fusiliers de la Garde et les 2e et 7e compagnies du *100e* saxon qui avaient atteint le débouché Sud du village. D'autre part, le IIIe bataillon du *2e* régiment s'était porté vers Haybes pour déloger, de concert avec les troupes qui s'y trouvaient déjà, quelques fractions françaises restées dans la vallée. Le *1er* régiment enfin s'était porté sur les deux ailes de l'artillerie déployée à l'Est de Givonne (1).

L'artillerie de la Garde prit, pendant ce temps, pour objectifs les troupes françaises en position sur les crêtes de la rive droite et celles qu'elle apercevait au Calvaire d'Illy.

L'immobilité de l'infanterie de la Garde, pendant cette canonnade, permit au général Ducrot de retirer, vers 1 heure, la 2e brigade de la 2e division, la 2e de la 3e et un certain nombre de batteries pour les porter sur le front Ouest du champ de bataille (2).

La supériorité et l'intensité du feu de l'artillerie de la Garde eurent pour résultat d'éteindre à peu près complètement les batteries françaises et d'obliger l'infanterie de la 1re division, de la 1re brigade de la 2e et de la

---

(1) *Historique du Grand État-Major prussien,* 8e livraison, p. 1193-194.

(2) Voir p. 153 et suiv.

2º brigade de la 4ᵉ à se replier peu à peu dans le bois de la Garenne ou vers la crête 270 au Nord-Est de Triples-Levrettes.

L'artillerie de la Garde, n'ayant plus d'objectif au Calvaire d'Illy, concentra exclusivement son action contre le bois de la Garenne. Les batteries avaient canonné d'abord les éclaircies dans lesquelles apparaissaient des troupes françaises ; puis elles s'étaient partagées par batterie toute l'étendue du bois, de sorte que toutes les unités de l'armée de Châlons qui étaient venues y chercher un abri, ne pouvaient échapper aux projectiles. La ferme de Quirimont, construite dans une clairière, fut bientôt la proie des flammes (1). Le bois, où régnait la plus grande confusion, devint presque intenable, et de nombreuses unités refluèrent soit sur Fond de Givonne, soit directement sur Sedan.

Le mouvement de la 1ʳᵉ brigade de la 1ʳᵉ division commença un peu après midi et se fit dans le plus grand ordre. Le 18ᵉ de ligne se porta en arrière, en échelons par bataillon et conservant sa formation en colonnes par division. La ligne de bataille fut reformée sur la crête 270, où deux pièces d'artillerie continuaient encore le feu. Vers 2 heures, le 96ᵉ vint rejoindre le 18ᵉ sur

---

(1) *Historique du Grand État-Major prussien*, 8ᵉ livraison, p. 1194.
« Je divisai en coupures la longue lisière de la forêt qui s'étendait devant nous, et j'assignai une coupure à chacune de nos batteries. La première pièce de toutes ces unités devait atteindre la lisière même du bois, et chaque pièce suivante devait faire feu dans la même direction, mais en élevant chaque fois la hausse de 100 pas. De cette façon, la lisière de la forêt et la forêt elle-même, jusqu'à une profondeur de 500 pas, se virent couvertes d'une grêle d'obus. Les éclats allaient plus loin encore..... Dans cette phase de la bataille, et sur le point où nous étions, notre supériorité sur l'ennemi était écrasante, au point que nous ne subissions plus de pertes du tout. Ces batteries tiraient comme elles tirent sur la cible au polygone. » (Prince de Hohenlohe, *Lettres sur l'artillerie*, p. 85-86.)

cette position, le traversa et continua sa marche en retraite.

Les deux régiments, en s'approchant de la ville, ne purent conserver leur formation déployée, car ils marchaient de plus en plus resserrés entre la route de Bouillon et celle d'Illy. De plus, ils furent constamment traversés et coupés par des fuyards en grand nombre, par des voitures, par de la cavalerie. Le colonel du 96e, commandant la brigade, perdit de vue le général de division et, croyant le suivre, arriva sur les glacis de la place. Il y pénétra par une poterne avec le IIe bataillon du 96e et la majeure partie du 18e, et fit garnir le parapet de tirailleurs. Le Ier bataillon du 96e et les 5e et 6e compagnies du 18e séparées de leur régiment, prirent part, plus tard, à la tentative sur Balan. Le IIIe bataillon du 96e se porta dans le bois de la Garenne, où il fut renforcé par des isolés de tous les corps (1).

A la 2e brigade de la 1re division, les trois bataillons du 1er zouaves séparés les uns des autres depuis le matin, errèrent sur divers points du champ de bataille aux abords du bois de la Garenne. Vers 3 heures, les Ier et IIe bataillons et deux tronçons du IIIe se réunirent sur les glacis. 200 zouaves de ce dernier bataillon combattirent vers Cazal avec la division Liébert (2). Le 45e de ligne se dirigea sur Sedan vers midi (3). L'artillerie de la division se replia sur la place sous l'escorte du 13e bataillon de chasseurs dont les soldats aidèrent les voitures à franchir les passages difficiles (4).

La retraite de la 1re brigade de la 2e division commença vers 2 heures. Le 16e bataillon de chasseurs fut

---

(1) *Rapport* du colonel Bréger, commandant la 1re brigade de la 1re division; *Rapport* du colonel Bluem, commandant le 96e de ligne.
(2) *Historique manuscrit* du 1er zouaves.
(3) *Historique manuscrit* du 45e de ligne.
(4) *Historique manuscrit* du 13e bataillon de chasseurs.

rallié « sous le feu le plus violent » et exécuta sa marche en arrière par compagnie (1). Le 50ᵉ de ligne, qui s'était déployé en laissant de grands intervalles entre les bataillons, fut criblé de projectiles et se divisa en deux fractions. L'une, composée du IIIᵉ bataillon et d'une partie du Iᵉʳ, se jeta dans le bois de la Garenne avec l'espoir de se frayer une issue. L'autre rétrograda sur les glacis de la place. Le 74ᵉ de ligne n'avait pas été engagé. Vers midi 30, le capitaine de Cepoy s'était porté en avant avec quelques hommes de bonne volonté, afin d'éteindre le feu d'une ligne de tirailleurs, et avait été frappé à mort d'une balle en pleine poitrine. La retraite du régiment se fit d'abord en très bon ordre jusqu'au moment où des fractions de cavalerie vinrent jeter la confusion dans les rangs (2).

La 1ʳᵉ brigade de la 4ᵉ division et le Iᵉʳ bataillon du 3ᵉ Tirailleurs étaient à peu près dispersés depuis le combat de la matinée sur la rive gauche de la Givonne ; ses débris erraient sur le champ de bataille, ou s'étaient ralliés à des unités de la 2ᵉ brigade, ou enfin étaient en marche sur Mézières et Rocroi à travers la forêt des Ardennes (3).

Vers midi, le IIᵉ bataillon du 3ᵉ Tirailleurs, qui était allé appuyer le 58ᵉ de ligne à l'Ouest de Daigny, avait battu en retraite sur Sedan, où il était arrivé vers 2 heures. Le IIIᵉ bataillon se replia un peu plus tard en échelons et se réfugia également dans la place (4).

Le 2ᵉ régiment de marche effectua sa retraite avec quelque désordre. Il se scinda en deux parties qui refluèrent sur Sedan (5).

---

(1) *Historique manuscrit* du 16ᵉ bataillon de chasseurs.
(2) *Historique manuscrit* du 74ᵉ de ligne.
(3) Voir p. 47.
(4) *Historique manuscrit* du 3ᵉ régiment de Tirailleurs.
(5) *Historique manuscrit* du 2ᵉ régiment de marche. D'après ce docu-

Quant aux batteries de la réserve d'artillerie, elles avaient été retirées du feu entre 11 heures et midi (1). Les batteries à cheval étaient allées renforcer le 7° corps au Sud-Ouest du Calvaire d'Illy; les batteries montées restantes (2), très éprouvées, se replièrent sur Sedan en prenant diverses positions en arrière (3).

§ 3. — *Mouvement de la 23ᵉ division vers le Nord.*

Entre midi et 1 heure, le prince Georges de Saxe avait ordonné à la *23ᵉ* division de se porter dans la direction d'Illy. Elle devait suivre la vallée de la Givonne jusqu'à Daigny, mais laisser à la disposition de la Garde les routes situées en amont de cette localité. La *23ᵉ* division passa donc tout entière sur la rive droite de la Givonne par un pont de circonstance et, vers 1 heure, après l'arrivée de renforts attendus par le Iᵉʳ corps bavarois (4), elle se mit en marche, des abords de Monvillers, dans la direction indiquée. Elle suivit en une seule colonne la route occidentale de la vallée (5), couverte sur son flanc

---

ment, le régiment se serait trouvé placé, au moment de la retraite, entre la gauche de la 1ʳᵉ division du 1ᵉʳ corps et le Calvaire d'Illy.

(1) *Notes* du lieutenant-colonel de Brives.

(2) La 11ᵉ du 9ᵉ était allée au Calvaire d'Illy. Voir p. 155.

(3) *Rapport* sommaire du colonel Grouvel sur la part prise à la bataille de Sedan par la réserve d'artillerie du 1ᵉʳ corps ; *Rapport* du capitaine Bavelaër, commandant la 5ᵉ batterie du 9ᵉ ; *Rapport* du capitaine Dupuy, commandant la 12ᵉ batterie du 6ᵉ.

(4) *3ᵉ division bavaroise et partie du IVᵉ corps.*

(5) *Ordre de marche de la 23ᵉ division.* — *45ᵉ brigade* : *100ᵉ* régiment; 2ᵉ, 1ʳᵉ batteries; *101ᵉ* régiment; 11ᵉ, 1ʳᵉ batteries; Iᵉʳ et IIᵉ bataillons du *108ᵉ*.

46ᵉ brigade : *102ᵉ* régiment; Iᵉʳ et IIᵉ bataillons du *103ᵉ*.

Le IIIᵉ bataillon du *108ᵉ* demeura quelque temps à la cote 194 et ne rejoignit que plus tard.

gauche par la 6ᵉ compagnie du *108ᵉ*, qui s'était portée dès midi vers la Ramorie. Toutefois, la *46ᵉ* brigade s'étant trouvée arrêtée à La Moncelle par d'autres troupes, revint sur la rive gauche et poursuivit sa marche sur Daigny, en arrière et à droite de la *45ᵉ*.

Le commandant de la *23ᵉ* division supposait que les Français avaient complètement abandonné les hauteurs qui bordent la rive droite de la Givonne, et que des troupes allemandes avaient déjà franchi la vallée à Daigny et en amont. Il fut donc surpris quand la 2ᵉ compagnie du *100ᵉ* qui marchait en tête de la *45ᵉ* brigade fut accueillie à coups de fusil en approchant du petit bois qui borde la route, à l'Ouest de Daigny (1).

Ce bois était occupé, selon toute vraisemblance, par des fractions du 58ᵉ de ligne, dont les feux à volonté avaient, à plusieurs reprises, empêché les Allemands de déboucher de Daigny et de la corne Sud-Ouest du bois de Villers-Cernay (2).

Ce régiment avait d'abord été appuyé à gauche par le IIᵉ bataillon du 2ᵉ Tirailleurs. Mais celui-ci s'était replié vers midi. Le 58ᵉ resta bientôt dépourvu de tout appui sur ses deux flancs. Les 14ᵉ et 20ᵉ de ligne qui, dans leur retraite vers le Nord-Ouest (3), avaient marqué un temps d'arrêt entre la cote 244 et la croisée des chemins située

---

(1) *Historique du Grand État-Major prussien*, 8ᵉ livraison, p. 1187-1188. — Le prince Georges de Saxe, qui se tenait auprès de l'artillerie de corps sur les hauteurs au Sud-Est de Daigny, avait constaté l'occupation par les Français du petit bois à l'Ouest de Daigny. Il envoya au commandant de la 23ᵉ division le capitaine Portius, chargé de lui porter l'ordre de s'emparer des hauteurs à l'Ouest de Daigny. Cet officier fut blessé, chemin faisant, et ne put remplir sa mission. (Von Schimpff, *loc. cit.*, p. 175-176.)

(2) *Historique manuscrit* du 58ᵉ de ligne. — Peut-être y avait-il aussi dans ce bois la 4ᵉ compagnie du IVᵉ bataillon du 64ᵉ de ligne (3ᵉ régiment de marche) (*Historique manuscrit* du 64ᵉ de ligne).

(3) Voir p. 80.

à l'Ouest, s'étaient définitivement repliés sur Fond de Givonne (1). A 1 heure, les 1er et 11e bataillons du 31e de ligne étaient venus se rallier derrière le IIIe non encore engagé. Le lieutenant-colonel avait groupé ainsi dans un chemin creux une dizaine de compagnies du régiment, et dirigé cette colonne sur Sedan. Les autres compagnies avaient suivi des itinéraires parallèles (2).

A gauche, les 3e et 4e régiments de marche, formant la brigade Marquisan, s'étaient également repliés sur le bois de la Garenne vers 1 heure. Les deux régiments, après s'être ralliés le long du bois, s'étaient portés sur Sedan où toute la brigade arriva vers 3 h. 30, à part le IVe bataillon du 64e de ligne qui fut coupé de la colonne et qui s'engagea plus tard vers Balan (3).

Le général de Montbé, commandant la *23e* division, prit le parti d'opposer à l'adversaire le bataillon tête de colonne de la *45e* brigade; de faire passer le reste de cette brigade sur la rive gauche de la Givonne, par le pont de Daigny; de continuer ensuite sa marche vers le Nord (4). La 2e compagnie du *100e*, renforcée bientôt par les 1re et 3e, chassa les Français du petit bois. Puis la 2e compagnie et la 7e, arrivée sur ces entrefaites, poursuivirent leur marche vers le Nord et allèrent occuper l'entrée Sud de Givonne où elles se mirent en liaison avec l'infanterie de la Garde.

Les 1re et 3e compagnies (5) bordèrent la lisière du

---

(1) *Historiques manuscrits* des 14e et 20e de ligne.

(2) *Historique manuscrit* du 31e de ligne.

(3) *Journal* de marche de la brigade Marquisan; *Rapport* du commandant Moch, du 64e de ligne; *Historique manuscrit* du 64e de ligne.

(4) Von Schimpff, *loc. cit.*, t. II, p. 176. On a adopté ici la version de cet auteur. Elle concorde, dans l'ensemble, avec l'*Historique du Grand État-Major prussien* (8e livraison, p. 1188-1189) et a l'avantage d'être plus claire.

(5) La 3e compagnie avait subi d'assez fortes pertes : un tiers de son effectif.

petit bois et repoussèrent plusieurs retours offensifs des Français. La 4ᵉ compagnie demeura en réserve dans la vallée (1).

Le chef du Iᵉʳ bataillon du *100ᵉ* ayant demandé des renforts au colonel du *101ᵉ*, celui-ci lui envoya d'abord ses 1ʳᵉ et 2ᵉ compagnies (2). Celle-ci prit le sentier qui gravit directement les pentes et arriva la première sur la crête, mais se trouva en présence de forces supérieures appartenant au demi-régiment de droite du 34ᵉ de ligne déployé vers la cote 256, de part et d'autre de la grande route (3).

Quatre compagnies débouchèrent bientôt à ses côtés : la 1ʳᵉ avait suivi le chemin carrossable conduisant à Fond de Givonne ; les 11ᵉ et 12ᵉ avaient pris plus à gauche encore ; enfin la 3ᵉ se déployait également sur la gauche de cette ligne.

A la suite d'une lutte longue et acharnée, dans laquelle intervinrent les batteries allemandes de la rive gauche de la Givonne, les cinq compagnies saxonnes parvinrent à repousser sur Fond de Givonne les fractions françaises qui leur faisaient face. Mais celles-ci, renforcées par la division Goze, n'allaient pas tarder à refouler à leur tour les Saxons jusqu'à la crête qui borde la rivière (4).

Constatant que les Français opposaient une résistance sérieuse sur la rive droite de la Givonne, le général de Montbé avait arrêté la tête de colonne de la *45ᵉ* brigade à hauteur de Haybes. Il donna l'ordre au colonel du *101ᵉ* de porter sur les hauteurs à l'Ouest de Haybes les fractions encore disponibles des Iᵉʳ et IIIᵉ bataillons, aux-

---

(1) Von Schimpff, *loc. cit.*, t. II, p. 176.
(2) *Ibid.*, p. 177.
(3) *Historique manuscrit* du 34ᵉ de ligne.
(4) Von Schimpff, *loc. cit.*, p. 177-178 ; *Historique du Grand État-Major prussien*, 8ᵉ livraison, p. 1190-1191.

quelles se joignirent, venant de Haybes, une partie de la 3ᵉ compagnie des chasseurs de la Garde et du 1ᵉʳ bataillon de chasseurs bavarois. Il déploya les autres bataillons de la *45ᵉ* brigade (1) et les batteries divisionnaires sur le versant oriental de la vallée (2).

Au moment du passage de la *23ᵉ* division à Daigny, les troupes allemandes qui occupaient, depuis quelques heures déjà, la lisière orientale de ce village (3), s'étaient jointes au mouvement vers les hauteurs. Toutefois, elles avaient reçu bientôt l'ordre de s'arrêter, la *24ᵉ* division à laquelle elles appartenaient devant encore demeurer sur ses positions, d'après les instructions du prince Georges de Saxe. Par contre, les Iᵉʳ et IIᵉ bataillons du *2ᵉ* régiment de grenadiers de la Garde allèrent renforcer les fractions de la *45ᵉ* brigade qui s'étaient portées à l'Ouest de Daigny et de Haybes (4).

Le Iᵉʳ bataillon chemina par le parc de Daigny et le bouquet de bois adjacent. Les 3ᵉ et 4ᵉ compagnies, accueillies par un feu à volonté exécuté à bout portant, furent contraintes de regagner le bois. Mais les fractions suivantes, longeant le mur du parc, gravirent les pentes un peu plus au Nord, débouchèrent à droite des cinq compagnies du *101ᵉ*, et prirent sous leur feu la route de Fond de Givonne, par laquelle se repliaient les Français.

Les 5ᵉ et 6ᵉ compagnies vinrent les renforcer, tandis que les 7ᵉ et 8ᵉ se portaient à la gauche des Saxons sur la lisière occidentale du bois de Daigny. Les deux autres demi-bataillons du *101ᵉ* (5) entrèrent en ligne à la droite

---

(1) $\frac{\text{IIe, IIIe}}{100^e}$, $\frac{\text{IIe}}{101^e}$, $\frac{\text{Ier, IIe}}{108^e}$, et plus tard $\frac{\text{IIIe}}{108^e}$.

(2) *Historique du Grand État-Major prussien*, 8ᵉ livraison, p. 1188.

(3) Fractions du *104ᵉ* et du *13ᵉ* bataillon de chasseurs.

(4) *Historique du Grand État-Major prussien*, 8ᵉ livraison, p. 1188-1189.

(5) $\frac{3^e, 4^e, 9^e \text{ et } 10^e}{101^e}$.

du Ier bataillon du 2e régiment de grenadiers de la Garde et occupèrent la tranchée que forme la grande route (1). Après une préparation énergique par l'artillerie, ces quatre compagnies enlevèrent une carrière située au Nord-Est de Fond de Givonne, de concert avec des fractions du 1er bataillon de chasseurs bavarois et des chasseurs de la Garde prussienne (2).

§ 4. — *Entrée en ligne de la division Goze à l'Est de Fond de Givonne.*

La division Goze s'était rassemblée, dans les premières heures de la matinée, sur les emplacements mêmes où elle avait passé la nuit, c'est-à-dire dans les fossés et sur les glacis voisins de la porte de Balan. Le 11e de ligne et le Ier bataillon du 46e de la brigade Saurin étaient détachés à Balan d'où ils observaient les bords de la Meuse à l'Ouest de cette localité.

Dès 5 heures du matin, les projectiles commencèrent à tomber sur l'esplanade où étaient parquées les batteries divisionnaires qui furent conduites sur les hauteurs au Nord de Fond de Givonne. A 7 heures, la division reçut l'ordre de se porter également sur ce point et d'occuper un ancien redan. La 7e batterie du 6e (à balles) réduite à trois pièces, s'établit au Sud-Est de ce redan, face à Bazeilles. Vers 10 heures, le général de Wimpffen, voulant renforcer le 1er corps, dirigea la 1re brigade sur le bois de la Garenne. Elle ne fut pas engagée, et à 1 heure,

---

(1) Toutes ces troupes étaient donc disposées dans l'ordre suivant, de la gauche à la droite :

$$\frac{7^e, 8^e}{2^e \text{ Gr. G.}}, \frac{3^e}{100^e}, \frac{2^e, 1^{re}, 11^e \text{ et } 12^e}{101^e}, \frac{3^e, 4^e, 5^e, 6^e, 1^{re} \text{ et } 2^e}{2^e \text{ Gr. G.}}, \frac{1^{re}}{100^e}, \frac{3^e, 4^e, 9^e \text{ et } 10^e}{101^e}.$$

(2) *Historique du Grand État-Major prussien*, 8e livraison, p. 1191.

elle rejoignit la 2e brigade sur les hauteurs au Nord de Fond de Givonne (1). Le Ier bataillon du 46e, qui était resté longtemps près du cimetière de Balan, avait suivi le mouvement de retraite de l'infanterie de marine. Le 11e de ligne était demeuré à Balan et ne rejoignit pas la division (2).

Peu de temps après la jonction des deux brigades (3), la division descendit sur Fond de Givonne par le vallon qui sépare les croupes 231 et 270 (4). Les fractions saxonnes qui occupaient le village, rétrogradèrent devant ces forces supérieures en nombre. La division traversa la route de Bouillon et se déploya sur le plateau au Sud, face à Daigny. En première ligne se placèrent, de la droite à la gauche : le 4e bataillon de chasseurs, le Ier bataillon du 86e, le Ier du 61e, les trois bataillons du 46e, le IIIe du 61e; un grand nombre de compagnies les précédaient, en tirailleurs (5). En seconde ligne se formèrent : le IIe bataillon du 86e, déployé et défilé à 50 mètres en arrière, débordant à gauche d'un demi-bataillon le Ier bataillon du 86e; le IIe bataillon du

---

(1) *Journal* de marche de la 2e brigade de la 1re division du 5e corps; *Rapport* du chef d'escadron Perot, commandant en second l'artillerie de la 1re division du 5e corps.
D'après le *Rapport* du capitaine Crouzet, le 86e de ligne serait resté en réserve dans les fossés jusque vers 9 heures.
(2) *Historiques manuscrits* des 46e et 11e de ligne.
(3) L'heure n'est pas spécifiée par le *Journal* de marche de la 2e brigade. Les *Historiques manuscrits* des 46e et 61e de ligne indiquent 11 heures du matin, ce qui est certainement erroné.
(4) Le *Journal* de marche de la 2e brigade relate que la division fut dirigée sur Fond de Givonne par le général en chef. Le général de Wimpffen déclare au contraire avoir été étonné de ne pas rencontrer la division Goze « sur la hauteur située en avant de Fond de Givonne et qui domine La Moncelle, Bazeilles et Sedan » (*loc. cit.*, p. 173), ce qui pourrait faire supposer que le mouvement de cette division ne fut pas exécuté sous sa direction ou suivant ses instructions.
5) *Historiques manuscrits* des 46e et 61e de ligne.

61ᵉ dans le même ordre et sur le prolongement du IIᵉ bataillon du 86ᵉ, en arrière du centre du 46ᵉ (1).

« Cette disposition », assure, non sans exagération, le *Journal* de marche de la 2ᵉ brigade, « nous donnait l'avantage du feu sur les colonnes ennemies; elle présentait aux coups de l'artillerie le moins de prise possible; elle avait enfin l'avantage d'avoir deux réserves abritées et sous la main même du général de division ».

A gauche de la division Goze s'étaient ralliées des fractions appartenant aux 34ᵉ et 58ᵉ de ligne de la division Grandchamp, qui avaient défendu le bois et les crêtes à l'Ouest de Daigny. Une portion du 22ᵉ de ligne, de la même division, se porta également sur ce point (2).

La 5ᵉ batterie du 6ᵉ s'établit à droite de la première ligne; les deux canons à balles de la 7ᵉ du 6ᵉ un peu en avant du centre; les quatre pièces de la 6ᵉ du 6ᵉ à gauche, derrière les tirailleurs du 1ᵉʳ bataillon du 46ᵉ (3). Elles eurent à soutenir une lutte violente contre l'artillerie allemande de la rive gauche de la Givonne; elles reçurent même plus tard des coups d'écharpe et de revers (4). Elles se maintinrent néanmoins très énergiquement sur leur position et lancèrent sur l'infanterie ennemie qui cherchait à déboucher sur le plateau, tout ce qu'elles avaient de boîtes à mitraille (5). Elles ne réussirent pas toutefois à arrêter les tirailleurs des *100ᵉ* et

---

(1) *Journal* de marche de la 2ᵉ brigade de la division Goze.
(2) *Historiques manuscrits* des 34ᵉ, 58ᵉ et 22ᵉ de ligne.
(3) *Rapport* du chef d'escadron Perot, commandant en second l'artillerie de la 1ʳᵉ division du 5ᵉ corps, daté de Mayence, 19 octobre.

D'après le *Journal* de marche de la 2ᵉ brigade, les batteries divisionnaires auraient pris place au centre. D'après le *Rapport* du capitaine Gastine, commandant la 7ᵉ batterie du 6ᵉ, elle aurait pris position « à la gauche des deux autres batteries de la division ».

(4) *Rapport* du chef d'escadron Perot, commandant en second l'artillerie de la 1ʳᵉ division du 5ᵉ corps.
(5) *Ibid.*

*101*ᵉ saxons, et surtout ceux du Iᵉʳ bataillon du *2*ᵉ régiment de grenadiers de la Garde qui, gagnant du terrain, gênèrent bientôt par leurs balles, le service des pièces (1). Vers 2 h. 30, ces batteries durent battre en retraite. Leur mouvement s'effectua « sous une véritable pluie de projectiles », et cependant « en bon ordre et au pas des chevaux (2) ». Après avoir traversé la route de Bouillon à Fond de Givonne, elles vinrent s'établir près du Vieux Camp, à la cote 242. Les deux canons à balles et la 5ᵉ batterie épuisèrent tout leur approvisionnement ; les quatre pièces de la 6ᵉ furent en partie ravitaillées par les chasseurs à pied de l'escorte, qui allèrent chercher des munitions dans des caissons démontés et abandonnés (3).

La retraite des batteries détermina un redoublement de feu de l'artillerie allemande sur l'infanterie des divisions Goze et Grandchamp, qui reçut des projectiles de front, d'écharpe et de revers (4).

Quand le prince Georges de Saxe avait vu l'infanterie des *100*ᵉ et *101*ᵉ solidement établie sur les hauteurs, à l'Ouest de Daigny et de Haybes, il avait également envoyé l'artillerie de corps sur la rive droite, par La Moncelle. Elle s'établit entre les batteries de la *8*ᵉ division et celles de la *23*ᵉ, de sorte que vingt et une batteries allemandes couronnaient les crêtes, depuis Bazeilles jusqu'au Nord-Est de Fond de Givonne (5).

---

(1) *Rapports* des capitaines commandant les 6ᵉ et 7ᵉ batteries du 6ᵉ.

(2). *Journal* de marche de la 2ᵉ brigade.

(3) *Rapport* du chef d'escadron Perot, commandant en second l'artillerie de la 1ʳᵉ division du 5ᵉ corps.

(4) *Journal* de marche de la 2ᵉ brigade de la 1ʳᵉ division du 5ᵉ corps.

(5) *Historique du Grand État-Major prussien*, 8ᵉ livraison, p. 1192. C'étaient, de la gauche à la droite : six batteries des Iᵉʳ et IIᵉ corps

Grâce à ce formidable appui, l'infanterie allemande gagna du terrain sur le front de la division Goze, mais surtout sur le flanc gauche des débris de la division Grandchamp. Vers 3 heures, le 2ᵉ régiment de grenadiers de la Garde, se rassemblait en entier aux abords de la carrière située au Nord de la cote 207, et conquise précédemment (1). Menacés d'être débordés, les restes des 34ᵉ et 58ᵉ de ligne de la division Grandchamp rétrogradèrent par la gauche (2). La division Goze exécuta simultanément le même mouvement, chaque régiment rompant par peloton, en suivant la grande route et le faubourg de Givonne (3). La retraite fut couverte par des tirailleurs et par les feux des batteries divisionnaires.

§ 5. — *Retour offensif de la division de Vassoigne.*

Après avoir vainement attendu, pendant plus d'une heure, la réponse de l'Empereur à la proposition qu'il lui avait faite (4), le général de Wimpffen réunit des fractions de tous les corps massées aux abords Nord-Est de la ville, et se plaça à leur tête avec son état-major (5). En même temps, il donna l'ordre aux débris de la division de Vassoigne, rassemblés en majeure partie au Vieux Camp, de se porter en avant (6). Il était 3 heures environ. Toutes ces troupes, comptant 5,000 à 6,000 hommes,

---

bavarois; quatre de la *8ᵉ* division; sept de l'artillerie de corps du XIIᵉ corps; quatre de la *23ᵉ* division.

(1) *Historique du Grand État-Major prussien*, 8ᵉ livraison, p. 1191. Voir p. 209.

(2) *Historique manuscrit* du 46ᵉ de ligne.

(3) *Journal* de marche de la 2ᵉ brigade de la 1ʳᵉ division du 5ᵉ corps.

(4) Voir p. 196-199.

(5) *Rapport* du général de Wimpffen.

(6) Général de Wimpffen, *loc. cit.*, p. 172.

suivirent la grande route de Bouillon et gravirent ensuite les hauteurs qui dominent Fond de Givonne au Sud. Peu à peu, elles appuyèrent vers le Sud-Ouest et vinrent combattre dans les jardins, les clôtures et les parcs attenant à Balan (1).

De sa personne, le général de Wimpffen prit un chemin qui le ramena à la porte de Balan. Il espérait trouver le général Lebrun près de cette localité (2). Vers 4 heures, il fut rejoint par un officier de la maison de l'Empereur, qui lui remit une lettre du souverain. Jugeant la tentative sur Carignan « impraticable (3) », Napoléon III le prévenait que le drapeau blanc avait été hissé sur la citadelle; il invitait en outre le général de Wimpffen à cesser le feu, et le chargeait de négocier avec l'ennemi. Ne reconnaissant pas à l'Empereur le droit de faire arborer le drapeau parlementaire, le général de Wimpffen refusa de déférer à ses instructions (4). Il entra en ville pour appeler à lui toutes les troupes qui s'y trouvaient accumulées et pour tenter avec elles un dernier effort (5). Il parvint à entraîner quelques fractions à sa suite.

Le général Lebrun rejoignit ensuite le général de Wimpffen qui, apercevant de loin le fanion blanc, dont était suivi le commandant du 12ᵉ corps, ne laissa même pas à ce dernier le temps de parler. De très loin il s'écria

---

(1) *Rapport* du général de Wimpffen; Général de Wimpffen, *loc., cit.*, p. 173; *Journal* de marche de la division de Vassoigne.

(2) *Conseil d'enquête* sur les capitulations, Déposition du général de Wimpffen.

(3) Napoléon III au général de Wimpffen, Wilhemsböhe, 3 octobre.

(4) *Rapport* du général de Wimpffen; *Conseil d'enquête* sur les capitulations, Déposition du général de Wimpffen; Général de Wimpffen, *loc., cit.*, p. 173.

(5) *Conseil d'enquête* sur les capitulations, Déposition du général de Wimpffen.

qu'il occupait encore de bonnes positions, et qu'il ne pouvait être question de capitulation (1). Le général Lebrun tenta de lui expliquer qu'il n'avait qu'une mission à remplir : lui faire connaître le désir de l'Empereur de demander un armistice. Il le supplia de prendre lecture du pli qu'il lui apportait. Comme le général de Wimpffen s'y refusait, le général Lebrun lui conseilla d'aller trouver l'Empereur auquel il exposerait ses intentions (2).

Le général de Wimpffen prit la direction de Sedan, non pour se rendre auprès du souverain, mais pour faire sortir d'autres troupes de la ville.

§ 6. — *Le XIIe corps de 3 à 4 heures du soir.*

Tandis que ces combats avaient lieu à l'Est de Fond de Givonne, le gros de la 45e brigade avait quitté son premier emplacement sur le versant de la vallée, à hauteur de Haybes, pour gagner, par Givonne, les crêtes du plateau. Les batteries divisionnaires prirent position au Nord de la route de Sedan ; les trois régiments d'infanterie se réunirent derrière elles, à l'exception de quelques compagnies encore engagées vers Fond de Givonne (3) et de deux autres laissées à Givonne (4).

---

(1) D'après le général de Wimpffen, un de ses officiers d'ordonnance fit jeter le fanion à terre (*loc. cit.*, p. 175).

(2) *Conseil d'enquête* sur les capitulations, Dépositions des généraux Lebrun et de Wimpffen. — D'après l'ouvrage du général de Wimpffen, le général Lebrun ne l'aurait rejoint que plus tard, après la dernière tentative sur Balan, à 4 h. 30 (*loc. cit.*, p. 175).

(3) $\dfrac{1^{er}, 2^e, 11^e \text{ et } 12^e}{101^e}$.

(4) $\dfrac{2^e \text{ et } 7^e}{100^e}$.

Vers 3 heures, le prince Georges de Saxe rejoignit la 45ᵉ brigade afin de se rendre compte par lui-même de la situation. De toutes parts déjà, les troupes françaises refluaient vers Fond de Givonne, de sorte que les batteries saxonnes ne trouvaient plus à agir qu'accidentellement; mais une violente fusillade retentissait dans le bois de la Garenne que la Garde prussienne se préparait à aborder par Givonne.

Dans ces conditions, le prince Georges de Saxe ne jugea pas possible de donner suite au mouvement sur Illy. Il considéra d'ailleurs l'opération comme inutile, parce que l'armée française, complètement enveloppée, commençait déjà à se désorganiser. Regardant la bataille comme gagnée, le prince Georges de Saxe en rendit compte au commandant de l'armée de la Meuse, en ajoutant qu'une continuation de l'offensive dans la zone d'action de la place causerait des pertes inutiles. Il prescrivit donc au général de Montbé de demeurer sur ses positions actuelles. Toutefois, des fractions du *108ᵉ*, puis du *101ᵉ* furent portées vers le bois de la Garenne, afin de relier le XIIᵉ corps à la Garde.

Le commandant de l'armée de la Meuse, approuvant la détermination du prince Georges de Saxe, envoya aux troupes du XIIᵉ corps encore en marche vers le Nord, l'ordre de suspendre le mouvement. La *46ᵉ* brigade atteignait à ce moment les abords Nord de Givonne. Le *102ᵉ* se rassembla au Nord de la Forge; le *103ᵉ* s'arrêta à l'Est de Givonne et fit traverser la vallée à sa 1ʳᵉ compagnie. La *24ᵉ* division, qui s'était massée entre Daigny et le Bois Chevalier, d'où elle venait précisément de s'ébranler dans la direction d'Illy, fut ramenée à l'Est de Daigny.

Vers 4 heures, le XIIᵉ corps avait donc la *45ᵉ* brigade, onze batteries et le *1ᵉʳ* régiment de cavalerie sur les crêtes à l'Ouest de Daigny et de Haybes; la *46ᵉ* brigade à Givonne et au Nord; la *24ᵉ* division était aux abords de Daigny. La division de cavalerie saxonne était encore à Douzy (1).

§ 7. — *Perte du bois de la Garenne.*

La canonnade intense de l'artillerie de la Garde avait à peu près complètement annihilé la défense de la lisière Est du bois de la Garenne, quand, vers 3 heures, l'infanterie de la 1re division se porta en avant. Après une dernière salve tirée sur le bois par toutes les batteries, la première colonne d'attaque gravit les pentes des hauteurs 293 à l'Ouest de Givonne. Elle comprenait le Ier et le IIIe bataillon du régiment de fusiliers, les Ier et IIe bataillons du 4e régiment, la 1re compagnie de chasseurs. Sa mission était de pousser directement sur le bois de la Garenne, puis sur la route d'Illy à Sedan. Le reste du bataillon de chasseurs, partant de Haybes, flanquait ces troupes sur leur gauche. La 1re brigade d'infanterie devait suivre par Givonne et se porter ensuite contre le saillant Nord du bois. Enfin, le IIe bataillon du régiment de fusiliers et le IIIe du 2e régiment restaient à Givonne et à Haybes (2).

Parvenue aux abords de la cote 293, cette colonne se scinda en deux parties qui prirent, à droite, le chemin du Calvaire, à gauche, celui de la ferme de Quirimont. Les Ier et IIe bataillons du 4e, qui tenaient la tête de la colonne de droite, furent employés à réunir et à escorter

---

(1) *Historique du Grand État-Major prussien*, 8e livraison, p. 1191-1193.

(2) *Ibid.*, p. 1193.

Les trois autres bataillons de la 1re division de la Garde $\left(\frac{I^{er}, II^e}{2^e\,Gr.}\right.$ et $\left.\frac{III^e}{4^e\,Gr.}\right)$ étaient encore en réserve sur la rive gauche de la Givonne.

les prisonniers. Le Ier bataillon de fusiliers, après avoir repoussé quelques fractions françaises qui assaillaient ses flancs, parvint, vers 4 heures, à la lisière Nord du bois (1).

La 1re compagnie du régiment de fusiliers marchait en tête des forces qui se dirigeaient vers Quirimont; elle était suivie du IIIe bataillon, formé en colonnes de compagnie. Un engagement assez confus se produisit au Sud de la ferme entre cette compagnie et des fractions françaises de plusieurs corps. Le Ier bataillon du *4*^e régiment de la Garde accourut en hâte à son secours, ainsi qu'une portion de la 7e compagnie du régiment du Corps saxon (2).

Pendant ce temps, la 11e compagnie du régiment de fusiliers et une partie de la 10e se portèrent sur Quirimont, où se trouvaient des fractions du 49e, du 88e et des isolés de plusieurs autres corps. D'abord refoulées par un bataillon français en ordre serré, elles furent dégagées par l'intervention de deux compagnies du IIIe bataillon arrivant du Nord, et de la 1re compagnie de chasseurs de la Garde venant du Sud. La 7e compagnie du régiment de Tirailleurs saxons atteignit Quirimont, débouchant également du Sud (2).

Indépendamment des deux compagnies saxonnes mentionnées, d'autres troupes de la *45*^e brigade avaient pris part à l'attaque du bois de la Garenne. Le IIIe bataillon du régiment de Tirailleurs, le IIe et la moitié du IIIe bataillon du *101*^e y avaient pénétré dans le saillant Sud-Est. Sur leur droite, la majeure partie du Ier bataillon du *4*^e régiment de la Garde s'était jointe à ce mouvement, tandis que la fraction la plus forte du bataillon de

---

(1) *Historique du Grand État-Major prussien*, 8e livraison, p. 1196.
(2) *Ibid.*
(3) *Ibid.*

chasseurs et, plus tard, le III⁰ bataillon du *2⁰* régiment de la Garde gravissaient, de Haybes, les pentes de la croupe 277, et gagnaient la lisière du bois (1).

Pendant ce temps, la *1ʳᵉ* brigade d'infanterie de la Garde s'était portée, par Givonne, à la suite de la première colonne d'attaque ; puis elle avait obliqué à droite, et plus loin, s'était rencontrée avec des détachements du *80⁰* et du *87⁰* (2) venant des environs de Chataimont. Les 1ʳᵉ et 3ᵉ compagnies et le III⁰ bataillon du *1ᵉʳ* régiment de la Garde se portaient au saillant Nord du bois ; le reste du régiment restant dans la vallée au Nord de Givonne (3).

Ce mouvement du *1ᵉʳ* régiment de la Garde détermina les détachements du *80⁰* et du *87⁰* à progresser plus énergiquement, et permit à huit compagnies des *82⁰* et *87⁰* (4) qui occupaient Illy de pénétrer dans le bois.

Le 17⁰ de ligne et diverses fractions du 72ᵉ, du 82ᵉ et du 49ᵉ en défendaient la lisière aux environs Sud du Calvaire d'Illy. Débordées sur leur gauche, ces troupes résistèrent quelque temps, grâce à la ferme contenance du III⁰ bataillon du 17⁰. Puis elles se replièrent en désordre sur Quirimont où elles furent prises à revers par les troupes allemandes occupant la ferme (5).

La lutte continua pourtant. Les débris du 17⁰, déjà scindé en deux tronçons, et des soldats de tous corps se défendaient pied à pied lorsque la sonnerie de la ces-

---

(1) *Historique du Grand État-Major prussien*, 8ᵉ livraison, p. 1198.

(2) $\frac{\text{III}^e, 1^{re} \text{ et } 4^e}{80^e}$, $\frac{4^e, 5^e, 7^e \text{ et } 3^e}{87^e}$.

(3) *Historique du Grand État-Major prussien*, 8ᵉ livraison, p. 1198.

(4) $\frac{5^e, 6^e, 8^e, 10^e \text{ et } 12^e}{82^e}$, $\frac{1^{re}, 9^e \text{ et } 12^e}{87^e}$.

(5) *Historique du Grand État-Major prussien*, 8ᵉ livraison, p. 1198 ; *Rapport* du colonel Weissenburger, commandant le 17⁰ de ligne.

sation du feu se fit entendre dans toutes les directions, ainsi que des sonneries ennemies. Les officiers, ne pouvant comprendre la signification de ce signal, crurent qu'il fallait charger à la baïonnette. Aussitôt le feu cessa; des fractions s'avancèrent de toutes parts, la baïonnette croisée, jusqu'à dix pas de l'ennemi, lorsqu'on aperçut près de la ferme un grand nombre de soldats français désarmés, mêlés à des soldats saxons, et criant : « Ne tirez pas, le général s'est rendu (1) ; on pose les armes. » En effet, déjà un très grand nombre de fusils étaient entassés à la porte de la ferme ; des lignes d'infanterie saxonne entouraient les prisonniers, et le 17ᵉ n'eut pas le choix des moyens. Ne pouvant se faire jour à travers l'ennemi, sans tirer sur tant de Français désarmés, il fut obligé de se rendre (2). Le IIIᵉ bataillon et une fraction du Iᵉʳ bataillon du 1ᵉʳ zouaves, ainsi qu'une partie du 78ᵉ de ligne, entourés de tous côtés, subirent le même sort, après une résistance très honorable (3). Le IIIᵉ bataillon du 96ᵉ qui, au moment de la retraite sur Sedan de la 1ʳᵉ division du 1ᵉʳ corps, était resté dans le bois de la Garenne, s'y défendit jusqu'à la nuit et parvint à gagner Sedan (4).

Tandis que le bois de la Garenne était ainsi abordé de l'Est et du Nord, il était également envahi par le Nord-Ouest et l'Ouest.

Les deux batteries du XIᵉ corps en position près du Terme, canonnèrent d'abord la lisière Nord-Ouest où

---

(1) Il s'agissait vraisemblablement du général de Fontanges (*Rapport du général de Fontanges.*)

(2) *Rapport* du colonel Weissenburger, commandant le 17ᵉ de ligne.
D'après l'*Historique manuscrit* du corps, le drapeau aurait été détruit et enterré, fait que ne relate pas le *Rapport* du colonel.

(3) *Historiques manuscrits* du 1ᵉʳ zouaves et du 78ᵉ de ligne.

(4) *Rapport* du colonel Bluem, commandant le 96ᵉ, sur la part prise par ce régiment à la bataille de Sedan.

pénétrèrent ensuite les 2ᵉ et 4ᵉ compagnies du 5ᵉ bataillon de chasseurs, suivies par les Iᵉʳ et IIᵉ bataillons du 94ᵉ. Ces troupes, traversant le couvert sans grande résistance de la part des débris du Iᵉʳ bataillon du 99ᵉ, atteignirent la route d'Illy à Sedan, non loin de la ferme de Quirimont, tandis qu'à leur droite le IIIᵉ bataillon du 88ᵉ s'approchait des remparts de Sedan par le ravin de la Garenne (1).

Un autre groupe, composé de fractions de divers régiments, se porta sur le bois entre les chemins qui conduisent de Cazal et de Floing à Quirimont. En première ligne se trouvait le IIIᵉ bataillon du 83ᵉ; puis venaient : les autres fractions de ce régiment présentes sur ce point; le IIᵉ bataillon, les 2ᵉ et 3ᵉ compagnies du 88ᵉ, les 8ᵉ, 10ᵉ, 11ᵉ compagnies du 87ᵉ, le IIIᵉ bataillon du 59ᵉ (2).

Un troisième groupe tactique opérait concentriquement contre le saillant Sud-Ouest du bois de la Garenne, où se trouvaient des fractions des IIᵉ et IIIᵉ bataillons du 47ᵉ (3). Les 1ʳᵉ et 3ᵉ compagnies du 5ᵉ bataillon de chasseurs exécutent l'attaque de front. Le saillant est débordé au Sud par le Iᵉʳ bataillon, et les 9ᵉ et 11ᵉ compagnies du 82ᵉ, le 11ᵉ bataillon de chasseurs, la 8ᵉ compagnie du 83ᵉ qui débouchent par le ravin de la Garenne. Le IIᵉ bataillon du 46ᵉ suivit ces dernières troupes ; le Iᵉʳ, appuyant plus à droite, jusqu'à la route de Sedan à Illy, remonta vers le Nord, prit à revers les troupes françaises qui s'obstinaient à tenir encore et les obligea à mettre bas les armes. Parmi elles se trouvait le 14ᵉ bataillon de chasseurs, moins la 1ʳᵉ compagnie (4). Il était environ 5 heures du soir.

---

(1) *Historique du Grand État-Major prussien*, 8ᵉ livraison, p. 1199.
(2) *Ibid.*, p. 1200.
(3) Voir p. 187-188.
(4) *Historique du Grand État-Major prussien*, 8ᵉ livraison, p. 1200-1201; *Historique manuscrit* du 14ᵉ bataillon de chasseurs.

A ce moment, une partie des réserves du V⁰ corps entrait en ligne. La *20ᵉ* brigade arrivait vers le Calvaire d'Illy, derrière la gauche de la *19ᵉ*, avec deux escadrons de dragons. La *17ᵉ*, venant du bois du Hattoy, atteignait Cazal et poussait sur la hauteur au Sud-Est le Iᵉʳ bataillon du *59ᵉ*. La *18ᵉ* brigade demeurait au Champ de la Grange (1).

Les *2ᵉ* et *4ᵉ* divisions de cavalerie avaient également atteint les environs d'Illy, dans le courant de l'après-midi. De là, la *5ᵉ* brigade de cavalerie et les deux batteries à cheval de la *2ᵉ* division s'étaient portées, à la suite de l'infanterie, sur les hauteurs au Sud du village. Les autres troupes de cette division avaient rétrogradé dès 4 heures, par Donchery, sur Frénois, pour s'opposer éventuellement à une sortie des Français sur ce point. La *4ᵉ* division se portait sur la rive gauche de la Givonne, pour intercepter la route de Bouillon (2).

Après l'engagement de la *1ʳᵉ* division de la Garde dans la partie Nord-Est du bois de la Garenne, le IIᵉ bataillon du *2ᵉ* régiment s'avança sur La Chapelle, et la 6ᵉ compagnie du régiment de fusiliers revint de ce village sur Givonne. La *2ᵉ* division de la Garde et les deux bataillons de la *2ᵉ* brigade restèrent à l'Est de Haybes jusque vers 5 heures et se rapprochèrent ensuite de Givonne. L'artillerie de corps traversa cette localité pour gagner le Calvaire d'Illy. La division de cavalerie de la Garde se tenait derrière les batteries du V⁰ corps. Le régiment de hussards de la Garde était en partie au Nord de Givonne, en partie à La Chapelle, d'où il fouillait les forêts voisines de la frontière belge, de concert avec des détachements du IIᵉ bataillon du *2ᵉ* régiment de la Garde (3).

---

(1) *Historique du Grand État-Major prussien*, 8ᵉ livraison, p. 1201.
(2) *Ibid.*, p. 1201-1202.
(3) *Ibid.*, p. 1202.

§ 8. — *La 5ᵉ brigade bavaroise s'empare de Balan.*

On se souvient que, vers 11 h. 15, la 5ᵉ brigade d'infanterie bavaroise s'était portée sur Balan, en passant entre Bazeilles et la Meuse (1). La première ligne était constituée par le *8ᵉ* bataillon de chasseurs intercalé entre les deux bataillons du *6ᵉ* régiment. Le *7ᵉ* régiment suivait, en réserve. La gauche de la première ligne devait prendre par l'intérieur de Balan, la droite par les hauteurs découvertes situées au Nord, tandis que le *8ᵉ* bataillon de chasseurs longerait la lisière du village et marcherait sur le parc du château qui fait saillie au Nord-Est (2).

Pendant que ce mouvement se prononçait, les troupes avancées du Iᵉʳ corps bavarois ralliaient leurs corps respectifs; seules, les trois compagnies du 7ᵉ bataillon de chasseurs, qui s'étaient avancées vers Balan, et les fractions du *3ᵉ* et du *10ᵉ* régiment établies à l'Est du village, demeuraient en position sur la crête au Sud-Ouest de la cote 221.

Ces fractions avaient engagé la fusillade avec les tirailleurs du 8ᵉ bataillon de chasseurs déployés en avant du chemin creux partant de Balan et passant à la cote 215 (3). Le général Carteret-Trécourt avait fait alors replier les tirailleurs dans le chemin creux où se trouvaient les compagnies de réserve. Celles-ci furent rejointes par les 5ᵉ et 6ᵉ compagnies précédemment établies près de la 1ʳᵉ batterie du 19ᵉ qui, d'abord en position à la cote 215, s'était déplacée vers le Nord. Le

---

(1) Voir p. 94.
(2) *Historique du Grand État-Major prussien*, 8ᵉ livraison, p. 1143.
(3) Voir p. 85.

combat était alors resté quelque temps stationnaire sur ce point (1). Cinq batteries françaises : la 1re du 19e, les 11e et 10e du 8e, la 3e du 7e, la 4e du 11e, luttaient péniblement contre les neuf batteries allemandes en position à l'Ouest et au Nord-Ouest de la Platinerie (2).

Au moment où les Bavarois en marche sur Balan arrivèrent à bonne portée, la plus grande partie du 8e bataillon de chasseurs ouvrit le feu sur eux. Le général Carteret-Trécourt fit renforcer sa droite par deux compagnies du 2e zouaves, et sa gauche par deux compagnies du 36e de ligne.

Le 11e de ligne se trouvait, depuis le matin, dans les jardins qui entourent Balan (3), mais la partie Sud-Est du village n'était guère occupée que par quelques fractions d'infanterie de marine, qui avaient évacué Bazeilles (4).

Les Bavarois, progressant à l'Ouest de la grande route, pénétrèrent donc dans Balan presque sans résistance et occupèrent le petit bois et les maisons qui se trouvent au Sud et à l'Ouest du cimetière (5). Le IIe bataillon et une partie du Ier bataillon du 11e de ligne exécutèrent alors une contre-attaque, mais ne purent reprendre le petit bois et durent se replier (6).

Reprenant leur marche en avant, les Bavarois se portèrent contre le parc du château. Une compagnie du 8e bataillon de chasseurs l'aborda par la rue la plus voisine, tandis que les autres s'avançaient le long de la

---

(1) *Rapport* du général Carteret-Trécourt, commandant la 1re brigade de la 3e division du 1er corps; *Rapport* du chef de bataillon Viénot, commandant le 8e bataillon de chasseurs.
(2) Voir p. 81.
(3) *Historique manuscrit* du 11e de ligne.
(4) Voir p. 61-62.
(5) *Historique du Grand État-Major prussien*, 8e livraison, p. 1143.
(6) *Historique manuscrit* du 11e de ligne.

lisière Nord-Est du village, ayant à leur droite et à la même hauteur le II⁰ bataillon du 6ᵉ (1).

Ces troupes ne tardèrent pas à se trouver chaudement engagées avec le Iᵉʳ bataillon du 2ᵉ zouaves, qui occupait le parc, et furent bientôt hors d'état de pousser plus avant. Pendant ce temps, le Iᵉʳ bataillon du 6ᵉ avait traversé Balan et établi sa 4ᵉ compagnie sur la face Nord-Ouest du village, au pied même des remparts, d'où elle faisait le coup de fusil avec la garnison. Le reste du bataillon avait pu pénétrer dans le parc et prendre à revers le Iᵉʳ bataillon du 2ᵉ zouaves. Celui-ci n'en continua pas moins à opposer une résistance opiniâtre, et il fallut l'aide du 7ᵉ régiment pour le déloger, vers midi 15 (2).

Sur ces entrefaites, prévenu qu'il n'avait aucun soutien à attendre et qu'il pouvait être tourné par Fond de Givonne, le général Carteret-Trécourt avait pris quelques mesures pour assurer sa retraite sur les hauteurs du Vieux Camp. Il fit porter un bataillon du 36ᵉ et les IIᵉ et IIIᵉ bataillons du 2ᵉ zouaves en arrière d'une haie qui s'étendait parallèlement à sa première ligne, sur la croupe 195. Deux compagnies du 2ᵉ zouaves furent envoyées sur la droite pour recueillir le Iᵉʳ bataillon de ce régiment. Un autre bataillon du 36ᵉ s'établit sur la gauche de la première ligne perpendiculairement à la position (3).

Ces dispositions venaient d'être prises, quand l'ennemi s'empara du parc dont les défenseurs se replièrent partie sur les pentes de la croupe 215, partie dans les vergers au Nord-Ouest. Le 8ᵉ bataillon de chasseurs occupe les lisières du parc tournées vers l'ennemi, de concert avec

---

(1) *Historique du Grand État-Major prussien*, 8ᵉ livraison, p. 1144.
(2) *Ibid.*
(3) *Rapport* du général Carteret-Trécourt, commandant la 1ʳᵉ brigade de la 3ᵉ division du 1ᵉʳ corps.

le IIIe bataillon du 7e et une partie de la 3e compagnie du 6e, tandis que le reste de la 5e brigade s'établit extérieurement face au Nord. Une fusillade de pied ferme, d'une extrême violence, s'engage alors sur cette partie du champ de bataille (1).

Grâce aux dispositions prises par le général Carteret-Trécourt, la retraite de la brigade se fit dans de bonnes conditions sur la croupe 217-195. Les 10e et 11e batteries du 8e rétrogradèrent vers le bois de la Garenne; la 3e du 7e et la 4e du 11e vers les glacis de la place. La 1re du 19e, après un bond en avant, ne put tenir sur sa position et se replia sur les hauteurs du Vieux Camp (2).

§ 9. — *Retour offensif de la brigade Abbatucci.*

Vers 1 heure de l'après-midi, la 5e brigade bavaroise se trouvait en position sur la face Nord de Balan et combattait à peu près de pied ferme contre le 11e de ligne renforcé par des fractions du 2e zouaves et d'autres corps déjà refoulés sur Sedan. Ces troupes prononcèrent même, à un moment, une vigoureuse attaque contre l'angle Nord-Est du parc et refoulèrent les défenseurs dans l'intérieur (3).

L'arrivée de contingents de la 6e brigade rétablit le combat en faveur des Bavarois. Six compagnies du 14e entrèrent dans le parc et recueillirent les unités en retraite. Deux compagnies du même régiment s'établirent en réserve derrière le parc. Le Ier bataillon du 15e entra en ligne sur la hauteur 245; le IIe s'avança le long de la grande route. Vers 2 h. 30, les Bavarois

---

(1) *Historique du Grand État-Major prussien*, 8e livraison, p. 1144.
(2) *Historiques manuscrits* des régiments d'artillerie précités.
(3) *Historique du Grand État-Major prussien*, 8e livraison, p. 1202-1203.

avaient repris leurs premières positions. Les deux compagnies du *14*ᵉ primitivement laissées derrière le parc, gagnaient l'extrême droite de la ligne où la 3ᵉ batterie du *4*ᵉ venait de prendre position (1).

Les efforts tentés pour chasser les Français de la croupe 217-195 et des maisons situées entre cette croupe et la grande route furent repoussés par le feu. Sur l'ordre du général von der Tann, les Bavarois se bornèrent, à partir de 3 heures, à entretenir une incessante fusillade pour se maintenir en position sur la face Nord de Balan (2).

Puis, en raison du manque de munitions devenu général dans ses unités, la *5*ᵉ brigade fut ramenée en arrière de Balan et relevée par les deux bataillons encore disponibles de la *6*ᵉ. Le *3*ᵉ bataillon de chasseurs répartissait ses quatre compagnies sur toute l'étendue du front, depuis la grande rue jusqu'à l'Est du parc. Le IIIᵉ bataillon du *15*ᵉ établissait ses 9ᵉ et 10ᵉ compagnies au saillant de la lisière Ouest du village, tandis que les 11ᵉ et 12ᵉ fouillaient les maisons. Plus tard, la 11ᵉ passa en première ligne, la 12ᵉ resta en réserve. Parmi les troupes en position dans le parc, la moitié des IIᵉˢ bataillons des *14*ᵉ et *15*ᵉ avait déjà appuyé vers l'aile droite qui paraissait menacée ; les 8ᵉˢ compagnies restant toutefois en arrière du parc, comme réserve immédiate (3).

L'artillerie bavaroise qui avait opéré au Nord de

---

(1) *Historique du Grand État-Major prussien.* 8ᵉ livraison, p. 1203.
(2) *Ibid.*, p. 1204.
(3) *Ibid.*, p. 1204.
Répartition de la 6ᵉ brigade bavaroise, vers 3 heures, de la droite à la gauche :

A l'Est du parc : $\frac{7^e, 6^e}{14^e}$, $\frac{6^e, 5^e}{15^e}$, $\frac{4^e, 3^e}{14^e}$, $\frac{1^{er}}{15^e}$, $\frac{4^e}{3^e \text{ ch.}}$, $\frac{1^{re}, 2^e}{14^e}$

Dans le parc, jusqu'à la grande rue : $\frac{5^e}{14^e}$, $\frac{3^e}{3^e \text{ ch.}}$, $\frac{7^e, 11^e}{15^e}$, $\frac{1^{re}, 2^e}{3^e \text{ ch.}}$;

Bazeilles, ne trouvant plus à s'employer tout entière après la retraite des Français vers Fond de Givonne, trois batteries (VIIe du *1*^{er}, VIIe et 4e du *4*^e) se replièrent en position d'attente. Les trois autres batteries bavaroises et les quatre batteries prussiennes continuèrent le feu avec succès, des points plus élevés où elles se trouvaient placées (1). La IVe du *3*^e qui se trouvait à l'extrême droite, sur les hauteurs à l'Ouest de la Ramorie, gagna une nouvelle position au Sud de la route de Balan. L'aile gauche de cette ligne de bouches à feu fut encore renforcée par la VIIIe du *4*^e, puis, vers 3 heures, par la 3e du *4*^e qui était restée pendant trois quarts d'heure sur la ligne de bataille de la 6e brigade, où elle avait vainement essayé de contenir à distance les tirailleurs français (2).

Sur l'ordre du général de Wimpffen, la 1re brigade (Abbatucci) de la division de Lespart, du 5e corps, jusqu'alors en réserve au Vieux Camp, s'était portée en avant, dans la direction de Balan (3). Traversant la route

---

Derrière le parc : $\dfrac{8^e}{14^e}$, $\dfrac{8^e}{15^e}$;

A l'angle Ouest du village : $\dfrac{9^e,\ 10^e}{15^e}$;

En arrière du village : $\dfrac{12^e}{15^e}$.

(1) Voir p. 83 et suiv.
(2) *Historique du Grand État-Major prussien*, 8e livraison, p. 1205.
(3) Le *Rapport* du général Abbatucci n'a pas été retrouvé. Il en existe un extrait très sommaire, reproduit par l'ouvrage du général de Wimpffen (*Sedan*, p. 344). Cet extrait n'indique pas l'heure à laquelle la brigade Abbatucci se porta en avant. L'*Historique manuscrit* du 27e de ligne donne midi, ce qui est évidemment trop tôt. L'*Historique manuscrit* du 19e bataillon de chasseurs relate 1 heure, ce qui semble encore prématuré. D'après l'*Historique du Grand État-Major prussien*, la brigade Abbatucci aurait pénétré dans la partie Nord-Ouest de Balan vers 3 heures (8e livraison, p. 1204 et 1205). Elle se serait donc mise en mouvement, du Vieux Camp, entre 2 h. 15 et 2 h. 30. A cet égard, il

de Bouillon à l'Ouest de Fond de Givonne, la brigade gravit la croupe 195-217 et poursuivit sa marche au delà, précédée de nombreux tirailleurs (1).

Une grande quantité de soldats débandés et de fractions isolées se joignirent à ce mouvement offensif. La 7ᵉ batterie du 10ᵉ, en position sur les hauteurs du Vieux Camp, l'appuya de ses feux.

La droite de la brigade Abbatucci, un peu désunie, pénètre dans la partie Nord-Ouest de Balan et progresse ensuite le long de la lisière occidentale. Les deux compagnies bavaroises postées de ce côté sont bientôt débordées et contraintes de se replier par la grande rue ; les troupes établies sur la chaussée suivent également ce mouvement de retraite. Le général von der Tann, établi de sa personne en arrière de Balan, fait avancer le 8ᵉ bataillon de chasseurs sur le saillant Sud-Ouest de Balan et le IIᵉ bataillon du 7ᵉ régiment vers le débouché de la rue centrale. Le IIᵉ bataillon du 1ᵉʳ régiment, déployé sur la face Nord-Ouest de Bazeilles, est mis en marche sur Balan, tandis que les autres fractions de la 1ʳᵉ brigade vont s'établir auprès des batteries en action sur les hauteurs. La 4ᵉ brigade enfin, reçoit l'ordre de se tenir prête à défendre Bazeilles (2).

Lorsque, vers 3 h. 15, ces trois bataillons de soutien arrivèrent devant Balan, la situation de la 6ᵉ brigade était déjà excessivement critique. Menacées de front et

---

semble que dans son *Rapport* le général Abbatucci ait commis une erreur en disant que la brigade, après le retour offensif, rentra dans Sedan vers 3 heures. L'*Historique du Grand État-Major prussien* dit très nettement que les effets de ce retour offensif furent sensibles bien après 3 heures.

(1) D'après l'*Historique manuscrit* du 27ᵉ de ligne, seul, le IIIᵉ bataillon de ce régiment aurait pris part à ce retour offensif. Les deux autres seraient restés en réserve au Vieux Camp.

(2) *Historique du Grand État-Major prussien*, 8ᵉ livraison, p. 1206.

débordées sur leur gauche, les troupes bavaroises qui occupaient le village « se rabattaient..... à la débandade, par les deux rues longitudinales, vers les débouchés Sud-Est dont elles fermaient ainsi l'accès aux renforts qui arrivaient précisément » (1). Le II⁰ bataillon du *1ᵉʳ* parvint seul à s'ouvrir un passage au travers des groupes qui refluaient pêle-mêle sur la chaussée. La 8ᵉ compagnie enleva une sorte de barricade située à hauteur du chemin de Daigny. Elle s'y organisa défensivement, ainsi que dans les maisons adjacentes. Les troupes de l'aile droite de la brigade Abbatucci continuèrent à progresser jusqu'à l'église (2).

Celles de l'aile gauche avaient eu des difficultés plus considérables à surmonter. Le III⁰ bataillon du 27ᵉ de ligne, renforcé par des isolés de tous les corps, n'avait pu s'emparer du parc et du bois voisin qu'après « un combat long et meurtrier (3) ». La *6ᵉ* brigade bavaroise, refoulée de toutes parts, avait entamé sa retraite en échelons par la gauche, non sans avoir laissé aux mains des Français des fractions appartenant aux 1ʳᵉ et 2ᵉ compagnies de chasseurs. Elle avait marqué un temps d'arrêt le long du chemin de Balan à Daigny, passant à la cote 215 (4).

Le III⁰ bataillon du 27ᵉ de ligne se serait sans doute difficilement maintenu dans le parc si des renforts ne lui étaient arrivés.

Coupé du gros de la brigade Marquisan, pendant qu'elle effectuait sa retraite (5), le IV⁰ bataillon du 64ᵉ (III⁰ bataillon du 3ᵉ de marche), sous les ordres du commandant Moch, s'était dirigé, en très bon ordre,

---

(1) *Historique du Grand État-Major prussien*, 8ᵉ livraison, p. 1207.
(2) *Ibid.*
(3) *Historique manuscrit* du 27ᵉ de ligne.
(4) *Historique du Grand État-Major prussien*, 8ᵉ livraison, p. 1207.
(5) Voir p. 206.

vers la porte de Balan, sur le conseil du général de L'Abadie d'Aydrein. De là, il s'était porté sur le parc, où le chef de bataillon avait pris le commandement de tous les isolés : soldats de l'infanterie de marine, zouaves, fractions des 5e et 6e compagnies du 17e bataillon de chasseurs, groupes du 5e de ligne. Il plaça en réserve ceux d'entre eux qui n'avaient plus de cartouches, afin de les utiliser dans le cas où une action à la baïonnette deviendrait nécessaire. Il répartit son bataillon et les isolés des autres corps sur deux lignes parallèles au front ennemi, la seconde devant se substituer à la première après épuisement des cartouches de celle-ci. Sans compter ce qui restait du IIIe bataillon du 27e de ligne, il y avait ainsi environ 1,500 combattants en tirailleurs et 300 hommes sans cartouches, en réserve. A 300 mètres de l'extrême gauche, se trouvaient deux canons à balles de la 11e batterie du 7e et deux pièces (de 4) de la 3e batterie du 7e. Ces quatre bouches à feu, essayèrent de lutter pendant quelque temps contre l'artillerie bavaroise, mais elles furent bientôt réduites au silence (1).

Le commandant Moch avait recommandé sévèrement aux troupes placées sous ses ordres de se tenir défilées derrière les arbres, de ne tirer qu'au commandement, de viser avec le plus grand soin, et de ménager les munitions. Son espoir de tromper l'ennemi sur sa présence ne tarda pas à se réaliser. L'artillerie bavaroise cessa le feu ; deux colonnes sortirent d'un petit bois, l'une pour occuper le parc, l'autre pour s'emparer des bouches à feu. Assaillies, à bonne portée, par un feu nourri et bien ajusté, elles tourbillonnèrent un instant sur place, puis battirent en retraite « avec la plus grande

---

(1) *Rapport* du chef de bataillon Moch, commandant le IVe bataillon du 64e de ligne; *Historique* de la 10e brigade d'artillerie, p. 239.

rapidité ». La fusillade continua de part et d'autre; l'artillerie bavaroise couvrit le parc d'une grêle d'obus qui causèrent des pertes sérieuses aux défenseurs (1).

Une accalmie se produisit ensuite sur ce point. Le commandant Moch l'utilisa, vers 4 h. 30, pour mettre en sûreté les deux canons à balles. Le lieutenant Pavot, du 17e bataillon de chasseurs, accompagné d'une trentaine d'hommes, chasseurs, zouaves, soldats du 3e de marche, exécuta l'opération, qui fut protégée par une fusillade très nourrie. Il se glissa jusqu'aux bouches à feu, tenta vainement, sous le feu de l'ennemi, de faire jouer le mécanisme des canons à balles encore pourvus de munitions, et les ramena près du parc de Balan, puis à la porte de Bouillon, « avec le sang-froid le plus digne d'éloges (2) ».

§ 10. — *Retour offensif du général de Wimpffen à Balan.*

Le général de Wimpffen était entré à Sedan vers 4 heures afin de réunir quelques nouvelles troupes et de tenter avec elles un dernier effort à Balan. Il s'avança jusqu'à la place Turenne appelant, sur son parcours, les soldats au combat et les invitant à le suivre pour s'ouvrir un passage, s'ils ne voulaient pas se retrouver bientôt dans l'obligation de déposer les armes. Mais un grand nombre refusèrent de lui obéir en déclarant que le drapeau parlementaire flottait sur les remparts, par ordre de l'Empereur. Il parvint cependant à rallier 2,000 hommes

---

(1) *Rapport* du chef de bataillon Moch, commandant le IVe bataillon du 64e de ligne.

(2) *Rapport* du chef de bataillon Moch; Cf. *Historique manuscrit* du 17e bataillon de chasseurs.

environ de tous les corps, avec deux bouches à feu, et à les entraîner dans la direction de Balan (1).

Arrivé dans l'intérieur de ce village, le général de Wimpffen rencontra le général Lebrun et lui demanda s'il ne jugeait pas possible, avec ces 2,000 hommes, de « faire quelque chose encore (2) ». Le général Lebrun répondit qu'on pourrait certainement les sacrifier, mais qu'il ne croyait pas à un résultat utile. Il se déclara prêt, néanmoins, à se conformer aux intentions du commandant en chef. Il se plaça, de sa personne, auprès de lui; tous deux prirent la tête de colonne (3).

La nouvelle de l'arrivée de Bazaine circulait parmi les soldats et les encourageait.

Le général Pellé amena, de Fond de Givonne, un certain nombre d'isolés du 1er corps, groupés autour d'une fraction du 16e bataillon de chasseurs (4).

A la sonnerie de la charge, tous ces braves se lancent au pas de course dans la grande rue, dans les ruelles

---

(1) *Conseil d'enquête* sur les capitulations, Déposition du général de Wimpffen.

Prirent part à cette tentative des fractions ou isolés des corps des troupes suivants :

1er corps : Ier bataillon du 96e, IIe bataillon du 1er zouaves, 45e de ligne, 16e bataillon de chasseurs, 56e de ligne, 3e zouaves, 2e de marche;

5e corps: 46e de ligne, 14e et 19e bataillons de chasseurs, 27e de ligne, 6e batterie du 6e ;

7e corps : 17e bataillon de chasseurs, 5e, 89e et 72e de ligne, 6e batterie du 9e ;

12e corps : 34e de ligne, 3e de marche, 31e de ligne, 7e batterie du 10e.

(2) *Conseil d'enquête* sur les capitulations, Dépositions des généraux de Wimpffen et Lebrun.

(3) *Ibid.*

(4) *Historique* de la 2e division du 1er corps; *Historique manuscrit* du 16e bataillon de chasseurs.

latérales, dans les jardins, dans le secteur compris entre le village et la Meuse.

Les fractions du 19ᵉ bataillon de chasseurs et des Iᵉʳ et IIᵉ bataillons du 27ᵉ de ligne de la brigade Abbatucci, qui ont conservé quelque cohésion, se joignent à ce mouvement offensif (1). Malgré une grêle de balles, les Français parviennent, presque d'un seul élan, jusqu'au carrefour situé près de l'église.

Là, les Bavarois embusqués dans une grande maison entourée d'un jardin clos de murs, opposèrent une résistance plus énergique. Le capitaine Desmazières accourut alors avec quatre bouches à feu de la 6ᵉ batterie du 6ᵉ. Chargées à peu près à l'abri, elles furent amenées à bras dans la rue d'où partait la fusillade, et tirées contre les murs du jardin où elles firent brèche. Les servants firent des pertes sensibles ; les lieutenants Pravaz et Degorge servirent les pièces comme de simples canonniers (2). Les Bavarois abandonnèrent la maison, qui fut aussitôt occupée (3).

Le village de Balan est repris presque tout entier. L'ennemi reste maître de la dernière maison située au débouché de la grande rue et de quelques clôtures avoisinantes. Des fractions, parmi lesquelles la 5ᵉ compagnie du IIᵉ bataillon du 1ᵉʳ zouaves, poussent néanmoins au delà de la sortie Sud-Est (4).

---

(1) *Historiques manuscrits* du 19ᵉ bataillon de chasseurs et du 27ᵉ de ligne.

(2) *Rapport* du capitaine Desmazières, commandant la 6ᵉ batterie du 6ᵉ.

(3) *Rapport* du chef d'escadron Perot, commandant en second l'artillerie de la 1ʳᵉ division du 5ᵉ corps.

(4) Dans sa Déposition au Conseil d'enquête sur les capitulations le général de Wimpffen relate, d'après le *Rapport* du général Abbatucci, que le 19ᵉ bataillon de chasseurs arriva jusqu'aux abords du pont du chemin de fer de Bazeilles, ce qui semble exagéré.

L'artillerie bavaroise s'occupa, sans tarder, de préparer la reprise de Balan. La 4e batterie du 4e rejoignit d'abord la grande ligne d'artillerie en position sur les hauteurs à l'Ouest de La Moncelle ; puis, après quelques coups, elle franchit la chaussée, et, descendant dans le vallon, elle ouvrit le feu, à 800 mètres environ, sur la partie Sud de Balan et particulièrement sur l'église. Les VIIe et VIIIe batteries du 3e, traversant Bazeilles, s'établirent au débouché Nord-Ouest de ce village. La 3e et la VIIe du 4e, ainsi que la 1re du 1er, se portèrent également dans le vallon où se trouvait la 4e du 4e ; mais, déjà masquées par l'infanterie, elles ne purent agir. Par contre, les autres batteries bavaroises et l'artillerie de corps du IVe corps établie sur les pentes à l'Ouest d'Aillicourt, firent pleuvoir, par des feux croisés, une grêle d'obus sur Balan, sur les jardins qui l'entourent et les hauteurs voisines (1).

Tandis que l'infanterie bavaroise luttait encore pour la possession de Balan, les trois bataillons de la 1re brigade d'infanterie les plus à portée (2), s'étaient avancés jusqu'au débouché Nord-Ouest de Bazeilles. A peu près au même moment, le Ier bataillon et la 9e compagnie du 71e, ainsi que le 4e bataillon de chasseurs, s'étaient portés vers la grande route.

Vers 4 heures, les deux bataillons du régiment du Corps bavarois s'étaient mis en marche sur Balan, au Sud de la chaussée ; les 9e, 2e, 1re compagnies du 71e en avaient fait de même, le long de la chaussée ou au Nord. Le 4e bataillon de chasseurs se déployait à droite et à gauche de ces dernières unités (3).

---

(1) *Historique du Grand État-Major prussien*, 8e livraison, p. 1208-1209.

(2) 2e bataillon de chasseurs ; Ier et IIIe bataillons du régiment du Corps.

(3) *Historique du Grand État-Major prussien*, 8e livraison, p. 1209.

Mais les troupes chassées de Balan viennent en désordre se jeter parmi ces renforts et les entraînent pendant un certain temps dans leur retraite. La colonne se reforme pourtant et progresse jusqu'à l'entrée du village où elle s'établit entre la grande route et l'angle Sud. Le 8e bataillon de chasseurs et le IIe bataillon du 7e, qui avaient déjà tenté une première fois, sans succès, d'arriver jusqu'à Balan, y réussissent enfin et atteignent la lisière Sud-Est du village (1).

Devant cette offensive, appuyée par l'artillerie, les Français rétrogradent jusqu'à une certaine distance dans l'intérieur. Les Bavarois tentent de les suivre, mais sont forcés bientôt de revenir à la lisière. La majeure partie de l'infanterie bavaroise se rabat dans la direction des trois compagnies du 71e établies au bord de la chaussée, tandis que de l'angle Sud du village et du débouché de la rue centrale, le 8e bataillon de chasseurs et de petites fractions du régiment du Corps entretiennent la fusillade avec les défenseurs (2).

Le retour offensif de Balan avait donné à penser à l'état-major allemand que les Français n'avaient pas renoncé à l'idée d'un effort général sur ce point du champ de bataille. Un peu avant 5 heures, de nouvelles dispositions furent prises pour parer à cette éventualité. La 2e brigade du Ier corps bavarois traverse Bazeilles ; la 3e reçoit l'ordre de se tenir prête à La Moncelle. Les trois régiments de la brigade de cuirassiers bavarois s'établissent sur les pentes à l'Ouest de cette dernière localité, ainsi que les 3e et 4e régiments de chevau-légers et deux escadrons du 1er régiment de uhlans de la Garde prussienne. Les bataillons de la 3e division bavaroise, après s'être reformés peu à peu, se déploient en

---

(1) *Historique du Grand État-Major prussien*, 8e livraison, p. 1209.
(2) *Ibid.*, p. 1209-1210.

avant de la 2ᵉ brigade, entre Bazeilles et Balan. La 16ᵉ brigade du IVᵉ corps, enfin, se porte derrière les batteries bavaroises, sur les crêtes au Nord de Bazeilles, tandis que le XIIᵉ corps appuie un peu à gauche pour former réserve aux abords de La Moncelle (1).

Mais avant que ces dispositions eussent reçu leur exécution, le général de Wimpffen, voyant fondre les troupes qu'il avait entraînées à sa suite, se voyait forcé d'ordonner la retraite sur Sedan (2). L'infanterie bavaroise traversa alors ou contourna Balan, sans rencontrer de résistance sérieuse, et ne fut arrêtée qu'aux abords des glacis. Tout se borna à quelques luttes partielles entretenues par des fractions auxquelles l'ordre n'était pas parvenu (3). Le commandant Moch, en particulier, après quelques pourparlers avec les Bavarois, entamés d'ailleurs sur leur demande, tint dans le parc Philippoteaux jusqu'à 6 h. 30 et parvint à ramener ses troupes à Sedan (4).

L'infanterie allemande venait d'arriver sous les murs de la place, quand le feu cessa du côté des Français; en même temps, le drapeau blanc apparut sur la porte. Les officiers bavarois, apprenant que des négociations étaient entamées, donnaient alors l'ordre de suspendre la lutte (5).

---

(1) *Historique du Grand État-Major prussien*, 8ᵉ livraison, p. 1210-1211.
(2) *Conseil d'enquête* sur les capitulations, Déposition du général de Wimpffen.
(3) *Historique du Grand État-Major prussien*, 8ᵉ livraison, p. 1211.
(4) *Rapport* du chef de bataillon Moch, commandant le IVᵉ bataillon du 64ᵉ de ligne.
(5) *Historique du Grand État-Major prussien*, 8ᵉ livraison, p. 1212.

§ 11. — *Bombardement de Sedan.*

Les positions de la 4ᵉ division bavaroise, au Sud de la Meuse, ne s'étaient guère modifiées dans le courant de l'après-midi.

Quelques bataillons, suivis par la brigade de uhlans, avaient appuyé du côté de la route de Sedan à Mézières. Le Iᵉʳ bataillon du 5ᵉ était passé de Wadelincourt à la 8ᵉ brigade et s'était formé derrière le 5ᵉ bataillon de chasseurs qui continuait à occuper la station de Torcy et ses abords immédiats. Le demi-bataillon du 6ᵉ qui couvrait la droite de l'artillerie, auprès de Frénois, avait marché jusqu'à proximité du remblai de la voie ferrée, établissant ainsi la liaison entre les troupes de première ligne de la 8ᵉ brigade et les contingents de la 7ᵉ en position dans le voisinage de Wadelincourt (1).

Jusque dans les premières heures de l'après-midi, l'artillerie bavaroise, en batterie sur la rive gauche de la Meuse, n'avait entretenu qu'un feu très mesuré, réservant ses munitions pour le cas où les Français tenteraient une sortie. Les deux batteries de l'extrême gauche, au Sud de Villette, avaient complètement cessé d'agir depuis que l'infanterie prussienne était maîtresse du plateau de Floing (2).

Sur ces entrefaites, du mamelon 307 au Sud-Ouest de Frénois, le grand état-major allemand avait pu constater que le canon balayait déjà tout l'espace sur lequel l'armée française était entassée. D'autre part, les rapports annonçaient que sur les fronts Est et Ouest de l'armée allemande se trouvaient des réserves suffisantes pour faire face à toute tentative de l'ennemi pour s'ouvrir une

---

(1) *Historique du Grand État-Major prussien*, 8ᵉ livraison, p. 1214.
(2) *Ibid.*

issue. Dès lors, afin de hâter la conclusion d'une capitulation, le roi de Prusse prescrivit, vers 3 h. 45, à toute l'artillerie disponible sur la rive gauche de la Meuse, de faire converger ses feux sur Sedan. Les batteries württembergeoises furent appelées à cet effet de Donchery, et prirent position des deux côtés de la grande route, à l'Est de Belle Vue et de Frénois (1).

Sous l'action de cette canonnade, des incendies se déclarèrent aussitôt sur plusieurs points de la ville. La 1re compagnie du 5e bataillon de chasseurs bavarois s'approcha, par Torcy, de la porte de la place ; elle n'y rencontra qu'une faible résistance, et un de ses pelotons se disposait déjà à franchir les palissades, quand les Français cessèrent le feu, arborèrent le drapeau blanc et entamèrent des pourparlers. En conséquence, les troupes bavaroises, qui suivaient les chasseurs, prirent position devant la porte (2).

§ 12. — *Dernières tentatives des Français.*

Pendant les derniers engagements au Sud-Est de Sedan, les Français avaient fait encore quelques tentatives pour se faire jour.

Vers 4 h. 30, le général Wolff réunit quelques centaines d'hommes appartenant, pour la plupart, au 1er corps, et, donnant un bel exemple de bravoure, gravit à leur tête, les hauteurs au Nord-Est de Fond de Givonne, tandis que d'autres fractions débouchaient du village vers l'Est. Quelques bouches à feu établies au Nord-Est de la ferme de la Garenne, près du saillant du bois, appuyèrent ce mouvement offensif. Surprises, les frac-

---

(1) *Historique du Grand État-Major prussien*, 8e livraison, p. 1124-1215.
(2) *Ibid.*, p. 1215.

tions de la 45ᵉ brigade, plièrent d'abord sous cet effort désespéré. Mais le général Wolff fut grièvement blessé. D'autre part, l'artillerie saxonne ouvrit le feu, renforcée ensuite par les batteries à cheval de la Garde. Les Français furent bientôt obligés de faire demi-tour, et les Allemands, les poursuivant, arrivèrent également, sur ce point, jusqu'aux abords des glacis (1).

Le prince royal de Saxe avait fait avancer toute l'artillerie du XIIᵉ corps et de la Garde, afin de canonner la place vers l'Est. Mais, sur ces entrefaites, arrivait la nouvelle que des négociations étaient entamées, et les hostilités cessaient également sur ce point (2).

De son côté, le chef d'escadrons d'Alincourt tentait un suprême effort pour s'ouvrir un passage à la tête du 2ᵉ escadron du 1ᵉʳ régiment de cuirassiers. Partant des glacis de la place, vers 4 heures, il fit sonner le ralliement et se mit en marche par la route de Mézières, suivi des capitaines Haas et Blanc, du capitaine d'état-major Mangon de la Lande, du lieutenant d'état-major Lafuente. Les lieutenants Théribout et Garnier, les sous-lieutenants Anyac et de Montenon dirigeaient les pelotons. Les adjudants Frichoux et Thomas qui se trouvaient, ainsi que les maréchaux des logis Marion et Beuve et une vingtaine d'hommes du 1ᵉʳ escadron, peu éloignés du commandant d'Alincourt, au moment de la sonnerie du ralliement, parvinrent à se faire jour jusqu'à lui. Enfin, le sous-intendant Seligman-Lui et une fraction du 5ᵉ escadron du 3ᵉ cuirassiers, dirigée par le capitaine Fuchey et le sous-lieutenant Diehl, vinrent se joindre à ces braves, ainsi que le lieutenant de chasseurs d'Afrique de la Moussaye.

---

(1) *Souvenirs inédits* du général Wolff; *Gaulois* du 23 novembre 1876 (*Récit* d'un témoin oculaire); *Historique du Grand État-Major prussien*, 8ᵉ livraison, p. 1213.

(2) *Historique du Grand État-Major prussien*, 8ᵉ livraison, p. 1216.

A peine cette petite troupe, forte d'une centaine d'hommes, arrive-t-elle au faubourg de Gaulier, qu'elle y est reçue à coups de fusil par les tirailleurs prussiens qui occupent les maisons. On sonne la charge. La colonne traverse le faubourg à toute allure et poursuit sa marche sur une distance de 1,500 mètres environ, sous le feu des fractions ennemies qui occupent les hauteurs au Nord de la route. Bientôt on se heurte à une barricade de voitures et de charrettes établie en travers de la chaussée. Le capitaine de la Lande et le lieutenant Théribout tombent percés de balles ; le capitaine Haas est blessé à l'épaule ; son cheval est tué ainsi que ceux du capitaine Blanc et du sous-intendant Seligman-Lui. Les sous-lieutenants Anyac et de Montenon sont également blessés. Le commandant d'Alincourt, avec une fraction de la colonne, parvient à tourner l'obstacle, mais pour se heurter à une ligne de cavalerie prussienne déployée entre la Meuse et Floing. Il tombe blessé à son tour et est fait prisonnier avec ce qui reste de cette vaillante petite troupe (1).

---

(1) *Historique manuscrit* du 1ᵉʳ cuirassiers ; *Historique imprimé* du 1ᵉʳ cuirassiers, p. 219-221 ; *Choses vues, Revue de Paris* du 15 septembre 1906.

CHAPITRE XI

La capitulation.

Des hauteurs de Frénois, où se tenait le grand état-major allemand, on avait pu constater la retraite des Français dans l'intérieur des murs de Sedan. Deux parlementaires, le colonel de Bronsart et le capitaine de Winterfeld, furent chargés par le roi de Prusse d'aller sommer en son nom le commandant en chef des forces françaises de capituler avec l'armée et la place. Ces officiers pénétrèrent dans la ville par la porte de Torcy et furent conduits à la sous-préfecture où ils se trouvèrent en face de l'Empereur dont le grand quartier général allemand ignorait encore la présence à Sedan (1).

Napoléon III écrivit la réponse de sa main. Elle contenait ces simples mots :

« Monsieur mon Frère,

« N'ayant pas pu mourir au milieu de mes troupes, il ne me reste qu'à remettre mon épée entre les mains de Votre Majesté.

« Je suis, de Votre Majesté, le bon Frère.

« *Signé :* NAPOLÉON. »

Le général Reille fut chargé de remettre cette lettre au roi de Prusse. Comme il déclarait n'avoir point pouvoir pour entamer d'autres négociations, le roi de Prusse répondit :

---

(1) *Historique du Grand État-Major prussien*, 8ᵉ livraison, p. 1216.

« Monsieur mon Frère,

« En regrettant les circonstances dans lesquelles nous nous rencontrons, j'accepte l'épée de Votre Majesté et je la prie de vouloir bien nommer un de vos officiers muni de vos pleins pouvoirs pour traiter de la capitulation de l'armée, qui s'est si bravement battue sous vos ordres. De mon côté, j'ai désigné le général de Moltke à cet effet.

« Je suis, de Votre Majesté, le bon Frère.

« *Signé :* GUILLAUME. »

Quel serait l'officier général chargé de cette douloureuse mission? Sollicité déjà, à deux reprises, le général de Wimpffen avait fait répondre à l'Empereur par le capitaine de Lanouvelle, qu'il refusait de se rendre au quartier général allemand pour traiter (1). Dans la soirée (2), il envoya même sa démission et demanda sa mise à la retraite (3).

L'Empereur fit appeler le général Ducrot et l'invita à prendre le commandement en chef. Le général Ducrot déclara qu'il ne pouvait plus s'y résoudre. Le général de Wimpffen avait, dans la matinée, revendiqué l'honneur de diriger les opérations. Il n'avait pas le droit de se récuser au moment où elles avaient mal abouti. Le général Ducrot fit observer enfin que le commandement revenait au général Douay qui était le plus ancien divisionnaire (4). Le général Douay allait accepter quand,

---

(1) Extrait du *Journal* du capitaine de Lanouvelle.
(2) Le général de Wimpffen (*loc. cit.*, p. 226) dit à 7 h. 30. — Le général Ducrot (*loc. cit.*, p. 51) déclare qu'il fut appelé vers 6 heures pour prendre la commandement de l'armée à la place du général de Wimpffen démissionnaire.
(3) Général de Wimpffen, *loc. cit.*, p. 226.
(4) Général Ducrot, *loc. cit.*, p. 51.

sur les observations de son ami, le général Lebrun, il refusa à son tour et déclara que le général de Wimpffen devait conserver le commandement jusqu'au bout (1). L'Empereur se retourna alors vers ce dernier ; en une lettre instante, il lui montra qu'il ne pouvait se dérober en donnant sa démission et lui fit entrevoir l'espérance « de sauver l'armée par une honorable capitulation (2) ».

Le général de Wimpffen hésita à se rendre à l'appel de l'Empereur. Il lui reprochait d'avoir pris l'initiative de faire arborer le drapeau parlementaire ; d'avoir retenu auprès de lui des généraux au lieu d'exiger qu'ils retournassent sur le champ de bataille ; de n'avoir cherché à entrer en communication avec le commandant des troupes que pour lui prescrire de négocier ; d'avoir, en un mot, substitué son action à celle du général en chef. A son avis, il appartenait au souverain de signer la capitulation (3). Toutefois, ému par cette lettre qui en appelait à lui pour défendre les intérêts de l'armée et pour être utile à son pays, le général de Wimpffen se décida à se rendre chez l'Empereur (4).

Introduit vers 8 heures du soir près du souverain, le général de Wimpffen se serait écrié, si l'on en croit le général Ducrot, que la perte de la bataille était imputable à la désobéissance des généraux. Le général Ducrot aurait protesté avec la dernière énergie et ajouté avec exaltation que le général de Wimpffen seul devait « endosser la honte de la capitulation », puisqu'il avait

---

(1) Général Ducrot, *loc. cit.*, p. 51.
(2) L'Empereur au général de Wimpffen (général de Wimpffen, *loc. cit.*, p. 227).
(3) Général de Wimpffen, *loc. cit.*, p. 227.
(4) *Conseil d'enquête* sur les capitulations, Déposition du général de Wimpffen.

revendiqué le commandement dans la matinée quand il pensait « qu'il y avait honneur et profit à l'exercer (1) ».

L'Empereur et les personnes de son entourage s'interposèrent et mirent fin à cette altercation. Le général Ducrot s'étant retiré, le général de Wimpffen déclara au souverain qu'il était déterminé à remplir sa tâche jusqu'au bout. L'Empereur lui remit alors la lettre suivante :

« L'empereur Napoléon III, ayant donné le commandement en chef au général de Wimpffen, à cause de la blessure du maréchal de Mac-Mahon, qui l'empêchait de remplir son commandement, le général de Wimpffen a tous les pouvoirs pour traiter des conditions à faire à l'armée que le Roi reconnaît avoir vaillamment combattu. »

Le général de Wimpffen partit aussitôt pour Donchery où devait avoir lieu l'entrevue avec les plénipotentiaires prussiens. Il était accompagné du général Faure et de quelques officiers, ainsi que du général Castelnau chargé plus particulièrement de débattre les intérêts de l'Empereur (2).

Cependant Moltke avait envoyé aux troupes allemandes l'ordre ci-après :

« Des négociations sont entamées; en conséquence, l'offensive demeurera suspendue de notre côté pendant la nuit. Il reste entendu cependant que toute tentative de l'ennemi pour forcer nos lignes sera repoussée par les armes. Si les pourparlers devaient ne pas aboutir, les hostilités recommenceraient; mais il y aurait lieu d'attendre pour cela le signal, qui serait marqué par la

---

(1) Général Ducrot, *loc. cit.*, p. 52. Cf. Général de Wimpffen, *loc. cit.*, p. 229.

(2) Général de Wimpffen, *loc. cit.*, p. 230.

reprise du feu des batteries établies sur les hauteurs à l'Est de Frénois (1). »

Les deux commandants d'armée firent bivouaquer leurs troupes un peu en arrière des points qu'elles occupaient à la fin de la bataille, les corps de première ligne restant toutefois en position en face de Sedan.

Dans la soirée du 1er septembre, les forces allemandes étaient donc réparties comme il suit :

Le Ier corps bavarois autour de Bazeilles et de La Moncelle; la 3e division bavaroise sur le côté occidental de la grande route, entre Bazeilles et Balan; le IVe corps sur le chemin de Bazeilles à Douzy; dans le XIIe, la 24e division au Sud-Est de Daigny, la 23e à l'Est de Givonne, l'artillerie de corps à Villers-Cernay, la division de cavalerie à Douzy; dans la Garde, la 1re division au Nord-Ouest, la 2e à l'Est de Givonne, l'artillerie de corps et la division de cavalerie au Calvaire et au Sud d'Illy; la 4e division de cavalerie sur la route de Givonne à Bouillon.

Au Ve corps, la 10e division était à Illy, la 9e à Saint-Menges.

Le XIe corps se rassemblait auprès de Floing.

La division würtembergeoise et la 2e division de cavalerie conservaient leurs positions actuelles autour de Donchery; la 6e division de cavalerie cantonnait aux alentours de Flize et de Poix. La 4e division bavaroise campait près de Wadelincourt et de Frénois (2).

Les pertes des armées allemandes s'élevaient à 470 officiers et 8,459 hommes tués, blessés ou disparus; celles de l'armée française à 798 officiers et 10,000 hommes environ tués ou blessés (3).

---

(1) *Historique du Grand État-Major prussien*, 8e livraison, p. 1218.
(2) *Ibid.*, p. 1218-1219.
(3) Pour le détail, voir les tableaux insérés à la fin du fascicule.

Tout en gagnant Donchery, le comte de Bismarck et Moltke examinaient sérieusement jusqu'à quel point il serait possible de ménager un adversaire vaincu après une vaillante résistance. Après avoir débattu les avantages de la clémence et de la dureté, ils se trouvèrent bientôt d'accord. La France n'avait pu prendre son parti de bonne grâce en 1866, croyaient-ils, alors qu'il ne s'agissait que de succès remportés par la Prusse sur l'Autriche. Elle ne saurait donc accepter avec résignation sa propre défaite et ne tiendrait nul compte au vainqueur de sa générosité (1). Comme on ne pourrait la ramener, il importait de l'abattre. Bismarck et Moltke résolurent donc d'épuiser tous les fruits du succès.

Les négociations s'ouvrirent à Donchery à une heure assez tardive de la nuit. On introduisit le général de Wimpffen et les officiers qui l'accompagnaient dans un salon où entrèrent, dix minutes plus tard, Moltke, le comte de Bismarck, le quartier-maître général de Podbielski et quelques officiers de l'état-major général. Moltke demanda au général de Wimpffen s'il avait des pouvoirs, et, sur sa réponse affirmative, il exprima le désir de les vérifier, ce qui fut fait.

Le général de Wimpffen présenta ensuite le général Castelnau et le général Faure. Moltke s'étant alors enquis du caractère de ces deux généraux, le général Faure répondit qu'il était venu comme chef d'état-major du maréchal de Mac-Mahon pour accompagner le général de Wimpffen, mais sans aucun caractère officiel, et le général Castelnau dit qu'il était chargé d'une communication verbale et officieuse de la part de l'Empereur, mais que cette communication n'aurait son opportunité qu'à la fin de la conférence, à laquelle d'ailleurs il

---

(1) *Historique du Grand État-Major prussien*, 8ᵉ livraison, p. 1249.

n'avait point qualité pour prendre part. Moltke présenta alors les personnes qui l'accompagnaient.

Les péripéties de cette dramatique scène ont été relatées par un témoin, le capitaine d'Orcet :

« Après que l'on se fut assis, il régna un instant de silence ; on sentait que le général de Wimpffen était embarrassé pour engager l'entretien, mais le général de Moltke restant impassible, il se décida à commencer.

« Je désirerais, dit-il, connaître les conditions de capitulation que Sa Majesté le roi de Prusse est dans l'intention de nous accorder. — Elles sont bien simples, répliqua le général de Moltke : l'armée tout entière est prisonnière, avec armes et bagages ; on laissera aux officiers leurs armes comme un témoignage d'estime pour leur courage, mais ils seront prisonniers de guerre comme la troupe. »

« — Ces conditions sont bien dures, général, répliqua le général de Wimpffen, et il me semble que par son courage l'armée française mérite mieux que cela.

« Est-ce qu'elle ne pourrait pas obtenir une capitulation dans les conditions suivantes :

« On vous remettrait la place et son artillerie. Vous laisseriez l'armée se retirer avec ses armes, ses bagages et ses drapeaux, à la condition de ne plus servir pendant cette guerre contre la Prusse ; l'Empereur et les généraux s'engageraient pour l'armée, et les officiers s'engageraient personnellement et par écrit aux mêmes conditions, puis cette armée serait conduite dans une partie de la France désignée par la Prusse dans la capitulation, ou en Algérie pour y rester jusqu'à la conclusion de la paix. » Et il ajouta quelques autres développements dans le même sens, paraissant regarder la paix comme prochaine ; mais le général de Moltke demeura impitoyable et se contenta de répondre qu'il ne pouvait rien changer aux conditions.

« Le général de Wimpffen fit de nouvelles instances ;

il fit appel d'abord aux sympathies que sa position personnelle pouvait inspirer au général de Moltke : « J'arrive, disait-il, il y a deux jours d'Afrique, du fond du désert ; j'avais jusqu'ici une réputation militaire irréprochable, et voilà qu'on me donne un commandement au milieu du combat, et que je me trouve fatalement obligé d'attacher mon nom à une capitulation désastreuse dont je suis ainsi forcé d'endosser toute la responsabilité, sans avoir préparé moi-même la bataille dont cette capitulation est la suite. Vous qui êtes officier général comme moi, vous devriez comprendre toute l'amertume de ma situation mieux que personne ; il vous est possible d'adoucir pour moi cette amertume en m'accordant de plus honorables conditions : pourquoi ne le feriez-vous pas? Je sais bien, ajouta-t-il, que la plus grande cause de notre complet désastre a été la chute, dès le début de la journée, du vaillant maréchal qui commandait avant moi ; il n'aurait peut-être pas été vainqueur, mais il aurait pu du moins opérer une retraite heureuse, etc., etc. Quant à moi, si j'avais commandé dès la veille, je ne veux pas dire que j'aurais mieux fait que le maréchal de Mac-Mahon et gagné la bataille, mais j'aurais préparé une retraite, ou du moins, connaissant mieux nos troupes, j'aurais réussi à les réunir dans un suprême effort pour faire une trouée. Au lieu de cela, on m'impose le commandement au milieu même de la bataille, sans que je connaisse ni la situation ni les positions de mes troupes ; malgré tout, je serais peut-être parvenu à faire une percée ou à battre en retraite sans un incident personnel qu'il est du reste inutile de relater. » [C'était sans doute une allusion à la confusion d'ordres qui est résultée de ce que le matin le maréchal de Mac-Mahon avait remis le commandement au général Ducrot, qui l'avait exercé jusqu'au moment (10 heures du matin) où le général de Wimpffen *le réclama* en vertu d'une lettre du Ministre, dont il était porteur.]

« Le général de Wimpffen continua encore sur le même thème, mais s'apercevant que le général de Moltke paraissait peu touché de ce plaidoyer personnel, il prit un ton un peu plus vif. « D'ailleurs, dit-il, si vous ne pouvez m'accorder de meilleures conditions, je ne puis accepter celles que vous voulez m'imposer. Je ferai appel à mon armée, à son honneur, et je parviendrai à faire une percée ou je me défendrai dans Sedan. » (Il faut constater qu'il n'avait pas l'air très convaincu lui-même de ce qu'il disait.) »

« Le général de Moltke l'interrompit alors :

« J'ai bien, dit-il, une grande estime pour vous ; j'apprécie votre situation et je regrette de ne pouvoir rien faire de ce que vous me demandez ; mais quant à tenter une sortie, cela vous est aussi impossible que de vous défendre dans Sedan.

Certes, vous avez de bonnes troupes qui sont réellement excellentes ; vos infanteries d'élite (il voulait dire sans doute les zouaves, chasseurs à pied, turcos et infanterie de marine) sont remarquables, votre cavalerie est audacieuse et intrépide, votre artillerie est admirable et nous a fait un grand mal, trop de mal ; mais une grande partie de votre infanterie est démoralisée, nous avons fait aujourd'hui plus de 20,000 prisonniers non blessés.....

« Il ne vous reste actuellement pas plus de 80,000 hommes. Ce n'est pas dans de pareilles conditions que vous pourrez percer nos lignes, car sachez que j'ai autour de vous actuellement encore 240,000 hommes et 500 bouches à feu, dont 300 sont déjà en position pour tirer sur Sedan. Les 200 autres y seront demain au point du jour. Si vous voulez vous en assurer, je puis faire conduire un de vos officiers dans les différentes positions qu'occupent mes troupes, et il pourra témoigner de l'exactitude de ce que je vous dis. Quant à vous défendre dans Sedan, cela vous est tout à fait impossible ; vous n'avez pas pour quarante-huit heures de vivres et vous n'avez plus de munitions. »

« Attaquant alors une différente note, le général de Wimpffen reprit d'un ton insinuant :

« Je crois qu'il est de votre intérêt, même au point de vue politique, de nous accorder la capitulation honorable à laquelle a droit l'armée que j'ai l'honneur de commander. Vous allez faire la paix, et sans doute vous désirez la faire bientôt; plus que toute autre, la nation française est généreuse et chevaleresque, et, par conséquent, sensible à la générosité qu'on lui témoigne, et reconnaissante des égards qu'on a pour elle; si vous nous accordez des conditions qui puissent flatter l'amour-propre de l'armée, le pays en sera également flatté, cela diminuera aux yeux de la nation l'amertume de sa défaite, et une paix conclue sous de pareils auspices, aura chance d'être durable, car vos procédés généreux auront ouvert la porte à un retour vers les sentiments réciproquement amicaux, tels qu'ils doivent exister entre deux grandes nations voisines, et tels que vous devez les désirer.

« En persévérant, au contraire, dans des mesures rigoureuses à notre égard, vous exciteriez à coup sûr la colère et la haine dans le cœur de tous nos soldats; l'amour-propre de la nation tout entière sera offensé grièvement, car elle se trouvera solidaire de son armée, et ressentira les mêmes émotions qu'elle. Vous réveillerez ainsi tous les mauvais instincts endormis par le progrès de la civilisation, et vous risquerez d'allumer une guerre interminable entre la France et la Prusse. »

« Ce fut cette fois M. de Bismarck qui se chargea de répondre; il le fit en ces termes :

« Votre argumentation, général, paraît au premier abord sérieuse, mais elle n'est au fond que spécieuse et ne peut soutenir la discussion. Il faut croire, en général, fort peu à la reconnaissance, et, en particulier, nullement à celle d'un peuple; on peut croire à la reconnaissance d'un souverain, à la rigueur à celle de sa famille; on peut même, en quelques circonstances, y ajouter une foi entière, mais je le répète, il n'y a rien à attendre de la reconnaissance d'une nation. Si le peuple français était un peuple comme les autres, s'il avait des institutions solides, si, comme le nôtre, il avait le culte et le respect de ses institutions, s'il avait un souverain établi sur le trône d'une façon stable, nous pourrions croire à la gratitude de l'Empereur et à celle de son fils, et attacher un prix à cette gratitude; mais en France, depuis quatre-vingts ans les gouvernements ont été si peu durables, si multipliés, ils ont changé avec une rapidité si étrange et si en dehors de toute prévision, que l'on ne peut compter sur rien de votre pays, et que fonder des espérances sur l'amitié d'un souverain français serait, de la part d'une nation voisine, un acte de démence, *ce serait vouloir bâtir en l'air*.

« Et, d'ailleurs, ce serait folie que de s'imaginer que la France pourrait nous pardonner nos succès; vous êtes un peuple irritable, envieux, jaloux et orgueilleux à l'excès. Depuis deux siècles, la France a déclaré *trente fois* la guerre à la Prusse (se reprenant), à l'Allemagne; et, cette fois-ci vous nous l'avez déclarée comme toujours par jalousie, parce que vous ne pouviez nous pardonner notre victoire de Sadowa, et pourtant Sadowa ne vous avait rien coûté et n'avait pu en rien atteindre votre gloire; mais il vous semblait que la victoire était un apanage qui vous était uniquement réservé, que la gloire des armes était pour vous un monopole; vous n'avez pu supporter à côté de vous une nation aussi forte que vous; vous n'avez pu nous pardonner Sadowa, où vos intérêts ni votre gloire n'étaient nullement en jeu. Et vous nous pardonneriez le désastre de Sedan? Jamais! Si nous faisions maintenant la paix, dans cinq ans, dans dix ans, dès que vous le pourriez, vous recommenceriez la guerre, voilà toute la reconnaissance que nous aurions à attendre de la nation française!!! Nous sommes, nous autres, au contraire de vous, une nation honnête et paisible, que ne travaille jamais le désir des conquêtes et qui ne demanderait qu'à vivre en paix, si vous ne veniez constamment nous exciter par votre humeur querelleuse et conquérante. (Je ne pus m'empêcher, en entendant ces mots, de songer à ces adroits faiseurs d'affaires, qui, après avoir dépouillé quelqu'un, crient plus fort que lui : « au voleur! ») Aujourd'hui c'en est assez ; il faut que la France soit châtiée de son orgueil, de son caractère agressif et ambitieux ; nous voulons pouvoir enfin assurer la sécurité de nos enfants, et pour cela il faut que nous ayons entre la France et nous un glacis ; il faut un territoire, des forteresses et des frontières qui nous mettent pour toujours à l'abri de toute attaque de sa part. »

« Le général de Wimpffen répondit à M. de Bismarck :

« Votre Excellence se trompe dans le jugement qu'elle porte sur la nation française : vous en êtes resté à ce qu'elle était en 1815, et vous la jugez d'après les vers de quelques poètes ou les écrits de quelques journaux. Aujourd'hui les Français sont bien différents ; grâce à la prospérité de l'Empire, tous les esprits sont tournés à la spéculation, aux affaires, aux arts ; chacun cherche à augmenter la somme de son bien-être et de ses jouissances, et songe bien plus à ses intérêts particuliers qu'à la gloire. On est tout prêt à proclamer en France la fraternité des peuples. Voyez l'Angleterre ! Cette haine séculaire qui divisait la France et l'Angleterre, qu'est-elle devenue ? Les Anglais ne sont-ils pas aujourd'hui nos meilleurs amis ? Il en sera de même pour l'Allemagne si vous vous montrez généreux, si des rigueurs intempestives ne viennent pas ranimer des passions éteintes..... »

« A cet instant, M. de Bismarck reprit la parole; il avait fait un geste de doute en entendant vanter l'amitié existant, suivant le général de Wimpffen, entre la France et l'Angleterre :

« Je vous arrête ici, général; non, la France n'est pas changée; c'est elle qui a voulu la guerre, et c'est pour flatter cette manie populaire de la gloire, dans un intérêt dynastique, que l'empereur Napoléon III est venu nous provoquer; nous savons bien que la partie raisonnable et saine de la France ne poussait pas à la guerre; néanmoins elle en a accueilli l'idée volontiers; nous savons bien que ce n'était pas l'armée non plus qui nous était le plus hostile; mais la partie de la France qui poussait à la guerre, c'est celle qui fait et défait les gouvernements. Chez vous, c'est la populace, ce sont aussi les journalistes (et il appuya sur ce mot), ce sont ceux-là que nous voulons punir; il faut pour cela que nous allions à Paris. Qui sait ce qui va se passer? Peut-être se formera-t-il chez vous un de ces gouvernements qui ne respecte rien, qui fait des lois à sa guise, qui ne reconnaîtra pas la capitulation que vous aurez signée pour l'armée, qui forcera peut-être les officiers à violer les promesses qu'ils nous auraient faites, car on voudra, sans doute, se défendre à tout prix. Nous savons bien qu'en France on forme vite des soldats; mais de jeunes soldats ne valent pas des soldats aguerris, et d'ailleurs, ce qu'on n'improvise pas, c'est un corps d'officiers, ce sont même les sous-officiers. Nous voulons la paix, mais une paix durable, et dans les conditions que je vous ai déjà dites : pour cela il faut que nous mettions la France dans l'impossibilité de nous résister. Le sort des batailles nous a livré les meilleurs soldats, les meilleurs officiers de l'armée française; les mettre gratuitement en liberté pour nous exposer à les voir de nouveau marcher contre nous serait folie; ce serait prolonger la guerre, et l'intérêt de nos peuples s'y oppose. (Ils semblent se regarder en cet instant comme déjà maîtres de la France, par suite de notre défaite.) Non, général, quel que soit l'intérêt qui s'attache à votre position, quelque flatteuse que soit l'opinion que nous avons de votre armée, nous ne pouvons acquiescer à votre demande et changer les premières conditions qui vous ont été faites. »

« — Eh bien, répliqua avec dignité le général de Wimpffen, il m'est également impossible à moi de signer une telle capitulation ; nous recommencerons la bataille. »

« Le général Castelnau prenant alors la parole dit d'une voix hésitante :

« Je crois l'instant venu de transmettre le message de l'Empereur. »

« — Nous vous écoutons, général, dit M. de Bismarck.

« — L'Empereur, continua, le général Castelnau, m'a chargé de faire remarquer à S. M. le roi de Prusse, qu'il lui avait envoyé son épée sans condition, et s'était personnellement rendu absolument à sa merci, mais qu'il n'avait agi ainsi que dans l'espérance que le Roi serait touché d'un si complet abandon, qu'il saurait l'apprécier, et qu'en cette considération il voudrait bien accorder à l'armée française une capitulation plus honorable et telle qu'elle y a droit par son courage.

« — Est-ce tout ? demanda M. de Bismark.

« — Oui, répondit le général. — Mais quelle est l'épée qu'a rendue l'empereur Napoléon III ? Est-ce l'épée de la France ou son épée à lui ? Si c'est celle de la France, les conditions peuvent être singulièrement modifiées et votre message aurait un caractère des plus graves. — C'est seulement l'épée de l'Empereur, reprit le général Castelnau. — En ce cas, reprit en hâte, presque avec joie, le général de Moltke, cela ne change rien aux conditions », et il ajouta : « L'Empereur obtiendra pour sa personne tout ce qu'il lui plaira de demander. » (Il me parut qu'il pouvait bien y avoir une secrète divergence d'opinion entre M. de Bismarck et le général de Moltke, et que le premier n'aurait pas été fâché, au fond, de terminer la guerre, tandis que le général désirait, au contraire, la continuer.)

« Aux dernières paroles du général de Moltke, le général de Wimpffen répéta : « Nous recommencerons la bataille. — La trêve, répliqua le maréchal de Moltke, expire demain à 4 heures du matin. A 4 heures précises, j'ouvrirai le feu. »

« Nous étions tous debout, on avait fait demander nos chevaux. Depuis les dernières paroles, on n'avait pas prononcé un mot. Ce silence était glacial.

« Reprenant en ce moment la parole, M. de Bismarck dit au général de Wimpffen :

« Oui, général, vous avez de vaillants et d'héroïques soldats ; je ne doute pas qu'ils ne fassent demain des prodiges de valeur et ne nous causent des pertes sérieuses ; mais à quoi cela servirait-il? Demain soir, vous ne serez pas plus avancé qu'aujourd'hui, et vous aurez seulement sur la conscience le sang de vos soldats et des nôtres que vous aurez fait couler inutilement ; qu'un moment de dépit ne vous fasse pas rompre la conférence ; M. le général de Moltke va vous convaincre, je l'espère, que tenter de résister serait folie de votre part. »

« On se rassit, et le général de Moltke reprit en ces termes :

« Je vous affirme à nouveau qu'une percée ne pourra jamais réussir, quand même vos troupes seraient dans les meilleures conditions possibles ; car, indépendamment de la grande supériorité numérique de mes hommes et de mon artillerie, j'occupe des positions d'où je puis brûler Sedan dans quelques heures ! Ces positions commandent toutes les issues par lesquelles vous pouvez essayer de sortir du cercle où vous êtes enfermés, et sont tellement fortes, qu'il est impossible de les enlever. »

« — Oh! elles ne sont pas aussi fortes que vous voulez le dire, ces positions, interrompit le général de Wimpffen. »

« — Vous ne connaissez pas la topographie des environs de Sedan, répliqua le général de Moltke, et voici un détail bizarre et qui peint bien votre nation présomptueuse et inconséquente; à l'entrée de la campagne, vous avez fait distribuer à tous vos officiers des cartes de l'Allemagne, alors que vous n'aviez pas le moyen d'étudier la géographie de votre pays, puisque vous n'aviez pas les cartes de votre propre territoire. Eh bien! moi, je vous dis que nos positions sont, non seulement très fortes, mais formidables et inexpugnables. »

« Le général de Wimpffen ne trouva rien à répondre à cette sortie, dont il pouvait apprécier la force et la vérité. Au bout d'un instant, il reprit : « Je profiterai, général, de l'offre que vous avez bien voulu me faire au début de la conférence; j'enverrai un officier voir ces forces formidables dont vous me parlez, et à son retour je verrai et prendrai décision. »

« — Vous n'enverrez personne, c'est inutile, répliqua le général de Moltke sèchement, vous pouvez me croire; et, d'ailleurs, vous n'avez pas longtemps à réfléchir, car il est minuit : c'est à 4 heures du matin qu'expire la trêve et je ne vous accorderai pas un instant de sursis. »

« — Pourtant, fit observer le général de Wimpffen, qui abandonna, du reste, sans plus insister, le projet de faire vérifier les positions de l'ennemi, pourtant vous devez bien comprendre que je ne puis prendre seul une telle décision; il faut que je consulte mes collègues; je ne sais où les trouver tous à cette heure dans Sedan, et il me sera impossible de vous donner une réponse pour 4 heures. Il est donc indispensable que vous m'accordiez une prolongation de trêve.

« Comme le général de Moltke refusait opiniâtrément, M. de Bismarck se pencha vers lui et lui murmura à l'oreille quelques mots qui me parurent signifier que le Roi arriverait à 9 heures, et qu'il fallait l'attendre. Ce colloque à voix basse terminé, le général de Moltke dit en effet au général de Wimpffen qu'il consentait à lui accorder jusqu'à 9 heures, mais que ce serait la dernière limite.

« La conférence était terminée ou à peu près ; on discuta encore quelques détails, on dispensa les soldats français de rendre eux-mêmes leurs armes, on promit de laisser aux officiers tout ce qui leur appartiendrait, armes, chevaux, etc. (Plus tard, ces dernières conditions ne furent pas remplies.)

« Je jugeai, dès ce moment, que la capitulation était décidée en principe par le général de Wimpffen, et que s'il ne la signait pas immédiatement, c'était pour sauver les apparences et aussi pour tâcher de diminuer la responsabilité qui lui incombait fatalement, en la faisant partager autant que possible par les autres généraux..... Cette nuit-là et les deux jours suivants, j'accusai violemment le général de Wimpffen de vouloir capituler, mais plus tard, lorsque, renfermé dans l'île de Glaire avec toute l'armée prisonnière, j'ai vu la démoralisation où elle était tombée ; je compris qu'on n'aurait pas trouvé 1,000 hommes décidés à tenter une percée de vive force, et que, par conséquent, toute tentative de ce genre eût été vaine (1)..... »

A 1 heure du matin, le général de Wimpffen regagna

---

(1) On laisse au capitaine d'Orcet toute la responsabilité de cette assertion. — Ce récit des négociations de Donchery a été rédigé par le capitaine d'Orcet pendant sa captivité à Stettin. Les Archives historiques de la guerre en possèdent une copie certifiée conforme par MM. le chef de bataillon Le Gros et le lieutenant Ducrot. Cette *Relation* est publiée d'ailleurs, dans la *Journée de Sedan*, p. 53-68. Cf. *Mémoires de Bismarck*, t. I, p. 100-103.

Sedan, et se rendit à la sous-préfecture, auprès de l'Empereur. Il lui fit connaître les exigences du vainqueur. Le souverain seul, pensait-il, pourrait, par une démarche personnelle, obtenir des conditions moins dures. L'Empereur promit de se rendre, à 5 heures du matin, au quartier général allemand. Il sortit de Sedan à 6 heures par le faubourg de Torcy et prit la route de Donchery. Le comte de Bismarck, prévenu par le général Reille, accourut au-devant de la voiture impériale. Il rencontra le souverain à quelques centaines de mètres de Donchery. L'Empereur exprima le désir de voir le roi de Prusse ; puis, sur la réponse du chancelier que le grand quartier général se trouvait à Vendresse, tous deux entrèrent dans une maison abandonnée, située au bord de la route, pour y continuer l'entretien.

L'Empereur s'ouvrit aussitôt sur les conditions de la capitulation et demanda s'il ne serait pas possible d'en obtenir de plus favorables. Le comte de Bismarck objecta que c'était une question purement militaire qui concernait le maréchal de Moltke. Il demanda ensuite à l'Empereur s'il voulait entamer des négociations pour la paix. Le souverain répondit que sa position actuelle l'empêchait d'aborder ce sujet ; que la Régente étant à Paris, entourée des Ministres et des Chambres, avait seule qualité pour traiter. Reprenant une idée qu'il avait déjà exposée la veille au général de Wimpffen, le chancelier déclara que les Français, avec leur caractère, tel qu'il le connaissait, ne pardonneraient jamais aux Allemands les succès qu'ils avaient remportés, et que la paix ne serait qu'une trêve. L'Empereur répliqua que si les conditions proposées par la Prusse étaient empreintes de cette générosité qu'avait montrée l'empereur Alexandre en 1815, la paix pouvait être durable.

Les négociations se trouvaient ramenées sur le terrain purement militaire. Ce fut donc Moltke qui fut envoyé à son tour auprès de l'Empereur. Napoléon III émit le vœu que l'armée fût autorisée à passer en Belgique pour y être désarmée et internée. Le chef d'état-major des armées allemandes rejeta cette proposition. L'Empereur lui demanda alors que rien ne fût arrêté avant l'entrevue qu'il devait avoir avec le roi de Prusse dont il espérait obtenir quelques concessions avantageuses. Moltke ne promit rien. Il annonça seulement qu'il allait se rendre à Vendresse auprès du Roi. Le comte de Bismarck engagea l'Empereur à se rendre au château de Belle-Vue qui avait été choisi pour être le lieu de l'entrevue. Du côté allemand, on la retardait à dessein jusqu'au moment où la capitulation étant signée, le Roi n'aurait plus rien à offrir et l'Empereur plus rien à demander.

Vers 9 heures du matin, Moltke rencontra, sur le chemin de Vendresse, le roi de Prusse qui approuva entièrement les conditions posées pour la capitulation, et déclara en même temps qu'il ne consentirait à voir l'Empereur que lorsque ces clauses auraient été préalablement acceptées. Moltke revint alors à Belle-Vue (1).

Durant ces pourparlers, les troupes allemandes se tenaient prêtes à reprendre la lutte. L'artillerie était en position, ses pièces chargées.

Le capitaine de Zingler, de l'état-major du grand quartier général, se rendit à Sedan, en compagnie du général Reille, pour prévenir le général de Wimpffen que les hostilités recommenceraient à 10 heures si, à ce moment, la capitulation n'était pas intervenue.

Le conseil de guerre, convoqué par le général de Wimpffen, s'était réuni vers 7 heures du matin. Les commandants de corps d'armée, les généraux commandant en chef l'artillerie et le génie, et une vingtaine de généraux de division et de brigade y assistaient. On leur

---

(1) Comte de La Chapelle, *Le Livre de l'Empereur*, p. 124-126 ; *Historique du Grand État-Major prussien*, 8ᵉ livraison, p. 1221-1222.

résuma les négociations de la veille, la situation de l'armée française et celle de l'ennemi ; on leur exposa les exigences irréductibles du vainqueur, qui n'avait voulu faire d'autre concession que de laisser aux officiers leurs épées et leurs propriétés personnelles ; on leur fit connaître enfin que si nous nous refusions à les subir, toutes les mesures étaient prises pour faire ouvrir le feu aux batteries allemandes en position tout autour de la ville. Le général de Wimpffen termina en demandant au conseil ce qu'il convenait de décider. Fallait-il, coûte que coûte, pour éviter la capitulation, laisser l'ennemi accomplir l'œuvre de destruction à laquelle il semblait résolu ? Fallait-il condamner la population de Sedan à partager le sort si cruel que l'on préparait à l'armée ? Pouvait-on soutenir un siège dans la place ? Pouvait-on essayer d'en sortir et combattre en rase campagne (1) ?

Le commandant en chef de l'artillerie déclara que ce qui restait de munitions était insignifiant. D'après le rapport du commandant en chef du génie, il y avait quelques bouches à feu en batterie sur les remparts, mais l'armement n'était point disposé à côté des pièces. En somme, la place n'était pas armée et, même si elle l'avait été, l'entassement des troupes sur les remparts et dans les rues de Sedan était tel qu'il y avait impossibilité absolue de faire servir les pièces. Toute la question, conclua-t-il, se réduisait à celle-ci : fallait-il ou non se résigner à l'anéantissement de l'armée et de la population ? Aucun des membres du Conseil n'osa répondre affirmativement. La conséquence était que, si dure que fût la résolution, on ne pouvait que subir la capitulation ; il fallait seulement faire le possible pour obtenir que les conditions fussent moins cruelles que celles qui avaient été spécifiées par l'ennemi (2).

---

(1) *Notes* personnelles du général Lebrun.
(2) *Procès-verbal* du Conseil de guerre du 2 septembre.

Les généraux de Bellemare et Pellé, seuls, exprimèrent l'avis que l'on devait ou résister dans la place, ou chercher à sortir de vive force. On leur fit observer que la défense de la place était impossible, parce que les vivres et les munitions manquaient absolument; que l'entassement des hommes et des voitures dans les rues rendait toute circulation impossible; que, dans ces conditions, le feu de l'artillerie adverse produirait un affreux carnage, sans aucun résultat utile; que le débouché était impossible puisque l'ennemi occupait déjà les barrières de la place, et que ses canons étaient braqués sur les avenues étroites qui y conduisent. Les deux officiers généraux se rendirent donc à l'avis de la majorité (1).

Le général de Wimpffen, aidé du général Faure, commençait à se livrer à la rédaction du procès-verbal de la séance, quand se présenta, vers 9 heures, le capitaine d'état-major prussien de Zingler, demandant, de la part de Moltke, les dernières résolutions du général de Wimpffen, en ce qui concernait l'acceptation ou le rejet de la capitulation, telle qu'elle était exigée. Il rappela, qu'en cas de refus, le feu devait reprendre à 10 heures. Le général de Wimpffen répondit qu'il serait convenable qu'on attendît ce qui serait décidé entre les deux souverains. Le capitaine de Zingler répliqua qu'il n'y avait pas à se préoccuper de cette entrevue; que l'affaire était purement militaire et devait être réservée à l'appréciation des deux généraux en chef. Le général Lebrun fit observer que toute discussion était vaine, et conseilla au général de Wimpffen de se rendre au quartier général allemand (2).

---

(1) *Notes* personnelles du général Lebrun.
(2) *Conseil d'enquête* sur les capitulations, Déposition du général Lebrun.

Le général de Wimpffen partit de Sedan vers 10 heures et se rendit au château de Belle-Vue. Apercevant l'Empereur, il s'empressa de lui demander si le roi de Prusse avait consenti à apporter quelques adoucissements aux conditions formulées la veille. Napoléon III répondit qu'on ne lui avait pas « laissé voir le Roi (1) ».

Le général de Wimpffen entra au château où l'attendait le comte de Bismarck et Moltke. « Je cherchai, dit-il plus tard, à avoir les conditions les plus favorables. Il ne vint à mon esprit et à celui de mon chef d'état-major, qu'une idée, je dois l'avouer, relative à un point de vue tout à fait secondaire, c'était celle-ci. Un certain nombre de familles d'officiers ont besoin, pour vivre, des bras et des appointements de leur chef. Si on les en prive, elles n'auront plus aucun moyen d'existence. Ne pourrait-on pas obtenir que les officiers qui donneraient leur parole de ne pas servir dans cette guerre contre les Allemands, eussent la permission de rentrer chez eux, où d'ailleurs ils pourront se rendre utiles dans des emplois civils (2)? »

Une discussion assez vive s'éleva à ce sujet entre les plénipotentiaires. Enfin, sur l'affirmation énergique du général de Wimpffen « que rien au monde ne pourrait être capable de faire manquer un officier français à sa parole d'honneur », il obtint l'insertion de cette clause, croyant que peu d'officiers voudraient en profiter (3).

Cette concession, résultat d'une équivoque bienveillance, était la moins désirable de toutes. Le général de Wimpffen avait oublié que nos règlements militaires interdisaient aux officiers de séparer, sous aucun pré-

---

(1) *Conseil d'enquête* sur les capitulations, Déposition du général de Wimpffen.
(2) *Ibid.*
(3) *Ibid.*

texte, leur sort de celui de leurs soldats. Le maréchal Baraguey d'Hilliers, président du conseil d'enquête, lui fit observer, avec une juste sévérité, qu'il était le premier qui eût fait inscrire une clause semblable dans une capitulation (1). Un trop grand nombre d'officiers commirent la faute d'user de cette faculté. Contrairement aux engagements pris par Moltke, à l'entrevue de la veille, on ne laissa leurs armes qu'à ceux qui acceptèrent de ne plus servir contre l'Allemagne pendant la durée de la guerre.

Le protocole de la capitulation était le suivant :

Entre les soussignés,

Le chef de l'état-major de S. M. le roi Guillaume, commandant en chef des armées allemandes et

Le général commandant en chef l'armée française,

Tous deux munis des pleins pouvoirs de LL. MM. le roi Guillaume et l'empereur Napoléon,

La convention suivante a été conclue :

*Article 1*er. — L'armée française, placée sous les ordres du général de Wimpffen, se trouvant actuellement cernée par des forces supérieures autour de Sedan, est prisonnière de guerre.

Art. 2. — Vu la valeureuse défense de cette armée, il est fait exception pour tous les généraux et officiers, ainsi que pour les employés supérieurs ayant rang d'officiers, qui engageront leur parole d'honneur, par écrit, de ne pas porter les armes contre l'Allemagne, et de n'agir d'aucune autre manière contre ses intérêts jusqu'à la fin de la guerre actuelle. Les officiers et employés qui acceptent ces conditions, conserveront leurs armes et les objets qui leur appartiennent personnellement.

---

(1) *Conseil d'enquête* sur les capitulations, Déposition du général de Wimpffen.

Art. 3. — Toutes les autres armes, ainsi que tout le matériel de l'armée, consistant en drapeaux (aigles), canons, chevaux, caisses de guerre, équipages de l'armée, munitions, etc., seront livrés à Sedan à une commission militaire instituée par le commandant en chef, pour être remis immédiatement au commissaire allemand.

Art. 4. — La place de Sedan sera livrée ensuite dans son état actuel, et au plus tard dans la soirée du 2 septembre, à la disposition de S. M. le roi de Prusse.

Art. 5. — Les officiers qui n'auront pas pris l'engagement mentionné à l'article 2, ainsi que les troupes désarmées, seront conduits rangés d'après leurs régiments ou corps et en ordre militaire. Cette mesure commencera ce 2 septembre et sera terminée le 3. Ces détachements seront conduits sur le terrain bordé par la Meuse près d'Iges, pour être remis aux commissaires allemands par leurs officiers, qui céderont alors le commandement à leurs sous-officiers.

Art. 6. — Les médecins militaires, sans exception, resteront en arrière pour prendre soin des blessés.

Fait à Frénois, le 2 septembre 1870.

Signé : De Moltke. De Wimpffen.

Lorsque la capitulation fut signée, le général de Wimpffen vint en rendre compte à l'Empereur, qui attendait au premier étage, puis il retourna à Sedan. A 2 heures de l'après-midi, eut lieu une seconde séance du conseil de guerre, à laquelle se rendirent environ trente officiers généraux.

Le général de Wimpffen ouvrit la séance en faisant donner lecture du procès-verbal de celle qui avait eu lieu dans la matinée. A propos des conclusions qui exprimaient l'avis du conseil, le général Ducasse, qui n'avait pas assisté à la séance, se récria en rappelant le souvenir de Masséna à Gênes. Un de ses collègues lui représenta combien la situation de l'armée enfermée dans Sedan, incapable de se mouvoir, privée de vivres et de munitions, en présence d'une armée ennemie si supérieure en forces et si puissamment pourvue, était peu comparable à l'armée de Masséna, pouvant manœuvrer autour de Gênes. Le général Ducasse n'insista pas autrement. Le procès-verbal allait être soumis à la signature de tous les personnages présents, quand le général Lebrun fit remarquer qu'il suffisait peut-être que le document portât la signature des commandants de corps d'armée et des généraux commandant en chef l'artillerie et le génie. Ces généraux signèrent seuls au procès-verbal.

Cette formalité remplie, le général de Wimpffen fit connaître, avec des larmes dans la voix, le résultat de la démarche qu'il venait de faire au quartier général prussien. Il n'avait point réussi à fléchir la dureté des exigences de l'ennemi et, conséquemment, il avait dû s'y soumettre et accepter le protocole de capitulation qui lui avait été imposé. Il énuméra les clauses de la convention ou du protocole qu'il avait d'ailleurs apportées avec lui. On l'écouta silencieusement, chacun ressentant au fond du cœur l'émotion poignante de la situation qui était faite à l'armée française. Sans donner lecture du protocole, le général en chef dit que, voulant reconnaître la valeur avec laquelle l'armée française avait combattu, l'ennemi avait arrêté par un article de la convention que les armes seraient laissées aux officiers français. Cette assertion était inexacte : seuls, ceux qui consentiraient à « signer le revers » devaient profiter de cette faveur. Mais les membres du conseil crurent qu'elle était applicable à tous les officiers et furent cruellement déçus lorsqu'on les priva de leurs armes. Le général de Wimpffen ajouta qu'il avait cru devoir accepter, comme un adoucissement à leur infortune, une clause aux termes de laquelle ne seraient point constitués prisonniers et pourraient librement rentrer dans leurs foyers, les officiers qui s'engageraient sur l'honneur, par écrit, à ne plus servir pendant la durée de la guerre.

A cette déclaration du général de Wimpffen, le général Lebrun prit la parole pour lui exprimer l'étonnement qu'il éprouvait; il représenta que cette clause était tout au moins inutile, parce que dans toute l'armée il ne se trouverait assurément point un seul officier qui s'oubliât jusqu'à consentir à ne pas partager le sort de ses soldats. Il ajouta que les officiers ne s'appartenaient pas, mais bien au pays; que d'ailleurs, prisonniers aujourd'hui, ils pouvaient espérer encore que, les circonstances de guerre aidant, ils ne le fussent pas toujours; que dès lors, ils devaient se réserver pour l'avenir.

Le général Dejean s'exprima dans le même sens, en faisant remarquer très justement que le règlement même défendait à l'officier, fait prisonnier avec sa troupe, de séparer son sort de celui de ses soldats (1).

Le général Ducrot déclara également qu'il n'accepterait aucune clause exceptionnelle en faveur des officiers, et qu'il partagerait le sort des troupes placées sous ses ordres (2).

Pendant le cours de cette douloureuse séance, les

---

(1) Décret du 13 octobre 1863 portant règlement sur le service dans les places de guerre et les villes de garnison, titre V, art. 256.

Le *Conseil d'enquête* sur les capitulations s'exprima ainsi à ce sujet dans son avis motivé sur la capitulation de la place de Sedan : « Le Conseil blâme vivement le général de Wimpffen d'avoir admis cette exception contraire à l'article 256 du décret du 13 octobre 1863, lequel prescrit aux officiers de ne jamais séparer leur sort de celui de leurs soldats, exception qui tend à affaiblir, chez les officiers, le sentiment du devoir et de résistance à l'ennemi et n'est qu'une prime à la faiblesse ». (Procès-verbal de la séance du 4 janvier 1871.)

(2) *Notes* personnelles du général Lebrun ; *Conseil d'enquête* sur les capitulations, Dépositions des généraux de Wimpffen, Lebrun, Ducrot.

états-majors s'efforçaient, conformément aux ordres du général de Wimpffen, de rétablir un peu d'ordre dans la place où régnait la plus grande confusion. « Les corps d'armée, les troupes de toutes armes, étaient confondus dans un pêle-mêle sans nom (1). »

Un quartier de la ville fut assigné à chaque corps d'armée; c'est là que l'infanterie reçut l'ordre de déposer les armes. L'artillerie avait à conduire son matériel sur la rive gauche de la Meuse, près de Glaire (2).

Le 3 septembre fut le premier jour de la captivité. Les Allemands, suivant une expression très juste, « eurent plus de souci d'assurer leur proie que de se montrer humains (3) ». Au Nord-Ouest de Sedan, la presqu'île d'Iges, entourée de trois côtés par la Meuse et fermée au Sud par le canal de Glaire, constituait une prison naturelle. C'était là que l'armée devait attendre que l'ennemi eût pris les dispositions nécessaires pour l'acheminer par détachements sur les forteresses de l'intérieur de l'Allemagne. Dans cet étroit espace, détrempé par des pluies abondantes qui commencèrent le 3 septembre et durèrent plusieurs jours, 70,000 hommes (4) furent détenus pendant plus d'une semaine, dans la boue, sans abris, sans bois, sans distributions régulières, ayant à peu près pour toute ressource les pommes de terre qu'on déterrait dans les champs et les chevaux qu'on abattait (5).

Dès le 4 septembre, le général de Wimpffen était parti

---

(1) *Journal* des marches et opérations du 1er corps d'armée.
(2) *Ibid.*
(3) Pierre de la Gorce, *Histoire du Second Empire*, t. VII, p. 364.
(4) Chiffre donné par le *Journal* des marches et opérations du 1er corps. — L'*Historique du Grand État-Major prussien* indique 83,000 hommes (8e livraison, p. 1225, note 2).
(5) *Journal* des marches et opérations du 1er corps ; général Lebrun, *loc. cit.*, p. 179-183.

avec son état-major pour Aix-la-Chapelle et Stuttgart, abandonnant à elle-même ce qui avait été l'armée de Châlons (1). Les autres généraux comprirent leurs devoirs en demeurant avec leurs troupes dont ils s'efforcèrent, de leur mieux, d'adoucir le sort. A partir du 5 septembre, les convois de prisonniers, formés chacun de 2,000 hommes, furent mis en marche sur Pont-à-Mousson. Les officiers subalternes, réunis par groupes de 300 ou 400, furent traités comme la troupe « parqués chaque nuit dans une prairie ou dans un champ, sans abri, sans couverture, après avoir reçu une nourriture insuffisante, et malmenés parfois par leur escorte de la manière la plus odieuse (2) ».

L'évacuation de la presqu'île d'Iges, *du Camp de la Misère*, comme l'appelèrent les soldats, ne fut terminée que le 14 septembre. Ils y avaient subi de telles souffrances que le départ, même pour la captivité, parut à plusieurs un soulagement.

La bataille de Sedan, comme toutes celles de la période impériale, est caractérisée du côté français par un déploiement prématuré des forces, par l'inutilisation des points d'appui naturels, par la faible proportion des réserves, par l'absence d'une manœuvre offensive, par la méconnaissance de l'union des armes dans le combat.

Nos soldats étaient démoralisés par les défaites qu'ils avaient subies antérieurement, par l'infériorité de l'artillerie, par leur retraite des plaines d'Alsace au camp de Châlons, par les marches fatigantes et parfois incohérentes qu'ils avaient exécutées de Reims jusqu'à la Meuse, par l'absence du service de sûreté, par les indécisions du commandement.

---

(1) *Rapport* du général de Wimpffen au Ministre sur la bataille de Sedan, Fays-les-Veneurs, 5 septembre 1870; général de Wimpffen, *Sedan*, p. 234-238.

(2) *Journal* des marches et opérations du 1er corps d'armée.

Les Allemands, au contraire, étaient enflammés par leurs victoires, par le sentiment de leur supériorité numérique, par la conscience d'une volonté directrice, par les services très réels rendus par leur cavalerie, par la valeur de leur matériel d'artillerie.

Leurs batteries intervinrent « en grand et d'une manière décisive (1) ». A part la surprise tentée sur Bazeilles par l'infanterie, à la faveur du brouillard des premières heures de la matinée, l'artillerie entra en jeu tout entière dès le commencement de la journée; l'infanterie différa généralement ses attaques jusqu'à ce que les feux parfois croisés du canon eussent produit tout leur effet. C'est le canon presque seul qui délogea les Français du Calvaire d'Illy, et il suffit ensuite de quelques compagnies pour occuper sans combat cette importante position. Ce fut encore le canon qui cribla d'obus le bois de la Garenne, qui prépara l'attaque des bataillons de la Garde et permit d'épargner les pertes énormes qu'avaient coûtées les victoires précédentes. Les Français, il faut le dire, déployés d'avance sur les crêtes, s'offraient comme des cibles aux coups de cette puissante artillerie, à laquelle leurs bouches à feu étaient généralement impuissantes à répondre efficacement. La bataille de Sedan fut, en un mot, moins une lutte qu'un écrasement.

On a discuté fort longuement, et le plus souvent avec talent, la question de savoir si l'armée française eût pu échapper à la douleur de la capitulation. Les uns ont soutenu que le salut était dans les ordres donnés par le général Ducrot au moment de sa prise de commandement. La retraite sur Mézières exécutée sur l'heure, était encore possible, affirment-ils. D'autres ont cherché à démontrer que cette solution était inadmissible et que d'ailleurs le passage était déjà barré par

---

(1) *Historique du Grand État-Major prussien*, 8ᵉ livraison, p. 1235.

l'adversaire (1). Suivant une opinion, la victoire était contenue en germe dans la manœuvre sur Bazeilles conçue par Wimpffen (2). Sans nier la possibilité d'un succès local et momentané sur ce point, il semble bien que le désastre final eût été retardé, mais non point évité. Une sortie par Torcy enfin, se serait heurtée à des difficultés à peu près insurmontables.

On peut dire, à la louange du général Ducrot, que, seul peut-être, parmi les officiers généraux de l'armée de Châlons, il entrevit le danger en discernant le mouvement enveloppant double des Allemands. Quand, entre 7 h. 45 et 8 heures du matin, il fut investi de la lourde tâche du commandement suprême, ce ne fut pas pourtant à la retraite *immédiate* sur Mézières qu'il s'arrêta, mais à la *concentration préalable* de l'armée sur les hauteurs d'Illy-Fleigneux (3). Cette opération terminée, il verrait ce qu'il y aurait à faire, suivant sa propre expression (4).

Il n'y a donc pas lieu d'examiner si la retraite sur Mézières, commencée à 8 heures du matin, était exécutable ou non, puisque le général Ducrot n'a point donné d'ordres à cet effet.

« Voyez, disait-il au Conseil d'enquête sur les capitulation, qu'elle eût été la différence de situation si toute notre armée eût été massée sur cette magnifique position du Calvaire d'Illy à Fleigneux. Le mouvement aurait été commencé à 7 h. 30 (5); il est bien certain

---

(1) Voir : *Retraite sur Mézières le 31 août et le 1ᵉʳ septembre 1870; Annexe à la Journée de Sedan*, par le général Ducrot; Alfred Duquet, *La retraite à Sedan; La retraite sur Mézières*, par un officier supérieur; Alfred Duquet, *Encore la retraite à Sedan*.
(2) Alfred Duquet, *La victoire à Sedan*.
(3) Voir p. 54 et suiv.
(4) *Conseil d'enquête* sur les capitulations, Déposition du général Ducrot.
(5) Plus tard en réalité ; à 8 h. 30 au moins.

qu'il eût été achevé à 11 heures. Nous nous serions par conséquent trouvés, avec nos 200 bouches à feu, toute notre infanterie, nos quatre divisions de cavalerie, vers midi, tout préparés. Nous avions, à ce moment-là, des chances d'écraser la tête de colonne ennemie qui se présentait. »

Sans nul doute, l'armée française eût été en posture un peu meilleure; elle eût échappé momentanément à l'étreinte de l'adversaire; elle eût combattu autrement qu'elle ne le fît le 1er septembre en paraissant défendre le périmètre d'une place investie. Mais les Allemands n'eussent pas tardé, tout en l'attaquant de front, à déborder ses deux ailes, d'une part par la vallée de la Givonne, d'autre part par les hauteurs du Champ de la Grange. Des fractions sans matériel eussent réussi vraisemblablement à gagner Mézières au travers des bois de la Falizette et en écornant le territoire belge. Mais il semble hors de doute, en raison de la supériorité numérique écrasante des Allemands, que, dans la soirée, l'armée française eût été rejetée, en majeure partie, en Belgique.

A vrai dire, tout valait mieux que la capitulation de Sedan et, à ce point de vue, il est permis de regretter que le général de Wimpffen se soit opposé aux projets de Ducrot. Ce dernier conserve les titres les plus précieux à la reconnaissance française parce qu'à l'immobilité dans laquelle notre armée se mourait, il a voulu substituer l'action. Et non pas l'action aveugle et folle, mais l'action raisonnable émanant d'une volonté réfléchie autant qu'énergique.

En ce qui concerne l'issue de la néfaste journée du 1er septembre 1870, il est impossible de ne pas se rappeler les fortes paroles prononcées ou dictées par Napoléon à Sainte-Hélène.

« Il n'est qu'une manière honorable d'être fait prisonnier de guerre, c'est d'être pris isolément les armes à la main, lorsqu'on ne peut plus s'en servir. C'est ainsi que furent pris François I*er*, le roi Jean et tant de braves de toutes les nations.

« ..... Que doit donc faire un général cerné par des forces supérieures? Dans une situation extraordinaire, il faut une résolution extraordinaire; plus la résistance sera opiniâtre, plus on aura de chances d'être secouru ou de percer. Que de choses qui paraissent impossibles, ont été faites par des hommes résolus, n'ayant plus d'autre ressource que la *mort!*... Cette question ne nous paraît pas susceptible d'une autre solution, sans perdre l'esprit militaire d'une nation et s'exposer aux plus grands malheurs.

« La législation doit-elle autoriser un général cerné par des forces supérieures, et lorsqu'il a soutenu un combat opiniâtre, à disloquer son armée la nuit, en confiant à chaque individu son propre salut, en indiquant le point de ralliement plus ou moins éloigné? Cette question peut-être douteuse; mais, toutefois, il n'est pas douteux qu'un général qui prendrait un tel parti dans une situation désespérée, sauverait les trois quarts de son monde, et, ce qui serait plus précieux, il se sauverait du déshonneur de remettre ses armes et ses drapeaux..... (1). »

---

(1) *Mémoires* de Napoléon (Montholon, t. V, p. 278-281).

CHAPITRE XII

Considérations sur les opérations de l'armée de Châlons.

La cause initiale, primordiale, du désastre de Sedan réside certainement dans le plan du général de Palikao. Ainsi que l'a dit très justement le procès-verbal du *Conseil d'enquête sur les capitulations*, ce furent « des causes plus politiques que militaires qui, après la réorganisation encore fort incomplète de l'armée de Châlons, ont déterminé le Gouvernement de la Régence à prescrire l'expédition très dangereuse tentée par cette armée pour secourir le maréchal Bazaine (1) ».

L'*Historique du Grand État-Major prussien*, par une indulgence excessive, qualifie le plan Palikao de « hardi et grandiose (2) ». Il reconnaît d'ailleurs que cette conception « manquait en principe des conditions fondamentales nécessaires au succès (3) ».

On a exposé précédemment (4) les défectuosités que présentait l'armée de Châlons au point de vue du moral, de l'organisation, de l'instruction, de l'homogénéité, de la cohésion, de l'infériorité du haut commandement surtout. Elle était, pour tous ces motifs, manifestement au-dessous de la lourde tâche que le Gouvernement lui avait imposée. On a fait ressortir également les périls du plan Palikao, qui n'avait tenu aucun compte des moyens d'exécution, et qui reposait sur des considéra-

---

(1) Séance du 4 janvier 1872.
(2) 8ᵉ livraison, p. 1228.
(3) *Ibid.*
(4) Voir l'*Armée de Châlons*, 1ʳᵉ partie, p. 4 et suiv.

tions pour ainsi dire géométriques, notamment sur ce fait que les routes conduisant du camp de Châlons vers Metz étaient encore inoccupées par l'adversaire.

Ce plan, une fois accepté par le maréchal de Mac-Mahon, comporta dans l'exécution un certain nombre de fautes qui sont généralement imputables, moins à la personne même du général en chef, qu'aux idées erronées qui régnaient en 1870 dans le haut commandement français.

Au lieu de songer à attaquer les forces allemandes qu'il trouva devant lui et à voir clair dans la situation, le maréchal de Mac-Mahon chercha, pour ainsi dire, à se dérober à toute rencontre et à atteindre Montmédy, puis Metz, sans combat. C'est ainsi qu'après avoir voulu franchir la Meuse à Dun, il se décida ensuite pour Stenay, puis pour Mouzon, au fur et à mesure que ces points de passage étaient occupés par l'adversaire, et cela afin d'éviter une bataille que tout devait au contraire l'engager à livrer et même à rechercher.

A chaque fois, du reste, il se rapprochait de plus en plus de la frontière belge. Sa marche vers Montmédy visait en réalité un objectif géographique. Son idéal semblait être d'assurer pacifiquement sa jonction avec le maréchal Bazaine. Ce fut, suivant une très juste expression, une « offensive passive (1) ».

En cédant le 28 août aux injonctions du Ministre de la guerre, en acceptant d'exécuter un plan qu'il réprouvait et dont il discernait fort bien tous les dangers, en consentant à continuer la marche sur Montmédy, le maréchal de Mac-Mahon sacrifia, inconsciemment peut-être, l'armée à l'Empereur et les intérêts du pays à ceux de la dynastie. Suivant la forte pensée de Napoléon, il

---

(1) De Woyde, *Causes des succès et des revers dans la guerre de 1870*, t. II, p. 272.

devait donner sa démission plutôt que d'être « l'instrument de la ruine des siens ».

Le Maréchal eut, le 29 août, le jour même du combat de Nouart, une occasion favorable de remporter un succès sur le prince de Saxe. On s'explique d'autant moins qu'il n'ait pas attaqué avec toutes ses forces, que le Ministre de la guerre venait de lui affirmer qu'il avait une avance notable sur l'armée du Prince royal. Vrai ou faux, le renseignement devait être confirmé par une offensive énergique qui eût procuré une victoire ou montré que la retraite vers le Nord-Ouest s'imposait réellement, ainsi que le Maréchal l'avait compris et décidé.

Malheureusement le maréchal de Mac-Mahon, ainsi du reste que la plupart des généraux de l'armée française de 1870, « n'envisageaient pas le combat avec toute la gravité qu'il convient de lui attribuer. Ils ne surent pas comprendre qu'un succès réel ne peut être obtenu à la guerre par de simples marches, ni par l'occupation de positions choisies, mais qu'il doit être, au contraire, *le fruit d'un triomphe remporté sur l'adversaire, à la suite d'un combat ou d'une victoire* (1) ».

La bataille de Beaumont fut, pour ainsi dire, le dernier avertissement que reçut le maréchal de Mac-Mahon. Mais il semblait que désormais il considérât les affirmations du Ministre de la guerre comme une vérité absolue, et qu'il fût persuadé n'avoir devant lui que la seule armée du prince de Saxe. Cette conviction subsista jusqu'au jour même de la bataille de Sedan, et pourtant bien des motifs auraient dû l'avoir tout au moins ébranlée.

Affectée dans son moral par des contre-ordres incessants, par le mauvais temps, par l'irrégularité des dis-

---

(1) De Woyde, *loc. cit.*, t. II, p. 270.

tributions, par les procédés défectueux du stationnement, par la mauvaise préparation des marches, par les défaites antérieures, l'armée sentait que la main qui la guidait était hésitante et troublée.

Était-elle incapable, le 1er septembre, de combattre autrement que sur place, ainsi que l'a dit le maréchal de Moltke ?

Cette appréciation semble pessimiste. Conduite par un chef énergique et manœuvrier, conscient des dangers de l'inertie, l'armée de Châlons aurait pu, suivant toute apparence, ralentir sensiblement l'ennemi à Saint-Albert, lui infliger peut-être des échecs partiels, notamment sur la basse Givonne, et retarder jusqu'à la nuit l'issue de la lutte et l'enveloppement complet. Peut-être alors eût-on réussi à faire une trouée désespérée à la faveur des ténèbres ; au pis aller, le territoire belge offrait un refuge où l'humiliation d'un désarmement eût été préférable à la douleur d'une capitulation. Quoi qu'il en soit, l'armée de Châlons a su résister sur place avec honneur, aussi bien à Floing, à Illy, à Givonne, qu'à Bazeilles, et arracher à ses adversaires eux-mêmes des témoignages d'admiration.

CINQUIÈME PARTIE

Le 13ᵉ corps.

CHAPITRE PREMIER.

Organisation.

Le 13ᵉ corps fut créé par décret du 12 août 1870 ; le commandement en fut confié au général de division Vinoy, par décret du même jour (1). Il devait comprendre trois divisions d'infanterie, une de cavalerie, une réserve et un parc d'artillerie (2).

Parmi les corps d'infanterie, seule la brigade Guilhem, composée de troupes anciennes, bien exercées et aguerries, avait une véritable solidité. Ses deux régiments, les 35ᵉ et 42ᵉ de ligne, avaient fait partie de la division stationnée dans les États romains ; ils étaient arrivés à Paris avec une organisation régulière et un effectif complet ; en outre ils étaient dispos et pleins d'ardeur (3).

Les dix autres régiments d'infanterie du corps d'armée étaient composés au moyen de IVᵉˢ bataillons (4)

---

(1) *Historique* du 13ᵉ corps d'armée.
(2) Ordre du jour du général Vinoy en date du 20 août.
(3) Général Vinoy, *Siège de Paris*, p. 11.
(4) 5ᵉ régiment de marche (IVᵉˢ bataillons des 2ᵉ, 9ᵉ, 11ᵉ de ligne) ; 6ᵉ (IVᵉˢ bataillons des 12ᵉ, 15ᵉ, 19ᵉ); 7ᵉ (IVᵉˢ bataillons des 20ᵉ, 23ᵉ, 25ᵉ); 8ᵉ (IVᵉˢ bataillons des 29ᵉ, 41ᵉ, 43ᵉ) ; 9ᵉ (IVᵉˢ bataillons des 51ᵉ, 54ᵉ, 59ᵉ) ; 10ᵉ (IVᵉˢ bataillons des 69ᵉ, 70ᵉ, 71ᵉ) ; 11ᵉ (IVᵉˢ bataillons des 75ᵉ, 81ᵉ, 86ᵉ); 12ᵉ (IVᵉˢ bataillons des 90ᵉ, 93ᵉ, 95ᵉ); 13ᵉ (IVᵉˢ bataillons

dont les cadres étaient incomplets (1), les effectifs inégaux (2), l'instruction défectueuse au point que la plupart des soldats n'avaient jamais tiré à la cible avec le fusil Chassepot (3). Plusieurs de ces bataillons arrivèrent à Paris avec quatre compagnies seulement et ne furent rejoints que plus tard par leurs 5e et 6e compagnies, formées en vertu d'une décision ministérielle du 13 août (4). D'une manière générale les régiments de marche du 13e corps présentaient les mêmes défauts que ceux du 12e (5).

Chaque division d'infanterie fut dotée de deux compagnies de marche de chasseurs à pied empruntées à des bataillons différents (6).

La division de cavalerie, primitivement destinée au 13e corps, fut envoyée au camp de Châlons le 19 août et mise à la disposition du 12e corps (7) ; elle devait être remplacée par les 1er et 9e chasseurs, un régiment de marche de la Garde impériale et le 9e cuirassiers (8). Mais le 13e corps ayant quitté Paris avant que l'organisation de cette nouvelle division fût terminée, reçut en définitive une brigade sous le commandement du général Jolif-Ducoulombier, qui avait appartenu primitivement au 7e corps et qui était composée du 6e hus-

---

des 28e, 32e, 49e) ; 14e (IVes bataillons des 55e, 67e, 100e). (Le Ministre de la Guerre au général Vinoy, 16 et 17 août.)

(1) 25 ou 30 officiers en moyenne par régiment de marche, au lieu de 62. (Général Vinoy, *loc. cit.*, p. 12.)
(2) L'un d'eux était fort de 1200 hommes, un autre de 306. (*Ibid.*)
(3) Général Vinoy, *loc. cit.*, p. 12.
(4) Le Ministre de la Guerre au général Vinoy, 16 août.
(5) Voir l'*Armée de Châlons*, 1re partie, p. 10 et suiv.
(6) 1re division : les 7es compagnies des 5e et 7e bataillons ; 2e division : la 7e compagnie du 8e bataillon et la 8e du 15e ; 3e division : les 7es compagnies des 18e et 19e bataillons.
(7) Voir l'*Armée de Châlons*, 1re partie, p. 14, notes 5 et 6.
(8) Le Ministre de la Guerre au général Vinoy, 19 août.

sards et du 6ᵉ dragons (1). Cette brigade fut transportée par voie ferrée de Lyon à Versailles.

L'artillerie du corps d'armée se réunit et se constitua à Vincennes. Chaque division d'infanterie possédait deux batteries de 4 (batteries à pied transformées en batteries montées) (2) et une batterie de canons à balles. La réserve comprenait deux batteries de 4 et quatre batteries de 12.

La 1ʳᵉ division seule reçut effectivement une compagnie du génie. Une section de cette arme suivit le mouvement des 2ᵉ et 3ᵉ divisions à leur départ de Paris. La réserve du génie ne fut constituée qu'au retour du 13ᵉ corps dans la capitale.

Le parc était attelé par quatre compagnies de réserve du train d'artillerie.

Des ordres formels furent donnés pour approvisionner les hommes à 90 cartouches.

Ce fut le 26 août seulement que l'on organisa le service médical du 13ᵉ corps. Son personnel était à Paris, mais il y demeurait sans emploi ni destination. L'expédition des lettres de service souffrit, même à ce moment, de lenteurs considérables et c'est pour ainsi dire de haute lutte qu'il fallut arracher aux bureaux de la guerre les nominations nécessaires (3). La division d'Exéa n'avait encore, le 30 août, ni caissons d'ambulance ni caissons de pharmacie ou de chirurgie ni même de moyens de transport d'aucune sorte (4).

---

(1) Général Vinoy, *loc. cit.*, p. 16.
(2) Décision impériale du 18 juillet portant « que les batteries 3 et 4 de tous les régiments d'artillerie montés seront organisées en batteries montées ». (*Journal militaire officiel*, 1870, 2ᵉ semestre, p. 226.)
(3) Général Vinoy, *loc. cit.*, p. 14. Cf. Le général Vinoy au Ministre de la Guerre, 21 août.
(4) Le sous-intendant Malet, de la 1ʳᵉ division du 13ᵉ corps, au général d'Exéa, 30 août.

CHAPITRE II.

La division d'Exéa à Reims.

Dans la nuit du 24 au 25 août, le général Vinoy reçut du Ministre de la Guerre l'ordre de faire partir immédiatement pour Reims sa 1re division (1). Sa mission était de couvrir et de défendre cette ville contre les avant-gardes prussiennes ; d'éclairer aussi loin que possible les voies ferrées et de les protéger contre les éclaireurs ennemis. En cas d'attaque par des forces supérieures, la division devait se replier sur Soissons (2). Le mouvement s'effectua par la ligne du Nord, à partir du 25, à 2 h. 25 du matin. Toute la division fut débarquée à Reims les 25 et 26, sauf le 6e de marche, et bivouaquée autour de la ville (3).

Déjà l'on annonçait l'arrivée à Châlons de 6,000 cavaliers prussiens avec de l'infanterie et de l'artillerie et l'on signalait la présence à Saint-Nicolas, non loin de Reims, d'un parti de 200 ou 300 uhlans. Le général d'Exéa, manquant complètement de cavalerie, ne pouvait vérifier ces renseignements et demandait d'urgence au Ministre l'envoi d'un régiment de cette arme (4).

Afin de protéger Épernay contre les coureurs ennemis, on y envoya, le 26, deux bataillons du 7e régiment de marche (5). On exécuta, d'autre part, du 26 août au

---

(1) *Journal* de marche de la 1re division du 13e corps.
(2) Le Ministre de la Guerre au général de Liniers, commandant la 4e division militaire, 24 août.
(3) *Journal* de marche de la 1re division du 13e corps.
(4) Le général d'Exéa au Ministre de la Guerre, Reims, 26 août.
(5) *Journal* de marche de la 1re division du 13e corps. C'étaient les IVes bataillons des 20e et 23e de ligne.

4 septembre, quelques travaux de défense autour de Reims ; 1,800 travailleurs y furent employés journellement (1). Les troupes furent exercées et firent quelques tirs à la cible (2).

Le 27, débarqua à Reims le 6ᵉ régiment de marche qui avait attendu à Paris l'arrivée tardive de deux compagnies de dépôt du 15ᵉ de ligne. Le même jour, une reconnaissance composée de deux bataillons d'infanterie et d'une section d'artillerie se porta vers Châlons, par la grande route, jusqu'à la bifurcation de la route de Mourmelon. Une autre reconnaissance de moindre importance fut faite dans l'après-midi sur Witry-lès-Reims. Toutes deux revinrent sans avoir rencontré rien de suspect (3). Le lendemain, 28 août, de nouvelles reconnaissances envoyées sur Châlons et sur Bazancourt rentrèrent également, sans avoir rien découvert.

Le Ministre avait décidé, à cette même date, le départ de la brigade de cavalerie Ducoulombier de Versailles pour Reims, lorsque, dans la soirée, il prescrivit de suspendre le mouvement (4).

Le 29 août, à midi 30, le capitaine d'état-major Rouvière, accompagné d'une centaine d'hommes d'infanterie, à défaut de cavalerie, dont la division manquait toujours, partit de Reims en chemin de fer dans le but d'effectuer une reconnaissance sur Mourmelon. Après avoir dépassé cette localité, le train se dirigea vers Suippes. Entre la ferme de Bouy et celle de Cuperly, des cavaliers prussiens sont signalés. Le train s'arrête ;

---

(1) *Journal* de marche de la 1ʳᵉ division du 13ᵉ corps.
(2) *Historiques manuscrits* des 5ᵉ et 6ᵉ régiments de marche ; *Historique imprimé* du 2ᵉ régiment du génie, p. 126.
(3) *Journal* de marche de la 1ʳᵉ division du 13ᵉ corps.
(4) Le général Soumain, commandant la 1ʳᵉ division militaire, au général commandant la subdivision de Versailles, D. T. Paris, 28 août, 9 h. 35 soir.

le détachement français ouvre le feu. Trois cavaliers sont atteints, ainsi qu'un homme en bourgeois et un capitaine. Le reste prend la fuite vers Suippes, et l'officier, mortellement blessé, est ramené à Reims (1).

Le même jour, le lieutenant-colonel Tarayre, commandant les deux bataillons détachés à Épernay, mandait au Ministre de la Guerre qu'il avait été avisé la veille, à 5 h. 30, de la marche d'un régiment de cavalerie ennemie se portant de Châlons sur Épernay. Des mesures avaient été prises aussitôt : les routes conduisant à Épernay coupées, le pont sur la Marne barricadé, les avant-postes doublés pour la nuit. Le 28, les coureurs ennemis s'étaient approchés des gares de Rilly, Germaine et Avenay, sans attaquer. D'après les renseignements reçus, le quartier général du Prince royal se trouverait à Souain (2).

Le 30 août, à 1 heure du matin, 500 hommes du IVe bataillon du 12e de ligne (6e régiment de marche) et une escouade de sapeurs du génie furent envoyés par chemin de fer à Rethel, menacé par l'ennemi, disait-on (3). Ils avaient pour mission de défendre la ville et de réparer la voie ferrée coupée non loin d'Amagne (4). Un bataillon de francs-tireurs arrivé dans la journée se porta à Bazancourt afin d'appuyer le détachement, mais revint à Reims le lendemain. Des espions déclaraient avoir vu à Suippes, venant de Sainte-

---

(1) *Journal* de marche de la 1re division du 13e corps; *Historique manuscrit* du 6e régiment de marche.
(2) Le lieutenant-colonel Tarayre, commandant les troupes à Épernay, au Ministre de la Guerre, D. T., 28 août, 10 h. 55 soir, expédiée le 29, à minuit 40.
(3) *Journal* de marche de la 1re division du 13e corps; *Historique manuscrit* du 6e régiment de marche.
(4) Le général d'Exéa au Ministre de la Guerre, D. T., Reims, 30 août, 10 h. 20 matin.

Menehould, un régiment de uhlans, deux de dragons et 6,000 à 10,000 hommes d'infanterie « en très mauvais état », marchant sur Châlons. Quelques paysans auraient pris les armes et, par représailles, les Prussiens auraient brûlé le village de Saint-Hilaire. Le camp de Châlons était presque intact (1).

Le 31 août, une compagnie du 5ᵉ de marche fut envoyée à Rethel pour renforcer le détachement qui s'y trouvait déjà. Dans l'après-midi, 300 hommes du même régiment partirent de Reims par un train portant également deux canons à balles, et firent une reconnaissance jusqu'à 2 kilomètres environ au delà du quartier impérial du camp de Châlons. On tira quelques salves de mitrailleuses sur des uhlans qui occupaient un bois près de Thuisy et qui disparurent aussitôt (2). Le détachement de Rethel rétablit la voie ferrée et la ligne télégraphique, mais elles furent aussitôt interrompues par l'ennemi. Les mêmes faits se reproduisirent les jours suivants dans des conditions analogues (3).

Interrogé par le Ministre sur la marche d'un corps ennemi nombreux sur Mézières, le général d'Exéa répondit qu'il n'en avait « pas connaissance » et que, tout au contraire, les troupes prussiennes revenaient du côté de Châlons « fort démoralisées (4) ». Le général d'Exéa devait, conformément aux ordres du Ministre, se concerter avec le général de Liniers, commandant la 4ᵉ division militaire, afin de sauver une partie du matériel du camp de Châlons, de préférence les tentes. Il lui

---

(1) Le général d'Exéa au Ministre de la Guerre, D. T., Reims, 30 août, 10 h. 20 matin.
(2) *Journal* de marche de la 1ʳᵉ division du 13ᵉ corps.
(3) *Historique manuscrit* du 6ᵉ régiment de marche.
(4) Le Ministre de la Guerre au général d'Exéa, D. T., 31 août, 1 h. 16 soir; le général d'Exéa au Ministre de la Guerre, D. T., 2 h. 30 soir.

était recommandé toutefois d'agir avec prudence et de n'entreprendre l'opération que s'il était « sûr de la conduire à bien (1) ».

Le 1ᵉʳ septembre, des reconnaissances envoyées de Reims ne signalèrent rien (2). Une autre, partie de Rethel en chemin de fer sous la direction du lieutenant-colonel du Guiny, aperçut, près d'Amagne, deux officiers prussiens. L'un d'eux fut blessé et son cheval tué, l'autre se réfugia dans le village. La reconnaissance l'y poursuivit et se trouva, à la sortie, en présence « d'une force considérable d'infanterie et de cavalerie » qui la détermina à rentrer à Rethel (3).

Un détachement de 60 hommes envoyé de Reims à Châlons, en ramena 57 chevaux et 27 fourgons abandonnés par l'ennemi (4).

Le général d'Exéa continuait à être très mal renseigné sur ce qui se passait à l'armée de Châlons. D'après un habitant de Verdun, le maréchal de Mac-Mahon aurait livré « un combat très meurtrier au roi de Prusse en personne et à son fils ». On prétendait même que les Prussiens avaient eu « 80,000 hommes hors de combat ». Sans ajouter complètement foi à ces nouvelles, le général d'Exéa considérait comme « à peu près certain » que de nombreuses troupes arrivaient à Châlons, depuis la nuit précédente, « toutes en désarroi ». On lui affirmait, dans la matinée du 1ᵉʳ septembre, que le roi de Prusse et le Prince royal avaient « couché cette nuit à Clermont-en-Argonne, étant en pleine retraite (5) ».

---

(1) Le Ministre de la Guerre au général de Liniers, commandant la 4ᵉ division militaire, D. T., 31 août, reçue à Reims à 4 h. 55 soir.
(2) *Journal* de marche de la 1ʳᵉ division du 13ᵉ corps.
(3) *Historique manuscrit* du 6ᵉ régiment de marche.
(4) *Historique manuscrit* du 7ᵉ régiment de marche.
(5) Le général d'Exéa au Ministre de la Guerre, D. T., 1ᵉʳ septembre, 8 h. 2 matin et 10 h. 35 matin.

Le Ministre de la Guerre considérait ces derniers renseignements comme inexacts. « De mauvaises nouvelles de Mac-Mahon » lui étaient parvenues. Il recommandait au général d'Exéa de s'éclairer dans la direction de Clermont-en-Argonne, de Rethel, de Vouziers, et de chercher à savoir exactement ce qu'il y avait à Châlons. Le détachement de Rethel lui paraissant « trop en l'air », il prescrivit de le faire rentrer à Reims (1). Le général d'Exéa se proposait de prendre la même mesure à l'égard des deux bataillons d'Épernay, à moins de contre-ordre du Ministre de la Guerre ; il avait l'intention de leur faire « détruire les ouvrages d'art et le tunnel de Rilly (2) ». Sur ce dernier point, le Ministre prescrivit d'attendre ses instructions, sauf dans le cas de « nécessité urgente (3) ». Il recommanda d'accumuler « tous les obstacles possibles » entre Châlons et Épernay (4). Si des forces importantes marchaient sur Reims, le général d'Exéa était décidé à évacuer cette ville et à se replier sur Soissons (5).

Le 2 septembre, les éclaireurs ennemis se montrèrent plus nombreux et plus entreprenants sur toutes les routes qui aboutissent à Rethel. Mal secondé par les autorités civiles et par la garde nationale qui alla jusqu'à dissimuler ses armes, le chef du détachement de Rethel prit néanmoins des mesures de défense. Sur l'ordre du

---

(1) Le Ministre de la Guerre au général d'Exéa, D. T., 1ᵉʳ septembre, 3 heures soir ; le même au même, D. T., même date, sans indication d'heure.

(2) Le général d'Exéa au Ministre de la Guerre, D. T., 1ᵉʳ septembre, 11 h. 35 soir.

(3) Le Ministre de la Guerre au général d'Exéa, D. T., 2 septembre, 2 heures matin.

(4) Le Ministre de la Guerre au Commandant des troupes à Épernay, D. T., 1ᵉʳ septembre, 6 h. 10 soir.

(5) Le général d'Exéa au Ministre de la Guerre, D. T., 1ᵉʳ septembre, 11 h. 35 soir.

général d'Exéa, il se replia sur Reims, où il arriva le 3 septembre à 4 heures du matin (1).

Une reconnaissance de 135 gendarmes, sous les ordres d'un chef d'escadron, avait été envoyée avant le jour en reconnaissance vers la Suippe, par la voie romaine. Elle fouilla le pays depuis Bazancourt jusqu'à Pont-Faverger et rencontra des vedettes ennemies qui se replièrent sur la rive droite de la Suippe où elles furent recueillies par un détachement de cavalerie d'environ 500 chevaux. A l'Est d'Épernay, le pays était libre jusqu'à Châlons.

La cavalerie que le général d'Exéa réclamait depuis plusieurs jours pour assurer le service de reconnaissances arriva enfin le 2 septembre (2); le 6ᵉ régiment de dragons venant de Paris débarqua à Reims dans la nuit du 1ᵉʳ au 2.

Dès le lendemain, 3 septembre, le général d'Exéa envoya à 4 h. 30 du matin un escadron du 6ᵉ dragons en reconnaissance dans la direction de Rethel et le fit soutenir par 300 hommes d'infanterie. On ne poussa que jusqu'à dix kilomètres de Reims et l'on rentra à 10 heures sans avoir « rien à signaler (3) ». Le même jour, un bataillon du 8ᵉ de marche fut transporté par voie ferrée de Reims à Guignicourt d'où il se porta jusqu'à deux kilomètres au delà de Neufchâtel. Un détachement ennemi évalué à 1,200 hommes par les habitants du pays fut signalé dans les environs d'Avaux et d'Asfeld. Le bataillon revint à Reims à 7 heures du soir (4).

---

(1) *Journal* de marche de la 1ʳᵉ division du 13ᵉ corps; *Historique manuscrit* du 6ᵉ régiment de marche.
(2) *Journal* de marche de la 1ʳᵉ division du 13ᵉ corps.
(3) *Historique manuscrit* du 6ᵉ régiment de dragons.
(4) *Historique manuscrit* du 8ᵉ régiment de marche.

Dans la nuit du 3 au 4 septembre, le général d'Exéa apprit que l'ennemi marchait en forces sur Reims. A 2 h. 30 du matin, il ordonna la retraite de toute la division sur Soissons, sauf les deux bataillons détachés à Épernay qui devaient rétrograder directement sur Paris (1). La 1re brigade partit en chemin de fer à 9 heures du matin et arriva à Soissons vers midi. La 2e brigade, un bataillon de francs-tireurs qui lui fut rattaché, l'artillerie et les bagages suivirent la grande route. A Fismes, l'infanterie acheva le mouvement par voie ferrée; les batteries et les bagages continuèrent par voie de terre sous l'escorte du 6e régiment de dragons et atteignirent Soissons à 8 heures du soir. Toute la division bivouaqua sur les glacis et aux abords de la gare (2). La compagnie divisionnaire du génie fit sauter le pont du chemin de fer entre Reims et Soissons, sur le canal de la Marne à l'Aisne (3).

Le général d'Exéa demanda au Ministre des instructions sur ses mouvements ultérieurs. Il lui fut prescrit de se mettre en communication avec le général Vinoy et de l'attendre à Soissons. En cas d'impossibilité, il devait se diriger sur Paris. La capitale était d'ailleurs le point de ralliement assigné à tout le 13e corps. Le commandant du génie de Soissons était chargé de faire sauter les ouvrages d'art « dans toutes les directions », après le passage des troupes (4).

---

(1) *Historique manuscrit* du 6e régiment de dragons; *Historique manuscrit* du 7e de marche.

(2) *Journal* de marche de la 1re division du 13e corps; *Historique manuscrit* du 8e de marche; *Historique manuscrit* du 6e régiment de dragons.

(3) *Historique imprimé* du 2e régiment du génie, p. 127.

(4) Le général d'Exéa au Ministre de la Guerre, D. T., Soissons, 4 septembre, 8 heures matin; le Ministre de la Guerre au général d'Exéa, 4 septembre, 10 h. 30 matin.

Sur un nouvel ordre du Ministre de la Guerre (1), la division d'Exéa évacua Soissons dans l'après-midi du 5 septembre. La 2ᵉ brigade, la compagnie du génie et le 6ᵉ de marche de la 1ʳᵉ brigade furent transportés en chemin de fer jusqu'à Dammartin ; parties à midi, elles arrivèrent à la nuit et campèrent près de la route de Dammartin à Juilly (2). L'artillerie, la cavalerie, puis le 5ᵉ de marche se portèrent sur Villers-Cotterets par voie de terre (3). Cette courte étape de 24 kilomètres se fit très péniblement ; au 5ᵉ de marche, « il y eut près de 800 traînards que les trois compagnies d'arrière-garde eurent bien du mal à pousser devant elles. Il eut été désastreux d'avoir en ce moment à combattre avec de pareils soldats (4) ». Le camp ne fut installé que vers 9 heures du soir (5).

A midi, une reconnaissance composée du IIIᵉ bataillon du 6ᵉ de marche et du 4ᵉ escadron du 6ᵉ dragons avait été envoyée de Soissons sur Fismes. On n'aperçut pas l'ennemi, mais on apprit son entrée à Reims dans la soirée du 4. La reconnaissance était arrivée à 10 kilomètres de Soissons, lorsqu'elle reçut l'ordre de rentrer au bivouac en toute hâte. Elle le trouva déjà abandonné et suivit le mouvement de la division sur Villers-Cotterets (6).

Le 6 septembre, le mouvement général de retraite sur Paris continua. Le général d'Exéa rendit au bataillon de francs-tireurs sa liberté, en raison de son indiscipline (7). Le 5ᵉ de marche s'embarqua en chemin de fer

---

(1) Le général d'Exéa au général Vinoy, D. T., Dammartin, 5 septembre, 11 h. 40 soir.
(2) *Historique manuscrit* du 8ᵉ régiment de marche.
(3) *Journal* de marche de la 1ʳᵉ division du 13ᵉ corps.
(4) *Historique manuscrit* du 5ᵉ régiment de marche.
(5) *Ibid.*
(6) *Historique manuscrit* du 6ᵉ régiment de dragons.
(7) *Journal* de marche de la 1ʳᵉ division du 13ᵉ corps.

à 6 heures du matin et arriva à Sevran-Livry à midi. Le 6ᵉ de marche fut transporté au même point dans la nuit du 6 au 7. Deux bataillons du 7ᵉ de marche, venus d'Épernay, étaient à Paris depuis le 4 ; le troisième y arriva le 8. Le 8ᵉ de marche se rendit à Sevran-Livry par voie de terre (1). L'artillerie se porta de Villers-Cotterets à Dammartin ; la compagnie du génie de Dammartin à Sevran-Livry; le 6ᵉ dragons de Villers-Cotterets à Juilly (2).

Le 7 septembre, toute la division fut ralliée à Sevran-Livry où la plupart des corps firent séjour. Le 8, elle marcha sur Paris et vint camper vers Neuilly, entre les fortifications et la rive droite de la Seine. Elle resta dans ces positions jusqu'au 11 septembre (3).

---

(1) *Historiques manuscrits* des 5ᵉ, 6ᵉ, 7ᵉ et 8ᵉ de marche.
(2) *Historique* des 3ᵉ et 4ᵉ batteries du 10ᵉ régiment d'artillerie; *Historique imprimé* du 2ᵉ régiment du génie (p. 127) ; *Historique manuscrit* du 6ᵉ dragons.
(3) *Journal* de marche de la 1ʳᵉ division du 13ᵉ corps.

CHAPITRE III.

Transport du 13ᵉ corps à Mézières.

La première pensée du Ministre de la Guerre fut d'envoyer à Reims le reste du 13ᵉ corps ; le maréchal de Mac-Mahon en fut informé, et des ordres furent donnés à cet effet au général Vinoy le 28 août (1). Mais ils furent annulés dans la journée même et remplacés par les instructions suivantes :

« Vous allez quitter Paris, avec votre corps, pour vous rendre sur la rive gauche de l'Aisne, à la hauteur de Berry-au-Bac, station du chemin de fer. Vous prendrez toutes les dispositions nécessaires pour occuper les positions les plus avantageuses entre Berry-au-Bac, Vassogne et Craonne, pouvant vous concentrer à Craonne, le cas échéant. Vous vous tiendrez en communication avec la ville de Reims, où se trouve déjà une de vos divisions, et où vous ne laisserez qu'un seul régiment.

« Vous aurez soin de faire éclairer au loin par votre cavalerie la communication entre Reims et Rethel, ainsi que la plaine qui s'étend entre ces deux villes.

« L'objet de votre mission n'est pas de livrer un combat, mais d'inquiéter par votre présence le flanc de l'armée du Prince royal de Prusse dans sa marche sur le Nord-Ouest. Vous aurez soin de faire maintenir la communication du chemin de fer entre Reims et Rethel et de faire rétablir les rails qui pourraient être enlevés. Dans le cas où l'ennemi se dirigerait de votre côté,

---

(1) Le Ministre de la Guerre au général Vinoy. Paris, 28 août; le Ministre de la Guerre au maréchal de Mac-Mahon, D. T., 28 août, 1 h. 30 soir.

vous ferez sauter le pont de Suippes, afin de retarder sa marche, et vous vous retirerez sur Laon ou sur Soissons, suivant les circonstances de guerre qui viendraient à se produire.

« Tenez-moi au courant, chaque jour, par le télégraphe, des événements qui surviendraient. Prévenez-en également le maréchal de Mac-Mahon, si vous pensez que les communications avec lui soient demeurées libres. A cette fin, je vous autorise à disposer d'un crédit proportionnel au péril de la mission à remplir.

« Si le maréchal vous appelle à lui, vous vous rendrez à ses ordres, en me prévenant immédiatement.

« Laissez jusqu'à nouvel ordre à Épernay les deux bataillons qui s'y trouvent. Vous les rappellerez à vous dans le cas où vous recevriez des ordres du maréchal de Mac-Mahon, ou bien s'ils se trouvaient en présence de l'ennemi en force.

« L'ordre est donné de conserver à Épernay le matériel suffisant pour enlever de suite les deux bataillons s'il y avait urgence.

« Telles sont, mon cher général, les seules instructions que j'ai à vous donner pour le moment. J'ai pleine confiance en celui qui est chargé de les mettre à exécution (1). »

Dans la soirée, entre 7 heures et 9 heures, le Ministre changea encore une fois d'avis : il prescrivit au général Vinoy de suspendre son départ et de venir le trouver le lendemain matin, à 8 heures (2). Le maréchal de Mac-Mahon venait de renoncer à son projet de retraite sur Mézières, et avait consenti, sur les instances du général de Palikao, à reprendre sa marche sur Metz (3).

---

(1) Le Ministre de la Guerre au général Vinoy, 28 août.
(2) *Ibid.*
(3) Voir l'*Armée de Châlons*, 2ᵉ partie, p. 194 et suiv.

Consulté par le Ministre sur l'opportunité de l'envoi à Mézières d'un corps de 25,000 hommes, le Maréchal avait répondu que cette mesure aurait l'avantage d'assurer pendant quelque temps ses communications avec Paris, par le Nord. Telle est la cause de la nouvelle détermination prise par le Ministre au sujet de la destination définitive du 13ᵉ corps.

Le mouvement sur Mézières, tel qu'il fut réglé par le Ministre, comportait l'emploi des deux voies ferrées : Paris-Creil-Tergnier-Aulnoye, Paris-Soissons-Vervins-Hirson (1); mais celle-ci fut seule utilisée (2). De plus, le général Vinoy tint à placer en tête la 2ᵉ brigade de la 3ᵉ division, composée de deux régiments sur la solidité desquels on pouvait compter (3).

Cette brigade commença son embarquement le 30 août, à 1 heure du matin, à la gare du Nord; elle devait être suivie de deux batteries divisionnaires, du 6ᵉ hussards, du reste de l'artillerie du corps d'armée, des troupes du génie, de la gendarmerie, du train des équipages, des services administratifs; l'heure du départ du dernier convoi de la gare de Pantin étant le 31 août à 8 heures du matin. Les trois autres brigades d'infanterie devaient se succéder ensuite sur la même voie ferrée, de Paris à Vervins par Soissons : la 1ʳᵉ de la division Blanchard, partant de la gare du Nord le 31 août à 10 heures du matin; la 1ʳᵉ de la division Maud'huy, le 1ᵉʳ septembre à 1 heure du matin; la 2ᵉ de cette même division le même jour à 7 heures du matin. Le dernier élément du corps d'armée devait s'embar-

---

(1) Le Ministre de la Guerre au général Vinoy, Paris, 29 août. La ligne directe de Paris à Mézières avait été interceptée par l'ennemi entre Rethel et Mézières, près de Poix.

(2) Ordre de mouvement du 13ᵉ corps d'armée sur Mézières.

(3) Général Vinoy, *loc. cit.*, p. 22.

quer le 1ᵉʳ septembre à 6 heures du soir. Enfin le 6ᵉ régiment de dragons était dirigé sur Reims par Soissons (1). Il devait rejoindre ensuite le 13ᵉ corps, en même temps que la division d'Exéa (2).

Le général commandant la subdivision de Mézières fut invité à faire exécuter tous les travaux nécessaires pour mettre la gare à l'abri d'un coup de main (3).

Des retards appréciables se produisirent dans l'embarquement et dans le transport, tant en raison de l'aménagement des gares du Nord et de Pantin que de l'inexpérience des employés de la Compagnie. Ainsi, le 35ᵉ de ligne ne fut enlevé qu'à 5 heures du matin au lieu de 3 heures (dernier bataillon) (4). De même, le train transportant le quartier général du 13ᵉ corps, qui devait partir le 30 à 8 heures du matin, ne put être expédié que trois heures plus tard et n'arriva à Charleville qu'à minuit et demi. La marche avait été à peu près régulière, 30 kilomètres à l'heure environ de Paris à Hirson, mais il avait fallu six heures pour franchir les 56 kilomètres qui séparent Hirson de Charleville (5).

Le général Vinoy établit son quartier général à la préfecture où vinrent le rejoindre les autorités civiles et militaires. On ignorait encore à Mézières l'issue de la bataille de Beaumont ; seul l'inspecteur de la ligne du chemin de fer avait déjà reçu de son personnel des informations qui faisaient pressentir un échec grave (6).

Dès son arrivée, le général Vinoy prit des mesures

---

(1) Ordre de mouvement du 13ᵉ corps d'armée sur Mézières. — Voir ce document pour les détails de l'opération.
(2) Le Ministre de la Guerre au général Vinoy, Paris, 29 août.
(3) Le Ministre de la Guerre au Général commandant la subdivision à Mézières, D. T., Paris, 29 août (arrivée à Mézières à 5 h. 25 soir).
(4) *Historique manuscrit* du 35ᵉ de ligne.
(5) Général Vinoy, *loc. cit.*, p. 25-28.
(6) *Ibid.*, p. 29.

pour couvrir les débarquements. Le 35ᵉ, puis le 42ᵉ de ligne allèrent camper aussitôt, dans la soirée du 30 août, à trois kilomètres environ de Mézières, sur un mamelon à l'Est de Mohon (1). Les deux compagnies de chasseurs de la division Blanchard, s'établirent le 31 au matin sur le mont Olympe au Nord de Charleville (2).

Les trois batteries de la division Blanchard et le 6ᵉ hussards atteignirent Mézières dans la matinée du 31 août; la réserve d'artillerie et les batteries de la division de Maud'huy dans la journée et la nuit suivante. Le débarquement fut d'ailleurs assez long en raison de l'exiguïté des quais de la gare de Mohon.

Le 1ᵉʳ septembre, au point du jour, arrivèrent les bataillons de la brigade Susbielle (3). Ils furent dirigés sur les hauteurs (plateau de Bertaucourt) qui dominent la citadelle à l'Est. Beaucoup d'hommes de ces deux régiments, 13ᵉ et 14ᵉ de marche, n'avaient jamais tiré à la cible. Le général Vinoy prescrivit de leur faire tirer chacun quatre balles, ainsi qu'au dépôt du 6ᵉ de ligne fort d'environ 700 hommes et qui constituait, avec les gardes mobiles, toute la garnison de la place de Mézières (4).

---

(1) *Historiques manuscrits* des 35ᵉ et 42ᵉ de ligne.
(2) *Historique manuscrit* de la 7ᵉ compagnie du 18ᵉ bataillon de chasseurs.
(3) Général Vinoy, *loc. cit.*, p. 49.
(4) *Ibid.*

CHAPITRE IV.

Le 13ᵉ corps sous Mézières.

Dès son arrivée à Mézières, le général Vinoy se préoccupa de se mettre en communication avec le maréchal de Mac-Mahon. Le 31 au matin, il chargea de cette mission son aide de camp, le capitaine d'état-major de Sesmaisons, qui devait d'abord se rendre à Sedan où l'on pouvait espérer trouver le Maréchal ou au moins avoir de ses nouvelles. Cet officier emmènerait avec lui un détachement de 359 hommes destinés au 3ᵉ régiment de zouaves, et qui, arrivés la veille à Mézières, n'avaient pas reçu d'ordres au sujet de leur destination. Le capitaine de Sesmaisons devait faire tous ses efforts pour parvenir jusqu'au maréchal de Mac-Mahon et au besoin auprès de l'Empereur. Il était chargé de leur notifier l'arrivée à Mézières des premières troupes du 13ᵉ corps, ainsi que les dispositions prises par le général Vinoy ; de demander enfin et de rapporter les instructions du commandant de l'armée de Châlons (1).

Le général Vinoy prescrivit d'autre part deux reconnaissances : le Iᵉʳ bataillon du 35ᵉ de ligne et le 3ᵉ escadron du 6ᵉ hussards devaient se porter sur Flize et couper le pont suspendu de Nouvion ; le IIIᵉ bataillon du 42ᵉ et deux pelotons de hussards furent envoyés à 11 heures sur Poix (2).

Le capitaine de Sesmaisons partit par train spécial à 8 heures du matin avec le détachement du 3ᵉ zouaves qui devait lui servir d'escorte jusqu'à Sedan. Le train

---

(1) Général Vinoy, *loc. cit.*, p. 30-31.
(2) *Historiques manuscrits* des 35ᵉ et 42ᵉ de ligne.

arriva sans incident jusqu'à Donchery où se trouvait un détachement de troupes françaises (1), mais après avoir franchi la Meuse à l'Est, il fut canonné par une batterie de la 4ᵉ division de cavalerie établie sur les hauteurs de Frénois (2). Personne ne fut atteint ; les zouaves se précipitèrent aux portières des wagons et tirèrent au hasard dans toutes les directions (3).

Vers 9 h. 30, au moment où le capitaine de Sesmaisons pénétrait dans Sedan par la porte et le faubourg de Torcy, il aperçut nettement, sur les hauteurs de Wadelincourt, une forte colonne ennemie comprenant les trois armes, mais surtout de l'infanterie, et paraissant se diriger sur Mézières ou sur Donchery (4). En cherchant le général de Beurmann, commandant de la place de Sedan, le capitaine de Sesmaisons passa devant la sous-préfecture où était installé le quartier impérial. Il se fit annoncer à l'Empereur et fut aussitôt admis auprès de lui (5). On a relaté précédemment les détails de cette entrevue (6). A 10 heures du matin, l'Empereur télégraphia au général Vinoy de concentrer toutes ses troupes dans Mézières, et par là il faisait allusion aux détachements du 13ᵉ corps dirigés sur Poix, Rimogne et Flize.

En sortant de la sous-préfecture, le capitaine de Sesmaisons rencontra le maréchal de Mac-Mahon qui visitait la citadelle et eut avec lui un entretien assez long à l'issue duquel le commandant en chef promit d'envoyer au général Vinoy de nouvelles instructions (7).

Le capitaine de Sesmaisons sortit de Sedan à 1 heure

---

(1) C'étaient des isolés de divers corps.
(2) Voir l'*Armée de Châlons*, 3ᵉ partie, p. 215.
(3) Général Vinoy, *loc. cit.*, p. 32-33.
(4) *Ibid.*, p. 33.
(5) *Ibid.*, p. 34.
(6) Voir l'*Armée de Châlons* 3ᵉ partie, p. 231 et suiv.
(7) *Ibid.*, p. 234.

de l'après-midi et prit la route de Mézières par Floing et Vrigne-aux-Bois. Il rejoignit le général Vinoy vers 2 h. 30 et lui rendit compte de sa mission (1).

Le télégramme de l'Empereur était arrivé trop tard à Mézières pour qu'on pût contremander ou même rappeler les reconnaissances prescrites dans la matinée. Toute la brigade Guilhem avait pris les armes (2).

Le Ier bataillon du 35e de ligne et le 3e escadron du 6e hussards (3) s'étaient portés dans la matinée sur Flize ; le IIIe bataillon du 42e et deux pelotons de hussards sur Poix. En même temps, les IIe et IIIe bataillons du 35e étaient venus prendre position à l'Ouest de la route de Sedan, à hauteur de Villers-devant-Mézières ; le Ier bataillon du 42e avait occupé le bois au Nord-Ouest des Ayvelles avec des postes dans le village même ; le IIe du même régiment restant en réserve (4).

Le Ier bataillon du 35e, couvert sur sa droite par une compagnie, coupa les câbles supportant le tablier du pont suspendu de Nouvion-sur-Meuse. Quelques cavaliers ennemis se montrèrent pendant l'exécution de l'opération, mais furent promptement dispersés à coups de fusil. Le colonel du 35e voulut alors achever la destruction du pont en faisant briser le tablier. Mais, à ce moment, parut vers Feuchères, l'avant-garde de la division würtembergeoise marchant de Vendresse sur Boutan-

---

(1) Général Vinoy, *loc. cit.*, p. 41.

(2) Dans son livre, *Le Siège de Paris*, le général Vinoy dit que « pour assurer la marche des trains », il voulut faire occuper la gare de Rimogne par un régiment (p. 31). Il ne donna pas suite à ce projet.

(3) L'ouvrage du général Vinoy ne parle pas de cet escadron. L'*Historique imprimé* du 6e hussards relate nettement qu'il accompagna le 1er bataillon du 35e sur Flize.

(4) *Rapport* sur les opérations de la 3e division du 13e corps ; *Historiques manuscrits* des 35e et 42e de ligne.

court (1). Le Ier bataillon du 35e effectua sa retraite vers le bois de Chalandry, poursuivi par les obus de l'artillerie ennemie qui ne lui firent aucun mal. Il fut recueilli à Villers par les quatre bataillons de la brigade Guilhem qui y avaient pris position et qui avaient été renforcés par les trois batteries de la division Blanchard. Après un échange de quelques coups de canon, entre la 4e batterie du 13e et sa batterie d'avant-garde, la division würtembergeoise gagna, vers 6 heures du soir, ses cantonnements : le gros à Boutancourt, l'avant-garde à Flize, les avant-postes sur la ligne Elaire—Chalandry. De son côté, la brigade Guilhem se replia pour la nuit sur Mohon, laissant une arrière-garde à Villers-devant-Mézières (2).

Le IIIe bataillon du 42e de ligne et un demi-escadron du 6e hussards s'étaient portés sur Poix par Boulzicourt. En ce point, le détachement rencontra des patrouilles du *3e régiment de uhlans*; puis au Sud-Ouest d'Yvernaumont, la colonne fut canonnée par la batterie à cheval de la *6e division de cavalerie* (3). Les deux pelotons de hussards tournèrent bride précipitamment et vinrent jeter l'alarme à Mézières, mais le bataillon déployant deux compagnies en tirailleurs, tint bon et se replia ensuite lentement sur Guignicourt. Il occupa ce village pendant quatre heures environ, dans l'attente de renforts qui n'arrivèrent pas, puis il effectua sa retraite à travers bois sur Mézières où il rentra à 10 h. 30 du soir. La

---

(1) Voir l'*Armée de Châlons*, 3e partie, p. 217.—L'*Historique du Grand État-Major prussien* dit que les tirailleurs français « commencent par gagner jusqu'à Sapogne ». La carte seule montre que ce fait est invraisemblable.

(2) *Rapport* sur les opérations de la 3e division du 13e corps; *Historique du Grand État-Major prussien*, 7e livraison, p. 1077; *Historique manuscrit* du 35e de ligne; Général Vinoy, *loc. cit.*, p. 45.

(3) Voir l'*Armée de Châlons*, 3e partie, p. 218.

6ᵉ compagnie constituant l'arrière-garde, ne rejoignit qu'à 3 heures du matin. L'affaire avait coûté au bataillon 2 officiers et 10 hommes. La 6ᵉ division de cavalerie s'était établie de son côté en cantonnements d'alerte à Poix et dans les localités au Sud, avec des postes à Yvernaumont et à Villers-sur-le-Mont (1).

Ces deux petits engagements donnèrent au général Vinoy la certitude de la présence de l'ennemi en forces assez considérables à Poix et à Flize, c'est-à-dire à 12 kilomètres au plus du point de concentration du 13ᵉ corps. Il jugea dès lors nécessaire d'agir avec prudence d'autant plus que ses troupes n'arrivaient « qu'avec une lenteur désespérante (2) ».

Il ne connaissait d'ailleurs rien ou à peu près rien des intentions du maréchal de Mac-Mahon pour le lendemain. L'armée de Châlons reprendrait-elle son mouvement sur Montmédy ou ferait-elle sa retraite sur Mézières? Le capitaine de Sesmaisons n'avait pu le fixer à ce sujet, car si l'Empereur avait paru pencher pour la seconde solution, le Maréchal avait semblé vouloir accepter la bataille (3).

Le général Vinoy décida que le 13ᵉ corps se bornerait à « une attitude purement défensive » tant qu'il ne disposerait que de forces aussi restreintes. Des ordres furent donnés en conséquence pour la journée du lendemain (4).

---

(1) *Historique manuscrit* du 42ᵉ de ligne; *Rapport* sur les opérations de la 3ᵉ division du 13ᵉ corps; Général Vinoy, *loc. cit.*, p. 43-44; *Historique du Grand État-Major prussien*, 7ᵉ livraison, p. 1078.
(2) Général Vinoy, *loc. cit.*, p. 47.
(3) Voir l'*Armée de Châlons*, 3ᵉ partie, p. 235-236.
(4) Général Vinoy, *loc. cit.*, p. 47.

CHAPITRE V.

Journée du 1ᵉʳ septembre.

D'après l'ordre de la IIIᵉ armée, en date du 31 août, 9 heures du soir, la division würtembergeoise devait construire, dans le courant de la nuit, un pont près de Dom-le-Mesnil, franchir la Meuse au point du jour et venir prendre sur la route de Sedan à Mézières une position telle qu'elle pût à la fois faire face à Mézières et servir de réserve au XIᵉ corps. Le pont resterait gardé (1).

Il était prescrit à la 6ᵉ division de cavalerie de rompre à 5 heures de Mazerny, et de se porter, par Boutancourt et Boulzicourt, sur Flize où elle s'arrêterait jusqu'à nouvel ordre. La 2ᵉ division de cavalerie, quittant ses cantonnements à 6 heures, devait marcher sur Boutancourt et se rassembler au Sud de ce village (2).

La division würtembergeoise commença à 5 h. 30 du matin la construction d'un pont à Dom-le-Mesnil. L'opération terminée, la 3ᵉ brigade franchit la Meuse et se porta sur Vivier-au-Court où elle prit position face à Mézières (3). Le reste de la division suivit entre 7 heures et 8 heures. La brigade de cavalerie gagna Tumécourt pour explorer dans la direction de Mézières ; des partis allèrent couper le chemin de fer de Givet. Des patrouilles signalèrent la présence de l'ennemi à Ville-sur-Lumes : c'étaient vraisemblablement des francs-tireurs de la

---

(1) *Historique du Grand État-Major prussien*, 8ᵉ livraison, p. 273 *.
(2) *Ibid.*
(3) *Ibid.*, p. 1139.

Seine, du bataillon Lafon-Mocquart, en reconnaissance sur les hauteurs de la rive droite (1).

Cependant, le général Vinoy attendait à Mézières les ordres que la veille le maréchal de Mac-Mahon avait promis au capitaine de Sesmaisons d'envoyer au 13ᵉ corps. Ces ordres n'arrivant pas, il restait inactif et lié à la place. Ses troupes avaient pris les armes, mais le 6ᵉ hussards, comme l'infanterie, demeurait inerte. Pourtant la canonnade se faisait entendre dans la direction de Sedan : sans grande violence d'abord, elle parut redoubler vers 9 heures, puis diminuer et même s'éloigner (2).

Les instructions du Ministre de la Guerre prescrivaient, il est vrai, de « ne pas livrer un combat, mais d'inquiéter », par sa présence, « le flanc de l'armée du Prince royal de Prusse dans sa marche sur le Nord-Ouest ». Si le 13ᵉ corps était appelé par le maréchal de Mac-Mahon, il devait se rendre à ses ordres (3). Cette éventualité ne s'étant pas présentée, dit le général Vinoy, « la première partie des instructions ministérielles gardait toute sa force, et les circonstances, d'ailleurs, n'obligeaient pas le commandant en chef à les modifier (4) ».

Le général Vinoy a donné lui-même le meilleur argument contre son immobilité. Comment, en effet, se conformer aux prescriptions du Ministre en restant passif à Mézières ? Le 13ᵉ corps tout entier s'y serait trouvé, qu'il n'eût pas plus inquiété le Prince royal que la seule division Blanchard. Le moins que l'on pût faire était de savoir ce qu'on avait devant soi. Le général Vinoy n'ignorait pas d'ailleurs, par le rapport du capitaine de

---

(1) Général Vinoy, *loc. cit.*, p. 51-52 ; *Historique du Grand État-Major prussien*, 8ᵉ livraison, p. 1163-1164.
(2) Général Vinoy, *loc. cit.*, p. 30.
(3) Voir p. 292 et 293.
(4) Général Vinoy, *loc. cit.*, p. 50.

Sesmaisons, la situation critique du Maréchal, acculé à Sedan, à faible distance de la frontière belge. De quel secours n'eût pas été le 13ᵉ corps en se portant sur Vivier-au-Court ou sur Flize si l'armée française se fût mise en retraite sur Mézières ! En réalité, les instructions du Ministre semblent s'être résumées dans l'esprit du général Vinoy par cette formule : ne pas livrer combat.

Dans la pensée que le maréchal de Mac-Mahon avait pu reprendre sa marche sur Montmédy, et que les forces prussiennes que le 13ᵉ corps avait devant lui s'étaient peut être éloignées, allant à sa poursuite, le général Vinoy se décida vers 10 heures « à s'avancer avec la plus grande circonspection (1) ».

Du camp de Mohon, la brigade Guilhem, le 6ᵉ hussards et les trois batteries de la division Blanchard se portèrent en avant de Villers-devant-Mézières et s'établirent, la gauche appuyée à la route de Sedan, la droite aux bois qui, à cette époque, couvraient la crête au Nord-Ouest des Ayvelles. Le IIIᵉ bataillon du 35ᵉ avait été détaché sur les hauteurs de la rive droite, à l'Est de Mézières, pour faire face aux partis de cavalerie würtembergeoise qui se montraient de ce côté. Les trois batteries de la division de Maud'huy restèrent à Villers, sans doute pour former un échelon de repli (2)

Au moment où le général Vinoy s'était décidé à exécuter cette inutile reconnaissance, la division würtembergeoise arrivée à Vivier-au-Court, avait reçu, vers

---

(1) Général Vinoy, *loc. cit.*, p. 51.

(2) *Rapport* sur les opérations de la 3ᵉ division du 13ᵉ corps; *Historiques manuscrits* des 35ᵉ et 42ᵉ de ligne; Général Vinoy, *loc. cit.*, p. 51.

A la vérité, ces documents ne spécifient pas que les trois batteries, établies à Villers, furent celles de la division de Maud'huy. Les *Historiques* des régiments d'artillerie dont elles dépendaient sont muets à cet égard. Mais il est certain que les batteries de la réserve restèrent à Mézières même, le 1ᵉʳ septembre.

10 heures, un ordre du Prince royal lui prescrivant de prendre position à Donchery pour y constituer la réserve de l'armée (1). Elle semble avoir été laissée un peu loin pour remplir ce rôle, si l'on considère que les V⁰ et XI⁰ corps combattaient sur la ligne Floing—Saint-Menges.

Comme sa cavalerie venait de lui signaler la présence des Français à Ville-sur-Lumes, le commandant de la division württembergeoise chargea deux compagnies du 3e bataillon de chasseurs et deux escadrons du 4e régiment de cavalerie de couvrir le mouvement. Ce détachement se porta sur Ville-sur-Lumes. Accueilli par des coups de fusil à son arrivée devant les petits bois situés en avant du village, il inclina vers le Sud et détermina ainsi la retraite sur Romery des francs-tireurs Mocquart. Deux pelotons de cavalerie se préparaient à les charger, mais ils en furent empêchés par un ravin encaissé et par les feux partant des maisons du hameau. Une section de la 3ᵉ batterie du 9ᵉ, placée près de la gare de Mohon, lança quelques obus qui firent rétrograder cette cavalerie (2). Le détachement württembergeois se borna à occuper Ville-sur-Lumes, d'où il détacha une compagnie vers le pont de Lumes (3).

Sur ces entrefaites, le gros de la division württembergeoise s'était portée de Vivier-au-Court sur Donchery. En arrivant à Vrigne-Meuse, le général d'Obernitz apprit que des troupes françaises sorties de Mézières, au nombre de deux bataillons et deux escadrons, menaçaient par la rive gauche de la Meuse le pont de Dom-le-Mesnil (4). Ignorant sans doute l'arrivée à Mézières

---

(1) *Historique du Grand État-Major prussien,* 8ᵉ livraison, p. 1164.
(2) Général Vinoy, *loc. cit.,* p. 52 ; *Rapport* du capitaine Boissonnade, commandant la 3ᵉ batterie du 9ᵉ.
(3) *Historique du Grand État-Major prussien,* 8ᵉ livraison, p. 1164.
(4) *Ibid.*

d'une partie du 13e corps, le général d'Obernitz crut simplement à la présence, au Sud-Est de la place, de quelques troupes de la garnison. La majeure partie de la *3e* brigade d'infanterie, le *3e* régiment de cavalerie et une batterie de 4, sous les ordres du général de Huegel, furent envoyés vers Dom-le-Mesnil. Cette colonne, détachant sur Nouvion le Ier bataillon du *8e* (1) franchit la la Meuse, se dirigea sur Mézières, et rencontra au delà de Flize le *16e* régiment de hussards, appartenant à la *6e* division de cavalerie. Le général de Huegel apprit, par les reconnaissances faites par ce régiment, que les Français avaient pris position à Petite-Ayvelle. Il résolut de les attaquer (2).

Vers 2 h. 30 (3), la batterie ouvrit le feu sur Petite-Ayvelle, tandis que le IIe bataillon du *8e* se portait sur ce point suivi du IIe bataillon du *3e*. En réalité, le hameau n'était pas occupé, mais les tirailleurs de la brigade Guilhem, qui garnissaient les bouquets de bois sur la hauteur au Nord de Petite-Ayvelle accueillirent les Würtembergeois par des feux nourris. Le IIe bataillon du *8e* se dirigea alors vers le bois des Trois-Communes, qu'il attaqua de front en le faisant déborder à gauche par une compagnie. L'ordre étant « d'entraver le plus qu'on pourrait la marche des Prussiens, mais sans engager d'action sérieuse », le général Guilhem fit sonner la retraite (4).

---

(1) Une compagnie gardait le pont depuis le matin ; d'autre part, il y avait déjà un détachement würtembergeois vers Ville-sur-Lumes ; dans ces conditions, il semble que l'envoi d'un bataillon à Nouvion ait été une erreur.

(2) *Historique du Grand État-major prussien*, 8e livraison, p. 1164-1165.

(3) Le *Rapport* sur les opérations de la division Blanchard indique 4 heures ; l'*Historique manuscrit* du 42e de ligne dit vers 2 heures.

(4) *Historiques manuscrits* des 35e et 42e de ligne; *Historique du Grand État-Major prussien*, 8e livraison, p. 1165.

Les compagnies quittèrent successivement leurs positions par échelons de section, sous la protection de la batterie de canons à balles de la division. Les bataillons vinrent se rassembler au Nord-Ouest de Villers, couvrant la gare de Mohon (1). Les deux autres batteries divisionnaires échangèrent pendant un certain temps des projectiles avec la batterie würtembergeoise, sans résultat de part et d'autre (2). Pendant la retraite, le lieutenant-colonel Fournès, du 35e de ligne, fut blessé. L'affaire avait coûté à la brigade Guilhem un officier tué et une quarantaine d'hommes (3); à la brigade würtembergeoise, 1 officier, 1 médecin, 33 hommes.

A 4 heures, la brigade Guilhem reçut l'ordre de rentrer à Mézières, sauf le IIe bataillon qui resta à la garde de la gare de Mohon. Quant à la brigade Susbielle, elle fut ramenée dans les ouvrages avancés de la place (4). C'était pousser un peu loin la circonspection.

S'il faut en croire l'*Historique du Grand État-Major prussien*, « ces engagements de détail..... avaient eu pour résultat.... d'empêcher les troupes du général Vinoy de venir prendre part à la lutte entamée autour de Sedan (5) ». L'assertion est à l'éloge des Würtembergeois, mais l'examen des documents français montre suffisamment que pas un instant Vinoy n'eut l'idée de prendre part à la bataille. On peut le regretter d'autant plus que, d'après von Hahnke, le Prince royal n'avait

---

(1) *Historique manuscrit* du 35e de ligne. — L'*Historique du Grand État-Major prussien* dit que « l'ennemi, abandonnant ses sacs, se repliait en désordre sur Villers-devant-Mézières » (8e livraison, p. 1165). Ces détails semblent inexacts.

(2) *Historique manuscrit* des 3e et 4e batteries du 13e d'artillerie.

(3) *Rapport* sur les opérations de la division Blanchard ; Général Vinoy, *loc. cit.*, p. 52.

(4) Général Vinoy, *loc. cit.*, p. 52.

(5) 8e livraison, p. 1165.

reçu à ce moment « aucun renseignement sur la composition et les mouvements » du 13ᵉ corps (1).

Après la retraite de la brigade Guilhem, les détachements würtembergeois se rassemblèrent : ceux de la rive gauche à Flize, ceux de la rive droite à Nouvion. La brigade de cavalerie resta à Tumécourt. Le gros de la division avait pris à Donchery la position qui lui avait été assignée, constituant, avec les 2ᵉ et 4ᵉ divisions de cavalerie, une réserve générale derrière l'aile gauche de la ligne de bataille allemande (2).

Vers 1 h. 30, le général Vinoy reçut les premières nouvelles des événements qui s'étaient passés à Sedan. Des agents de l'administration venus de Vrigne-aux-Bois, annoncèrent que vers minuit une avant-garde de cavalerie prussienne s'était montrée dans ce village où elle avait été suivie bientôt de troupes d'infanterie nombreuses. Ils évaluaient les forces de l'ennemi à 40,000 hommes occupant les hauteurs entre Vrigne-aux-Bois et Mézières (3).

Vers la même heure, on aperçut du haut de la citadelle une colonne considérable d'artillerie qui se dirigeait vers Charleville par la vallée de la Meuse. C'était le parc d'artillerie du 5ᵉ corps qui, parti de Sedan au point du jour, avait pu gagner Nouzon à travers bois. Des uhlans s'en étaient approchés au moment où il franchissait la Meuse, mais en trop petit nombre pour pouvoir l'entourer (4).

Enfin, à 2 heures environ, le colonel Tissier, sous-

---

(1) Von Hahnke, *loc. cit.*, p. 203.
(2) *Historique du Grand État-Major prussien*, 8ᵉ livraison, p. 1165.
(3) Général Vinoy, *loc. cit.*, p. 53.
(4) *Ibid.*, p. 53-54.
Il n'a pas été possible de retrouver l'itinéraire suivi par cette colonne. Voir à ce sujet *La Retraite sur Mézières*, par un officier supérieur, p. 124, et Duquet, *Encore la Retraite à Sedan*, p. 20. L'itinéraire

chef d'état-major du maréchal de Mac-Mahon, arriva à Mézières. Il avait quitté le champ de bataille à 9 heures du matin, emportant des papiers précieux ; à ce moment déjà le désastre lui paraissait inévitable (1).

Dans le courant de l'après-midi, ces prédictions se confirmèrent par l'arrivée à Mézières d'isolés et de fractions de tous les corps dans le plus grand désordre.

« De la cavalerie composée d'hommes de toutes les armes accourait, sous les ordres du général Michel : elle était suivie par des masses de fuyards appartenant à l'infanterie, des zouaves, des turcos, des artilleurs, dont beaucoup dans leur frayeur avaient jeté leurs fusils sur tous les chemins, et se présentaient tout à fait désarmés. Ces troupes complètement démoralisées répandaient partout le trouble et la terreur par leur attitude et leurs discours. Leur nombre, qui d'heure en heure devenait plus considérable, peut être évalué pour ce seul jour à environ 10,000 hommes (2). » Tous s'accordaient à dire que, dès 9 heures du matin, la bataille semblait perdue.

En faisant dans leurs récits la part de l'exagération, le seul espoir que l'on pût conserver, bien faible il est vrai, était que l'armée eût réussi à se faire jour et à forcer le passage vers l'Est, dans la direction de Montmédy. En tout cas, la prudence commandait au général Vinoy de prendre sans tarder des mesures « tout comme s'il avait eu la certitude la plus absolue du désastre immense que l'on prévoyait (3) ».

Il télégraphia au Ministre de la Guerre ce qu'il savait

Floing, Vrigne-aux-Bois, Le Mazy, Gernelle, Cons-la-Grandville, Neufmanil, Nouzon est le plus vraisemblable.
(1) Général Vinoy, *loc. cit.*, p. 54.
(2) *Ibid.*, p. 54-55.
(3) *Ibid.*, p. 55.

des événements; il lui exposa sa situation et lui fit part de son intention de battre en retraite (1). Le Ministre répondit à 5 heures du soir : « Dans les circonstances actuelles, je vous laisse maître de vos mouvements en ce qui touche le 13ᵉ corps. Faites évacuer les fuyards sur Laon, j'arrête tous les envois de matériel sur Mézières. Je compte que Mézières saura tenir. Laissez-y en approvisionnements et en munitions ce qui sera nécessaire (2). »

C'était l'approbation implicite du projet du général Vinoy. Mais allait-on battre en retraite immédiatement ou attendre soit des nouvelles plus sûres, soit l'arrivée de la division de Maud'huy ?

En adoptant la première solution, on risquait, à si courte distance de l'adversaire, d'être investi dans Mézières et d'être obligé de capituler à brève échéance, faute de vivres et de munitions. Sort commun à toutes les armées qui cèdent à l'attraction naturelle qu'exercent les places fortes pour y chercher un refuge.

La division de Maud'huy était partie, il est vrai, dans la matinée du 1ᵉʳ septembre, mais en supposant qu'elle pût arriver jusqu'à Mézières, les deux divisions du 13ᵉ corps se fussent trouvées dans des conditions d'infériorité numériques telles qu'il ne fallait même pas songer à affronter la lutte. Attendre cette division ne servait donc de rien. Mieux valait opérer la retraite immédiatement et conserver à la France ces 12,000 hommes dont elle avait plus besoin que jamais.

Avec beaucoup d'esprit de décision, le général Vinoy adopta ce parti et prit les mesures d'exécution pour se

---

(1) Ce télégramme n'a pas été retrouvé. On en donne le sens d'après le général Vinoy, *loc. cit.*, p. 55.

(2) Le Ministre de la Guerre au général Vinoy. D. T., Paris, 5 heures soir, expédiée à 5 h. 40.

replier sur Laon. A 6 heures du soir, les premiers ordres furent donnés; les troupes qui se trouvaient au dehors furent rappelées dans la place et, afin de garder le secret, on ferma rigoureusement les portes pour empêcher toute communication avec l'extérieur (1).

Le chef de gare fut invité à faire rétrograder sur Laon tous les trains qui pouvaient se trouver en marche de cette ville sur Mézières, avec la latitude de prendre ensuite les dispositions qu'il jugerait convenables pour sauver son matériel. D'après ces dispositions, la division de Maud'huy, en route par voie ferrée sur Mézières, devait rétrograder sur Laon et y attendre la division Blanchard et la réserve d'artillerie (2).

L'intendant, avec les malades et les blessés, le commandant du génie du corps d'armée avec la section du génie de la division Blanchard, furent seuls évacués sur Laon par chemin de fer, afin de pourvoir, chacun selon ses fonctions, aux moyens de défense les plus urgents et aux approvisionnements en vivres du corps d'armée (3). Les bagages des officiers devaient, en majeure partie, être laissés à Mézières (4). Les fuyards de l'armée défaite à Sedan étaient si démoralisés que leur contact pouvait être dangereux pour les régiments de la brigade de Susbielle, nouvellement formés, inexpérimentés, peu homogènes. Le temps manquait d'ailleurs pour les organiser, pour les encadrer. Enfin leur dépression était telle « qu'ils ne pouvaient même, en cas d'attaque, songer à se

---

(1) Général Vinoy, *loc. cit.*, p. 59.
(2) *Ibid.*, p. 61.
(3) *Ibid.*
La voie ferrée fut reconnue au préalable au moyen d'un train remorqué par une locomotive blindée sur laquelle avaient pris place un caporal et quatre sapeurs du génie. (*Historique imprimé* du 3ᵉ régiment du génie, p. 89.)
(4) *Historique* du 13ᵉ corps d'armée.

défendre (1) ». Déjà ils se livraient aux désordres et produisaient des paniques. Le général Vinoy en forma donc une colonne spéciale qu'il mit, non sans difficultés, en marche sur Rocroi vers 9 heures du soir. De là elle devait gagner Avesnes, puis Laon (2).

Une autre colonne, composée uniquement de troupes du 13ᵉ corps (3), suivrait la route de Paris pour atteindre Laon le 4 septembre, par Rethel et Neufchâtel. Elle fut pourvue de quatre jours de vivres ; le départ fut fixé à minuit (4).

A 11 heures, le général Vinoy réunit les diverses autorités civiles et militaires de la ville pour leur faire connaître ses résolutions. Il leur exprima ses regrets « de laisser la place dans la faible position de défense où elle allait se trouver, mais..... les circonstances lui imposaient impérieusement l'obligation de partir (5) ».

Le général Vinoy n'a donné aucune raison pour justifier le choix de l'itinéraire qu'allait suivre le 13ᵉ corps.

Des deux chaussées de Mézières à Paris par Rethel, qui ne forment plus qu'un tronçon unique à partir de Launois, le général Vinoy avait adopté la vieille route parce qu'elle suivait les crêtes et offrait, en cas d'attaque, une série de positions défensives (6).

Sans doute, il ignorait la situation des forces allemandes dans la soirée du 1ᵉʳ septembre ; s'il l'avait connue, il aurait probablement choisi une autre direction. La division würtembergeoise était à Donchery ; la 6ᵉ division de cavalerie cantonnait : le gros à Boutan-

---

(1) Général Vinoy, *loc. cit.*, p. 60.
(2) *Ibid.*
(3) Division Blanchard, 6ᵉ hussards, réserve d'artillerie, artillerie de la division de Maud'huy.
(4) Général Vinoy, *loc. cit.*, p. 60.
(5) *Ibid.*, p. 62.
(6) *Ibid.*, p. 63.

court et Poix, le *15ᵉ* uhlans à Railiicourt, le *6ᵉ* cuirassiers à Yvernaucourt; la *5ᵉ* division de cavalerie au Chesnois, à Tourteron et à Ecordal, détachant le régiment des hussards de Brunswick à Pauvres, afin de surveiller les environs de Reims. Le VIᵉ corps enfin, se trouvait en majeure partie à Attigny et Voncq. Les patrouilles lancées sur Rethel firent connaître, dans la journée du 1ᵉʳ septembre, qu'il n'y avait pas plus d'un millier d'hommes dans la ville; qu'un train était prêt à les emmener; que les Français remettaient en état les sections de voie ferrée au Sud de la ville. A la suite de ces renseignements, le général commandant le VIᵉ corps chargea le commandant de la *12ᵉ* division de tenter un coup de main sur Rethel. Dans la soirée du 1ᵉʳ septembre, le général de division se mit en marche avec cinq bataillons et demi, trois escadrons et deux batteries (1).

L'itinéraire choisi pour le 13ᵉ corps l'exposait donc à de graves dangers. Le général Vinoy se proposait de tromper l'ennemi en lui cachant l'existence de la colonne des fuyards (2), mais il n'était pas nécessaire de le côtoyer de si près pour obtenir ce résultat. Il suffisait, pour atteindre Laon, de prendre d'abord la route d'Hirson, puis de passer par Signy-l'Abbaye ou par Liart. La distance est à peu près la même (3), et ces deux directions mettaient le 13ᵉ corps presque immédiatement hors d'atteinte. Si le général Vinoy n'adopta ni l'une ni l'autre, c'est, vraisemblablement, parce qu'il ne crut pas possible d'engager sur la route d'Hirson le 13ᵉ corps à la

---

(1) *Historique du Grand État-Major prussien*, 8ᵉ livraison, p. 1227. Cette colonne se composait des Iᵉʳ et IIᵉ bataillons, 11ᵉ et 12ᵉ compagnies du *63ᵉ*; IIᵉ bataillon du *23ᵉ*; IIᵉ et IIIᵉ du *62ᵉ*; 2ᵉ, 3ᵉ, 4ᵉ escadrons du *15ᵉ* dragons; 6ᵉ et VIᵉ batteries; détachement de la 3ᵉ compagnie de pionniers (*Ibid.*, 10ᵉ livraison, p. 3).

(2) Général Vinoy, *loc. cit.*, p. 60.

(3) 90 à 100 kilomètres pour les trois itinéraires.

suite de la colonne des fuyards. Peut-être craignit-il aussi d'être retardé par eux. En réalité, il eût suffi de donner à cette colonne deux ou trois heures d'avance pour être certain de pouvoir gagner sans être gêné la bifurcation de la grande route avec la direction de Liart ou de Signy-l'Abbaye.

CHAPITRE VI (1)

La retraite de Mézières à Novion-Porcien.

Retardée par les distributions de vivres et des erreurs de direction, la tête de colonne du 13ᵉ corps ne quitta Mézières qu'à 1 h. 30 du matin, par la porte de Paris, pour s'engager sur l'ancienne route qui conduit à Rethel (2).

L'ordre de marche était le suivant :
42ᵉ de ligne (avant-garde) ;
Deux batteries ;
Un bataillon (13ᵉ régiment de marche) ;
Quatre batteries ;
Deux bataillons (13ᵉ régiment de marche) ;
Quatre batteries ;
Deux bataillons (14ᵉ régiment de marche) (3) ;
Une batterie de 4 (3ᵉ du 9ᵉ) ;
Iᵉʳ et IIᵉ bataillons du 35ᵉ de ligne ;
Une batterie de canons à balles (3ᵉ du 13ᵉ) ;
IIIᵉ bataillon du 35ᵉ de ligne ;
6ᵉ hussards, extrême arrière-garde, avec des éclaireurs en avant et sur les flancs (4).

---

(1) Voir la carte « Retraite du 13ᵉ corps » $\left(\text{à } \frac{1}{200,000}\right)$, en tenant compte d'une erreur de gravure qui fait suivre au 13ᵉ corps jusqu'à Launois la nouvelle route de Rethel (vallée de la Vence) au lieu de l'ancienne route (Mᵒⁿ Molle, Mᵒⁿ Perrier, la Hobette, etc.....).

(2) Général Vinoy, *loc. cit.*, p. 63. — L'*Historique* du 13ᵉ corps dit : « Un peu après minuit. »

(3) Ce régiment n'avait que deux bataillons ; le troisième n'ayant pu rejoindre à temps était resté détaché à la division de Maud'huy.

(4) Général Vinoy, *loc. cit.*, p. 63 ; *Historiques manuscrits* des 35ᵉ,

Le général Guilhem marchait à l'avant-garde, le général Susbielle à l'arrière-garde. La colonne était judicieusement encadrée entre les deux régiments sur lesquels on pouvait le plus compter. L'artillerie était répartie de façon à donner plus d'assurance aux troupes de nouvelle formation, et à pouvoir faire face à l'ennemi dans tous les sens (1), surtout dans l'hypothèse que l'on considérait comme probable d'une attaque sur le flanc gauche. D'ailleurs, un motif plus grave, que le général commandant en chef et son chef d'état-major étaient seuls à connaître, avait fait juger cet ordre de marche indispensable. Les troupes avaient usé, dans les quelques escarmouches qui avaient eu lieu sous Mézières, presque tout leur approvisionnement en cartouches, et il n'était pas possible de le leur renouveler, le parc de réserve qui se trouvait à la gauche du convoi n'ayant pas encore rejoint. Si une attaque avait lieu pendant la marche, on ne pouvait donc songer à se défendre qu'à coups de canon. Il avait été rigoureusement prescrit, du reste, que, « même en cas d'attaque, les troupes devaient combattre sans que leur marche fût pour cela un seul moment suspendue, le signal d'un temps d'arrêt quelconque devant seulement être donné par le général en chef (2) ». Cette prescription était d'une observation difficile.

La première partie de la marche se fit sans incident, à part l'arrière-garde qui, retardée par l'étroite sortie de la ville, était plus loin du gros qu'il n'eût fallu.

Vers 6 heures du matin, au moment où la tête de

42ᵉ de ligne et du 14ᵉ de marche ; *Rapport* du colonel de La Mariouse, commandant le 35ᵉ de ligne. La place de la division de chasseurs à pied n'est pas exactement spécifiée ; ces deux compagnies faisaient partie de l'arrière-garde. (*Historique manuscrit* de la 7ᵉ cⁱᵉ du 18ᵉ bataillon).

(1) *Historique* du 15ᵉ corps d'armée.
(2) Général Vinoy, *loc. cit.*, p. 65.

colonne était à la hauteur de Poix, un coup de feu se fit entendre : c'était une patrouille du 4ᵉ escadron du 6ᵉ cuirassiers cantonné à Guignicourt qui annonçait ainsi la présence des Français. Le 2ᵉ escadron du 6ᵉ cuirassiers fut aussitôt dirigé d'Yvernaumont sur Barbaise, pour soutenir le 4ᵉ en cas de besoin (1). La colonne française ne répondit pas, mais, à partir de ce moment, les patrouilles ennemies ne cessèrent plus de se montrer sur le flanc, cherchant à apprécier l'importance des forces qui suivaient la route (2).

Tandis que les troupes françaises continuaient leur marche sur Launois, la 6ᵉ division de cavalerie se rassemblait entre Poix et Montigny-sur-Vence, puis, vers 7 heures du matin, elle se portait sur Launois. Le *15ᵉ* uhlans, qui tenait la tête, vint se heurter à des partis d'infanterie française entre Villers-le-Tourneur et Raillicourt, ainsi qu'à Neuvizy (3). « La nature très couverte du pays situé en avant, la force de l'adversaire et aussi l'avis que d'autres contingents français suivaient des abords Sud de Mézières, déterminaient le duc Guillaume de Mecklembourg-Schwerin à ne point attaquer (4). » Le *6ᵉ* cuirassiers se replia vers la vallée de la Vence,

---

(1) *Historique du Grand État-Major prussien*, 10ᵉ livraison, p. 4. — D'après le général Vinoy (*loc. cit.*, p. 66), le coup de feu aurait été tiré par une patrouille de uhlans.

L'*Historique du Grand État-Major prussien* parle de coups de feu que reçurent les patrouilles de cuirassiers allemands à Champigneul-sur-Vence. On ne peut les attribuer vraisemblablement qu'à des hussards français qui opéraient sur le flanc gauche de la colonne. L'*Historique* du 6ᵉ cuirassiers attribue ces coups de feu à des francs-tireurs (p. 95 et suiv.).

(2) Général Vinoy, *loc. cit.*, p. 66.

(3) *Historique du Grand État-Major prussien*, 10ᵉ livraison, p. 4.

Cet *Historique* dit même : « Le *15ᵉ* uhlans..... rencontre de l'infanterie française. » Il n'y avait pas d'infanterie entre Villers-le-Tourneur et Raillicourt.

(4) *Historique du Grand État-Major prussien*, 10ᵉ livraison, p. 4.

tandis que le *15ᵉ* uhlans restait en observation à l'Ouest de Montigny (1).

En approchant de Launois, le 6ᵉ hussards surprit quelques uhlans du 5ᵉ escadron qui, trompés par l'uniforme de nos cavaliers, absolument semblable à celui d'un régiment de hussards prussiens, étaient venus à eux sans crainte. L'un de ces uhlans fut tué et deux faits prisonniers. On interrogea ces derniers. Ils se défendirent très vivement d'avoir pris une part quelconque à l'incendie de Ville-sur-Lumes, « déclarant que ces actes sauvages devaient être surtout attribués au *12ᵉ* de uhlans et aux hussards bleus (2) ». Les renseignements qu'ils fournirent, rapprochés de ceux donnés par les habitants, trompèrent le général Vinoy, qui ne se douta pas de la présence de la *6ᵉ* division de cavalerie à si courte distance de sa colonne. Il crut que le *15ᵉ* uhlans était avec du canon à Puiseux, à 8 kilomètres au Sud de Launois (3).

La tête de colonne du 13ᵉ corps avait atteint cette dernière localité entre 7 et 8 heures. Le général Vinoy avait désormais la certitude d'avoir échappé à la surveillance et à la poursuite de la division würtembergeoise qu'il croyait seule menaçante. L'ennemi, pensait-il, « pouvait tout au plus maintenant se mettre en marche pour nous rejoindre ; mais notre flanc gauche était dès lors à l'abri de ses attaques, et il ne lui était plus possible de tenter de le couper (4) ». Il se considérait comme hors de danger immédiat ; aussi prescrivit-il une halte d'une heure et demie à Launois, bien que le village fût dominé de tous côtés. Des reconnaissances furent envoyées vers Neuvizy et ne signalèrent autre chose que les éclaireurs du

---

(1) *Historique du Grand État-Major prussien*, 10ᵉ livraison, p. 4.
(2) Général Vinoy, *loc. cit.*, p. 68.
(3) *Ibid.* p. 68.
(4) *Ibid.*, p. 67.

15ᵉ uhlans, qui se maintenaient toujours sur le flanc gauche de la colonne.

La *6*ᵉ division de cavalerie restait inactive, et les raisons données par *l'Historique du Grand État-Major prussien* pour justifier cette attitude ne semblent pas admissibles. En réalité, elle paraît avoir considéré sa mission comme « purement défensive (1) ». Sans attaquer à fond, cette division aurait pu, avec son artillerie à cheval, ralentir la marche des Français et troubler leur repos à Launois. Loin de là, elle prit ses cantonnements aux environs de Poix, ce qui eût été illogique si la division avait redouté réellement l'arrivée de forces françaises se dirigeant de Mézières vers le Sud. Le *15*ᵉ uhlans, établi à Raillicourt, fit occuper Launois quand le 13ᵉ corps en fut parti, et jeta des avant-postes dans la direction de Rethel et dans celle de Mézières que surveillait également le *6*ᵉ cuirassiers. Le *3*ᵉ régiment de uhlans cantonna à Villers-le-Tourneur, d'où il poussa une avant-garde sur Neuvizy (2).

Il était environ 10 h. 15 quand la tête du 13ᵉ corps atteignit Saulces-aux-Bois. Les troupes, l'infanterie surtout, étaient harassées, et le général Vinoy prescrivit une nouvelle halte avant de continuer sa marche sur Rethel. A ce moment, des gens du pays arrivant de cette ville, lui apprirent que le bataillon de la division d'Exéa, qui l'occupait, l'avait quittée la veille et avait été remplacé par des forces ennemies considérables pourvues de 40 pièces de canon environ (3). Il ne fallait pas songer à s'ouvrir le passage de vive force. Si l'on avait sur cette colonne la supériorité numérique en bouches à feu, on

---

(1) Junk, *Die Bewegungen und das Entkommen des 13. französischen Korps (Vinoy)*, p. 58.
(2) *Historique du Grand État-Major prussien*, 10ᵉ livraison, p. 4.
(3) C'était le détachement de la *12*ᵉ division d'infanterie. — Voir p. 313.

ne possédait qu'un nombre restreint de cartouches, et l'on risquait, pendant le combat, d'être assailli à revers par un corps allemand venu de Sedan. De plus, l'avantage du terrain était pour l'ennemi, qui avait de belles positions au Nord de Rethel. Le général Vinoy se rendit compte de cette situation grave (1). Il était essentiel de n'accepter le combat que s'il était impossible d'agir autrement. Il fallait évidemment changer de direction, tromper l'ennemi, chercher à lui échapper à tout prix.

Avec une promptitude de décision qui lui fait honneur, le général Vinoy résolut d'abandonner la direction de Rethel et de se diriger vers l'Ouest, sur Novion-Porcien (2). Au moment où la tête de colonne atteignait cette localité, le canon se fit entendre à son arrière-garde. C'était une batterie de la 5ᵉ division de cavalerie qui tirait sur Saulces-aux-Bois.

Vers 9 h. 30 du matin, le général de Rheinbaben, commandant cette division, avait été informé, à Tourteron, du mouvement du 13ᵉ corps. Il avait prescrit, en conséquence, à la *12ᵉ* brigade de pousser sur Puiseux et à la *13ᵉ* de se porter sur Amagne d'où elle surveillerait la route de Mézières à Rethel. La *12ᵉ* brigade, prévenue par ses patrouilles de la marche des Français, déboucha du Chesnois sur Puiseux au moment où une colonne française lui était signalée entre Faissault et Saulces-aux-Bois. La batterie à cheval prit immédiatement position à la station de Puiseux et ouvrit le feu sur les débouchés de Saulces (3).

---

(1) Général Vinoy, *loc. cit.*, p. 70.
(2) *Ibid.*, p. 71.
(3) *Historique du Grand État-Major prussien*, 10ᵉ livraison, p. 5.
D'après l'*Historique* du 13ᵉ corps, il était 10 heures du matin environ. — Le *Rapport* du capitaine de Sazilly, commandant la 3ᵉ batterie du 13ᵉ, relate « vers 11 heures »; l'*Historique* manuscrit du 35ᵉ de ligne dit « vers midi », ce qui paraît se rapprocher davantage de la vérité. On se

Aux premiers obus, une grange située sur le bord de la route prit feu ; l'incendie se communiqua aux maisons voisines. Le général Vinoy fit aussitôt sortir du village les caissons d'artillerie qui s'y trouvaient, et fit donner l'ordre à l'arrière-garde de se déployer et de prendre ses dispositions pour le combat « qui semblait devoir être inévitable (1) ».

Le 35ᵉ de ligne, qui se trouvait à ce moment à 2 kilomètres au Nord de Saulces et à 4 ou 5 kilomètres de la queue du gros, se forma en bataille face à l'Est et s'abrita dans les fossés de la route (2).

La 3ᵉ batterie (à balles) du 13ᵉ et la 3ᵉ (de 4) du 9ᵉ qui marchaient à l'arrière-garde exécutèrent le mouvement à gauche en batterie.

Trois compagnies du Iᵉʳ bataillon du 14ᵉ de marche s'arrêtèrent également pour relier le 35ᵉ au gros de la colonne (3). La 4ᵉ batterie du 9ᵉ et la 4ᵉ du 13ᵉ prirent position à l'Ouest de Saulces. Le feu de l'ennemi était si bien réglé sur la route que, dès les premiers instants, un sous-officier et un servant de la 3ᵉ batterie du 13ᵉ furent grièvement blessés par des éclats d'obus ; un cheval fut tué et plusieurs blessés. La 3ᵉ batterie du 9ᵉ, au contraire, resta à peu près indemne, ainsi que les deux batteries du gros de la colonne. Après un moment de confusion, la demi-batterie de droite de canons à balles ouvrit le feu sur l'artillerie ennemie, la demi-batterie de

---

souvient en effet que la tête de colonne du 13ᵉ corps était entrée à Saulces-aux-Bois vers 10 h. 15 ; qu'une halte y avait été faite ; enfin que la tête de colonne atteignait Novion-Porcien quand le canon se fit entendre. Le *Rapport* du colonel de La Mariouse, du 35ᵉ de ligne, dit également « vers midi ».

(1) Général Vinoy, *loc. cit.*, p. 71.
(2) *Rapport* sur les opérations de la division Blanchard ; *Rapport* du colonel de La Mariouse, commandant le 35ᵉ de ligne.
(3) *Rapport* sur la marche de la brigade Susbielle ; *Historique manuscrit* du 14ᵉ régiment de marche.

gauche sur la cavalerie. « Les premières décharges produisirent le plus grand effet, et, au bout de neuf salves, non seulement les cavaliers prussiens avaient disparu, mais encore le feu des pièces ennemies était complètement éteint, et la colonne française pouvait continuer son chemin, sans être autrement inquiétée pour le moment (1) ». Le 35ᵉ de ligne reprit donc son mouvement sur Saulces-aux-Bois.

Le général Vinoy s'était bien vite convaincu, d'ailleurs, que l'attaque n'était pas sérieuse ; « qu'elle était tout au plus une démonstration offensive faite dans le seul but d'arrêter son mouvement, et de lui faire perdre en de vaines escarmouches le temps si précieux qu'il était de son premier devoir d'utiliser pour devancer à tout prix l'ennemi (2) ».

Il prescrivit donc au général Susbielle de battre en retraite en bon ordre. Le 35ᵉ fut chargé de couvrir le mouvement en se repliant en échelons par bataillon et par sa droite. Il fallut un temps assez long pour faire sortir ce régiment du village de Saulces et pour établir « correctement » trois échelons (3). L'artillerie se fractionna par demi-batteries pour suivre le mouvement des échelons d'infanterie ; elle ne devait faire feu que si l'on était trop vivement pressé (4).

La *12*ᵉ brigade de cavalerie, bien peu entreprenante, ne tarda pas à se replier d'abord derrière les bois de Puiseux puis vers Faux et Amagne en laissant le *13*ᵉ dragons pour surveiller les Français (5). On ne s'explique

---

(1) *Rapports* du capitaine de Sazilly, commandant la 3ᵉ batterie du 13ᵉ, et du capitaine Boissonnade, commandant la 3ᵉ batterie du 9ᵉ.

(2) Général Vinoy, *loc. cit.*, p. 71-72.

(3) *Rapport* du colonel de La Mariouse, du 35ᵉ de ligne.

(4) *Rapport* du capitaine de Sazilly, commandant la 3ᵉ batterie du 13ᵉ ; *Observations* du chef d'escadron Magdelaine, Neuilly, 13 septembre.

(5) *Historique du Grand État-Major prussien*, 10ᵉ livraison, p. 5 ; *Historiques* du *7*ᵉ cuirassiers, p. 69, et du *16*ᵉ uhlans, p. 106-107.

guère ce mouvement vers le Sud, quand le sens de la marche du 13e corps était vers l'Ouest. Il semble que son terrain d'action se trouvât soit au Nord, soit au Sud de la route de Saulces-aux-Bois à Novion-Porcien, sur un des flancs de la colonne française.

Sur ces entrefaites, la *13e* brigade de cavalerie avait rompu d'Ecordal, accompagnée de la 2e batterie à cheval, et était arrivée, vers 11 heures du matin au Nord d'Amagne d'où elle avait poussé des partis vers Lucquy et Auboncourt. Bientôt elle entendit le canon dans la direction du Nord et, à 1 h. 30, elle apprenait que les Français se dérobaient vers l'Ouest. Elle se porta alors sur Vauzelles ; la batterie à cheval s'établit à l'Est du village et canonna l'arrière-garde du 13e corps qui se trouvait à ce moment à hauteur de Machéroménil (1).

Les bataillons du 35e de ligne « bien conduits par leurs chefs et maintenus par les officiers (2) » continuèrent leur mouvement sans riposter et sans éprouver des pertes sensibles. La 3e batterie du 13e perdit 3 hommes dont 1 sous-officier et eut 3 chevaux tués (3). Lorsque cette dernière disparut dans un pli de terrain, la batterie prussienne lança quelques obus sur Machéroménil où s'étaient réfugiés des traînards. Vingt-trois d'entre eux et quelques voitures furent ramenés par le *10e* hussards.

Des partis s'approchèrent des camps du 13e corps établis près de Novion-Porcien mais furent chassés à coups de fusil par les grand'gardes et par quelques décharges de mitrailleuses.

La *13e* brigade ne tenta plus rien dans le reste de la journée. Elle s'installa en cantonnements d'alerte à Auboncourt, Vauzelles et Saulces, avec des avant-postes vers Corny et Machéroménil. Le régiment des hussards

---

(1) *Historique du Grand État-Major prussien*, 10e livraison, p. 6.
(2) *Rapport* du colonel de La Mariouse, du 35e de ligne.
(3) *Rapport* du capitaine de Sazilly, commandant la 3e batterie du 13e.

de Brunswick, jusqu'alors en exploration vers Reims, vint à Amagne (1).

Quant à la *11e* brigade qui avait été rassemblée à Tourteron, elle resta immobile bien qu'elle entendit le canon (2).

Le 13e corps termina son installation à Novion-Porcien vers 5 heures du soir seulement. Le 35e de ligne s'établit à Provizy, observant la direction de Rethel ; pendant presque toute la nuit, il échangea des coups de feu avec les éclaireurs ennemis (3).

Novion-Porcien présentait un aspect lugubre. « Sa population effarée était loin d'être rassurée par la présence de nos troupes ; la crainte des uhlans dominait en elle tout autre sentiment ; elle les voyait partout, et l'appréhension de leur arrivée lui causait une terreur inexprimable..... Nos régiments de marche, formés de jeunes soldats, s'émurent eux-mêmes ; on les entendit, à diverses reprises, tirer des coups de feu sur un ennemi invisible, mais que leur imagination troublée leur faisait voir dans l'obscurité (4). »

Le général von Hoffmann, commandant la *12e* division d'infanterie, avait reçu à Rethel, vers *11* heures du matin, par les soins de la *5e* division de cavalerie, l'avis que des masses françaises marchaient de Mézières dans

---

(1) *Historique du Grand État-Major prussien*, 10e livraison, p. 6.
Dans la soirée du 2 septembre, la *5e* division de cavalerie était donc ainsi répartie : *11e* brigade à Tourteron ; *12e* à Amagne et à Faux ; *13e* à Auboncourt et Vauzelles.
(2) *Historique* du régiment des uhlans du Roi, p. 78.
(3) *Historique manuscrit* du 35e de ligne.
Les pertes pour la journée étaient : au 35e de ligne, 4 hommes tués, 3 blessés, 33 disparus ; au 13e de marche, 1 homme tué ; au 14e de marche, 1 homme tué ; à la 3e batterie du 13e, 5 hommes blessés (*Rapport* sur les opérations de la division Blanchard).
(4) Général Vinoy, *loc. cit.*, p. 72-73.

la direction du Sud. Il avait été informé également du mouvement de la 6ᵉ division de cavalerie sur Launois. Ainsi prévenu que la cavalerie allemande se trouvait entre l'ennemi et lui, il se proposait de laisser à ses troupes, qui avaient fourni une marche de nuit, le temps de se reposer et de préparer leur repas. Mais il demanda au général von Tümpling, commandant le VIᵉ corps, de concentrer toute la 12ᵉ division à Rethel. Déjà le général von Tümpling, mis au courant de la situation par la 5ᵉ division de cavalerie, avait donné des ordres dans ce sens. Il avait envoyé en outre sur Rethel les deux batteries à cheval de l'artillerie de corps et prescrit à la 11ᵉ division de se porter de Semuy sur Amagne et Sausseuil (1).

A 1 h. 15, arrivèrent simultanément à Rethel un rapport du 11ᵉ hussards expédié d'Amagne et annonçant inexactement que l'ennemi marchait de Saulces-aux-Bois sur Novy, et l'ordre du commandant de corps d'armée relatif à la concentration de la 12ᵉ division à Rethel. Le général von Hoffmann lança aussitôt des reconnaissances d'officiers sur Novy et, laissant seulement deux compagnies du 63ᵉ dans Rethel et aux ponts de l'Aisne, il rassembla son détachement au Nord de la ville, près de la route de Mézières. De sa personne, il se porta en avant, et constata la marche d'une colonne française de Saulces sur Novion-Porcien. Afin de se renseigner plus exactement, il envoya la majeure partie du 15ᵉ dragons à l'Est de Bertoncourt. Des informations qui lui parvinrent, il conclut que l'ennemi, renonçant à son mouvement sur Rethel, se repliait par Inaumont sur Château-Porcien. Le général von Hoffmann prit alors le parti de diriger par la route de Montcornet toutes ses forces disponibles afin de barrer aux Français la direction du Sud et de l'Ouest.

---

(1) *Historique du Grand État-Major prussien*, 10ᵉ livraison, p. 6.

Mais celle du Nord-Ouest leur restait ouverte. Puisque l'on poursuivait une colonne en retraite, il fallait s'efforcer, semble-t-il, de prendre le contact le plus tôt possible. Dans cet ordre d'idées il eût mieux valu acheminer le détachement sur Séry, d'où l'on interceptait également la direction du Sud et de l'Ouest et où l'on se trouvait à proximité de Novion-Porcien. La distance à parcourir depuis Rethel eût été à peine plus forte.

La *13e* brigade de cavalerie fut avisée de la décision prise et invitée à pousser vigoureusement l'ennemi.

Enfin le *15e* dragons reçut l'ordre de se maintenir sur le flanc de la colonne française et de rester en communication avec la *13e* brigade de cavalerie. Trouvant de l'infanterie et de l'artillerie ennemies à Corny-la-Ville et au bois Notre-Dame, ce régiment ne jugea pas devoir pousser au delà pour remplir la mission qui lui était assignée ; il s'établit en position d'observation près de Novy (1).

Le détachement du général von Hoffmann se mit en marche vers 4 heures de l'après-midi et, à la nuit tombante, il atteignit Écly par une pluie battante. D'autre part, les Ier et IIIe bataillons du *23e* étaient arrivés à Rethel ainsi que la Ve batterie et les deux batteries à cheval du VIe corps. Ces dernières se joignirent à la colonne en marche sur Écly. Le reste de la *12e* division demeura en partie autour de Rethel ou gagna encore Inaumont et Château-Porcien (2).

---

(1) *Historique du Grand État-Major prussien*, 10e livraison, p. 7.

(2) Répartition de la *12e* division dans la soirée du 2 septembre : $\frac{III^o}{23^e}$, $\frac{1/2\ 1^{er}}{15^e\ drag.}$ à Inaumont ; $\frac{II^e}{23^e}$, $\frac{1^{re},\ 2^e,\ 3^e,\ II^e,\ 12^e}{63^e}$, $\frac{II^e,\ III^e}{62^e}$, 6e et VIe batteries, deux batteries à cheval, 3e compagnie de pionniers à Écly ; $\frac{1^{re}\ et\ III^e}{22^e}$, $\frac{4^e}{63^e}$, $\frac{1/4\ 1^{er}}{15^e\ drag.}$ à Château-Porcien ;

En marche sur Écly, le général von Hoffmann reçut de son commandant de corps d'armée un second message expédié à 3 heures de l'après-midi, qui l'autorisait à réunir sa division à Rethel et lui laissait la liberté d'agir selon les circonstances. Convaincu que les Français s'étaient arrêtés à Novion-Porcien pour y passer la nuit, le général von Hoffmann ordonna pour le lendemain un mouvement en avant dans la direction du Nord. Les troupes cantonnées à Inaumont, à Écly, à Rethel, devaient rompre à 7 heures du matin et se porter simultanément sur Novion-Porcien. Le détachement de Château-Porcien était chargé de préparer la destruction du passage de l'Aisne en ce point et de suivre ensuite le mouvement par Écly (1).

Le commandant du VIe corps avait été informé, à 4 heures de l'après-midi, que les troupes françaises, venues de Mézières, s'étaient dérobées vers l'Ouest. En conséquence, il dirigea la *11e* division d'infanterie d'Amagne sur Rethel et l'artillerie de corps sur Fleury ; les troupes atteignirent ces localités vers 10 heures du soir (2). Ce mouvement s'explique difficilement, car la *11e* division s'éloignait ainsi de la colonne française et le VIe corps d'armée s'égrenait d'Écly à Fleury sur un front de vingt kilomètres.

$\frac{2^e, 3^e, 4^e \text{ et } 11^e}{22^e}$, $\frac{1^{er}}{28^e}$, $\frac{11^e}{63^e}$, $\frac{1/4\ 1^{er}}{15^e \text{ drag.}}$, 5e et Ve batteries à Rethel ;

$\frac{2^e, 3^e, 4^e}{15^e \text{ drag.}}$ à Novy.

(*Historique du Grand État-Major prussien*, 10e livraison, p. 8.)
(1) *Historique du Grand État-Major prussien*, 10e livraison, p. 8-9.
(2) *Ibid.*, p. 9.

CHAPITRE VII

La retraite de Novion-Porcien à Montcornet.

Informé dans la soirée du 2 septembre de la présence de troupes prussiennes à Écly et à Inaumont, le général Vinoy résolut de « manœuvrer de façon à tromper et à éviter encore une fois l'ennemi (1) ». La direction de Château-Porcien étant barrée, il ne lui restait plus qu'à se diriger vers le Nord-Ouest et à gagner d'abord Rozoy-sur-Serre d'où il se proposait de suivre la grande route de Laon. Mais l'ennemi disposant de la ligne la plus courte d'Écly à Rozoy, il fallait lui dérober les premières heures de la marche. Le général Vinoy résolut de réaliser, par une nouvelle marche de nuit, cette avance sur l'ennemi.

L'itinéraire choisi passait par Mesmont, Wasigny, Chaumont-Porcien, Wadimont, Rubigny, Raillimont. Tous les feux devaient rester allumés. L'ordre de marche fut le même que celui du 2 septembre.

La tête de colonne se mit en mouvement à 2 heures du matin, non sans quelque confusion, en raison de la nuit sombre et de l'inexpérience des troupes peu habituées aux opérations de nuit (2). A 2 h. 30, la pluie se mit à tomber avec violence ; le bruit du roulement des voitures se trouva amorti par l'humidité des chemins. La marche ne s'accomplit pas sans peine jusqu'au lever du jour. Les hommes des régiments de marche, impressionnés par les événements de la veille, par l'obscurité, par la fatigue,

---

(1) Général Vinoy, *loc. cit.*, p. 74.
(2) *Historique* du 13ᵉ corps ; Général Vinoy, *loc. cit.*, p. 75.

tiraient à tout moment des coups de feu sans qu'il fût possible de les arrêter. Avec le jour, commencèrent les difficultés d'un autre genre.

Les habitants de Bégny et de Givron se pressant autour des soldats, leur apportèrent des vivres et les invitèrent à entrer chez eux. Un très grand nombre, qui souffraient de la fatigue et des privations, s'attardèrent. Les distributions furent faites inégalement d'ailleurs ; le désordre se mit dans les rangs surtout au centre et à l'arrière-garde (1).

La tête de colonne atteignit Chaumont-Porcien à 7 h. 30. Le général Blanchard, qui marchait à l'avant-garde, fut trompé par un guide ; au lieu de traverser Chaumont-Porcien en entier de l'Est à l'Ouest, il engagea la tête de colonne dans la direction d'Écly. Le général Vinoy s'aperçut bientôt de l'erreur et fit rebrousser chemin, mais il en résulta un pêle-mêle qui augmenta encore le désordre. Il fallut faire, dans une prairie à l'Ouest du village, une halte de deux heures, plus longue que le général Vinoy ne l'aurait désiré, afin de reformer les unités et de permettre à l'arrière-garde de manger. Des grand'gardes furent établies sur les hauteurs qui dominent le village au Sud (2).

Le général Vinoy avait compté gagner Rozoy-sur-Serre par un chemin de terre qui traverse Wadimont, Rubigny et Vaux-lez-Rubigny. Mais à Chaumont-Porcien les habitants lui déclarèrent que ce chemin, assez mauvais en tout temps, était rendu impraticable par la pluie. Tout en continuant de faire croire qu'il se proposait toujours de gagner Rozoy, le général Vinoy résolut de se diriger sur Montcornet par Logny et Seraincourt, puis de suivre la grande route jusqu'à Fraillicourt (3).

---

(1) Général Vinoy, *loc. cit.*, p. 76.
(2) *Ibid.* p. 77.
(3) *Ibid.*

Les troupes étant très fatiguées, le général Vinoy craignit de laisser derrière lui une foule de trainards. Il fit devancer la colonne par un officier d'état-major et quelques gendarmes chargés de réquisitionner, dans les villages que l'on devait traverser, des voitures pour le transport des bagages et des hommes incapables de suivre (1).

Ce changement d'itinéraire faisait perdre une partie de l'avance que l'on avait acquise et, ce qui était plus grave, rapprochait la colonne des Prussiens. L'itinéraire par Seraincourt était extrêmement dangereux, car d'Écly l'ennemi pouvait gagner en deux heures les hauteurs voisines du ruisseau de Saint-Fergeux. Il eût été préférable, semble-t-il, de se porter de Chaumont-Porcien sur Fraillicourt, par la Hardoye et Wadimont, bien que la distance à parcourir fût un peu plus considérable.

Pourtant, grâce aux fautes commises par le général von Hoffmann, la marche sur Seraincourt fut le salut du 13e corps. Dès 11 heures du matin, en effet, le mouvement par la Hardoye n'était plus possible.

Sous l'impression des rapports qui signalaient la présence à Reims de forces françaises considérables, le commandant de la IIIe armée avait donné des ordres, dans la soirée du 2 septembre, pour diriger aussitôt sur cette ville le VIe corps ainsi que les 5e et 6e divisions de cavalerie.

En conséquence, le 3 septembre, la 6e division, dont des patrouilles du 15e uhlans avaient suivi le 13e corps de Novion-Porcien sur Wasigny (2), se porte sur Attigny. La 5e division, qui devait flanquer la droite du

---

(1) Général Vinoy, *loc. cit.*, p. 77.
(2) Ces patrouilles ne furent pas vues par la colonne française.

VIᵉ corps, pousse jusqu'à Bergnicourt, Neuflize et Tagnon. Des postes d'observation mandaient qu'il pouvait y avoir dans Reims 8,000 hommes environ, gardes mobiles pour la plupart.

Le commandant du VIᵉ corps, qui attachait une grande importance à la prompte occupation de Reims, avait prescrit à ses deux divisions d'infanterie de rompre le 3 septembre, à 8 heures du matin, sur Juniville et Bignicourt. La *12ᵉ* division s'abstiendrait de poursuivre la colonne qui marchait la veille sur Rethel, si cela devait l'empêcher d'atteindre les objectifs qui lui étaient assignés pour la journée du 3 (1).

La *11ᵉ* division et l'artillerie de corps (2) se portèrent sur Juniville, poussant une avant-garde à Aussonce. Le général von Hoffmann avait déjà mis ses troupes en marche sur Novion-Porcien (3) quand l'ordre de mouvement lui parvint. Il prit le parti de continuer à poursuivre les Français, bien qu'il ne pût arriver à Novion-Porcien avant 10 heures, c'est-à-dire vraisemblablement après leur départ. Si d'ailleurs l'adversaire continuait à se dérober vers l'Ouest, il était impossible de suivre ses traces si l'on voulait arriver le soir à Bignicourt.

Déjà, sur l'avis de la retraite des Français dans la direction du Nord-Ouest, le *15ᵉ* dragons s'était porté vivement sur Novion-Porcien. Un cavalier fut chargé de porter ce renseignement au général von Hoffmann à Écly, mais ne l'y trouva plus. Aussi la *12ᵉ* division continua-t-elle sa marche sur Novion-Porcien (4).

Ce fut une circonstance heureuse pour le général Vinoy, car, prévenu à temps, le général von Hoffmann

---

(1) *Historique du Grand État-Major prussien*, 10ᵉ livraison, p. 10.
(2) Moins les deux batteries à cheval affectées à la *12ᵉ* division.
(3) Voir p. 327.
(4) *Historique du Grand État-Major prussien*, 10ᵉ livraison, p. 11.

se fût dirigé probablement sur Chaumont-Porcien, où il aurait rejoint le 13ᵉ corps pendant le repos.

L'aile gauche de la *12ᵉ* division venait de se mettre en marche, quand une patrouille annonça que l'ennemi était à Sery et à la Maladrie; des prisonniers amenés peu après confirmèrent cette nouvelle. La tête de colonne se porta sur Sery; les bataillons et les batteries qui suivaient gagnèrent les hauteurs au Nord d'Inaumont. Vers 9 h. 30, les colonnes prussiennes atteignirent Novion-Porcien sans avoir trouvé trace des Français, et c'est alors seulement qu'elles apprirent par le *15ᵉ* dragons et par quelques traînards que « la 3ᵉ division du corps Vinoy, forte de 10,000 hommes environ, avait quitté la ville depuis 6 heures du matin (1) ». L'illusion du général von Hoffmann et son espoir de surprendre les Français au bivouac avaient été tenaces. On ne s'explique guère qu'il n'ait pas appris leur départ avant d'arriver à Novion-Porcien même. On comprend moins encore comment le *15ᵉ* dragons, qui était entré dans cette localité de bonne heure, s'y trouvait encore à 9 h. 30.

Sur ces entrefaites, le général von Hoffmann avait reçu avis que les *5ᵉ* et *6ᵉ* divisions de cavalerie ne continuaient plus leur poursuite. Il semble qu'il eût dû, de son côté, se conformer aux ordres de son commandant de corps d'armée et marcher sur Bignicourt. Cependant « les récits des prisonniers et divers renseignements l'autorisant à croire qu'il n'était pas encore impossible de rejoindre l'adversaire (2) », le général von Hoffmann se décida à passer outre. De Novion-Porcien, il lança à la poursuite des Français le *15ᵉ* dragons, avec les deux batteries à cheval, et achemina vers Chaumont-Porcien également le reste de sa colonne de gauche. Les troupes

---

(1) *Historique du Grand État-Major prussien*, 10ᵉ livraison, p. 11.
(2) *Ibid.*

venant de Rethel débouchaient à Novion-Porcien à 11 heures seulement; elles reçurent l'ordre de s'y arrêter momentanément (1).

Les dragons, passant par Mesmont, Wasigny, Givron, trouvèrent sur tout le parcours des traces nombreuses du passage des Français, et débouchèrent devant Chaumont-Porcien vers midi. Le IIIe bataillon du 42e de ligne, extrême arrière-garde du 13e corps, allait rompre à ce moment, et il n'y avait plus dans le village que quelques traînards qui ouvrirent le feu sur la cavalerie ennemie. Sur l'ordre du général von Hoffmann, les batteries gagnèrent les hauteurs à l'Ouest de Givron, d'où elles canonnèrent à la fois Chaumont-Porcien et le chemin creux de Logny, dans lequel on voyait défiler la colonne du 13e corps (2). Ces batteries à cheval, comme le *15e* dragons, s'immobilisèrent devant Chaumont-Porcien au lieu de chercher à gagner le flanc gauche de la colonne française, ainsi que le redoutait le général Vinoy (3).

Le général Vinoy fit prendre position vers Chaligny au 42e de ligne, à un escadron du 6e hussards et à une batterie (4). Celle-ci toutefois ne riposta pas à l'artillerie adverse, pas plus que l'infanterie n'eut à s'engager contre le Ier bataillon du *63e* qui, arrivé un peu plus tard, s'avança partie le long de la grande route, sur Chaumont-Porcien, partie par Adon sur Chatigny (5).

Dans le courant de la journée arrivèrent les deux autres bataillons du *63e*, puis le *23e*. Ces troupes, qui avaient parcouru une trentaine de kilomètres par de très mauvais chemins et sous une pluie torrentielle,

---

(1) *Historique du Grand État-Major prussien*, 10e livraison, p. 12.
(2) *Ibid.*
(3) Général Vinoy, *loc. cit.*, p. 79-80.
(4) *Rapport* sur les opérations de la division Blanchard.
(5) *Historique du Grand État-Major prussien*, 10e livraison, p. 12.

avaient besoin de repos. D'autre part, le général von Hoffmann était privé du concours des 5ᵉ et 6ᵉ divisions de cavalerie. Les Français se retiraient d'ailleurs très rapidement. Dans ces conditions, il renonça à pousser plus loin la poursuite et s'établit en cantonnements d'alerte autour de Chaumont-Porcien et de Novion-Porcien (1).

Vers 4 heures du soir, un officier d'état-major envoyé par le commandant du VIᵉ corps arriva à Chaumont-Porcien apportant l'ordre formel de marcher vers le Sud, de façon à se conformer aux instructions du commandant en chef, d'après lesquelles la réunion de tout le VIᵉ corps devait avoir lieu à Reims le 5 septembre. En conséquence, le général von Hoffmann prescrivit le rassemblement de toutes les troupes stationnées entre Chaumont-Porcien et Wasigny pour le lendemain, 11 heures du matin, au Sud de Château-Porcien. De là, elles devaient reprendre leur marche vers la Suippe ; il en était de même pour les troupes de Novion-Porcien (2).

Sur ces entrefaites, grâce à un concours de circonstances inespérées, le 13ᵉ corps arrivait à Seraincourt sans incident. Il avait regagné sa ligne de retraite que l'ennemi ne pouvait plus intercepter, et les plateaux que la route traversait jusqu'à Fraillicourt, permettaient de déployer la nombreuse artillerie de la colonne et de tenir les Prussiens à distance, s'ils s'attachaient à ses pas. Mais les soldats étaient harrassés. A Fraillicourt, que la tête de colonne atteignit à 3 heures de l'après-midi, il fallut faire une halte. Rozoy-sur-Serre n'était plus qu'à 5 kilomètres, tandis qu'il y en avait encore 13 pour atteindre Montcornet. Néanmoins, pour des

---

(1) *Historique du Grand État-Major prussien*, 10ᵉ livraison, p. 12.
(2) *Ibid.*, p. 13.

raisons de sécurité, et malgré le nouvel effort qu'il fallait demander à la troupe, le général Vinoy se décida à aller cantonner à Montcornet (1).

En traversant Renneville, Berlise, Noircourt, Montloué, Lislet, les soldats trouvèrent chez les habitants « la même hospitalité, désastreuse pour la discipline (2) ». Brisés de fatigue, ils se jetaient « littéralement » sur les voitures préparées pour eux. Fort heureusement, les deux vieux régiments de la division Blanchard, 35ᵉ et 42ᵉ de ligne, qui encadraient toujours la colonne, furent « par la sévérité de leur discipline et la régularité de leur marche, un puissant exemple et un heureux stimulant..... (3) ».

La tête de colonne atteignit Montcornet à 6 h. 30 du soir, après une étape de seize heures, succédant à deux nuits sans sommeil. La distance parcourue depuis Mézières était de 75 kilomètres environ.

Le Gouvernement était sans nouvelles du général Vinoy depuis le 1ᵉʳ septembre (4). Un capitaine de la garde nationale mobile de l'Aisne, que le préfet de ce département avait envoyé à la découverte, se trouvait à Montcornet dans l'après-midi du 3 et repartit le soir même pour regagner Laon (5). Le lendemain, le Gouvernement fut informé de la situation du 13ᵉ corps (6).

La colonne stationna le 4 à Marle et gagna ensuite Laon où se trouvait la division de Maud'huy. La division

---

(1) Général Vinoy, *loc. cit.*, p. 81.
(2) *Ibid.*
(3) *Ibid.*, p. 82.
(4) Le préfet de l'Aisne aux Ministres de la Guerre et de l'Intérieur, Laon, 3 septembre, 8 h. 10 matin. (D. T.).
(5) Général Vinoy, *loc. cit*, p. 83.
(6) Le préfet de l'Aisne au Ministre de la Guerre, 4 septembre (D. T.); le général de Maud'huy au Ministre de la Guerre, Laon, 4 septembre, 6 h. 25 matin (D. T.).

d'Exéa, de son côté, s'était repliée le 4, de Reims sur Soissons. Le 13ᵉ corps fut ramené à Paris où il forma le noyau de l'armée de défense.

A son départ de Mézières, le général Vinoy était allé au-devant des difficultés en prenant la route de Rethel, mais il avait su les surmonter grâce à son énergie, à son activité, à son esprit de décision, aux mesures prises pour alléger les fatigues, grâce aussi il faut le dire, à la mollesse des 5ᵉ et 6ᵉ divisions de cavalerie et aux erreurs du VIᵉ corps. Ce qui domine dans le général Vinoy, ce sont de rares qualités de caractère qui lui permirent de ne pas perdre confiance et de ne jamais désespérer du salut, dans les circonstances critiques où il se trouva placé. S'il montra trop de timidité dans la journée du 1ᵉʳ septembre, par contre, les opérations de Mézières à Montcornet lui font le plus grand honneur. Ses troupes — il est juste de leur rendre cet hommage — supportèrent vaillamment les efforts qu'exigea la retraite et ne laissèrent aux mains de l'ennemi qu'un petit nombre de disparus.

On ne saurait trop approuver ce jugement d'un écrivain militaire allemand : « L'exposé des événements des 2 et 3 septembre nous semble un chef-d'œuvre achevé, et sera d'autant plus reconnu comme tel que l'histoire qui l'écrira plus tard sera en position de donner plus d'éclaircissement sur ce qui s'est passé (1). »

---

(1) Von Witzleben, cité par Vaimbois, *Le 13ᵉ corps dans les Ardennes et dans l'Aisne*, p. 222.

TABLEAU APPROXIMATIF

des pertes de l'armée française (1er septembre).

TABLEAU APPROXIMATIF DES PERTES DE L'ARMÉE FRANÇAISE (1er septembre) (*).

	OFFICIERS.			HOMMES DE TROUPE.				
	TUÉS.	BLESSÉS.	TOTAUX.	TUÉS.	BLESSÉS.	DISPARUS.	TOTAUX.	
Quartier impérial.								
Troupes du quartier impérial. { IIIe { 3e Gr.	1	4	5	»	»	»	»	Général prince de la Moskowa, général Courson de la Villeneuve blessés.
5e	»	»	»	»	»	»	»	
Guides	»	»	»	»	»	»	»	
Cent-gardes	»	»	»	»	»	»	»	
Gendarmerie d'élite	»	»	»	»	»	»	»	
Grand quartier général.	»	2	2	»	»	»	»	Maréchal de Mac-Mahon.
Escorte... { 4e { 6e lanciers	»	»	»	»	»	»	»	
1er corps.								
Quartier général	1	»	1	»	»	»	»	
1re division.								
État-major	»	1	1	2	»	»	2	Général Wolff.
Dét. de la 12e c¹e du 1er rég. du tr. des équip.	»	»	»	20	12	10	42	
1re brigade. { 43e bat. de chasseurs	»	1	1	50	120	90	260	
48e de ligne	»	6	6	?	?	?	200	L'Historique manuscrit du 96e indique 10h hommes tués ou blessés (toute la comptabilité du 96e a été perdue à Sedan).
90e de ligne	1	2	3					
2e brigade. { 45e de ligne	3	6	9	50	150	250 (1)	450	L'Historique manuscrit du 45e indique 31 tués, 90 blessés, environ.
1er de zouaves	6	7	13 (2)	?	?	?	600 ?	

LA GUERRE DE 1870-1871. 339

Unité								Observations
Artillerie { État-major	1	»	»	»	»	»	7	
6e batterie du 9e	»	»	»	»	5	3	43	
7e — du 9e	»	»	1	»	5	3	9	
8e — du 9e	»	»	1	1	3	2	»	
Dét. 1re cie ppie du 2e rég. du train d'artillerie	»	»	»	»	4	3	7	
Génie ... 3e cie de sep. du 1er	1	»	1	1	3	48	22	
Totaux	**14**	**17**	**34**	**134**	**302**	**376**	**4,642**	
2e division.								
État-major	2	»	3	»	»	»	»	Général Pelletier de Montmarie blessé.
1re brigade { État-major 16e bat. de chasseurs	»	1	1	7	50	146 (3)	173	
7e cie du 47e bat. de ch	2	1	3	2	6	15	23	
7e cie du 20e bat. de ch	»	»	»	1	20	»	30	
50e de ligne	2	4	»	10	154	17	286	
1er, IIIe de ligne	1	4	9	115	»	»	227	
7/IIIe			»	»	»	»	»	
2e brigade { État-major 78e de ligne	»	1	1	»	»	»	200	Général Gandil. Tout le régiment a été fait prisonnier sur le plateau de Givonne.
1er Tirailleurs	8	6	14	208	146	244 (4)	565	
1er de marche { IVe b. du 1er de lig.	»	2	2	68	137	330	535	
IVe b. du 6e de lig.	1	»	3	»	»	7	9	
IVe b. du 7e de lig.	»	3	3	47	87	54	183	
1er régt des éclaireurs de la Seine (5)	»	»	»	»	»	»	?	Attaques par des dragons prussiens, 90 hommes disparurent (probablement passés en Belgique).

(*) Les pertes en officiers ont été relevées sur l'ouvrage de M. Martinien [*État nominatif des officiers tués ou blessés* (25 juillet au 29 octobre 1870)] en tenant compte de quelques rectifications indiquées par l'auteur.

En ce qui concerne les hommes de troupe, tous les documents existant aux Archives de la guerre ont été utilisés : tableaux de pertes établis par les corps vers le 4 septembre, rapports, journaux de marche, historiques manuscrits, renseignements divers (notamment ceux fournis par les corps en exécution de la lettre ministérielle du 14 avril 1883).

(1) Ces 250 hommes conduits par 6 officiers ont formé une colonne se dirigeant sur Mézières.

(2) Plus 7 officiers disparus.

(3) Dont un certain nombre de prisonniers.

(4) Une centaine ont pu passer en Belgique, le reste a été fait prisonnier sur le champ de bataille.

(5) Quelques fractions de ce 1er bataillon rejoignirent à Mézières le IIe bataillon du régiment.

340   LA GUERRE DE 1870-1871.

		OFFICIERS			HOMMES DE TROUPE				
		TUÉS.	BLESSÉS.	TOTAUX.	TUÉS.	BLESSÉS.	DISPARUS.	TOTAUX.	
Artillerie..	9ᵉ batterie du 9ᵉ........	»	2	2	5	11	23	39	
	10ᵉ — du 9ᵉ........	»	3	3	6	13	»	19	
	12ᵉ — du 9ᵉ........	»	1	4	4	7	»	11	
	Dét. 12ᵉ cⁱᵉ pplᵉ du 2ᵉ rég. du train d'artillerie.	»	»	»	»	»	?	?	
Génie......	8ᵉ cⁱᵉ de sap. du 1ᵉʳ...	»	»	»	»	4	45	49	
	TOTAUX....	46	32	48	467	635	781	2,340	
3ᵉ division.									
État-major......		»	1	1	»	»	»	»	Général L'Héritier.
1ʳᵉ brigade.	État-major..........	»	1	1	»	»	»	»	Général Carteret-Trécourt.
	8ᵉ bataillon de chasseurs.	»	1	1	45	25	70	440	
	36ᵉ de ligne...........	2	4	6	120	350	50	520	
	2ᵉ de zouaves.........	3	8	11	20	95	188	303	
2ᵉ brigade.	48ᵉ de ligne...........	»	»	»	40	?	? (1)	160	
	2ᵉ Tirailleurs.........	»	»	»	25	40	»	65	
Artillerie..	3ᵉ batterie du 12ᵉ......	»	»	»	»	»	»	»	N'a pas pris à la bataille.
	6ᵉ — du 12ᵉ......	»	»	»	3	6	3	12	
	9ᵉ — du 12ᵉ......	»	»	»	»	»	»	»	N'a pas pris à la bataille.
	Dét. 12ᵉ cⁱᵉ bis du 2ᵉ rég. du train d'artillerie...	1	»	1	»	1	»	2	
Génie......	9ᵉ cⁱᵉ de sap. du 1ᵉʳ....	»	»	»	1	1	»	2	
	TOTAUX.....	5	15	20	224	547	341	1,172	

4ᵉ division.

LA GUERRE DE 1870-1871.

									OBSERVATIONS
1re brigade.	État-major	»	»	2	»	»	?	?	120	
	1er bataillon de chasseurs	»	1	»	3	3	43	87	169	299	
	56e de ligne	2	»	2	4	4	»	»	»	»	
	3e de zouaves (2)	»	3	3	»	»	»	»	»	»	
2e brigade.	3e Tirailleurs	3	»	3	5	»	»	»	533	
	2e de marche { IVeb. du 8e de lig.	»	»	»	2	»	3	»	76	95	
	IVeb. du 24e de lig.	2	1	1	3	»	»	»	»	150	
	IVeb. du 33e de lig.	2	1	1	3	»	»	»	»	»	
Artillerie..	7e batterie du 12e	»	»	1	1	2	5	3	»	10	
	10e — du 12e	»	2	2	2	2	9	»	»	14	
	11e — du 12e	»	»	»	2	2	10	»	»	12	
	Dét. 1re cie bis du 2e	1	»	»	»	»	»	»	»	»	
Génie..	13e cie de sap. du 1er	»	»	»	»	1	6	8	15	
	TOTAUX..	12	18	30	53	133	256	1,245	

Le rapport du colonel Dasturgu indique 6 hommes tués et 8 blessés.

Division de cavalerie (3).

									OBSERVATIONS
1re brigade.	État-major	»	»	» (4)	»	»	»	»	
	3e hussards	1	1	2	8	2	82	92	
	11e chasseurs	»	3	3	8	4	170 (5)	192	
2e brigade.	2e lanciers	»	»	2	»	»	»	40	
	6e lanciers	»	2	2	»	»	»	28	
3e brigade.	10e dragons	»	1	1	2	2	»	»	
	8e cuirassiers	»	»	»	5	5	8	25	
Artillerie..	1re batterie du 20e	»	»	»	»	»	»	»	N'a pas pris part à la bataille.
	TOTAUX..	1	7	8	23	28	260	379	

(1) Une centaine d'hommes purent s'échapper.

(2) 4 cies de $\frac{1er}{3e zouaves}$, $\frac{11e}{3e zouaves}$, $\frac{111e}{56e}$, une cie de $\frac{11o}{56e}$, des fractions du 3e Tirailleurs et des isolés de tous les corps atteignaient Hirson le 4. Ces hommes sont compris dans les chiffres des disparus.

(3) Les 3e hussards, 11e chasseurs, 2e lanciers (230 chevaux), $\frac{3e}{6e lanciers}$, $\frac{1er et 3e}{10e lanciers}$, $\frac{1re b1r}{20e dragons}$, peuvent atteindre Mézières dans la soirée.

(4) Le général de Septeuil est arrêté en Belgique.

(5) Comprennent les prisonniers en Belgique et ceux en Allemagne.

	OFFICIERS.			HOMMES DE TROUPE.			
	TUÉS.	BLESSÉS.	TOTAUX.	TUÉS.	BLESSÉS.	DISPARUS.	TOTAUX.
Réserve d'artillerie.							
État-major...............	»	1	1	»	»	»	»
11ᵉ batterie du 6ᵉ (1)....	»	»	»	4	3	»	7
12ᵉ — du 6ᵉ	»	»	»	»	»	»	»
5ᵉ batterie du 9ᵉ	»	1	1	3	3	10	43
11ᵉ — du 9ᵉ	»	»	»	3	18	9	30
2ᵉ batterie du 20ᵉ	1	2	3	10	23	27	60
3ᵉ — du 20ᵉ	1	»	1	10	17	16	43
4ᵉ — du 20ᵉ	1	»	1	2	»	»	12
Parc.							
11ᵉ cⁱᵉ bis, 10ᵉ cⁱᵉ pplᵉ, 12ᵉ cⁱᵉ pplᵉ, 8ᵉ cⁱᵉ pplᵉ, 12ᵉ cⁱᵉ bis du 2ᵉ..	»	1	1	»	8	»	»
TOTAUX.....	3	6	9	27	72	62	165
Réserve du génie.							
2ᵉ cⁱᵉ de mineurs du 1ᵉʳ.....	»	»	»	»	2	»	2
1/2 1ʳᵉ cⁱᵉ de sapeurs du 1ᵉʳ.....	»	»	»	2	»	5	7
TOTAUX.....	»	»	»	2	2	5	9
5ᵉ corps.							
Quartier général...........	1	2	3				

Général Liédot, tué.

LA GUERRE DE 1870-1871.

								Total
1re division.								
État-major	»	»	»	1	»	»	»	»
1re brigade. { 4e bataillon de chasseurs	»	»	»	1	12	34	»	43
11e de ligne	»	2	4	4	25	53	72	150
46e de ligne	»	4	4	3	»	»	38	155
2e brigade. { 61e de ligne	»	»	3	3	11	51	38	100
1er / IIIe de ligne	»	4	2	3	»	»	»	»
86e	»	»	»	»	»	»	»	42
Artillerie { État-major	1	»	»	1	»	4	»	»
5e batterie du 6e	»	»	»	»	5	4	»	9
6e — du 6e	»	»	»	»	6	17	7	23
7e — du 6e	»	»	»	»	4	4	7	15
Dét. 3e cie bis du 2e	»	»	»	»	»	»	9	9
Génie. { 1re cie de sap. du 2e	»	»	»	»	4	4	»	5
Totaux	3	13	46	64	464	417	542	
2e division (2).								
État-major	»	1	1	1	»	»	»	79
2e brigade. { 14e bat. de chasseurs	1	3	4	3	24	55	66	924 (3)
49e de ligne	2	22	24	»	11	66	847	7
88e de ligne	»	1	1	»	40	41	7	58
Artillerie { 5e batterie du 2e	»	»	»	»	1	3	»	4
8e — du 2e	»	»	4	4	1	1	»	3
Dét. 2e cie ppale du 2e	»	»	»	»	»	»	9	9
Génie. { 8e cie de sapeurs du 2e	»	»	»	»	»	»	»	»
Totaux	3	28	34	77	136	854	1067	

Général de Maussion.

(1) La 11e/6e, une section de la 12e/6e, les réserves de ces deux batteries peuvent battre en retraite sur Mézières.

(2) D'après le journal de marche de 2D/5. Il y eut dans cette division 1,328 tués, blessés ou disparus.

(3) Le chiffre des disparus est celui des hommes manquant à l'appel du 2 septembre. Beaucoup ont dû rejoindre leurs corps dans la journée. Une partie de 11e/49e est faite prisonnière sur le champ de bataille.

344 LA GUERRE DE 1870-1871.

	OFFICIERS			HOMMES DE TROUPE				
	TUÉS.	BLESSÉS.	TOTAUX.	TUÉS.	BLESSÉS.	DISPARUS.	TOTAUX.	
3ᵉ division.								
État-major............	1	2	3	»	»	»	»	Général Guyot de Lespart, blessé mortellement.
1ʳᵉ brigade. { 19ᵉ bat. de chasseurs...	4	5	9	12	68	64	144	
27ᵉ de ligne.........	2	3	5	10	25	12	47	
30ᵉ —	6	9	15	32	45	343	420	
2ᵉ brigade. { État-major............	»	1	1	»	»	»	»	Général de Fontanges de Couzan.
17ᵉ de ligne.........	2	5	7	»	»	»	»	
68ᵉ	2	»	2	»	47	33	50	
Artillerie.. { État-major............	1	»	1	2	21	10	33	
9ᵉ batterie du 2ᵉ...	2	1	3	9	48	23	50	
11ᵉ — du 2ᵉ.	»	1	1	8	10	17	35	
12ᵉ — du 2ᵉ.	»	1	1	»	»	»	»	
Génie..... Dét. 2ᵉ cⁱᵉ bis du 2ᵉ	»	»	»	»	5	»	5	
14ᵉ cⁱᵉ de sap. du 2ᵉ	»	»	»	»	»	»	»	
TOTAUX....	18	30	48	73	209	502	929	
Division de cavalerie.								
État-major............	»	»	» (1)	»	»	»	»	
1ʳᵉ brigade. { 5ᵉ hussards (2)........	1	3	4	7	11	14	32	
12ᵉ chasseurs (3)......	»	»	»	»	»	459 (4)	460	
2ᵉ brigade. 5ᵉ lanciers (3)........	»	»	»	»	»	2	2	
TOTAUX....	1	3	4	7	12	175	194	3 officiers internés en Belgique.
Réserve d'artillerie.								
6ᵉ batterie du 2ᵉ......	»	3	3	6	8	»	14	
10ᵉ — du 2ᵉ......	1	1	2	4	6	»	10	
11ᵉ batterie du 10ᵉ.....	»	»	»	»	2	»	2	
11ᵉ — du 4ᵉ......	»	»	»	2	3	8	13	
5ᵉ batterie du 20ᵉ.....	»	»	»	1	9	6	16	

LA GUERRE DE 1870-1871.

Parc............	»	1	»	»	5	16	35	»	22	73	
TOTAUX......	»	1	»	»	5	16	35	»	22	73	
Réserve du génie.											
5ᵉ compagnie de sapeurs du 2ᵉ......	»	»	»	»	»	3	2	»	39	44	
TOTAUX......	»	»	»	»	»	3	2	»	39	44	
7ᵉ corps.											
1ʳᵉ division.											
1ʳᵉ cⁱᵉ du 3ᵉ rég. du train des équipages.	»	»	»	»	»	2	»	»	42	44	
État-major............	»	»	3	3	3	3	4	»	»	7	Général Conseil Dumesnil prisonnier.
Dét. de la 11ᵉ cⁱᵉ du 1ᵉʳ rég. du tr. des équip.	»	»	»	»	»	2	6	»	15	23	
1ʳᵉ brigade. 17ᵉ bat. de chasseurs............	»	»	1	1	»	10	15	»	»	?	
3ᵉ de ligne (5)............	»	»	5	5	2	»	»	»	»	»	
1ᵉʳ, IIIᵉ de ligne...... 21ᵉ	1	»	»	2	»	»	»	»	84	154	
2ᵉ brigade. État-major............	»	»	1	1	»	»	»	»	»	»	Général Chagrin de Saint-Hilaire.
47ᵉ de ligne......	»	2	2	4	4	35	90	»	155	280	
99ᵉ	1	»	13	14	»	23	?	»	?	?	
Artillerie.. État-major.	1	»	»	1	»	4	12	»	5	21	
5ᵉ batterie du 7ᵉ.....	»	»	»	3	»	4	12	»	5	21	
6ᵉ — du 7ᵉ......	»	»	»	»	»	6	12	»	»	18	
11ᵉ — du 7ᵉ......	»	»	»	3	»	9	9	»	»	18	
Dét. cⁱᵉ du 2ᵉ rég. du train.	»	»	»	3	»	»	»	»	»	?	
Génie...... 2ᵉ cⁱᵉ de sap. du 2ᵉ...	»	»	»	»	»	»	»	»	»	»	
TOTAUX......	5	»	32	37	»	92	148	»	259	518	

(1) Général Brahaut prisonnier de guerre ainsi que plusieurs officiers.
(2) 2ᵉ ____ put échapper à la capitulation.
    5ᵉ hussards
(3) Le 12ᵉ chasseurs, moins un escadron, et le 5ᵉ lanciers rejoignirent les éléments de $\frac{D.\,C.}{1}$ qui purent gagner Mézières.
(4) Prisonniers de guerre avec le convoi ou internés en Belgique.
(5) Deux bataillons environ s'étaient retirés sur Mézières à la suite de la bataille de Beaumont.
(6) $\frac{1^{er},\ II^e}{99^e}$ $\frac{1^e,\ II^e}{99^e}$ sont faits prisonniers au bois de la Garenne.

		OFFICIERS			HOMMES DE TROUPE				
		TUÉS.	BLESSÉS.	TOTAUX.	TUÉS.	BLESSÉS.	DISPARUS.	TOTAUX.	
2ᵉ division.									Général Gufomar.
État-major.................		2	»	2	1	»	»	1	
Dét. de la 11ᵉ cⁱᵉ du 1ᵉʳ rég. du tr. des équip.		»	»	»	»	»	»	»	
1ʳᵉ brigade.	État-major.............	»	»	»	»	»	»	»	
	6ᵉ bataillon de chasseurs.	3	1	4	33	131	32	196	
	5ᵉ de ligne............	8	3	6	148	255	185	588	
	37ᵉ de ligne............	8	14	19	87	335	195	617	
2ᵉ brigade.	53ᵉ de ligne............	11	21	32	180	350	50	580	
	89ᵉ de ligne............	14	22	36	162	191	180	833	
Artillerie..	État-major.............	1	»	4	6	7	8	24	
	8ᵉ batterie du 7ᵉ	»	1	1	5	16	10	31	
	9ᵉ — du 7ᵉ	1	1	2	2	14	»	16	
	12ᵉ — du 7ᵉ	»	1	1	»	»	»	»	
	Dét. cⁱᵉ du 2ᵉ rég. du train.	»	»	»	»	»	»	»	
Génie.....	4ᵉ cⁱᵉ de sap. du 2ᵉ.....	»	»	»	»	»	»	»	
	TOTAUX......	48	75	123	624	1,303	960	2,887	
3ᵉ division.									Général Dumont.
État-major................		»	1	1	1	»	»	»	
1ʳᵉ brigade.	52ᵉ de ligne............	4	6	10	32	67	? (1)	?	
	72ᵉ de ligne............	4	8	12	?	205	? (1)	?	
2ᵉ brigade.	État-major.............	»	1	1	»	»	»	»	L'*Historique* manuscrit donne
	82ᵉ de ligne............	2	5	7	102	100	1,300 (1)	1,502	les chiffres approximatifs de
	83ᵉ de ligne (2)........	1	3	4	25	120	98 (1)	243	800 tués, blessés ou disparus.
Artillerie..	8ᵉ batterie du 6ᵉ	1	1	2	3	11	11	25	
	9ᵉ — du 6ᵉ	»	»	»	9	9	9	26	
	10ᵉ — du 6ᵉ	»	»	»	4	12	6	22	

LA GUERRE DE 1870-1871.

Totaux...	12	25	37	166	515	1,420	1,823	Pertes subies principalement par les 2e et 3e escadrons.
Division de cavalerie.								
1re brigade. { 4e hussards (3)............	»	8	8	14	13	»	27	
{ 4e lanciers...............	4	6	10	56	48	45	149	
{ 8e lanciers...............	1	2	3	1	2	»	3	
Totaux...	5	16	21	71	63	45	179	
Réserve d'artillerie.								
8e batterie du 12e.............	»	»	»	»	3	»	3	
12e — du 12e.............	»	»	»	4	6	3	43	
7e batterie du 7e..............	»	1	1	12	9	8	29	
10e — du 7e..............	»	»	»	3	5	3	11	
3e batterie du 19e.............	»	1	1	3	10	3	46	
4e — du 19e.............	»	2	2	7	16	»	23	
Parc.								
1re cie bis du 7e, 7e cie nple, 7e cie bis. 8e cie bis, 10e cie bis du 2e régiment........	»	1	1	2	2	»	4	
Totaux...	»	5	5	31	51	47	99	
Réserve du génie.								
12e cie de sap. du 2e...............	»	»	»	»	4	1	5	

(1) De nombreuses fractions sont faites prisonnières sur le champ de bataille, $\frac{IIe, IIIe}{82e}$ notamment.

(2) $\frac{1er}{83e}$ resté à Sedan pour la défense de la ville.

(3) Un peloton du 6e hussards, escorte du général de Wimpffen, assiste seul à la bataille de Sedan.

12ᵉ corps.

	OFFICIERS.			HOMMES DE TROUPE.				
	TUÉS.	BLESSÉS.	TOTAUX.	TUÉS.	BLESSÉS.	DISPARUS.	TOTAUX.	
Quartier général............	1	4	5					Général Lebrun, général Labastie, général d'Ouvrier de Villegly blessés.
1ʳᵉ division.								Général Cambriels.
1ʳᵉ brigade. { État-major............	»	1	1	3	5	24	32	
7ᵉ cie du 1ᵉʳ bat. de chass.	»	»	»	2	15	25	42	
7ᵉ cie du 2ᵉ bat. de chass.	»	6	6	175	350	439	964	
22ᵉ de ligne...........	3	6	9	175	350	439	964	
34ᵉ de ligne...........	5	4	9	32	173	85	290	
2ᵉ brigade. { 58ᵉ de ligne...........	1	9	10	?	?	?(2)	190(1)	L'*Historique* manuscrit indique 55 tués, 238 blessés, 188 disparus.
79ᵉ de ligne...........	2	8	10	15	59	?	74	
Artillerie.. { État-major............	»	1	1	»	7	11	18	
3ᵉ batterie du 15ᵉ.....	»	1	1	3	11	15	29	
4ᵉ — du 15ᵉ.....	»	2	2	2	14	12	28	
4ᵉ — du 4ᵉ......	»	1	1	1				
Génie.... 5ᵉ cⁱᵉ de sap. du 3ᵉ.....	»	»	»	1	1	»	2	
Totaux......	11	34	45	233	635	614	1,669	
2ᵉ division.								Général Louvent.
1ʳᵉ brigade. { État-major............	»	1	1	1				
14ᵉ de ligne..........	3	9	12	130	300	200	630	
20ᵉ de ligne..........	5	11	16	32	91	84	217	
31ᵉ de ligne..........	8	17	25	80	225	150	455	

LA GUERRE DE 1870-1871.

									Observations
2e brigade { 3e de marche { IVe bat. du 48e de l.	»	»	3	4	»	40	03	130	Environ.
IVe bat. du 62e de l.	»	»	1	1	»	20	61	81	
IVe bat. du 64e de l.	»	»	»	»	»	»	»	256	
4e de marche { IVe bat. du 65e de l.	»	»	4	5	»	»	»	200	
IVe bat. du 94e de l.	»	»	1	1	»	»	»	120	
IVe bat. du 94e de l.	»	»	3	3	»	»	»	?	Les disparus se sont évadés.
Artillerie { État-major	»	»	1	1	»	15	»	23	
3e batterie du 7e	»	»	2	2	8	17	29	23	
4e — du 7e	»	2	2	4	6	4	13	31	
4e — du 11e	2	3	2	4	2	2	34 (3)	29	
10e — du 8e	3	»	»	4	2	8	»	44	
11e — du 8e	»	»	»	»	2	»	»	»	
Génie 7e cie de sap. du 1er	»	»	»	»	»	2	»	2	
Totaux	23	58	81	283	734	633	2,244		

3e division (4).

État-major	27	2	4	»	»	»	»	»	
1re brigade { 1er d'infant. de marine	3	20	29	»	»	»	757		
4e	13	14	27	»	»	»	704		
2e brigade { 2e d'infant. de marine	4	7	14	»	»	»	630		
3e	4	48	22	»	»	»	560		
Artillerie { État-major	»	»	»	»	»	»	»		
7e batterie du 10e	»	2	2	2	7	»	»		
8e — du 10e	»	2	2	3	»	»	»		
9e — du 10e	»	»	»	»	10	»	»		
Génie 11e cie de sap. du 2e	»	»	»	»	13	»	43		
Totaux	32	67	99	5	37	»	2,664		

(1) L'effectif moyen des compagnies était de 35 hommes, après la bataille.
(2) 459 disparus à Beaumont et à Sedan.
(3) Dont plusieurs revenus en France ramenant 6 caissons.
(4) Le rapport du général de Vassoigne indique 2,347 tués, blessés ou disparus.

	OFFICIERS			HOMMES DE TROUPE				
	TUÉS.	BLESSÉS.	TOTAUX.	TUÉS.	BLESSÉS.	DISPARUS.	TOTAUX.	
Division de cavalerie.								
État-major.............	»	3	3	2	5	2	9	Général de Salignac-Fénelon.
1re brigade. { 7e chasseurs (1).....	1	1	2	»	»	»	54	
{ 8e —	»	2	2	7	»	»	»	
2e brigade. { 1er lanciers........	»	1	1	»	13	120	120	
{ 7e — (2)...	»	1	1	5	»	250 (3)	270	
3e brigade. { 5e cuirassiers......	»	»	»	3	»	»	5	
{ 6e —	»	1	1	5	»	5	3	
Artillerie.. 1re batterie du 19e.....	»	1	1	2	14	5	24	
Totaux....	2	10	12	32	32	377	482	
Réserve d'artillerie.								
5e batterie du 10e............	»	1	1	»	»	»	2	
6e du 10e............	»	»	»	2	3	18	23	
10e du 10e............	»	»	»	»	»	7	17	
12e du 10e............	»	»	»	3	8	4	10	
8e du 4e.............	»	»	»	»	»	9	154	
9e du 14e............	»	»	»	»	40	»	52	
3e du 4e.............	»	1	1	4	8	15	25	
3e du 8e.............	»	»	»	21	12	»	14	
4e du 8e.............	»	»	»	4	8	7	18	
10e du 4e.............	»	»	»	3	6	20	28	
11e du 14e............	»	»	»	2	40	»	16	
d'art. de marine...........	»	»	»	6	48	»	»	
12e —	»	1	1	5	6	»	»	
13e —	»	»	»	»	7	»	»	
Parc. 3e cie pple, 3e cie bis, 4e cie ppla,								
4e cie bis. 10e cie bis du 1er rég. du train.	»	»	»	2	2	»	2	
Totaux....	2	2	4	39	128	61	359	La 15e batterie n'avait pas rejoint ; elle put rétrograder de Mézières sur Paris.

LA GUERRE DE 1870-1871.

								Observations
4e compagnie de sapeurs du 3e......	»	»	»	»	»	»	»	
11e — du 3e......	»	»	»	»	»	»	»	
14e — du 3e......	»	»	»	»	»	»	»	
Totaux......	»	»	»	»	»	»	»	

Réserve de cavalerie.

1re division.

								Observations
État-major......	4	»	»	1	»	2	2	Général Margueritte blessé mort!.
1re brigade { État-major......	»	»	1	1	»	»	2	Chiffre du rapport du général de Galliffet.
1er chasseurs d'Afrique...	7	»	5	12	»	»	27	Ibid.
3e —	8	6	14	?	?	?	162	
4e —	3	6	9	?	?	?	227	
2e brigade { État-major......	»	»	»	1	»	»	»	Général Tilliard tué.
1er hussards......	4	6	10	85	127	17	229	271 hommes et 40 officiers ont été faits prisonniers sur le champ de bataille.
6e chasseurs......	4	3	4	14	25	18	54	
Artillerie. 2e batterie du 19e.....	»	2	3	12	25	»	62	
Totaux......	25	29	54	123	496	50	783	

2e division.

État-major......	»	1	3	3	6	10	24	Général Girard, tué.
1re brigade { 4er cuirassiers...	1	5	6	6	20	30	50	
4e —	»	»	»	»	»	66	73	
2e brigade { 2e cuirassiers.....	»	4	4	4	6	»	33	
3e —	»	2	2	2	23	2	8	
Artillerie. 7e batterie du 19e.....	3	»	»	10	6	»	»	
Totaux......	3	9	12	16	64	108	185	

Grand parc.

État-major......	»	1	1	»	1	»	1	Général Mitrecé.
1re batterie pple (à pied) du 10e (4)......	»	1	1	»	»	»	»	
Totaux......	»	2	2	2	»	»	1	

(1) Les 3e, 4e, 6e de escadrons et une partie du 5e parviennent à gagner la Belgique et reviennent ensuite sur le territoire français.

(2) $\frac{1er}{1er\ lanciers}$ et des isolés du 7e lanciers réussissent à se joindre vers Mézières aux éléments de $\frac{D.\ C.}{1}$ et $\frac{D.\ C.}{5}$.

(3) La plus grande partie (des 1er, 2e et 3e escadrons) ainsi que 18 officiers sont faits prisonniers en Belgique.

(4) La 2e ble pple du 7e était à Rocroy le 1er septembre ; la 12e cle de pontonniers arrivée le 30 au soir à Sedan rétrogradait le lendemain sur Givet.

TABLEAU récapitulatif des pertes de l'armée française.

	OFFICIERS			TROUPE			
	TUÉS.	BLESSÉS.	TOTAUX.	TUÉS.	BLESSÉS.	DIS-PARUS.	TOTAUX.
Quartier impérial..	1	4	5	»	»	»	»
G^d quartier général.	»	2	2	»	»	»	»
1er corps.	52	95	147	930	4,689	2,051	6,892
5e —	27	80	107	240	558	1,709	2,819
7e —	70	153	223	986	2,080	2,718	5,525
12e —	71	176	247	583	1,572	1,711	7,454
Réser^{ve} de cavalerie.	28	38	66	139	257	158	968
Grand parc........	»	2	2	»	1	»	1
Totaux...	249	550	799	2,878	6,157	8,347	23,689
					9,035		

ÉTAT

des pertes éprouvées par l'artillerie de l'armée dans la journée du 1er septembre.

État des pertes éprouvées par l'artillerie de l'armée (1) dans la journée du 1ᵉʳ septembre.

DÉSIGNATION DES BATTERIES.	COMPOSITION EN BOUCHES A FEU.	MATÉRIEL DÉTRUIT PAR LE FEU OU PERDU.	CHEVAUX		
			TUÉS.	BLESSÉS.	DISPARUS.
		1ᵉʳ corps (19 batteries, 104 bouches à feu).			
1ʳᵉ division. { 6ᵉ batt. du 9ᵉ (complétait la 7ᵉ bⁱᵉ)........	2 (n'avait pas été reconstituée depuis Froschwiller)...	....	2	12	»
7ᵉ batt. du 9ᵉ........	5 (5 caissons, 1 caisson de réserve)......	....	»	»	»
8ᵉ batt. du 9ᵉ........	6 (recomplétée au camp de Châlons)......	....	6	13	1
Dét. 1ʳᵉ cⁱᵉ ppˡᵉ du 2ᵉ..	....	....	»	»	»
2ᵉ division. { 9ᵉ batt. du 9ᵉ........	6 (recomplétée au camp de Châlons)......	1 pièce mise hors de service et 4 caissons abandonnés.	14	21	5
10ᵉ batt. du 9ᵉ.......	6 (*Ibid.*).......	2 avant-trains, la forge brisés.........	8	3	27
12ᵉ batt. du 9ᵉ.......	6 (*Ibid.*).......	1 caisson sauté, 1 caisson brisé........	4	7	3
Dét. 12ᵉcⁱᵉ ppˡᵉ du 2ᵉ..	6 (6 caissons)........	....	»	»	»
3ᵉ division. { 5ᵉ batt. du 12ᵉ......	6.............	Toute l'artillerie divisionnaire arrivait heureusement à Mézières, à l'exception d'une section de $\frac{6^e}{12^e}$ attachée à $\frac{1 D.}{4}$ pendant la bataille, et de la réserve de $\frac{5^e}{12^e}$ qui fut enlevée.	»	»	»
6ᵉ batt. du 12ᵉ......	6.............		»	»	»
9ᵉ batt. du 12ᵉ......	6.............		»	»	»
Dét. 12ᵉcⁱᵉ bis du 2ᵉ..	....		»	»	»
4ᵉ division. { 7ᵉ batt. du 12ᵉ......	6.............	Perd 3 pièces à Daigny ; les trois autres sont prises...	»	»	»
10ᵉ batt. du 12ᵉ.....	....		»	»	»
11ᵉ batt. du 12ᵉ.....	6 (6 caissons, pas de réserve depuis Reischoffen)......	5 pièces, 4 caissons pris dans Givonne ; 2 caissons abandonnés..........	»	»	0

LA GUERRE DE 1870-1871.   355

4e de cavalie. { 1er batt. du 20e.....	Froeschwiller) (8 caissons)	Avait atteint Mézières dans la soirée du 31.........	»	»
	11e batt. du 6e.....	(2 pièces abandonnées à Froeschwiller)........	»	»
	12e batt. du 6e.....	(les 6 pièces avaient été perdues à Froeschwiller ; recevait 5 pièces au camp de Châlons)........ 1 off., 34 h. et 5 caissons de $\frac{11^e}{6^e}$, une section de $\frac{12^e}{6^e}$, les réserves de ces deux batteries ont put battre en retraite sur Mézières..........	?	?
Réserve d'artillerie.	5e batt. du 9e.....	(4 pièces et 3 caissons perdus à Froeschwiller ; recevait 2 pièces à Reims)...	4	?
	11e batt. du 9e.....	(3 pièces perdues à Froeschwiller)........ 1 pièce démontée ; 2 caissons abandonnés........	9	?
	2e batt. du 20e.....		8	24	12
	3e batt. du 20e.....	(1 pièce restée à Froeschwiller)...... 1 caisson sauté........ A ramené ses cinq pièces avec des chevaux empruntés au train........	A ramené 31 chevaux
	4e batt. du 20e.....	(Ibid.).....	?	?	?
Parc.	8e cie ppale, 10e cie ppale, 11e cie bis, 12e cie ppale, 12e cie bis du 2e.	Tous les caissons ont été ramenés vides à Sedan. L'équipage de ponts du 1er corps (3e compagnie de pontonniers) était resté à Strasbourg.	6	?	?

5e corps (14 batteries, 63 bouches à feu).

1re division.	5e batt. du 6e.....	6 (6 caissons)...... 1 pièce mise hors de service, 1 caisson sauté........	10	12	?
	6e batt. du 6e.....	4 (6 caissons, dont 4 reçus du parc du 5e corps) (2 pièces abandonnées, plusieurs caissons sautés le 30). 2 caissons, 1 affût brisés........	6	22	?

(1) 52 batteries de 4 R. de C. } 76 batteries attelant 413 pièces { sans compter la 2e batterie principale, (à pied) du 7e d'artillerie, du grand parc, et la moitié
 10 — de 12 R. de C.   de la 1re batterie bis (à pied) du 13e d'artillerie (batterie de place).
 14 — à balles......

DÉSIGNATION DES BATTERIES.	COMPOSITION EN BOUCHES A FEU.	MATÉRIEL DÉTRUIT PAR LE FEU OU PERDU.	CHEVAUX TUÉS.	CHEVAUX BLESSÉS.	CHEVAUX DISPARUS.
1re division (suite). 7e batt. du 6e	3 (dont une éguenlée) (4 caissons) (3 pièces et 4 caissons perdus le 30)	....	7	18	?
Dét. 3e cie bis du 2e	....	....	?	?	?
2e division. 5e batt. du 2e	4 (5 pièces, les caissons et la réserve perdus le 30)	Le personnel a servi le canon de la place de Sedan (faubourg de Torcy)	»	»	»
8e batt. du 2e	6 (2 caissons)	2 caissons sautés	?	?	?
Dét. 2e cie pple du 2e	....	....	?	?	?
3e division. 9e batt. du 2e	6	....	10	25	7
11e batt. du 2e	4 (2 pièces perdues le 30)	1 caisson sauté	?	?	?
12e batt. du 2e	3 (3 pièces perdues le 30)	....	?	?	?
Dét. 2e cie bis du 2e	....	....	?	?	?
Réserve d'artillerie. 6e batt. du 2e	4 (2 pièces perdues le 30)	2 pièces démontées, 1 caisson sauté	8	?	?
10e batt. du 2e	6	....	9	11	?
11e batt. du 10e	6	....	?	?	?
11e batt. du 4e	4 (une partie des caissons et autres voitures laissées à Beaumont)	....	?	4	?
5e batt. du 20e	6	2 caissons sautés	»	»	»
6e batt. du 20e	5 (1 pièce perdue le 30)	2 caissons sautés	?	?	?
Parc.	....	Le parc du 5e corps, dont la moitié des voitures (30 environ) avaient été laissées à Mouzon, ayant gagné Mézières, le 31 août, ne prit pas part à la bataille de Sedan. Le parc du 6e corps vint en aide aux batteries du 5e pour remplacer les caissons manquants. L'équipage de ponts (5e compagnie de pontonniers) put échapper au désastre.	»	»	»

LA GUERRE DE 1870-1871.   357

1re division	5e batt. du 7e	4	(2 pièces perdues le 30)............	2 caissons et un coffre sautés...........	10	14	5
	6e batt. du 7e	6		1 pièce démontée, 2 caissons sautés; on partie prisonnière.	7	10	»
	11e batt. du 7e	6		4 pièces démontées; 1 caisson et 1 coffre d'avant-train sautés	9	13	2
	Dét... cie du 2e		Réorganisé et complété après Froeschwiller.	Entièrement disparu	?	?	40
2e division	8e batt. du 7e	6		1 coffre sauté	12	15	10
	9e batt. du 7e	6		1 coffre sauté. 1 avant-train brisé	20	6	4
	12e batt. du 7e	6			21	6	?
	Dét... cie du 2e				33	?	»
3e division	8e batt. du 6e	6		3 caissons sautés, 2 pièces ramenées sans avant-train.	24	22	»
	9e batt. du 6e	6		1 roue d'affût brisée	?	?	?
	10e batt. du 6e	6		3 caissons et 1 avant-train sautés	6	9	8
	Dét... cie du 2e			1 caisson abandonné	22	7	6
Réserve d'artillerie	8e batt. du 12e	6		1 caisson, la forge abandonnés.	8	24	14
	12e batt. du 12e	6		1 coffre sauté	12	9	6
	7e batt. du 7e	6		1 caisson sauté, 2 pièces et 1 caisson abandonnés	18	8	»
	3e batt. du 19e	6			6	9	»
	4e batt. du 19e	6		2 caissons, des roues brisés			
Parc	7e cie rple, 7e cie bis, 8e cie bis, 10e cie bis du 2e			L'équipage de ponts (7e compagnie de pontonniers, détachement de la 11e compagnie du 2e régiment du train d'artillerie) se dirigeait le 1er septembre de Liesse sur Rozoy	11	14	»

12e corps (26 batteries, 447 bouches à feu, dont 13 batteries et 69 bouches à feu provenant du 6e corps).

1re division	3e batt. du 15e	6	1 caisson brisé	3	8	2
	4e batt. du 15e	6	3 caissons, 5 avant-trains brisés	4	5	13
	4e batt. du 4e	6	1 affût, 1 avant-train brisés	20	»	»

358 — LA GUERRE DE 1870-1871.

DÉSIGNATION DES BATTERIES.		COMPOSITION EN BOUCHES A FEU.	MATÉRIEL DÉTRUIT PAR LE FEU OU PERDU.	CHEVAUX		
				TUÉS.	BLESSÉS.	DISPARUS.
2ᵉ division.	3ᵉ batt. du 7ᵉ	6	Est faite prisonnière (5 pièces, 4 caissons vides).	?	?	?
	4ᵉ batt. du 7ᵉ	6	1 pièce.	?	?	?
	4ᵉ batt. du 11ᵉ	6		?	?	?
	10ᵉ batt. du 8ᵉ	6	8 caissons brisés; 1 charrette à bagages, 2 chariots de batterie perdus.	12	19	34
	11ᵉ batt. du 8ᵉ	6	6 caissons détruits; 6 caissons ramenés en France; 6 caissons légers détruits (réserve divisionnaire).	8	8	34
3ᵉ division.	7ᵉ batt. du 10ᵉ	6	2 caissons et toute la réserve perdus.	6	9	66
	8ᵉ batt. du 10ᵉ	6	2 pièces, 6 caissons et la réserve perdus.	9	18	69
	9ᵉ batt. du 10ᵉ	6	2 pièces, 6 caissons, toute la réserve et une partie du matériel de la réserve divisionnaire perdus.	14	23	64
Division de cavalerie.	1ʳᵉ batt. du 19ᵉ	6		6	10	»
	5ᵉ batt. du 10ᵉ	»	(perd à Mouzon tout son matériel de combat).	»	»	»
	6ᵉ batt. du 10ᵉ	5	(1 pièce abandonnée à Mouzon).	7	»	»
	10ᵉ batt. du 10ᵉ	5	(1 pièce perdue à Mouzon).	2	8	»
	12ᵉ batt. du 10ᵉ	5	(1 pièce perdue à Mouzon).	3	9	3
	8ᵉ batt. du 14ᵉ	6	(au complet).	3 pièces, égarées pendant la retraite de Mouzon à Sedan, n'avaient pas rejoint la batterie le 1ᵉʳ septembre au matin; elles ont pris part à la bataille, mais séparément, et ont été retrouvées dans la soirée.		
Réserve d'artillerie.	9ᵉ batt. du 14ᵉ	6	(au complet, 22 voitures).	Tout le matériel perdu; la batterie est faite prisonnière, sauf quelques hommes qui purent gagner la Belgique.	Tous les chevaux.	
	3ᵉ batt. du 4ᵉ	6		Tout le matériel perdu à l'exception des 6 pièces, dont l'une fut ramenée à bras.	?	?	?
	3ᵉ batt. du 8ᵉ	6		1 affût et 3 roues brisés; plusieurs caissons abandonnés.	10	15	»
	3ᵉ batt. du 8ᵉ	6		2 caissons et 1 chariot de batterie brisés.	20		»

LA GUERRE DE 1870-1871.

10ᵉ batt. du 14ᵉ	6 (18 voitures)	1 affût détérioré, 1 timon cassé, 3 coffres défoncés	10	26	» 3
12ᵉ batt. du 14ᵉ	6 (18 voitures)	3 roues et 1 timon brisés, quelques coffres troués	8	19	»
11ᵉ batt. d'artillerie de marine	6		10	14	»
12ᵉ batt. d'artillerie de marine	6		3	5	»
13ᵉ batt. d'artillerie de marine	6	2 voitures démontées	4	4	»
Parc.. { *du 6ᵉ corps :* 2ᵉ cⁱᵉ pᵖˡᵉ, 3ᵉ cⁱᵉ bis, 4ᵉ cⁱᵉ pᵖˡᵉ, 4ᵉ cⁱᵉ bis, 10ᵉ cⁱᵉ bis du 1ᵉʳ rég. du train		Avait quitté le champ de bataille de bonne heure pour se replier sur Mézières, laissant au moins 6 caissons de munitions d'infanterie à $\frac{3\,D}{12}$. Une fraction de ces 5 cⁱᵉˢ est faite prisonnière en Belgique	»	»	»
du 12ᵉ corps : 10ᵉ cⁱᵉ pᵖˡᵉ du 1ᵉʳ rég. du train		Les 14ᵉ cⁱᵉ pᵖˡᵉ, 15ᵉ cⁱᵉ bis et 16ᵉ cⁱᵉ pᵖˡᵉ du 1ᵉʳ rég. du train d'artillerie n'avaient pas rejoint le 12ᵉ corps. Pas d'équipage de ponts.	»	»	»

Réserve de cavalerie (2 batteries, 11 bouches à feu).

1ʳᵉ division. { 2ᵉ batt. du 19ᵉ	6		?	?	?
2ᵉ division. { 7ᵉ batt. du 19ᵉ	5 (5 caissons) (1 pièce laissée à Frœschwiller)	La 8ᵉ batt. du 19ᵉ ne fut pas reconstituée après Frœschwiller. Le 1ᵉʳ septembre, son personnel était à la citadelle de Sedan	3	7	2

Effectifs des armées allemandes à la bataille de Sedan (1).

Les forces allemandes qui prirent part à la bataille de Sedan s'élevaient, déduction faite des unités laissées en arrière à la garde des prisonniers, colonnes de munitions, etc...., à :

186 bataillons ;
177 escadrons ;
117 batteries ;
2 compagnies de pionniers.

Les situations du 1er septembre donnent les effectifs moyens suivants :

		Bataillon.	Escadron.
IIIe Armée.	Ve corps................	640 fusils.	125 sabres.
	XIe corps...............	730 —	130 —
	Ier corps bavarois...........	735 —	100 —
	IIe corps bavarois...........	700 —	110 —
	Division würtembergeoise......	825 —	125 —
	2e division de cavalerie........	»	130 —
	4e — —	»	120 —
Armée de la Meuse.	Garde..................	640 —	120 —
	IVe corps...............	755 —	130 —
	XIIe corps...............	780 —	125 —

En prenant ces moyennes comme base de calcul, on trouve les effectifs donnés par le tableau ci-dessous :

		Fusils.	Sabres.	Canons.
IIIe Armée.	Ve corps................	14,720	1,000	84
	VIe corps...............	180	»	»
	XIe corps...............	18,615	1,040	83
	Ier corps bavarois...........	17,272	2,100	96
	IIe corps bavarois...........	14,175	2,090	90
	Division würtembergeoise......	11,962	1,250	54
	2e division de cavalerie........	»	3,120	12
	4e — —	»	2,880	12
Armée de la Meuse.	Garde..................	17,385	3,840	90
	IVe corps...............	17,365	1,040	84
	XIIe corps...............	21,840	3,000	96
	Totaux.........	133,514	21,360	701

(1) Grand État-Major prussien, *Kriegsgeschichtliche Einzelschriften*, Heft 12, p. 825-830.

Il y a lieu de déduire de ces totaux les effectifs des troupes détachées du champ de bataille, effectifs calculés par les mêmes procédés.

	Fusils.	Sabres.	Canons.
XIe corps :			
IIIe bataillon du *94e*	730	»	»
Division würtembergeoise :			
3e bataillon de chasseurs	825	»	»
IIe bataillon du *3e*	825	»	»
8e régiment	2,475	»	»
1re et 2e compagnies du *1er* bataillon de chasseurs	413	»	»
Brigade de cavalerie	»	1,250	»
7e batterie	»	»	6
Totaux	5,268	1,250	6

Si l'on retranche ces chiffres des totaux généraux, on trouve que les troupes allemandes présentes sur le champ de bataille de Sedan s'élevaient à :

128,246 fusils ;
20,110 sabres ;
695 canons.

Pertes des armées allemandes (1).

	OFFICIERS			HOMMES DE TROUPE			
	TUÉS.	BLESSÉS.	TOTAUX.	TUÉS.	BLESSÉS.	DISPARUS.	TOTAUX.
IIIᵉ Armée.							
Vᵉ corps :							
9ᵉ division d'infanterie............	4	4	8	44	144	3	191
10ᵉ —	14	23	37	226	523	21	770
Artillerie de corps............	»	3	3	1	11	»	12
	18	30	48	271	678	24	973
XIᵉ corps :							
Quartier général............	1	3	4				
21ᵉ division d'infanterie............	8	24	32	117	404	10	531
22ᵉ —	18	44	62	200	652	15	867
Artillerie de corps............	»	4	4	9	49	»	58
	27	75	102	326	1,105	25	1,456
Iᵉʳ corps bavarois :							
1ʳᵉ division d'infanterie............	29	26	55	248	462	122	832
2ᵉ —	30	35	65	289	737	116	1,142
Abtheilung d'artillerie de réserve......	»	»	»	2	12	»	14
	59	61	120	539	1,211	238	1,988
IIᵉ corps bavarois :							
3ᵉ division d'infanterie............	42	45	87	415	1,058	355	1,828
4ᵉ —	1	5	6	13	37	»	50
Brigade de uhlans............	»	»	»	»	3	»	3
Abtheilung de réserve d'artillerie......	»	»	»	1	6	»	7
	43	50	93	429	1,104	355	1,888
Division würtembergeoise............	»	2	2	3	24	6	33
Armée de la Meuse.							
Garde :							
1ʳᵉ division d'infanterie............	4	9	13	70	165	»	235
2ᵉ —	4	1	5	26	100	1	127
Division de cavalerie............	1	5	6	8	46	»	54
Artillerie de corps............	1	»	1	»	8	»	8
	10	15	25	104	319	1	424
IVᵉ corps............	6	11	17	73	251	6	332
XIIᵉ corps :							
Quartier général............	»	1	1				
1ʳᵉ division d'infanterie............	11	12	23	150	381	29	560
2ᵉ —	13	19	32	230	511	16	757
Artillerie de corps............	1	4	5	5	43	»	48
	25	36	61	385	935	45	1,365
Totaux généraux.							
IIIᵉ Armée............	147	220	367	1,568	4,122	648	6,338
Armée de la Meuse............	41	62	103	564	1,505	52	2,121
	188	282	470	2,132	5,627	700	8,459

(1) D'après l'*Historique du Grand État-Major prussien*, 8ᵉ livraison, p. 295*-311*.

ORDRE DE BATAILLE DE L'ARMÉE DE CHALONS (1).

Commandant en chef..... Maréchal de MAC-MAHON, duc de Magenta.
Chef d'état-major général. Général de brigade FAURE.
Commandant de l'artillerie. Général de division FORGEOT.
Commandant du génie.... Général de division DEJEAN.
Intendant général....... Intendant général UHRICH.

1ᵉʳ CORPS.

Commandant........... Général de division DUCROT.
Chef d'état-major général.. Colonel ROBERT.
Commandant de l'artillerie. Général de brigade JOLY FRIGOLA.
Commandant du génie.... Général de brigade LE BRETTEVIL-
 LOIS (2).
Intendant.............. Intendant militaire DE SÉGANVILLE.
Prévôt................ Chef d'escadron de gendarmerie FLAM-
 BART-DELANOS.

1ʳᵉ division d'infanterie.

Commandant........... Général de brigade WOLFF.
Chef d'état-major....... Lieutenant-colonel DE MONTIGNY.
Commandant de l'artillerie. Lieutenant-colonel LECŒUVRE.
Commandant du génie.... Chef de bataillon BARRILLON.
1ʳᵉ brigade............ Colonel BRÉGER (13ᵉ bataillon de chas-
 seurs (3), 18ᵉ et 96ᵉ de ligne.)
2ᵉ brigade............ Général DE POSTIS DU HOULBEC (45ᵉ de
 ligne et 1ᵉʳ de zouaves).
Artillerie.............. 6ᵉ, 7ᵉ (4) et 8ᵉ (à balles) batteries du 9ᵉ (4).
Génie................ 3ᵉ compagnie de sapeurs du 1ᵉʳ régiment.

---

(1) Cet ordre de bataille n'existe pas aux Archives de la guerre tel qu'il est reproduit ici. Il a été reconstitué au moyen de divers documents des Archives.
(2) Le général Le Brettevillois ne reprenait ses fonctions au 1ᵉʳ corps que le 23 août, le général Dejean étant arrivé la veille.
(3) Détruit en partie ou fait prisonnier à Frœschwiller.
(4) $\frac{6^e}{9^e}$ bⁱᵉ était réduite à une section et complètait $\frac{7^e}{9^e}$ bⁱᵉ, qui avait

2ᵉ division d'infanterie (1).

Commandant............	Général de division PELLÉ.
Chef d'état-major........	Chef d'escadron LAMBRIGOT.
Commandant de l'artillerie.	Lieutenant-colonel CAUVET.
Commandant du génie....	Chef de bataillon DHOMBRES.
1ʳᵉ *brigade*..............	Général PELLETIER DE MONTMARIE (16ᵉ bataillon de chasseurs à pied, 50ᵉ et 74ᵉ de ligne) (2).
2ᵉ *brigade*	Général GANDIL (78ᵉ de ligne (3), 1ᵉʳ Tirailleurs algériens) (4).
Artillerie...............	10ᵉ (à balles), 9ᵉ et 12ᵉ (4) batteries du 9ᵉ (5).
Génie	8ᵉ compagnie de sapeurs du 1ᵉʳ régiment.

3ᵉ division d'infanterie.

Commandant............	Général de division L'HÉRILLER.
Chef d'état-major........	Colonel MOREL.
Commandant de l'artillerie.	Lieutenant-colonel CHEGUILLAUME.
Commandant du génie....	Chef de bataillon LANTY.
1ʳᵉ *brigade*..............	Général CARTERET-TRÉCOURT (8ᵉ bataillon de chasseurs à pied, 36ᵉ de ligne et 2ᵉ de zouaves).
2ᵉ *brigade*	Général LEFEBVRE (48ᵉ de ligne, 2ᵉ Tirailleurs algériens).
Artillerie...............	5ᵉ, 6ᵉ (4) et 9ᵉ (à balles) batteries du 12ᵉ.
Génie	9ᵉ compagnie de sapeurs du 1ᵉʳ régiment.

---

perdu une pièce le 6 août. $\frac{8^e}{9^e}$ bⁱᵉ avait laissé une mitrailleuse et cinq caissons à Frœschwiller. Cette dernière bⁱᵉ est recomplétée au camp de Châlons.

(1) Le 1ᵉʳ bataillon du 1ᵉʳ régiment des éclaireurs de la Seine, fort d'environ 600 hommes, fut versé à la 2ᵉ division le 27 août.

(2) Le IIᵉ bataillon de ce dernier régiment n'avait pas été reconstitué depuis Wissembourg.

(3) Réduit à un petit bataillon de 6 pelotons depuis Frœschwiller; recevait 180 hommes du dépôt au camp de Châlons, ce qui portait son effectif à 750 hommes.

(4) Le 1ᵉʳ régiment de marche est dissous le 29 août; le IVᵉ bataillon du 1ᵉʳ de ligne est versé au 74ᵉ; les IVᵉˢ bataillons des 6ᵉ et 7ᵉ de ligne sont détachés au 78ᵉ.

(5) Une pièce et un caisson de $\frac{9^e}{9^e}$ bⁱᵉ étaient restés à Wissembourg;

4ᵉ division d'infanterie.

Commandant	Général de division DE LARTIGUE.
Chef d'état-major	Colonel D'ANDIGNÉ.
Commandant de l'artillerie.	Lieutenant-colonel LAMANDÉ.
Commandant du génie...	Chef de bataillon LOYRE.
1ʳᵉ *brigade*	Général FRABOULET DE KERLÉADEC (1ᵉʳ bataillon de chasseurs à pied, 56ᵉ de ligne et 3ᵉ de zouaves).
2ᵉ *brigade*	Général DE CARREY DE BELLEMARE (3ᵉ Tirailleurs algériens) (1).
Artillerie	10ᵉ (à balles), 7ᵉ et 11ᵉ (4) batteries du 12ᵉ.
Génie	13ᵉ compagnie de sapeurs du 1ᵉʳ régiment.

Division de cavalerie.

Commandant	Général de brigade MICHEL (2).
Chef d'état-major	Chef d'escadron RÉGNIER.
1ʳᵉ *brigade*	Général DE SEPTEUIL (3ᵉ hussards, 11ᵉ chasseurs).
2ᵉ *brigade*	Général DE NANSOUTY (2ᵉ et 6ᵉ lanciers) (3).
3ᵉ *brigade*	Colonel PERROT (10ᵉ dragons, 8ᵉ cuirassiers).

---

deux caissons de $\frac{10^e}{9^e}$ bⁱᵉ avaient sauté le 4 août; à Frœschwiller, $\frac{10^e}{9^e}$ bⁱᵉ perdait une pièce, trois caissons; $\frac{12^e}{9^e}$ bⁱᵉ une pièce. Ces trois batteries étaient à peu près recomplétées au camp de Châlons.

(1) Le 87ᵉ de ligne, qui comptait à cette brigade, avait été laissé à Strasbourg. Le 2ᵉ régiment de marche fut rattaché à cette brigade à dater du 29 août.

(2) Commande la 3ᵉ brigade jusqu'au 25 août; remplace à cette date, dans le commandement de la division, le général Duhesme, malade.

(3) $\frac{1^{er} \text{ et } 3^e}{6^e \text{ lanciers}}$ avaient été détruits à Frœschwiller. Il ne restait donc à ce régiment que les 4ᵉ et 5ᵉ escadrons (le 4ᵉ constituait l'escorte du Maréchal).

Réserve d'artillerie.

Colonel commandant :
GROUVEL.

- 11e et 12e batteries (12) du 6e (1);
- 5e et 11e batteries (4) du 9e (2);
- 1re, 2e, 3e et 4e batteries à cheval du 20e (3).

Parc d'artillerie.

Directeur :
Chef d'escadron BIAL.

- Détach^t à pied de la 1re batterie bis du 9e régiment;
- Détach^t de la 4e compagnie d'ouvriers;
- Détach^t de la 1re compagnie d'artificiers;
- 8e c^{ie} pp^{le}, 10e c^{ie} pp^{le}, 11e c^{ie} bis, 12e c^{ie} pp^{le}; 12e c^{ie} bis du 2e régiment du train d'artillerie.

Réserve du génie.

2e compagnie de mineurs du 1er régiment;
1re section de la 1re compagnie de sapeurs du 1er régiment;
Détachement de sapeurs-conducteurs du 1er régiment.

5e CORPS.

Commandant	Général de division DE FAILLY.
Chef d'état-major général ..	Général de brigade BESSON.
Commandant de l'artillerie.	Général de brigade LIÉDOT.
Commandant du génie	Colonel VEYE *dit* CHARETON.
Intendant	Intendant militaire LÉVY.
Prévôt	Chef d'escadron de gendarmerie BELLISSIME.

---

(1) $\frac{12^e}{6^e}$ b^{ie} ne sauvait que cinq caissons et un avant-train à Frœschwiller; elle recevait, le 23 août, six caissons et cinq pièces.

(2) $\frac{5^e}{9^e}$ b^{ie} avait perdu quatre pièces et trois caissons le 6 août, elle recevait deux pièces à Reims; $\frac{11^e}{9^e}$ b^{ie} était réduite à trois pièces.

(3) $\frac{1^{er}, 3^e, 4^e}{20^e}$ b^{ies} avaient chacune perdu une pièce le 6 août; $\frac{1^{re}}{20^e}$ b^{ie} passe le 27 à $\frac{\text{D. C.}}{1}$.

1ʳᵉ division d'infanterie.

Commandant	Général de division GOZE.
Chef d'état-major	Lieutenant-colonel CLAPPIER.
Commandant de l'artillerie.	Lieutenant-colonel ROLLAND.
Commandant du génie	Chef de bataillon MERLIN.
1ʳᵉ *brigade*	Général SAURIN (4ᵉ bataillon de chasseurs à pied, 11ᵉ et 46ᵉ de ligne).
2ᵉ *brigade*	Général NICOLAS-NICOLAS (61ᵉ et 86ᵉ de ligne) (1).
Artillerie	5ᵉ, 6ᵉ (4) et 7ᵉ (à balles) batteries du 6ᵉ régiment.
Génie	6ᵉ compagnie de sapeurs du 2ᵉ régiment.

2ᵉ division d'infanterie.

Commandant	Général de division DE L'ABADIE D'AYDREIN.
Chef d'état-major	Colonel BEAUDOIN.
Commandant de l'artillerie.	Lieutenant-colonel PEUREUX DE BOUREULLE.
Commandant du génie	Chef de bataillon HEYDT.
2ᵉ *brigade* (2)	Général DE MAUSSION (3) (14ᵉ bataillon de chasseurs (4), 49ᵉ et 88ᵉ de ligne).
Artillerie	5ᵉ (à balles) et 8ᵉ (4) batteries du 2ᵉ régiment (5).
Génie	8ᵉ compagnie de sapeurs du 2ᵉ régiment.

3ᵉ division d'infanterie.

Commandant	Général de division GUYOT DE LESPART.
Chef d'état-major	Colonel LAMBERT.
Commandant de l'artillerie.	Lieutenant-colonel MONTEL.

---

(1) $\frac{\text{II}^e}{86^e}$ était resté à Bitche ; 2ᵉ $\frac{1^{er}}{86^e}$ laissée à Sarreguemines, rejoignit la brigade Lapasset.

(2) La 1ʳᵉ brigade (84ᵉ et 97ᵉ, général Lapasset), à l'armée de Metz, rattachée au 2ᵉ corps.

(3) Le général de Maussion, promu divisionnaire le 25 août, partit pour Paris le 27, et passa au 14ᵉ corps. Le colonel Kampf, du 49ᵉ, prit le commandement de la brigade.

(4) La 2ᵉ compagnie du 14ᵉ bataillon de chasseurs à Metz.

(5) $\frac{7^e}{9^e}$ bᶦᵉ (troisième batterie divisionnaire) était avec la brigade Lapasset.

Commandant du génie....	Chef de bataillon HUGON.
1re brigade.............	Général ABBATUCCI (19e bataillon de chasseurs à pied, 27e et 30e de ligne).
2e brigade	Général DE FONTANGES DE COUZAN (17e et 68e de ligne).
Artillerie..............	9e (à balles), 11e et 12e (4) batteries du 2e régiment.
Génie	14e compagnie de sapeurs du 2e régiment.

Division de cavalerie.

Commandant...........	Général de division BRAHAUT.
Chef d'état-major........	Lieutenant-colonel PUJADE.
1re brigade.............	Général DE PIERRE DE BERNIS (5e hussards (1), 12e chasseurs) (2).
2e brigade	Général SIMON DE LA MORTIÈRE (5e lanciers) (3).

Réserve d'artillerie.

Commandant :
Colonel DE SALIGNAC-FÉNELON.

- 6e et 10e batteries (4) du 2e régiment;
- 11e batterie du 10e régiment et 11e du 14e (12);
- 5e et 6e batteries du 20e régiment à cheval.

Parc d'artillerie.

Directeur :
Colonel GOBERT.

- Détacht à pied de la 1re bie bis du 2e régiment;
- Détacht de la 1re compagnie d'ouvriers;
- Détacht de la 5e compagnie d'artificiers;
- 15e cie du 1er régt du train d'artie; 2e cie pple, 2e cie bis, 3e cie bis, 10e cie du 2e régiment;
- 5e compagnie de pontonniers.

Réserve du génie.

5e compagnie de sapeurs du 2e régiment;
Détachement de sapeurs-conducteurs du 2e régiment.

---

(1) Le 5e escadron avait été dirigé sur Metz par erreur.
(2) Le 1er escadron avec la brigade Lapasset.
(3) Le 3e lanciers, qui faisait brigade avec le 5e, était resté avec la brigade Lapasset et avait été rattaché, comme celle-ci, au 2e corps.

7ᵉ CORPS.

Commandant............	Général de division Douay (Félix).
Chef d'état-major général..	Général de brigade Renson.
Commandant de l'artillerie.	Général de brigade de Liégeard.
Commandant du génie ...	Général de brigade Doutrelaine.
Intendant...............	Intendant militaire Largillier.
Prévôt	Chef d'escadron de gendarmerie Mény.

1ʳᵉ division d'infanterie.

Commandant............	Général de division Conseil Dumesnil.
Chef d'état-major	Colonel Sumpt.
Commandant de l'artillerie.	Lieutenant-colonel Guillemin.
Commandant du génie....	» (1).
1ʳᵉ *brigade*...............	Général Le Normand de Bretteville (17ᵉ bataillon de chasseurs à pied, 3ᵉ et 21ᵉ de ligne) (2).
2ᵉ *brigade*	Général Chagrin de Saint-Hilaire (47ᵉ et 99ᵉ de ligne).
Artillerie...............	5ᵉ, 6ᵉ (4) et 11ᵉ (à balles) batteries du 7ᵉ régiment.
Génie	2ᵉ compagnie de sapeurs du 2ᵉ régiment.

2ᵉ division d'infanterie.

Commandant............	Général de division Liébert.
Chef d'état-major........	Colonel Rozier de Linage.
Commandant de l'artillerie.	Lieutenant-colonel Clouzet.
Commandant du génie....	Chef de bataillon Dormont.
1ʳᵉ *brigade*...............	Général Guiomar (6ᵉ bataillon de chasseurs à pied, 5ᵉ et 37ᵉ de ligne).
2ᵉ *brigade*...............	Général de La Bastide (53ᵉ et 89ᵉ de ligne).
Artillerie...............	8ᵉ, 9ᵉ (4) et 12ᵉ (à balles) batteries du 7ᵉ régiment.
Génie	4ᵉ compᵍⁱᵉ de sapeurs du 2ᵉ régiment (3).

---

(1) Le chef de bataillon Le Secq fait prisonnier à Frœschwiller ne fut pas remplacé.

(2) $\frac{\text{II}^e}{21^e}$ faisait partie de la garnison de Strasbourg.

(3) Une décision ministérielle du 7 août affecte à la 2ᵉ division la 4ᵉ compagnie de sapeurs du 2ᵉ régiment attachée primitivement à la 3ᵉ division.

3ᵉ division d'infanterie.

Commandant............	Général de division DUMONT.
Chef d'état-major........	Lieutenant-colonel DUVAL.
Commandant de l'artillerie.	Lieutenant-colonel BONNIN.
Commandant du génie....	Chef de bataillon HÉLIE (1).
1ʳᵉ *brigade*..............	Général BORDAS (52ᵉ et 72ᵉ de ligne).
2ᵉ *brigade*...............	Général BITTARD DES PORTES (82ᵉ et 83ᵉ de ligne).
Artillerie...............	8ᵉ, 9ᵉ (4) et 10ᵉ (à balles) batteries du 6ᵉ régiment.
Génie...................	3ᵉ compagnie de sapeurs du 2ᵉ régiment.

Division de cavalerie.

Commandant............	Général de division AMEIL.
Chef d'état-major........	Chef d'escadron BOQUET (*par interim*).
1ʳᵉ *brigade*..............	Général CAMBRIEL (4ᵉ hussards, 4ᵉ et 8ᵉ lanciers) (2).

Réserve d'artillerie.

Commandant :
Colonel AUBAC.
- 8ᵉ et 12ᵉ batteries (4) du 12ᵉ régiment;
- 7ᵉ et 10ᵉ batteries (12) du 7ᵉ régiment;
- 3ᵉ et 4ᵉ batteries du 19ᵉ régiment à cheval.

Parc d'artillerie.

Directeur :
Colonel HÉQUET.
- Détachᵗ à pied de la 1ʳᵉ batterie bis du 7ᵉ régiment;
- Détachᵗ de la 5ᵉ compagnie d'artificiers;
- Détachᵗ de la 8ᵉ compagnie d'ouvriers;
- 7ᵉ cⁱᵉ pᵖˡᵉ, 7ᵉ cⁱᵉ bis, 8ᵉ cⁱᵉ bis, 10ᵉ cⁱᵉ bis du 2ᵉ régiment du train d'artillerie;
- 7ᵉ compagnie de pontonniers;
- 11ᵉ cⁱᵉ pᵖˡᵉ du 2ᵉ régiment du train d'ar- d'artillerie.

---

(1) Le commandant Hélie retenu à Dijon par un accident de cheval n'a pas paru à l'armée.

(2) La 2ᵉ brigade (général Jolif-Ducoulombier, 6ᵉ hussards et 6ᵉ dragons) ne rejoignit pas l'armée. Elle fut rattachée au 13ᵉ corps (voir p. 379), puis à l'armée de la Loire.

Réserve du génie.

12ᵉ compagnie de sapeurs du 2ᵉ régiment;
Détachement de sapeurs-conducteurs du 2ᵉ régiment.

12ᵉ CORPS.

Commandant.............	Général de division LEBRUN.
Chef d'état-major général..	Général de brigade GRESLEY.
Commandant de l'artillerie.	Général de division LABASTIE (1).
ommandant du génie....	Général de division DUCASSE (2).
Intendant.................	Intendant militaire ROSSI.
Prévôt...................	Chef d'escadron de gendarmerie LUBET.

1ʳᵉ division d'infanterie.

Commandant.............	Général de division GRANDCHAMP.
Chef d'état-major........	Colonel MIRCHER.
Commandant de l'artillerie.	Lieutenant-colonel DE ROLLEPOT.
Commandant du génie....	Chef de bataillon BOURGEOIS.
1ʳᵉ *brigade*..............	Général CAMBRIELS (3) (Deux compagnies (les 7ᵉˢ) des 1ᵉʳ et 2ᵉ bataillons de chasseurs à pied; 22ᵉ et 34ᵉ de ligne).
2ᵉ *brigade*...............	Général DE VILLENEUVE (4) (58ᵉ et 79ᵉ de ligne).
Artillerie...............	3ᵉ et 4ᵉ batteries (4) du 15ᵉ régiment; 4ᵉ batterie (à balles) du 4ᵉ régiment.
Génie	5ᵉ compagnie de sapeurs du 3ᵉ régiment.

2ᵉ division d'infanterie.

Commandant.............	Général de division LACRETELLE (5).
Chef d'état-major........	Chef d'escadron DÉADDÉ.
Commandant de l'artillerie.	Lieutenant-colonel COLCOMB.

---

(1) Le général Labastie commandait primitivement l'artillerie du 6ᵉ corps et ne put rejoindre l'armée de Metz. Le général de division d'Ouvrier de Villegly, commandant l'artillerie du 12ᵉ corps avant l'arrivée du général Labastie, conserva son commandement direct en ce qui concernait les batteries du 12ᵉ corps.

(2) Le général Ducasse commandait primitivement le génie du 6ᵉ corps et ne put rejoindre l'armée de Metz. Le général de brigade Cadart, commandant le génie du 12ᵉ corps avant l'arrivée du général Ducasse, exerça en quelque sorte les fonctions de commandant en second du génie du corps d'armée.

(3) Nommé général de division le 25 août.

(4) Colonel au 22ᵉ de ligne; nommé général de brigade le 25 août.

(5) Promu divisionnaire le 23 août, et remplace le général Maissiat.

Commandant du génie....	Chef de bataillon VIEILLE.
1re brigade (1)..........	Général DE LA SERRE (2) (Deux compagnies (les 7es) des 17e et 20e bataillons de chasseurs à pied; 1er régiment de marche (IVes bataillons des 1er, 6e, 7e de ligne); 2e régiment de marche (IVes bataillons des 8e, 24e, 33e de ligne).
2e brigade..............	Général MARQUISAN (3e régiment de marche (IVes bataillons des 40e, 62e, 64e de ligne) (3); 4e régiment de marche (IVes bataillons des 65e, 91e, 94e de ligne).
	Général LOUVENT (4), (14e, 20e et 31e de ligne) (5).
Artillerie...............	3e et 4e batteries (4) du 7e régiment; 4e batterie (à balles) du 11e régiment; 10e batterie (à balles) et 11e (4) du 8e régiment (6).
Génie..................	7e compagnie de sapeurs du 1er régiment.

3e division d'infanterie.

Commandant............	Général de division DE VASSOIGNE.
Chef d'état-major........	Colonel DE TRENTINIAN.
Commandant de l'artillerie.	Lieutenant-colonel NOURY.
Commandant du génie....	Chef de bataillon ROULET.
1re brigade..............	Général REBOUL (1er et 4e régiments de marche d'infanterie de marine).
2e brigade	Général MARTIN DES PALLIÈRES (2e et 3e régiments de marche d'infanterie de marine).
Artillerie...............	7e, 8e et 9e batteries (4) du 10e régiment (7).
Génie..................	11e compagnie de sapeurs du 2e régiment.

(1) Cette brigade fut dissoute le 29 août et ses éléments versés au 1er corps. (Voir pages 364 et 365, notes 2 et 1.)

(2) Depuis le 23 août seulement, remplaçant le général baron Neigre qui avait lui-même succédé, le 18, au général Mallet envoyé à Vesoul.

(3) Le bataillon du 64e ne rejoignit que le 25 août, à Rethel.

(4) Le colonel Louvent, du 14e de ligne, fut promu général de brigade le 25 août.

(5) Ces trois régiments appartenaient primitivement à la 2e division du 6e corps et ne purent parvenir à Metz; ils furent adjoints le 20 août au 12e corps, ainsi que les 4e, 11e et 14e compagnies de sapeurs du 3e génie et un détachement du 9e de ligne.

(6) Ces deux batteries étaient dans la même situation que les éléments ci-dessus.

(7) L'artillerie de la 3e division devait être constituée d'abord par les

Division de cavalerie (1).

Commandant............	Général de division DE SALIGNAC-FÉNELON.
Chef d'état-major........	Lieutenant-colonel ARMAND.
1re brigade..............	Général SAVARESSE (1er et 7e lanciers).
Commandant............	Général de division LICHTLIN.
Chef d'état-major........	Chef d'escadron GRANTHIL.
1re brigade.............	Général LEFORESTIER DE VENDEUVRE (2) (7e et 8e chasseurs).
2e brigade..............	Général YVELIN DE BÉVILLE (5e et 6e cuirassiers).

Réserve d'artillerie.

Commandant :
Colonel DESPRELS.

- 5e, 6e, 10e et 12e batteries (4) du 10e régiment ;
- 8e et 9e batteries (12) du 14e régiment ;
- 1re et 2e batteries du 19e régiment à cheval (3) ;
- 3e batterie (4) du 4e régiment ;
- 3e et 4e batteries (12) du 8e régiment ;
- 10e et 12e batteries (4) du 14e régiment ;
- 12e (à balles) 11e et 13e (4) du régiment d'artillerie de marine.

11e, 12e et 13e du régiment d'artillerie de marine qui ne rejoignirent pas à temps et furent rattachés à la réserve d'artillerie. Elles furent remplacées par les 7e, 8e et 9e du 10e d'artillerie de la 4e division du 6e corps qui n'avaient pu atteindre Metz.

(1) La division de cavalerie du 6e corps n'ayant pu parvenir à Metz fut attribuée au 12e corps. Le général Margueritte recevait la 1re brigade pour constituer avec les 1er et 3e chasseurs d'Afrique une division de réserve de cavalerie. Sur ces entrefaites, le Ministre avait envoyé au camp de Châlons le général Lichtlin avec la brigade de Vendeuvre qui, jointe à la brigade de Béville encore à Paris, devait former une nouvelle division. Le général Lebrun donna au général de Fénelon le commandement supérieur de la cavalerie du 12e corps ; le général Lichtlin conserva sous ses ordres directs les brigades de Vendeuvre et de Béville.

(2) Le colonel Leforestier de Vendeuvre, du 1er cuirassiers, promu général de brigade le 25 août, remplaça à cette date le général Arbellot entré à l'hôpital.

(3) Ces huit batteries constituaient primitivement la réserve d'artillerie du 6e corps et n'avaient pu atteindre à Metz.

Le 25 août : $\frac{1^{re}}{19^e}$ bie est attachée à la division de cavalerie du 12e corps ;

$\frac{2^e}{19^e}$ bie est adjointe à la division de cavalerie Margueritte.

Parc d'artillerie.

Directeur :
Colonel CHATILLON.
{
Détach^t à pied de la 2e b^{ie} bis du 8e régiment ;
Détach^t de la 2e compagnie d'artificiers ;
3e c^{ie} pp^{le}, 3e c^{ie} bis, 4e c^{ie} pp^{le}, 4e c^{ie} bis,
10e c^{ie} bis du 1er régiment du train d'art^{ie} ;
10e c^{ie} pp^{le} du 1er régiment du train d'art^{ie}.
}

Réserve du génie.

4e, 11e, 14e compagnies de sapeurs du 3e régiment.

RÉSERVE DE CAVALERIE.

1re division de cavalerie.

Commandant............	Général de brigade MARGUERITTE.
Chef d'état-major........	»
1re *brigade*.............	Colonel DE GALLIFFET (1er et 3e chasseurs d'Afrique) (1).
2e *brigade*...............	Général TILLIARD (1er hussards, 6e chasseurs) (2).

2e division de cavalerie.

Commandant............	Général de division BONNEMAINS.
Chef d'état-major........	Lieutenant-colonel DE TUGNY.
1re *brigade*.............	Général GIRARD (1er et 4e cuirassiers).
2e *brigade*...............	Général DE BRAUER (2e et 3e cuirassiers).
Artillerie...............	7e batterie du 19e régiment à cheval (3). Une pièce de la 8e batterie (à balles) du 19e (4).

---

(1) Le 4e chasseurs d'Afrique fut rattaché à la brigade de Galliffet à dater du 30 août ; jusqu'à cette époque, il reste provisoirement sous les ordres du général de Fénelon.

(2) Le 6e chasseurs avait son 6e escadron à Metz.

(3) $\frac{7^e}{19^e}$ b^{ie} perdait une pièce et 4 caissons à Frœschwiller.

(4) $\frac{8^e}{19^e}$ b^{ie} ne fut pas reconstituée (elle avait perdu cinq pièces, le 6 août). Son matériel et ses chevaux furent répartis le 23 parmi les batteries du 1er corps ; le personnel devait faire partie de la garnison de Sedan.

GRAND PARC DE CAMPAGNE.

Directeur :
Général de brigade
MITRECÉ.
- 2ᵉ bⁱᵉ ppˡᵉ du 7ᵒ régiment d'artillerie ;
- 1ʳᵉ bⁱᵉ ppˡᵉ du 10ᵒ régiment d'artillerie ;
- Détachᵗˢ des 2ᵉ et 8ᵉ cⁱᵉˢ d'ouvriers ;
- Détachᵗ de la 4ᵉ cⁱᵉ d'artificiers ;
- 10ᵉ (1) et 12ᵉ cⁱᵉˢ de pontonniers ;
- 8ᵉ et 10ᵉ cⁱᵉˢ du 2ᵉ régiment du train d'artillerie ;
- 9ᵉ cⁱᵉ bis du 3ᵒ régiment d'artillerie.

---

(1) Une décision ministérielle du 28 août maintenait la 10ᵉ cⁱᵉ de pontonniers à Paris et prescrivait à la 12ᵉ cⁱᵉ de se porter sur Sedan. Les 6ᵉ et 9ᵉ cⁱᵉˢ de pontonniers étaient restées à Strasbourg.

ORDRE DE BATAILLE DU 13ᵉ CORPS, AU 20 AOUT [1]

Commandant en chef......	Général de division Vinoy.
Chef d'état-major général...	Général de brigade de Valdan.
Commandant de l'artillerie..	Général de brigade Renault d'Ubexi.
Commandant du génie.....	Colonel Dupouët.
Intendant	Intendant militaire Viguier.
Prévôt	Chef d'escadron Guillemard (2).

1ʳᵉ division d'infanterie.

Commandant..............	Général de division d'Exéa.
Chef d'état-major.........	Colonel de Belgaric.
Commandant de l'artillerie..	Chef d'escadron de Cossigny.
Commandant du génie.....	Chef de bataillon Guyot.
1ʳᵉ *brigade*	Général Mattat [deux compagnies (les 7ᵉˢ) des 5ᵉ et 7ᵉ bataillons de chasseurs à pied (3); 5ᵉ régiment de marche (IVᵉˢ bataillons des 2ᵉ, 9ᵉ et 11ᵉ de ligne); 6ᵉ régiment de marche (IVᵉˢ bataillons des 12ᵉ, 15ᵉ et 19ᵉ de ligne)].
2ᵉ *brigade*...............	Général Daudel [7ᵉ régiment de marche (IVᵉˢ bataillons des 20ᵉ, 23ᵉ et 25ᵉ de ligne); 8ᵉ régiment de marche (IVᵉˢ bataillons des 29ᵉ, 41ᵉ et 43ᵉ de ligne)].

---

(1) Cet ordre de bataille n'existe pas aux Archives de la guerre tel qu'il est reproduit ici. Il a été reconstitué au moyen de divers documents des Archives.

(2) Nommé par décision ministérielle du 22 août.

(3) La répartition définitive des compagnies de chasseurs n'était arrêtée par le Ministre que le 22 août.

Artillerie................	{ 3ᵉ et 4ᵉ batteries (4) du 10ᵉ régiment; 3ᵉ batterie (à balles) du 11ᵉ régiment.
Génie..................	1ʳᵉ compagnie de sapeurs du 2ᵉ régiment.

2ᵉ division d'infanterie.

Commandant..............	Général de division DE MAUD'HUY (1).
Chef d'état-major..........	Lieutenant-colonel CRÉPY.
Commandant de l'artillerie.	Chef d'escadron BERTHAUT.
Commandant du génie.....	Chef de bataillon MENGIN.
1ʳᵉ brigade	Général GUÉRIN (2) [deux compagnies des 8ᵉ et 15ᵉ bataillons de chasseurs à pied (3); 9ᵉ régiment de marche (IVᵉˢ bataillons des 51ᵉ, 54ᵉ et 59ᵉ de ligne); 10ᵉ régiment de marche (IVᵉˢ bataillons des 69ᵉ, 70ᵉ et 71ᵉ de ligne)].
2ᵉ brigade................	Général BLAISE [11ᵉ régiment de marche (IVᵉˢ bataillons des 75ᵉ, 81ᵉ et 86ᵉ de ligne); 12ᵉ régiment de marche (IVᵉˢ bataillons des 90ᵉ, 93ᵉ et 95ᵉ de ligne)].
Artillerie................	{ 3ᵉ et 4ᵉ batteries (4) du 2ᵉ régiment; 4ᵉ batterie (à balles) du 9ᵉ régiment.
Génie..................	15ᵉ compagnie de sapeurs du 2ᵉ régiment (4).

---

(1) Remplace le 20 août le général de Polhès.

(2) Remplacé le 23 août par le général Dumoulin; ce dernier n'ayant pas rejoint, la brigade fut commandée par le lieutenant-colonel Miquel de Riu, du 9ᵉ de marche.

(3) Une première composition du corps d'armée, arrêtée le 16 août par le Ministre, ne comprenait pas de compagnies de chasseurs à $\frac{2\,D}{13}$; les deux compagnies des 8ᵉ et 15ᵉ bataillons de chasseurs ne lui furent attachées que le 21.

(4) La 1ʳᵉ section suivit seule le mouvement de $\frac{2\,D}{13}$, à son départ de Paris. Elle fut rejointe, le 3 septembre, à Laon, par la 2ᵉ section.

3ᵉ division d'infanterie.

Commandant	Général de division BLANCHARD.
Chef d'état-major	Chef d'escadron BOUDET.
Commandant de l'artillerie.	Chef d'escadron MAGDELAINE.
Commandant du génie	Chef de bataillon DE BUSSY.
1ʳᵉ *brigade*	Général SUSBIELLE [deux compagnies (les 7ᵉˢ) des 18ᵉ et 19ᵉ bataillons de chasseurs à pied (1); 13ᵉ régiment de marche (IVᵉˢ bataillons des 28ᵉ, 32ᵉ et 49ᵉ de ligne); 14ᵉ régiment de marche (IVᵉˢ bataillons des 55ᵉ, 67ᵉ et 100ᵉ de ligne)].
2ᵉ *brigade*	Général GUILHEM (35ᵉ et 42ᵉ de ligne).
Artillerie	3ᵉ batterie (4) du 9ᵉ régiment ; 3ᵉ (à balles) et 4ᵉ (4) batteries du 13ᵉ régiment.
Génie	15ᵉ compagnie de sapeurs du 3ᵉ régiment (2).

Division de cavalerie (3).

Commandant	Général de division REYAU.
Chef d'état-major	Chef d'escadron MARQUERIE.
1ʳᵉ *brigade*	Général DE GERBROIS (4) (1ᵉʳ et 9ᵉ chasseurs).

---

(1) Les 1ᵉʳ et 2ᵉ bataillons de chasseurs devaient primitivement (au 16 août) fournir les deux compagnies affectées à cette division.

(2) La 1ʳᵉ section suivit seule le mouvement de $\frac{3\,D}{13}$, à son départ de Paris. La 2ᵉ section forma la réserve du génie du 13ᵉ corps, lors du retour de ce dernier à Paris.

(3) La division de cavalerie du 13ᵉ corps avait été constituée le 17 août par les 7ᵉ et 8ᵉ chasseurs (général Arbellot) et les 5ᵉ et 6ᵉ cuirassiers (général Yvelin de Béville). Ces troupes passèrent au 12ᵉ corps, le 19, à leur départ de Paris pour le camp de Châlons. (Voir p. 373.)

De plus, le 13ᵉ corps ayant quitté Paris avant que l'organisation de la division Reyau fût terminée, les 6ᵉ hussards et 6ᵉ dragons (général Jolif-Ducoulombier) constituèrent définitivement la seule cavalerie du 13ᵉ corps.

(4) Commandant la subdivision du Lot-et-Garonne, nommé le 19.

2ᵉ *brigade*.................. Général RESSAYRE (1) (régiment de marche de la Garde impériale, 9ᵉ cuirassiers).

Réserve d'artillerie.

Commandant :
Colonel HENNET.
{ 3ᵉ et 4ᵉ batteries (4) du 14ᵉ régiment ;
3ᵉ et 4ᵉ batteries (12) du 6ᵉ régiment ;
3ᵉ et 4ᵉ batteries (12) du 12ᵉ régiment.

Parc d'artillerie.

Directeur :
Colonel HUGON.
{ Détachement à pied de l'artillerie de marine ;
Détachement de la 6ᵉ cⁱᵉ d'ouvriers ;
14ᵉ cⁱᵉ ppˡᵉ, 14ᵉ cⁱᵉ bis, 16ᵉ cⁱᵉ bis du 2ᵉ régiment du train d'artillerie ;
16ᵉ cⁱᵉ bis du 1ᵉʳ régiment du train d'artillerie.

---

(1) Commandant la subdivision de l'Aisne, nommé le 19.

BIBLIOGRAPHIE

A. — MANUSCRITS

Les documents qui ont servi à établir la relation des opérations de l'armée de Châlons appartiennent pour la plupart aux Archives historiques du Ministère de la Guerre.

Il importe de faire observer tout d'abord que cette série d'archives présente des lacunes considérables, en raison de la catastrophe finale qui a fait disparaître un grand nombre de pièces.

L'authenticité extérieure de ces documents est incontestable, mais par là il faut entendre que la provenance en est certaine, non que le contenu en soit exact. Il est nécessaire, à chaque fois, de déterminer la valeur relative de ces documents au point de vue de leur utilisation définitive pour l'Histoire, en d'autres termes, d'en faire la critique approfondie.

Ils se divisent en deux catégories :

1° Sources contemporaines ;
2° Sources postérieures.

1° Sources contemporaines.

Ces documents doivent être eux-mêmes répartis en deux groupes :

1° Documents ayant déterminé les événements :

Ordres de mouvement, d'organisation, d'administration...; Instructions de tout genre; Dépêches télégraphiques chiffrées ou non; *Bulletins de renseignements...*

La plus grande partie de cette série de pièces originales est rassemblée dans les cartons n° 1 (période du 12 au 24 août), n° 2 (période du 25 août au 2 septembre) de l'armée de Châlons, et dans les cartons 47, 56 et 64 de l'armée du Rhin. (Ces derniers renferment les quelques registres d'ordres ou de correspondance que possèdent les Archives de la Guerre sur cette période.) Les cartons de la série A (n°s 3, 4, 5, 6, 7 et 12) contiennent également de nombreux renseignements adressés télégraphiquement aux Ministres de la Guerre, de l'Intérieur... aux

Commandants des armées ou des différents corps... par les Préfets, Sous-Préfets, Maires... Enfin, parmi les papiers provenant du maréchal de Mac-Mahon, des généraux Broye, Ducrot, Robert, Wolff..., documents répartis dans les cartons 1, 2, 3 et 8 du Fonds supplémentaire II, se trouvent non seulement quelques pièces originales, mais de nombreuses copies d'ordres de marche, d'instructions, de renseignements... ressortissant à cette première catégorie.

On doit accorder à ces documents une confiance toute particulière. Ils nous apprennent, par exemple, de façon certaine, que tel jour, à telle heure, le commandant en chef a eu telle intention. Toutefois, ils peuvent contenir une partie subjective, inexacte. Ainsi, dans un ordre de mouvement ou dans une dépêche télégraphique, les instructions proprement dites peuvent être précédées de considérants, d'informations en partie ou complètement erronées. Il faut se garder de faire abstraction de ces appréciations et de ces informations, parce que le commandement croyait à leur exactitude et qu'elles ont contribué à inspirer ses décisions. D'autre part, il y a lieu d'observer que ces documents ne dénotent que des intentions. Il est donc nécessaire de s'assurer que ces pièces ont été réellement expédiées, qu'elles sont parvenues au destinataire, que l'exécution des ordres s'est faite intégralement, et, s'il n'en a pas été ainsi, il importe de rechercher la cause des modifications survenues.

Les bulletins de renseignements contiennent souvent des informations inexactes; il faut néanmoins en tenir le plus grand compte, en raison de l'influence qu'ils ont pu exercer sur le commandement.

2° Documents immédiatement postérieurs aux événements :

Correspondance, comptes rendus, rapports d'opérations... rédigés au lendemain même des événements. A quelques exceptions près, toutes ces pièces originales sont groupées dans les cartons n°s 1 et 2 de l'armée de Châlons; 47 et 56 de l'armée du Rhin. Quelques copies de comptes rendus ou rapports d'opérations... adressées à la Section historique à la suite des circulaires ministérielles des 19 décembre 1899, 17 novembre et 26 décembre 1900 (voir paragraphe 7, p. 386), ont été réparties dans les cartons 2, 3, 8... du Fonds supplémentaire II (papiers Ducrot, Robert...).

Journaux de marche tenus au jour le jour. — On ne peut ranger avec certitude parmi ces dernières pièces que celui du 5° corps, rédigé par le capitaine de Piépape ; quelques autres sont douteux. Ces documents originaux sont rassemblés dans les cartons 3 (1er, 5° et 7° corps) et 4 (6° et 12°) de l'armée de Châlons.

Situations d'effectif; états nominatifs ou numériques (pertes, propositions, renseignements divers...). Ces pièces originales, malheureusement peu nombreuses, et le plus souvent contradictoires, se trouvent dans le carton 5 de l'armée de Châlons (1). Les papiers du général Robert (documents originaux) (Fonds supplémentaire II, carton 8) renferment de précieux états concernant le 1er corps.

Tous ces documents doivent être soumis à une critique rigoureuse parce que la personnalité de l'auteur est en cause ou que des inductions erronées peuvent altérer les faits. En particulier, les rapports de combats doivent provoquer une défiance systématique. Au cours de la bataille, en effet, l'observateur est placé dans de très mauvaises conditions pour fournir un document exact et sincère. Son attention a été fortement distraite par la nécessité d'agir et par les dangers auxquels il a été exposé personnellement. Quelques-unes de ses unités peuvent échapper à ses regards en raison des formes du terrain, de sorte qu'il est obligé de s'en rapporter parfois aux renseignements de ses subordonnés. Le souci de sa réputation militaire peut l'entraîner à dissimuler ses erreurs et les faiblesses de ses troupes. Il n'a qu'une notion très imparfaite du temps, et s'il ne rédige son rapport que quelques jours après les événements, ses souvenirs auront pu devenir confus et être dénaturés. A ses propres observations, viendront se mêler des faits qu'il aura entendu raconter et dont il n'aura peut-être pas contrôlé l'exactitude. Enfin en 1870, les officiers possédaient rarement des cartes et ne notaient pas les heures; c'est là une cause nouvelle d'incertitude dans leurs rapports.

2° Sources postérieures.

Ces documents constituent plusieurs groupes :

1° Documents rédigés en captivité :

La plupart des *Journaux de marche*, quelques *Rapports d'opérations*... (2) Toutes ces pièces originales, datées de Wiesbaden, Mayence, Dresde, Erfurt, Neuwied... (septembre ou octobre 1870, quelques-unes

---

(1) Une circulaire ministérielle du 14 avril 1883, prescrivant à chaque corps de troupe de faire connaître les effectifs atteints et les pertes subies en 1870 (armée de Châlons), ne put réussir à combler les lacunes que la disparition de la comptabilité des corps, après le désastre de Sedan, avait provoquées.

(2) 8e bataillon de chasseurs, 48e de ligne, 11e batterie du 12e...

seulement de février 1871), sont groupées dans les cartons **2** (rapports), **3** et **4** (journaux de marche) de l'armée de Châlons (1).

2° **Historiques manuscrits** des corps de troupe rédigés dans chaque unité, dans le deuxième semestre de 1871 ou dans les premiers mois de l'année 1872, en exécution de la circulaire ministérielle du 21 juillet 1871, par une commission d'officiers ayant assisté en majorité à la campagne.

Ces documents sont précieux en ce que l'unité a eu tout intérêt à relater telles instructions que le Journal de marche de la brigade ou de la division a cru, pour des motifs divers, devoir passer sous silence. Ils permettent de se rendre compte de l'exécution des ordres dans les unités subordonnées et de connaître avec détails l'existence du soldat en campagne. Mais ils sont, pour la plupart, empreints de partialité et rédigés parfois dans le but de rehausser le mérite du régiment.

Ces pièces originales sont classées dans les cartons suivants :

M 9 : 2e, 4e, 6e, 7e, 8e et 9e régiments d'artillerie.

M 10 : 10e, 11e, 12e, 14e, 15e, 16e (pontonniers), 19e et 20e régiments d'artillerie ; 1er et 2e régiments du train d'artillerie.

M 11 : 3e et 7e compagnies d'ouvriers d'artillerie ; 3e et 4e compagnies d'artificiers ; 1er et 3e régiments du train des équipages.

M 16 : 1er, 2e et 3e régiments de zouaves ;

1er, 2e et 3e régiments de tirailleurs algériens ;

IIIe bataillon du 3e régiment de grenadiers ;

7es compagnies des 1er et 2e bataillons de chasseurs à pied ;

1er, 4e, 6e, 16e et 17e bataillons de chasseurs à pied ;

1er, 2e et 3e régiments de marche, IVe bataillon du 62e ;

3e, 5e, 11e, 14e, 17e, 19e, 21e, 22e, 27e, 31e, 32e, 35e, 36e, 37e, 42e, 43e, 46e, 47e, 48e, 49e, 50e, 52e, 53e, 56e, 58e, 61e, 68e, 72e, 74e, 78e, 82e, 83e, 86e, 88e, 89e, 96e et 99e de ligne.

M 16 bis : 1er, 3e, 4e, 5e et 6e régiments de hussards ;

1er, 2e, 3e, 4e, 5e, 6e et 8e régiments de cuirassiers ;

1er, 2e, 4e, 5e, 6e, 7e et 8e régiments de lanciers ;

10e régiment de dragons ;

6e, 7e, 8e et 12e régiments de chasseurs à cheval ;

1er, 3e et 4e régiments de chasseurs d'Afrique.

---

(1) On peut rattacher à cette série un très petit nombre de documents rédigés immédiatement au retour de captivité : rapports du général Carteret-Trécourt (carton 4 de l'armée de Châlons); du commandant du 4e bataillon de la garde mobile de la Marne (Fonds supplémentaire II, carton 5).....

A ce groupe de documents viennent s'adjoindre naturellement quelques pièces originales portant des titres divers et rédigées dans les derniers mois de 1871 (Rapports du colonel Dastugue, 11ᵉ chasseurs, septembre 1871 ; du général Reboul, août 1871 ; Notes du capitaine Delasson ; Historiques de l'artillerie de la 3ᵉ division du 1ᵉʳ corps par le colonel Sûter, juillet 1871 ; de la brigade Bittard des Portes) (cartons M 16 bis, 2 du Fonds supplémentaire II).

3° **Conseil d'enquête sur les capitulations** (Sedan) ; Dépositions sténographiques des témoins (généraux de Wimpffen, Lebrun, Ducrot, Douay...) (carton N 14) ; Rapport et avis motivé (carton N 9).

Documents très importants, en particulier pour les opérations du 1ᵉʳ septembre.

4° **Journaux de marche** rédigés en 1872, à la suite d'une circulaire ministérielle (29 février 1872) dans laquelle le général de Cissey réclamait en outre aux officiers généraux et supérieurs « les registres, dépêches, rapports et pièces de toute nature relatifs à la campagne de 1870-71 » qui se trouvaient encore en leur possession.

Cette catégorie de pièces originales est peu nombreuse (cartons 3 et 4 de l'armée de Châlons). Elle contient entre autres :

Le Journal de marche du 5ᵉ corps, rédigé par le colonel Clémeur, véritable plaidoyer en faveur du commandant de ce corps d'armée ;

L'Historique de la 4ᵉ division du 1ᵉʳ corps par le colonel d'Andigné, qui n'est qu'un extrait de son agenda, complété par les Historiques des corps ;

Le Récit des opérations de la 2ᵉ brigade de marche de la 2ᵉ division du 12ᵉ corps ;

Le Rapport sur la participation du service du génie du 6ᵉ corps ;

L'itinéraire de la 2ᵉ brigade de la 2ᵉ division du 7ᵉ corps ;

Le Rapport du général Ameil ;

Les Notes du capitaine d'état-major Mulotte...

Enfin quelques rapports rédigés à cette même époque, se retrouvent encore dans différents cartons du Fonds supplémentaire II, (cartons 2, 3, 8...) et proviennent des papiers Ducrot, Robert, Wolff...

5° **Instruction** relative au procès Bazaine (cinq registres, cartons 37 à 43 de l'armée du Rhin), où parmi les 416 dépositions, s'en trouvent quelques-unes d'un intérêt primordial, notamment celle du maréchal de Mac-Mahon, qui, en sa qualité de Président de la République, n'a pas été appelé devant le Conseil de guerre de Trianon.

D'une manière générale, il y a lieu d'appliquer à ces cinq groupes de documents, les mêmes observations que celles qui ont été faites pour le groupe 2 des sources contemporaines, avec cette remarque que déjà les souvenirs sont plus confus et plus influencés par les résultats. Au sujet des déclarations obtenues par interrogatoire, il faut noter que la question suggère toujours, dans une certaine mesure, la réponse ou du moins l'obligation de la faire entrer dans un cadre étroit tracé par quelqu'un qui n'a pas été le témoin des faits.

6° Souvenirs et Mémoires de toutes natures.

Parmi ces divers documents, il faut citer au premier rang :

Les Souvenirs inédits du maréchal de Mac-Mahon, dictés par le Maréchal en 1880 et 1881 à son officier d'ordonnance, le capitaine de Beaufort. Les Archives historiques de la Guerre n'en possèdent qu'une copie (Fonds supplémentaire II, carton 1), reçue en janvier 1900, due au commandant de Mac-Mahon, et certifiée « textuelle » par cet officier supérieur. Ce document contient des erreurs, mais il est précieux, en raison de son incontestable sincérité, pour connaître à chaque moment de la campagne la pensée du commandant en chef et les mobiles de ses déterminations.

Un manuscrit du général Michel : la division de cavalerie du 1er corps à la bataille de Sedan (copie versée par le colonel Sabattier).

Extrait de la vie militaire du général Wolff (copie) ; (Fonds supplémentaire II, carton 2).

Notes manuscrites du général Ducrot ; Renseignements extraits du Carnet de campagne du général Lefort (Fonds supplémentaire II, carton 3).

Extraits du Journal du capitaine de Lanouvelle (armée de Châlons, carton 3).

Souvenirs du capitaine de Vanteaux (Embrun 1879) (M 16).

Souvenirs personnels du capitaine Achard, du capitaine Peloux, du commandant Faverot de Kerbrech ; Notes du lieutenant-colonel de Brives, du général Robert, du lieutenant-colonel Lecœuvre, etc... etc... (copies provenant des papiers du général Ducrot) (Fonds supplémentaire II, carton 3).

Enfin, de nombreuses lettres émanant d'officiers ayant pris part aux opérations de l'armée de Châlons, correspondance qui fut échangée au moment de la publication de certains volumes ou brochures, et provoquée, en général, par les controverses que leur apparition suscita. (Lettres des généraux de Wimpffen, Ducrot, Trochu, Faure, du commandant Faverot de Kerbrech, du capitaine de Néverlée, du docteur Sarazin...)

7° Témoignages des survivants invoqués récemment (1) pour

---

(1) En dehors des circulaires ministérielles des 19 décembre 1899,

combler des lacunes ou éclaircir certains points obscurs. Ces documents nombreux sont de valeur très variable suivant la personnalité de l'auteur, la responsabilité qu'il a eue dans les événements, les notes qu'il a prises au cours de la campagne, la fidélité de sa mémoire etc... En tout cas, ils ne doivent être utilisés qu'après une critique particulièrement rigoureuse.

Tous ces documents originaux sont rassemblés dans les cartons suivants du Fonds supplémentaire II :

Carton n° 1, colonel Majorelle (1903).

Carton n° 2, général de Piépape (1901); généraux Broye, Kessler, de la Moussaye, Berthaut, Bouguié, Pennequin, Voyron, Lelong, Le Lorrain, Reibell, Riff, de Vaulgrenant, Sériot, Descharmes, Heurtault de Lammerville, Meyssonnier (1904); général Warnet (1905); général de Lanouvelle (1906)...

Colonels Buisson d'Armandy, Théven de Guéléran, de Percin, Heiligenmayer, Schneider, Le Camus (1904)...

Lieutenants-colonels de Rouville, Dumesnil, La Prairie, Brunot, Recoing, Lacroix, Morand de la Terrelle (1904)...

Commandants Pierrat, Allut, Rapp, Lavenue, Auffray, Dabay, Mantin, Arnault (1904)...

Capitaines Pelloux, Dehousse, Nussbaum (1904)...

Carton n° 2 bis, généraux Broye, Macé, de Négroni (1903)...

Carton n° 5, M. Lagosse.

B. — IMPRIMÉS.

Les ouvrages français et étrangers relatifs aux opérations de l'armée de Châlons sont en nombre considérable et de valeur très différente. On peut les grouper en trois catégories.

1° Recueils de documents.

Journal officiel; Correspondance du maréchal de Moltke, tome I; Vie militaire du général Ducrot; Papiers et correspondance de la famille impériale.

---

17 novembre et 26 décembre 1900, invitant les anciens officiers généraux à communiquer à la Section historique les pièces officielles intéressant les opérations de 1870, qui leur seraient restées entre les mains et les relations personnelles qu'ils pourraient fournir, des lettres individuelles posant des questions aussi précises que possible ont été adressées aux témoins des événements de 1870.

Enquête parlementaire sur les actes du Gouvernement de la Défense nationale, tome I. (Cette enquête exécutée par une commission (30 membres, président, M. Saint-Marc Girardin) nommée par l'Assemblée nationale, avait pour but d'examiner les actes des Délégations de Tours et de Bordeaux « au triple point de vue civil, militaire et financier ». (Résolution de l'Assemblée nationale des 13 et 14 juin 1871.) La commission consacra dix-huit mois à ces opérations.

2° Ouvrages rédigés d'après des pièces d'archives ou contenant des documents.

Procès Bazaine (Affaire de la capitulation de Metz, 1873).
Bibesco (Belfort-Reims-Sedan, 1872).
Ducrot (La journée de Sedan, 1871).
Lebrun (Bazeilles-Sedan, 1884).
Palikao (Un Ministère de la Guerre de vingt-quatre jours, 1871).
Vinoy (Siège de Paris, 1874).
Wimpffen (Sedan, 1871).

Presque tous ces ouvrages sont empreints d'une certaine partialité et parfois passionnés.

Du côté allemand :

L'Historique du Grand État-Major prussien rédigé de 1872 à 1881.

Il semble que cet ouvrage n'ait pas toujours eu en vue la recherche exclusive de la vérité, du moins si l'on en juge par cette appréciation du maréchal de Moltke : « Ce que l'on publie dans une histoire militaire reçoit toujours un apprêt, selon le succès plus ou moins grand qui a été obtenu, mais le loyalisme et l'amour de la patrie nous imposent l'obligation de ne pas détruire certains prestiges dont les victoires de nos armées ont revêtu telle ou telle personne (1). »

Fritz Hœnig donne deux exemples caractéristiques de ce qu'il appelle l'inexactitude voulue de l'Historique du Grand État-Major prussien :

« Après avoir achevé le deuxième livre de mon *Volkskrieg an der Loire*, comme je me trouvais dans la triste obligation de critiquer un récit de la Section historique, j'eus l'honneur de recevoir la visite d'un initié. Il m'expliqua qu'il me serait impossible de conserver la faveur de l'état-major général, à laquelle je devais pourtant tenir beaucoup, si je critiquais ses travaux. Cette faveur était le prix d'une collaboration assez analogue à une subordination. Je répondis que la

---

(1) Moltke, *La Guerre de 1870*, traduction Jaeglé, 2ᵉ édition, préface, p. II.

communication même des archives me forçait à dire la vérité... (1) »

Hœnig cite ensuite, en la certifiant conforme, la lettre suivante en date du 20 novembre 1891, du général de Pape, qui commandait en 1870 la 1ʳᵉ division de la Garde prussienne :

« Quand l'ouvrage du Grand État-Major parut, on m'envoya les épreuves sur Saint-Privat pour les corriger et en faire la critique. Je rectifiai, entre autres, un point très important ; cela ne fit rien. Quatre fois on me renvoya le travail, et quatre fois je m'efforçai de mettre la chose en lumière ; enfin jouant mon dernier atout, je donnai le nom d'un officier qu'il me fallait contredire, ce que j'aurais voulu éviter ; — cela ne servit de rien. On peut encore lire la relation erronée dans l'ouvrage du Grand État-Major... (2) »

Ainsi l'Historique officiel prussien a été plus soucieux, semble-t-il, d'élever un monument à la gloire du haut commandement et des états-majors, que d'établir la vérité absolue. Sous la pression de l'opinion publique, il a été amené à reprendre dans des monographies des travaux qui devaient être définitifs et à rectifier nombre d'erreurs. Combien faudra-t-il de ces approximations successives pour dégager la vérité inconnue ?

L'un de ces travaux récents est l'ouvrage intitulé ;

Heeresbewegungen im Kriege 1870-1871, ouvrage du Grand État-Major prussien.

Il convient de citer aussi :

Von Hahnke (Opérations de la IIIᵉ armée).

Schimpff (Das XII. Corps).

Stieler von Heydekampf (Opérations du Vᵉ corps prussien).

On peut également ranger dans cette catégorie les ouvrages contenant des dépositions de témoins :

Procès Wimpffen-Cassagnac (Gazette des Tribunaux) ;

L'Empire et la Défense de Paris devant le jury de la Seine (Procès du général Trochu contre le Figaro).

3° **Souvenirs et Mémoires** parmi lesquels on a utilisé :

Histoire de l'armée de Châlons, par un volontaire de l'armée du Rhin ;

Des causes qui ont amené la capitulation de Sedan, par un officier attaché à l'état-major général ;

---

(1) Fritz Hœnig, *La Vérité sur la bataille de Vionville-Mars-la-Tour* (Traduction Lallement), p. 201.

(2) *Ibid.*

La campagne de 1870, par un officier d'état-major de l'armée du Rhin, etc...

Tagebücher des General-feldmarschalls Graf von Blumenthal;

Verdy du Vernois (Im grossen Hauptquartier);

Hohenlohe (Lettres sur la stratégie), etc. . (1).

---

(1) La liste complète des ouvrages imprimés français et allemands relatifs aux opérations se trouve d'ailleurs dans la *Bibliographie* générale de la guerre de 1870-1871 par le commandant Palat (1896).

PARIS. — IMPRIMERIE R. CHAPELOT ET Cⁱᵉ, 2, RUE CHRISTINE.

BATAILLE DE SEDAN
Situation vers 7 heures du matin

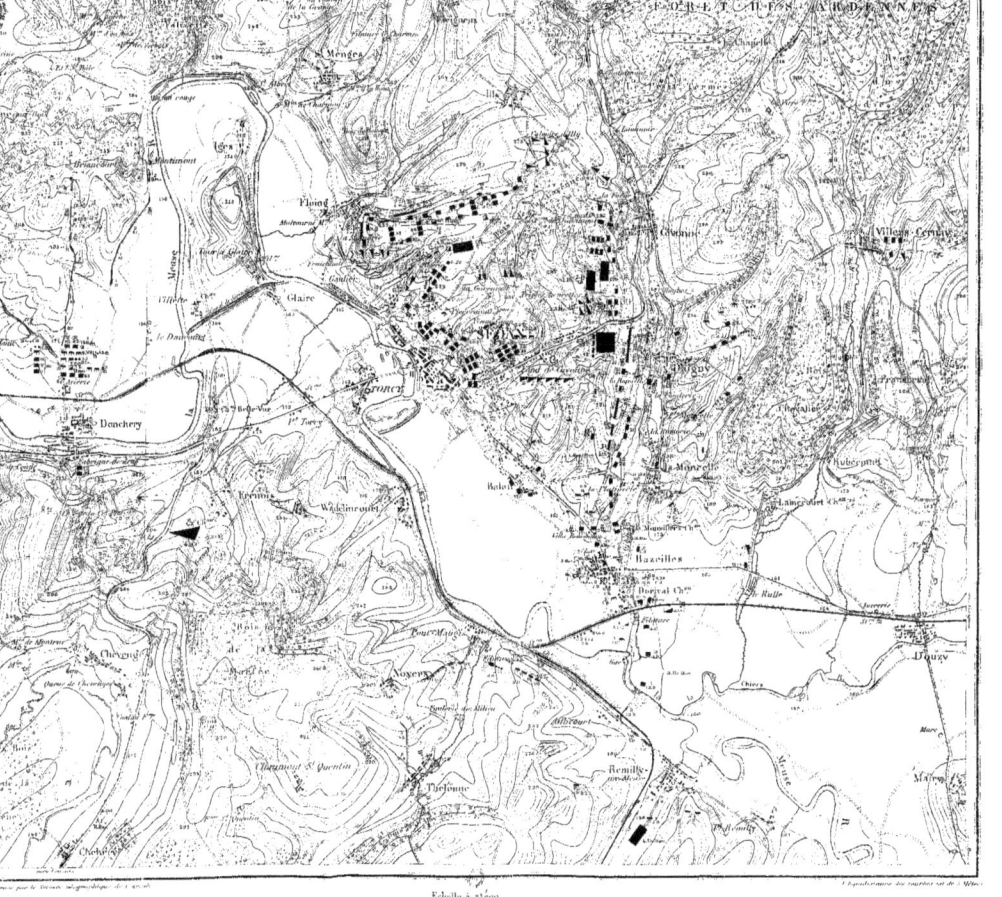

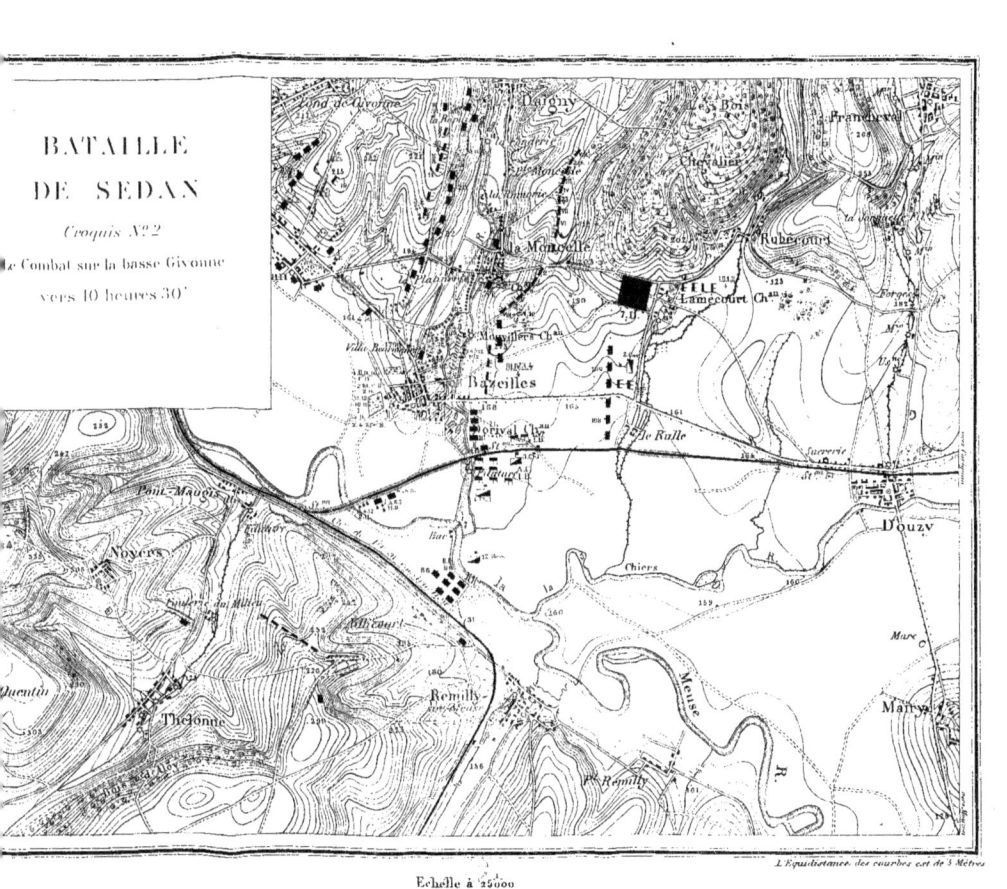

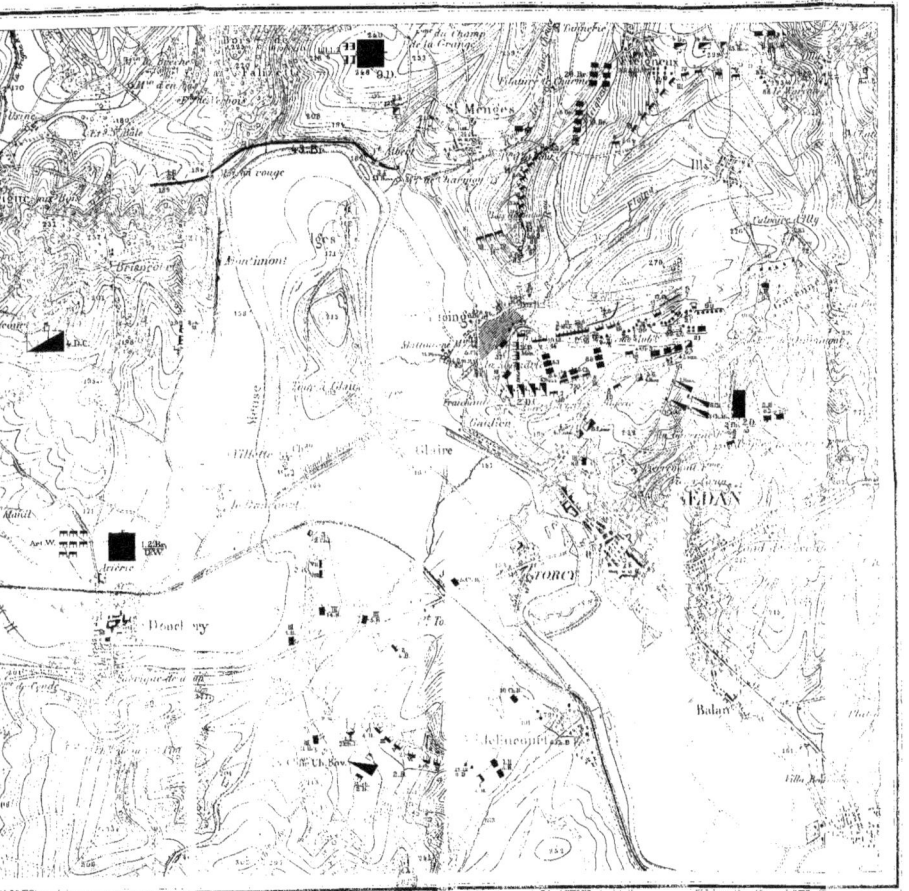

BATAILLE DE SEDAN
Le Combat sur le Front du 7me Corps vers midi

Croquis No 3

Echelle à 25 000

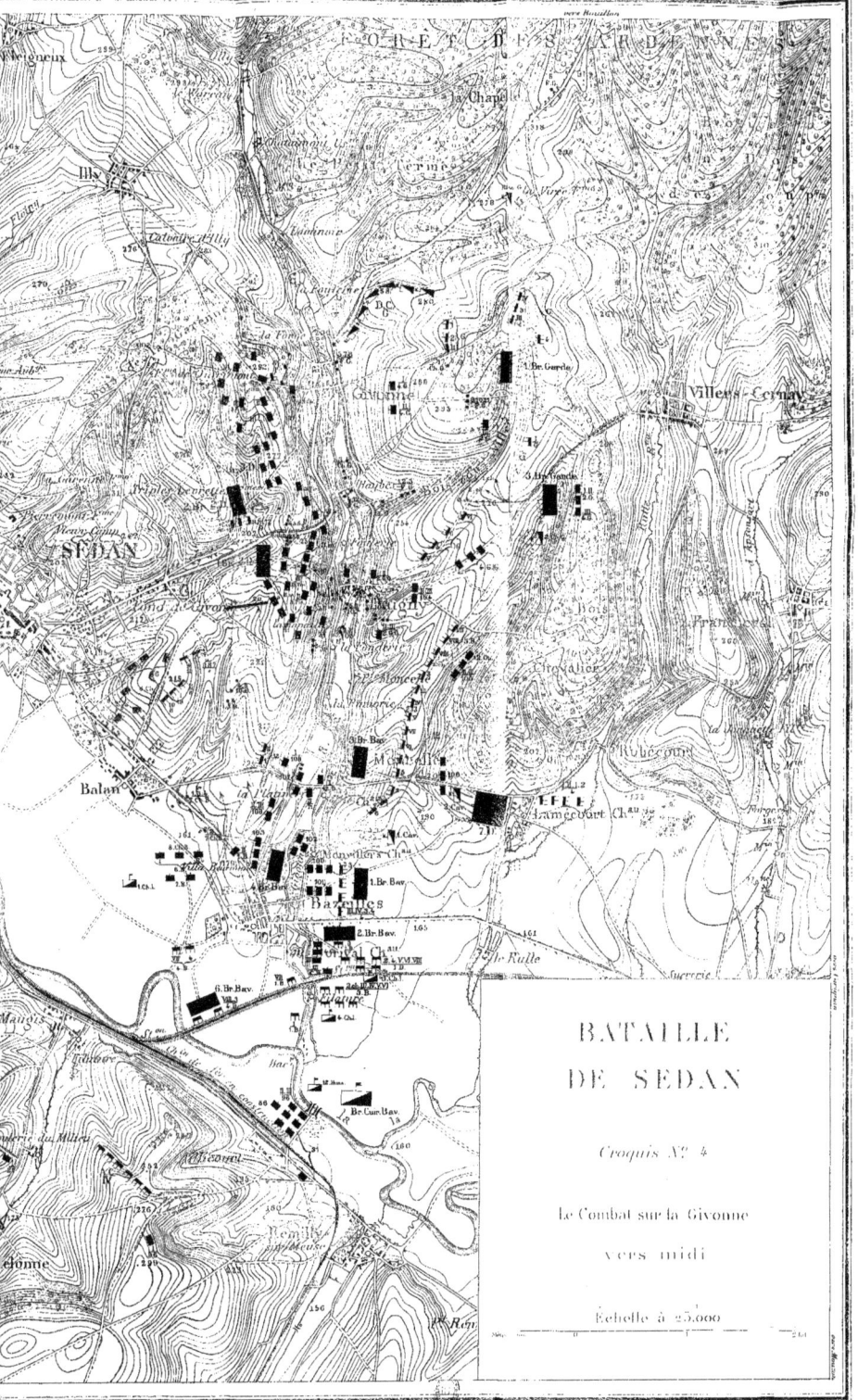

RETRAITE DU 13ᴹᴱ CORPS
2_3 Septembre 1870

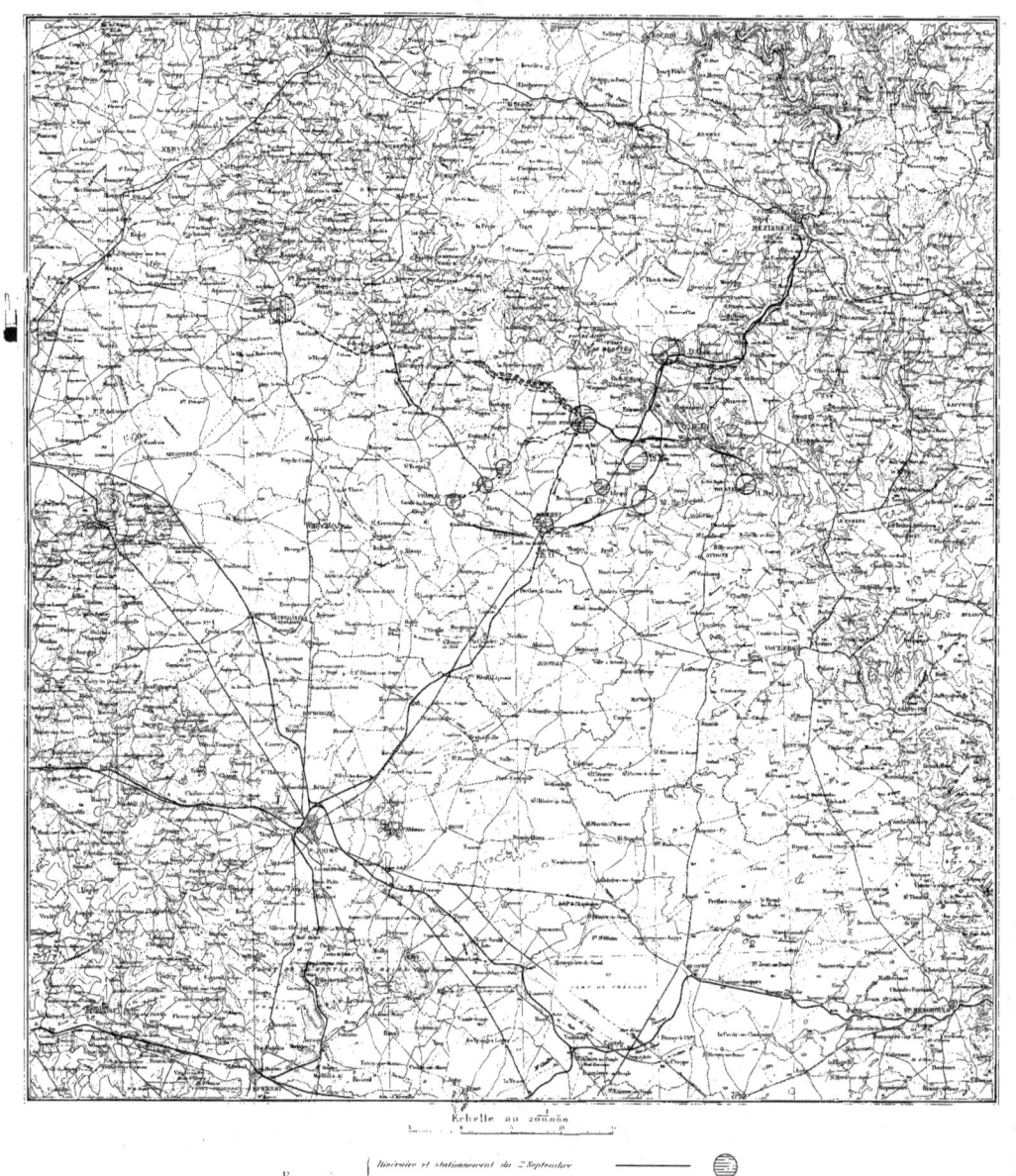

A LA MÊME LIBRAIRIE

Publications de la Section historique de l'État-Major de l'Armée :

La campagne de 1800 en Allemagne; par le comm! Ernest **Picard**, chef d'escadron d'artillerie breveté.
 Tome Ier : *Le passage du Rhin.* Paris, 1907, 1 vol. in-8............. 12 fr.

La campagne de 1794 à l'armée du Nord. — 1re PARTIE : *Organisation*; par le lieutenant-colonel **Coutanceau**, chef de la Section historique de l'État-Major de l'Armée.
 Tome Ier : *L'action militaire du gouvernement. — Le commandement. — L'état-major. — L'infanterie.* Paris, 1903, 1 vol. in-8.. .... 10 fr.
 Tome II. Paris, 1905, 1 vol. in-8.................... 10 fr.
 IIe PARTIE : *Opérations.* — Tome Ier : *Le plan de campagne. — Le Cateau-Landrecies;* par le colonel H. **Coutanceau** et le commandant C. **de La Jonquière**. Paris, 1907, 2 vol. in-8 avec cartes.................. 18 fr.

La campagne de 1793 à l'armée du Nord et des Ardennes (de Valenciennes à Hondtschoote), par V. **Dupuis**, capitaine d'infanterie breveté. 1 vol. in-8 avec cartes........................... 12 fr.

Campagne de 1793 en Alsace et dans le Palatinat; par J. **Colin**, capitaine d'artillerie breveté. Tome Ier. Paris, 1902, 1 vol. in-8 avec 4 cartes. 12 fr.

Histoire de la campagne de 1794 en Italie, par le capitaine **Fabry**.
 Tome Ier : 1re partie. Texte, 1 vol. gr. in-8 avec 13 cartes. — 2e partie : Documents. 1 vol. gr. in-8. — Supplément des documents. 1 vol. gr. in-8. 35 fr.

Campagne de l'armée d'Italie (1796-1797); par V. **Fabry**, lieutenant au 101e régiment d'infanterie. Tome III. Paris, 1901, 1 fort vol. in-8...... 15 fr.

Études sur les armées du Directoire. — 1re PARTIE : *Joubert à l'armée d'Italie; Championnet à l'armée du Rhin* (octobre 1798-janvier 1799); par Patrice **Mahon**, capitaine d'artillerie. Paris, 1905, 1 vol. gr. in-8 avec cartes en couleurs................................. 10 fr.

1793-1805. Projets et tentatives de débarquement aux Iles Britanniques; par Edouard **Desbrière**, capitaine breveté au 1er régiment de cuirassiers.
 Tome Ier. Paris, 1900, 1 vol. grand in-8 avec croquis............... 10 fr.
 Tome II. Paris, 1901, 1 vol. grand in-8 avec cartes et croquis......... 10 fr.
 Tome III. Paris, 1901, 1 vol. grand in-8 avec cartes et croquis........ 15 fr.
 Tome IV et dernier. 2 vol. in-8 avec 10 croquis et cartes............. 20 fr.

Campagne de l'armée de réserve en 1800; par le capitaine de Cugnac.
 Tome Ier : *Passage du Grand-Saint-Bernard.* 1 fort vol. in-8 avec cartes, 12 croquis et 8 autographes.................... 16 fr.
 Tome II et dernier : *Marengo.* 1 fort vol. in-8 avec 3 cartes, 3 croquis et 6 autographes........................ 12 fr.

La campagne de 1805 en Allemagne; par P.-C. **Alombert**, contrôleur de l'administration de l'armée, et J. **Colin**, capitaine d'artillerie.
 Tome Ier. Paris, 1902, 1 vol. gr. in-8 avec *Annexes* contenant 5 cartes et 7 tableaux................................ 20 fr.
 Tome II. Paris, 1902, 1 vol. gr. in-8 avec cartes et croquis........... 18 fr.
 Tome III. Paris, 1904, 2 vol. gr. in-8 avec cartes et croquis.......... 25 fr.

Paris. — Imprimerie R. Chapelot et Ce, 2, rue Christine.

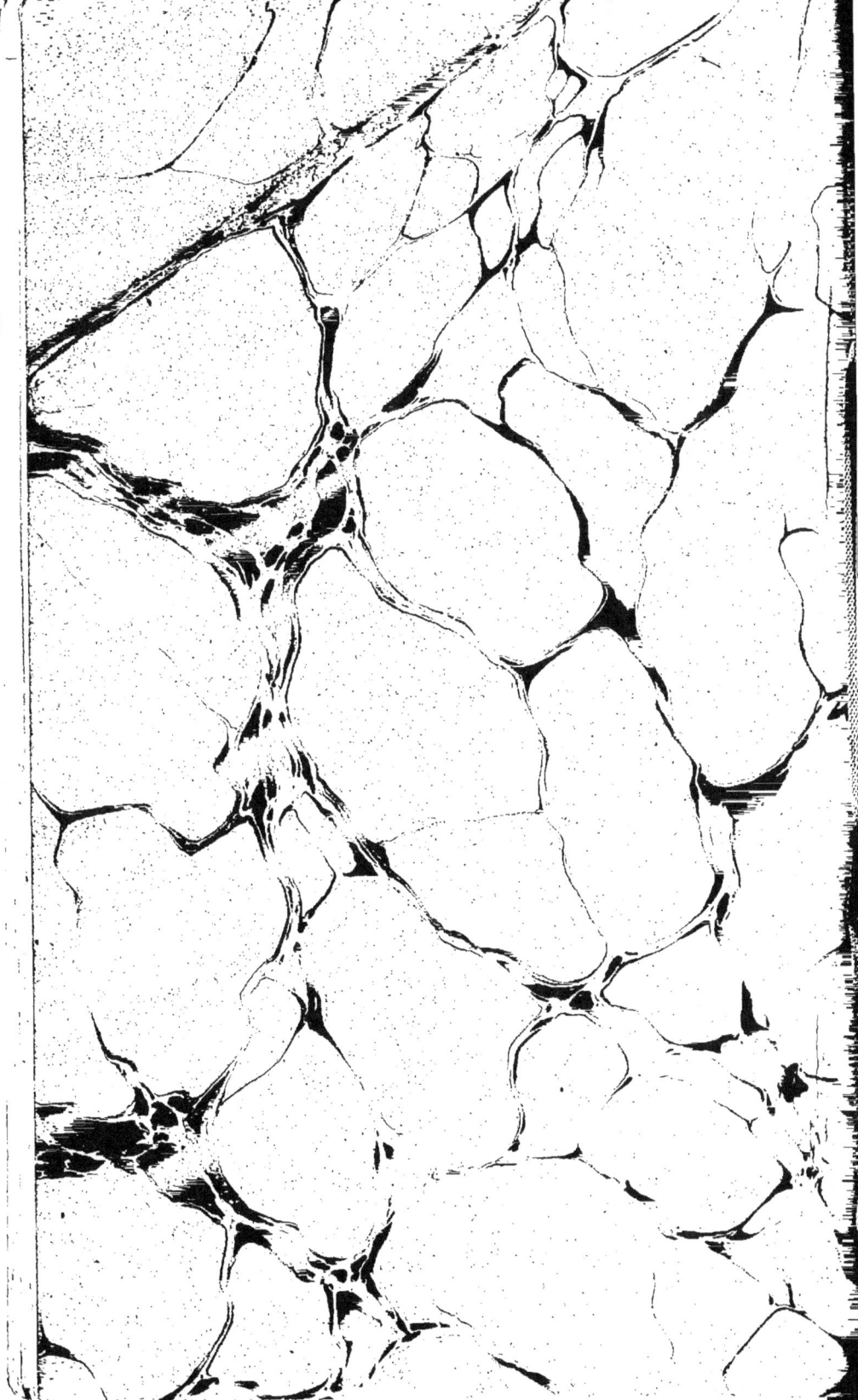

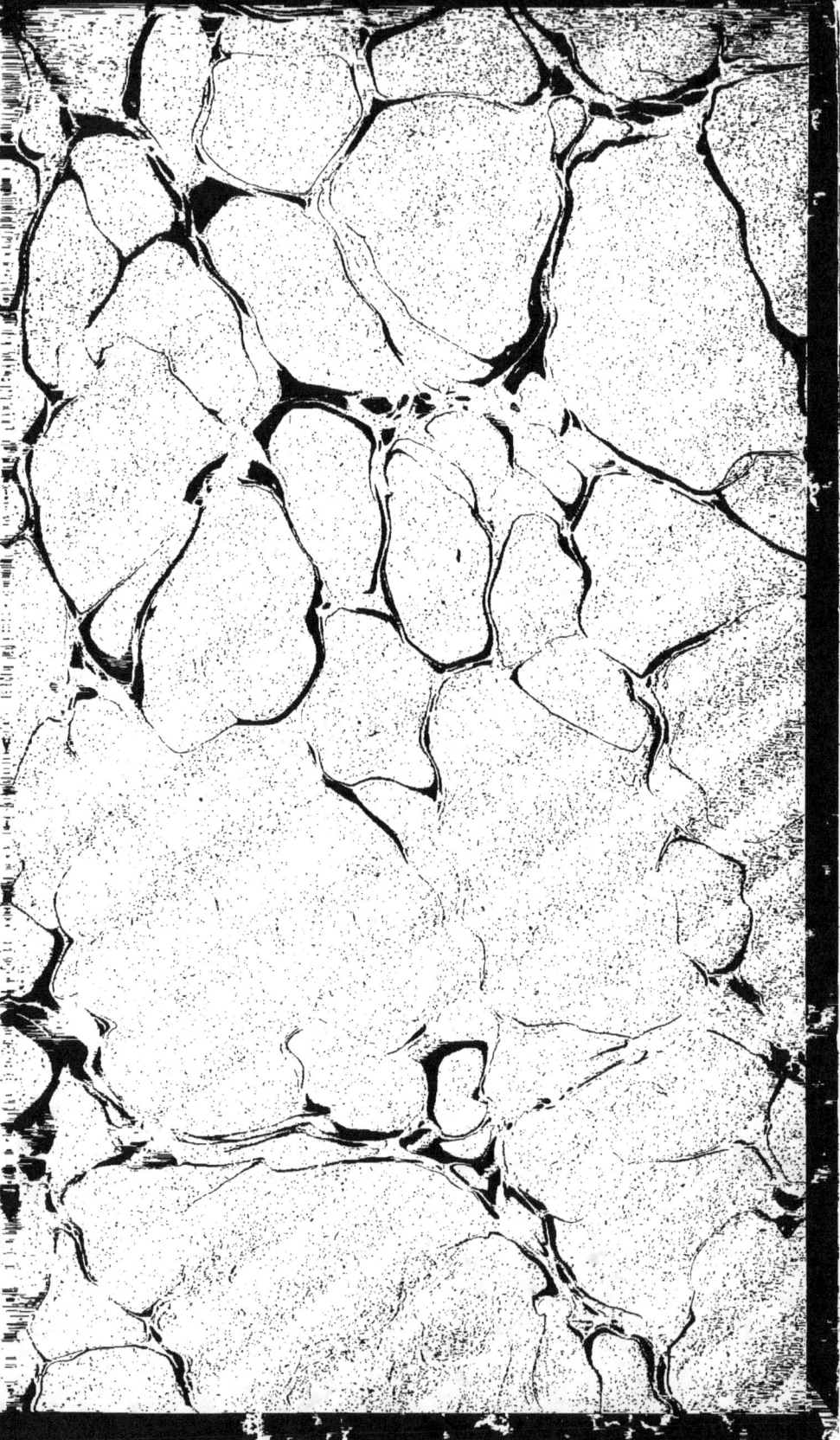

www.ingramcontent.com/pod-product-compliance
Lightning Source LLC
Chambersburg PA
CBHW060546230426
43670CB00011B/1707